COMTE DE CAY

VOYAGE D'ITALIE

1714-1715

PREMIÈRE ÉDITION DU CODE AUTOGRAPHE
ANNOTÉE ET PRÉCÉDÉE
D'UN ESSAI SUR LE COMTE DE CAYLUS

PAR

AMILDA-A. PONS

PARIS
LIBRAIRIE FISCHBACHER
33, RUE DE SEINE, 33

1914

VOYAGE D'ITALIE

A

GUIDO BIAGI

Conservateur à la Bibliothèque « Mediceo-Laurenziana »

Pour m'avoir gracieusement signalé le manuscrit

du

VOYAGE DE CAYLUS.

A.-A. P.

COMTE DE CAYLUS

VOYAGE D'ITALIE

1714-1715

PREMIÈRE ÉDITION DU CODE AUTOGRAPHE
ANNOTÉE ET PRÉCÉDÉE
D'UN ESSAI SUR LE COMTE DE CAYLUS
PAR
AMILDA-A. PONS

PARIS
LIBRAIRIE FISCHBACHER
33, RUE DE SEINE, 33

1914

PH.-CL.-A. de THUBIÈRES, Comte de Caylus

Portrait dessiné par Coslin le fils, en 1750

INTRODUCTION

De Marly, ce 8 juillet[1].

« *Revenez, mon cher fils, je vous en conjure, et vous le demande par cette amitié que vous avez pour moi, et je vous l'ordonne par tout le pouvoir que j'ai sur vous. Si après que vous aurez été ici quelque temps vous voulez recommencer vos voyages et parcourir l'Allemagne comme vous avez fait l'Italie, je consentirai, mais il est juste que vous me donniez la satisfaction de vous revoir et que vous veniez mettre quelque ordre à vos affaires, en prendre connaissance et voir aussi votre régiment dont on dit que vous ne touchez pas un sol. Il me revient mille biens de vous, j'en suis charmée; il ne faut pas gâter cette satisfaction, la seule que je puisse recevoir, par un travers qui me mettrait le poignard dans le cœur.... J'ai fait des efforts pour votre voyage d'Italie que je ne suis pas en état de recommencer. Peut-être que quand vous aurez été quelque temps en France, il me reviendra quelque secours que je serai ravie d'employer à votre satisfaction. Est-ce l'amour qui vous tourmente? Mais y a-t-il une femme au monde qui mérite qu'on abandonne son pays, sa famille et ses amis? Est-ce l'infidélité d'un ami? Votre jeunesse vous rend excusable d'un mauvais choix et votre expérience vous aura acquis plus de discernement. Vous savez que vous en avez laissé trois*[2] *qui ne vous*

1. 1715. MADAME DE CAYLUS. *Souvenirs et correspondance*, par Emile Raunié. Paris, Charpentier, 1889, p. 298-301.

2. Probablement la marquise fait allusion au duc de Villeroi, son ami, au maréchal d'Harcourt et à Maurepas, leurs parents et intimes.

manquent pas et une mère que vous devez regarder comme la meilleure amie que vous avez au monde.... Enfin, mon cher fils, vous êtes trop honnête homme pour manquer au plus essentiel de vos devoirs, en refusant de me venir voir, quand je vous le demande par tout ce qu'il y a de plus pressant. Vous n'avez donc rien de mieux à faire que de satisfaire votre curiosité à Rome par tout ce qui vous y reste à voir et de revenir ensuite recevoir toutes les marques d'amitié que ma tendresse désire ardemment de vous donner.

Soyez sage, je vous en prie, sur toutes les affaires présentes de l'Eglise, la politique le veut et la raison aussi, puisqu'on raisonne fort mal sur tous les faits qu'on n'a pas vus par soi-même. J'attendrai avec une extrême impatience la réponse à cette lettre quoique j'aie trop bonne opinion de vous pour croire qu'elle soit autre que je la doive attendre d'un honnête homme et d'un bon fils. Vous m'êtes aussi très nécessaire par rapport à votre frère[1]; il y a du bon et du mauvais en lui. Je crois que votre régiment ira en Catalogne, ce qui vous faciliteroit un voyage en Espagne, où votre oncle[2] serait ravi de vous voir....

Songez à ménager ma mauvaise santé qui commence à revenir d'une nouvelle attaque; celle du roi[3] est, Dieu merci, très bonne; ma tante[4] est languissante, ce qui m'afflige sensiblement.... »

Cette lettre de la marquise de Caylus, *la plus séduisante créature qui fut jamais*, écrite de la résidence de Marly, où l'inépuisable attachement de Mme de Maintenon la faisait être des particuliers du roi, est adressée à son fils

1. Le cadet, le chevalier de Caylus qui servit dans la marine du roi.

2. A la suite d'un duel avec le comte d'Auvergne, M. de Caylus était passé au service de l'Espagne. Il devint successivement maréchal de camp dans les troupes espagnoles, capitaine général, grand d'Espagne et vice-roi du Pérou.

3. Louis XIV.

4. Madame de Maintenon qui l'éleva, la maria et l'entoura jusqu'au bout d'une sollicitude toute maternelle.

aîné[1], mestre de camp d'un régiment de dragons de son nom, lequel parcourait l'Italie, depuis dix mois. La pauvre mère trahit sa perplexité. Quelle peut être la résolution à laquelle son fils fait allusion dans ses courtes missives et qui l'enchaîne loin d'elle? Elle l'attribue à une cause intime; l'amour, une déception : tour à tour elle enjôle, prie, flatte, conjure et réprimande. Prières et amorces demeurent stériles : le voyageur résiste.

Enfin, il se déclare. Plus qu'un aveu, c'est une résolution définitive qu'il communique à sa mère. Il quitte le service. De Gênes il lui mande : « Je quitterois ma patrie, je porterois la tête sur un échafaud, plutôt que de continuer à servir. »

Et pourtant, adolescent encore, il avait glorieusement porté les armes. A Malplaquet il s'était battu avec une si belle intrépidité que Louis XIV, l'ayant attiré sur ses genoux, s'écria : « Voyez mon petit Caylus, il a déjà tué un de mes ennemis[2]. » Au siège de Fribourg, il briguait le péril avant tous : il était si fort épris de son métier de soldat, qu'au cours d'un voyage, ayant appris que les

1. Anne-Claude-Philippe de Thubières, de Grimoard, de Pestels, de Lévis, comte de Caylus, fils de Jean-Anne, comte de Caylus, menin de Monseigneur, et de Marthe-Marguerite Le Valois, marquise de Villette, naquit le 31 octobre 1692. Il avait douze ans lorsqu'il perdit son père. SAINT-SIMON fit à de Caylus la suivante oraison funèbre, d'ailleurs fort méritée :« Au commencement de novembre (1704) mourut sur la frontière de Flandre un homme qui fit plaisir à tous les siens; ce fut Caylus, frère de celui d'Espagne et de l'évêque d'Auxerre.... Blasé, hébété, depuis plusieurs années, de vin et d'eau-de-vie, il était tenu à servir hiver comme été sur la frontière, pour qu'il n'approchât ni de sa femme, ni de la cour. Lui aussi ne demandait pas mieux, pourvu qu'il fût toujours ivre. Sa mort fut donc une délivrance dont sa femme et ses proches ne se contraignirent pas de la trouver telle » (*Mémoires*, Hachette, t. III, p. 133). La mère du jeune voyageur était la fille de Philippe Le Valois, marquis de Villette-Murçay et de Marie-Anne de Châteauneuf, laquelle mourut en 1684; en 1695 le marquis épousa Mlle de Marsilly — élève de Saint-Cyr et amie de sa propre fille — qui devint ensuite Mme Bolingbroke. Cette belle-mère de Marie de Caylus était plus jeune qu'elle; ses filles étaient aussi plus jeunes que le comte de Caylus, aussi ce dernier donnait-il le nom de « petites sœurs » à ses jeunes tantes.

2. MARIETTE. « Abecedario » publ. et annoté par MM. Ph. de Chennevières et A. de Montaiglon. Tome Ier, p. 340, dans « Archives de l'Art français », tome II, Paris, Dumoulin, 1853.

Ottomans menaçaient Malte, il s'embarqua aussitôt pour aider à les repousser. Quoique la paix de Rastadt[1] eût coupé les ailes à son enthousiasme guerrier, l'avenir ne lui offrait que les séduisantes promesses d'une carrière qu'il aurait parcourue avec le même éclat que son oncle paternel.

Qui l'arracha à une vie tracée d'avance et qu'il devait à son rang?

Ce fut l'Italie. Sa vocation d'artiste se réveilla peu à peu, à mesure qu'il se laissait aller à l'envoûtement qu'opère Venise ou Florence, Rome surtout. Il renaît à l'existence pour comprendre que la vieille ne vaut pas la peine d'être continuée. Petit à petit, sans probablement s'ouvrir à ses compagnons de route qui, en voyage, couraient volontiers les fêtes ou le guilledou, il se soustrait à ses habitudes d'esprit et rompt résolument en visière avec les principes courants de la haute vie contemporaine. Le jeune homme met du temps à mûrir cette résolution, et ne la communique à sa mère que lorsqu'il est irrévocablement décidé à s'y tenir.

Quitter le service du Roi signifie, à ce moment décisif, sentir que ni le champ de bataille, ni le brelan à Versailles, ni les parties de Marly, ni les spectacles à la cour de Sceaux, ne sont désormais des occupations de son goût. Avant de franchir les Alpes, il s'ignorait; il connut les premiers tressaillements pour l'Art devant la Chartreuse de Parme, les tableaux du Titien, et surtout au milieu des ruines du Forum.

Je ne dis pas qu'au cours de ce voyage, sa vocation lui fut tracée avec une telle évidence que, d'emblée, le mousquetaire de Louis XIV se troqua en artiste. Je constate que l'Italie, offrant l'expression multiple de la Beauté et la dépouille du monde aux yeux du jeune patricien, l'éblouit à tout jamais. La lenteur de l'envoûtement en assura la durée. L'empreinte, scellée au front du jeune homme, fut visible jusque dans sa blanche vieillesse. Renouvelée et

1. 1713-1714 mit fin à la guerre de la succesison d'Espagne.

amplifiée, quelques mois plus tard, au spectacle d'Ephèse et d'Athènes, elle consacra sa triple activité *d'artiste, de critique* et *d'archéologue*[1]. Nous nous efforcerons de le prouver.

Sa mère le prie donc en vain. En vain essaye-t-elle de lui décrire les pièces qu'elle lui prépare à l'entresol que le roi lui a cédé au Luxembourg. Il s'attarde, il se dispose à visiter, en felouque, la côte jusqu'à Marseille. Tout à coup, la nouvelle de la mort du roi, accompagnée de l'appel pressant de sa mère[2] le ramènent à Paris, le 2 octobre 1715, où il *trouve tout en un bel estat.*

Il trouve sa grand'tante hermétiquement cloîtrée à Saint-Cyr; il trouve sa mère employant toute sa vaillance à garder sa simple retraite; il trouve les fidèles de Louis XIV réduits de la veille à la misère et mendiant une partie de leurs pensions brutalement retranchées. Il trouve son frère, auquel, par une vente simulée, il cède son régiment et il prétexte sa mauvaise santé pour quitter l'armée. Il est entouré d'épaves, la plupart altières, toutes moroses; mais il n'a pas le temps de s'en lasser, car sur cette grandeur déchue et mal résignée, sa mère prodigue sa vivacité secourable. La solitude n'est point pour l'effrayer, de beaux souvenirs la peuplent. Quant à l'ennui, cette maladie endémique du XVIIIe siècle, que cache à la fois si bien et si mal un carnaval de parade, Caylus sait comment y échapper. Il s'occupe. Il alterne ses délassements laborieux au gré d'aptitudes variées. Il travaille à une chronologie pour l'abbé Conti[3]; il peint le portrait de ses jeunes tantes; il conduit

1. Dans notre modeste lecture : *La Route de Damas*, nous avons démontré comment tous les esprits, les médiocres même, ont été, en quelque mesure, épris ou transformés par l'Italie. Nous ignorions alors ce voyage d'Italie de Caylus qui nous eût fourni la pièce la plus convaincante.

2. « Venez incessamment me donner les consolations qui dépendent de vous; je vous le demande, je vous en conjure et je vous l'ordonne. Je ne saurois croire que vous ne m'obéissiez pas sur-le-champ. » *Op. cit.* (9 sept. 1715).

3. L'abbé *A. S. Conti* (1677-1749), savant, philosophe, auteur dramatique, s'occupe particulièrement d'esthétique. Lié avec la marquise de Caylus qu'il avait approchée dans son premier séjour à Paris, il rapporte

une décoration à l'opéra; il rime une épigramme leste; il griffonne un conte badin; il fait la lecture à sa mère.

Le respect de sa famille l'empêche de se présenter à la nouvelle cour. Il se respecte trop lui-même pour se dépenser dans les salons où les mœurs du bel air et les scandales élégants de la Régence ne sont point de son goût.

Il ne se dissipe pas, il est même un peu sauvage. Sa mère l'appelle son philosophe et nous trace un peu de sa vie dans la gazette ténue qu'elle envoie à la recluse de Saint-Cyr avec l'espoir de l'amuser dans l'intervalle d'un assoupissement[1]. Le tableau qu'elle trace a des ombres : par paquets elle lui fait part des accidents et des morts. Parfois la tristesse la gagne à cause de l'incertitude où l'on vit.

« *Ce qui nous rend sans ressources, c'est que nous sommes un nombre de gens, honnêtes gens à la vérité, pleins de probité, d'honneur, mais de la vieille cour, mais bons à rien*[2]*.... Tout le monde, au moins celui que je vois, est dans un état si souffrant que la vie en devient triste de plus en plus*[3]*.... Vous n'avez jamais vu et vous ne sauriez vous l'imaginer l'extrémité où l'on est; on ne peut tirer un sou de personne. On n'est occupé que de la disette d'argent qui redouble tous les jours. Personne ne paye et, dans peu, je serai réduite à vivre du lait de ma vache et des œufs de mes poules. Le pain est pourtant à bon marché, mais rien n'est si cher que l'argent*[4]. »

son affection sur son fils aîné, avec lequel il entretint une correspondance dont il ne reste que quelques fragments publiés par E. et J. de Goncourt « Portraits contemporains. »

1. Mme de Maintenon reçut à Saint-Cyr la visite du duc d'Orléans qui lui offrit tout ce qu'elle pouvait souhaiter pour elle et pour sa famille; elle se borna à le prier de donner, après sa mort, une de ses pensions à sa nièce. La dernière fois où cette femme célèbre paraît sur la scène, c'est pour assurer à Mme de Caylus un peu d'aisance. Cf. « Suite de mémoires et réflexions du comte de Caylus. » Rouquette, Paris, 1874.

2. *Op. cit.* Lettre LVIII, p. 268.

3. Lettre LXX, p. 282.

4. Lettre LXXIII, p. 285.

Dans ce tableau, sa vie intime avec son fils fait une tache de lumière.

« *Mon habitation est commode, jolie, solitaire. J'entends dès le matin le chant des coqs et le son des cloches de plusieurs petits couvens qui invitent à prier Dieu*[1]. *Mon petit jardin est à peu près grand comme deux fois votre petite chambre de Saint-Cyr, cependant il y a deux cabinets extrêmement couverts, des palissades, des chasselas, des légumes, des fleurs, j'ai une écurie que je n'embarrasserai pas sitôt de mes équipages.... Je suis fort bien ici; je ne perds pas un rayon de soleil ni un mot des vêpres d'un séminaire où les femmes n'entrent point : c'est ainsi que toute la vie est mêlée ; d'un côté le Luxembourg, de l'autre les louanges de Dieu*[2].... *Je laisse à mon fils la liberté d'être seul tant qu'il veut : je suis bien aise le soir, quand la compagnie est sortie, de le retrouver. Toutes les vertus morales sont dans ce garçon, à la réserve de la piété qu'il faut espérer toujours : en attendant c'est une compagnie fort aimable que j'ai avec moi*[3]. *Ses mœurs sont si bonnes et ses intentions si droites! Tant de vérité et d'éloignement du mal me persuadent que Dieu le touchera*[4].... *Je dîne, je soupe seule ou avec mon fils. Pour l'ordinaire, après mon dîner, mon fils et moi nous jouons ensemble au trictrac; je cause avec lui, je travaille, il me fait la lecture; sur les quatre ou cinq heures, il me vient du monde, quelquefois trop; à huit heures, tout part. Je demeure seule dans ma solitude. J'ai retenu une fois Mme de Barnaval et M. d'Auxerre, plus pour mon fils que pour moi : il est si assidu à me tenir compagnie, je crois qu'il lui est si bon qu'il s'en fasse une habitude, que j'ai grand soin qu'il ne s'ennuie pas trop*[5]. *Je suis contente*

1. Lettre XLIX, p. 255.
2. Lettre L, p, 256.
3. Lettre LVI, p. 263.
4. Lettre LVI, p. 264.
5. Lettre LVIII, p. 266.

de mon fils aîné, c'est un honnête homme et un aimable ami[1]. »

Pendant une retraite à Sens la marquise adresse à son fils des billets où elle épanche maternellement des sentiments d'amie.

« *Tenez lieu de père à votre frère et d'ami à votre mère; soulagez-moi dans mes peines: elles sont plus grandes à cet égard que vous pouvez vous l'imaginer. J'espère quelque jour vous faire voir combien je vous aime et vous estime.... Vous avez du courage, de l'esprit et des ressources dans l'esprit, servez-vous-en.... Vous êtes toute ma consolation; comme vous êtes tout ce qui me touche à Paris, faites en sorte qu'il ne me revienne rien qui trouble ma paix*[2].... »

Du couvent de *Sens* où elle coule une existence doucement uniforme dans la compagnie de sa sœur et de son clavecin, au milieu des religieuses, dont la vie est une enfance continuelle, la marquise engage son fils à fournir ces malheureuses d'un jeu de récréation. Elle lui destine des confitures, lui demande des détails sur les fêtes qu'il prépare pour le mariage du duc de Brissac; elle attend avec impatience les idées qu'il lui donnera pour un lit de toile peinte destiné à une jeune beauté, car l'une et l'autre méritent l'avis d'un homme de goût comme lui. Elle est ravie de ce que son cher philosophe voie souvent sa singulière cousine qui est très propre à donner de la pâture à son imagination; elle ne s'informe que du duc de Villeroy, de M. de Retz et du cher abbé Conti. Puis, comme elle meurt d'envie de le voir, elle l'invite à se rendre à Sens où elle lui offre le dehors du couvent et la fonction de maître de musique.

« *J'irois souper et dîner avec vous, vous seriez seul tant*

1. Lettre LXVIII, p. 279.
2. Lettres LXXXV et LXXXVII.

qu'il vous plairoit et vous trouveriez aussi de la compagnie au parloir quand vous en voudriez[1]. »

De *Régennes*, la maison de campagne de l'évêque d'Auxerre, protecteur des jansénistes, la marquise trace de délicats pastels de paysage qui devaient captiver son fils et le soustraire à l'air renfermé des ateliers de Paris, mais elle n'a garde d'insister, soit parce que son affection maternelle est dépouillée de tout égoïsme, soit parce qu'elle respecte le travail dont il occupe ses loisirs. Ils ont causé si souvent dans l'intimité de la pièce close, l'échange de leurs idées et de leur goût est si intense, que la mère peut affirmer : « Vous savez ce que je pense sur tous les chapitres, mais vous ne sauriez savoir à quel point je vous aime[2]. »

Quelques réflexions du jeune comte, notées dans le laps de temps entre 1717 et 1726, témoignent que la confiance de la mère dans la sagesse de son philosophe n'est pas le fruit de l'aveuglement.

« *Je n'ai jamais eu de dégoût dans le monde, parce que je n'ai point cherché à y avoir des agrémens. J'ai pris ceux qui se sont présentés sans les chercher et sans m'y attacher.*

Né vertueux, j'aime la vertu : je ne me refuse aucune idée.

Jamais je n'ai discuté sur les religions et sur les goûts. Etes-vous honnête homme? tout est bon.

Paris est une ville charmante à beaucoup d'égards; mais ce qui redouble à mon sens les agrémens de la vie qu'on y mène, c'est que la nation française légère produit fort peu de gens sombres et très peu d'atrabilaires. Un vaudeville soulage en un moment tout Paris. Tous ceux que l'on rencontre sont gaillards, animés, empressés; rien ne languit en eux. Quelle est la cause de cette aimable vivacité?

1. Lettre LXXXIX, p. 307.
2. Lettre XCVII, p. 317.

Je n'en trouve point d'autre que celle-ci, c'est que les femmes donnent absolument le ton à tout ce qui se passe dans cette grande ville où l'amour est le mobile et l'objet de tout. L'amour est singulier à Paris ; et j'aime cette passion, mais je veux que ce soit l'amour qui détermine une jeune personne à prendre un amant. Ce qui me révolte c'est que j'en vois plusieurs qui veulent avoir un amant comme des guides de soie à leurs carrosses, uniquement parce que les autres femmes en ont. D'autres les regardent comme un meuble nécessaire. Je ne suis pas fort scrupuleux, mais ces procédés me révoltent. Je veux ou de l'amour ou du tempérament, sans cela je condamne. »

Quelle finesse d'observation dans cette critique de la tenue des femmes !

« *Un homme qui seroit sincèrement attaché aux femmes leur conseilleroit d'occuper leur esprit pour les empêcher de redouter la solitude et de s'accoutumer à ne se point craindre elles-mêmes. Il leur recommanderoit de ne faire aucun usage de leur savoir dans les conversations générales car le meilleur est celui d'ignorer avec esprit. Mais l'art le plus essentiel et qu'elles ne suivent pas assez, c'est celui de la probité. Une femme honnête homme dans tous les points est un phénix. Il est vrai que l'éducation qu'on leur donne ne les conduit point à la pratiquer. Elles passent leur jeunesse au milieu des plaisirs et des faussetés : la jeunesse s'évanouit et l'habitude que l'on a prise s'établit dans le cœur. Mme du Deffand me disoit l'autre jour avec un épanchement de cœur admirable :* « *Nous sommes toujours un peu fausses, nous autres femmes.* »

Tous les plaisirs que le monde procure et présente à l'esprit ne sont pas à comparer à ceux que la probité fait connaître à ceux qui sont véritablement honnêtes gens; c'est elle seule qui peut donner le calme intérieur, ce repos du cœur que les dévots cherchent en Dieu.

La qualité de l'occupation n'est pas nécessaire, et pourvu que le jour soit passé sans rien avoir à se reprocher, voilà l'unique point dont on se doit embarrasser.

Depuis longtemps je me couche sans avoir rien à me reprocher[1]. »

De sa mère, modèle de l'*urbanité* dont la fin du XVIIe siècle est l'âge d'or[2], Caylus hérite de deux qualités essentielles : l'activité inlassable et le solide enjouement. Comme elle, il a en horreur l'artifice, la prétention et l'égoïsme, ce qui le range à côté de son époque où l'artifice sévissait, où les Encyclopédistes avaient mis à la mode l'engourdissement de la sensibilité jusqu'à la pétrification[3], où l'universelle médiocrité prétendait au savoir universel. La marquise ne mettait point de rouge et ne pensait pas à son ajustement ; son fils dédaigna de farder son esprit. Tous deux ne se soucièrent jamais de plaire.

Il occupe ses loisirs laborieux dans l'atelier de Watteau et dans le cabinet de Crozat, et ne quitte Paris qu'en 1722 pour un voyage en Hollande et en Angleterre. Si tout lui semble « si brut et si lourd[4] » dans les Pays-Bas, il n'en est pas moins émerveillé des pierres gravées et des camées d'Harlem, des Rembrandt réunis à Bruxelles, des richesses des couvents d'Anvers et des églises de Gand. En Angleterre, il rabat son enthousiasme à l'égard des amateurs dès qu'il feuillette les dessins de la collection Pembroke : les Raphaëls, les Corrèges sont pliés en quatre pour les adapter au carton et les autres sont rognés ou coupés[5]. Il réintègre

1. *Mém. et Réfl.*, *op. cit.*
2. V. le portrait de Mme de Caylus, par Rémond, l'*Eloge de l'Urbanité* de l'académicien Gedoyn, et surtout le médaillon exquis que Sainte-Beuve a consacré à l'auteur des *Souvenirs* dans « Causeries du Lundi, » t. III, p. 56-77.
3. E. et J. DE GONCOURT. « Portraits intimes du XVIIIe siècle. » Paris, Charpentier, 1908, à la page 135, la lettre de Mme Geoffrin à l'abbé Paciaudi.
4. Lettre à l'abbé Conti, datée de Lille, 13 nov. 1722.
5. Ce qui lui fit dire plus tard : « Les Anglais manquent essentiellement de goût et d'intelligence pour les arts. »

volontiers Paris que, à l'exception de quelques rapides voyages en province, il ne devait plus abandonner. Chez Watteau, son ami, il dessine, utilise ses modèles, et reproduit pour se faire la main cette joyeuse sarabande de Pierrots, de Colombines et d'Arlequins qui égrènent leurs sourires sur des tapis de roses et de mousse. Chez le financier Crozat, qui est parvenu à collectionner le chiffre fabuleux de dix-neuf mille dessins originaux des grands maîtres, Caylus est aux anges. Il regarde, manie, interroge, imite et reproduit les esquisses, les ébauches, les croquis où vit le feu d'une première idée où « tout est encore esprit et la manœuvre n'est pour rien. » Comme le propre de Caylus est de ne pas jouir en solitaire, mais de faire jouir, de mettre à la portée de tous la beauté qui se dérobe, il grave les dessins des maîtres. Il les grave tous. Il grave les rudes traits des Carrache, les minces lignes du Parmesan, les tendres figures de Guerchin, les truculentes ébauches de Rubens, les griffures de Rembrandt. De chaque maître, par la souplesse d'une aiguille magique et l'observation nette du modèle, il rend le procédé, la manière, et livre d'emblée à l'Europe le cabinet de Crozat.

Mariette, le collectionneur d'estampes le plus célèbre du siècle et un habile graveur, aide à l'éducation artistique de Caylus qui ne manque point de reconnaître ses bons offices. Nul n'était plus compétent que lui à l'égard des gravures et des pierres fines ; à son école le comte apprit la valeur de la précision rigoureuse du détail dans l'ensemble. Bientôt son nom s'apprend à l'étranger. Zanetti lui prodigue les éloges que lui transmet l'abbé Conti ; Rosalba, la célèbre miniaturiste, ne tarit pas de louanges et se défend d'exposer ses ouvrages à des yeux si instruits.

La renommée de Caylus à Paris est due à ses gravures des peintres contemporains, car il est lié avec tout ce qui a un nom dans les arts : il en est l'ami ou le protecteur, souvent les deux à la fois. Il grave les bacchanales sèches de Gillot, les grimaces plébéiennes de Coypel, des caricaures burlesques d'après lui-même, telle l'*Assemblée des Brocanteurs* — des ânes regardant des tableaux à la loupe — et surtout il grave les séries vivantes de Bouchardon[1].

Paris, dans le halètement de ses rues, le bruit de ses métiers, les chansons de ses marchands, la mélopée de ses crieurs : « *Des couteaux, des ciseaux, des peignes!* » « *Ma belle salade!* » « *Petits pâtés tout chauds.* » « *Achetez mes ardoires, mes cuillères à pot.* » « *A la fraîche, à la chaude qui veut boire?* » « *Mon bel œillet;* » l'Aveugle des Quinze vingt : « *la rage qu'il fait froid!* » Paris, dans le va-et-vient grouillant du trottoir, de la chaussée, des quais.

Bouchardon anime d'une verve piquante le Paris populacier, cependant que Caylus lui fournit le commentaire. Lui aussi met en scène le peuple qu'il aime pour sa jovialité épaisse et son ton rude[2]. De sa fenêtre, du seuil des ateliers, à travers les cabarets et les cabinets de verdure des faubourgs, il regarde le peuple, l'écoute parler, jurer et rire et s'amuse à tracer à la chaude, des récits lestes, des drôleries rabelaisiennes, des histoires cossues où les coiffeuses se couvrent les joues d'une giroflée à cinq feuilles, où les piquepoux se rabattent les coutures, où les apostrophes des grisettes et des danseuses partent comme des fusées, où les bonnes fortunes du chevalier Brillantin sont contées d'une langue grasse, où les confidences du cocher Guillaume conduisent rapidement de l'écurie à l'alcove[3].

Ces mœurs basses du monde qui vit ses passions sans savoir vivre, se dressent en regard des mœurs galantes où

1. Caylus (Ph. Claude Anne). « Etudes prises dans le bas peuple ou les Cris de Paris » Bouchardon inv. Paris, chez Fessard, 1737-1742, 4 p. in-4.

2. Un jour il donne un louis à changer à un gueux, puis il se cache et se fait des gorges chaudes de la mine désespérée du pauvre diable qui le cherche. Il regarde, un jour, travailler un homme qui peint une figure de capucin pour une enseigne de Saint-François. Et comme il n'en vient pas à bout, Caylus monte sur l'échelle et achève en quelques traits la peinture. Le rapin, enchanté, le presse d'aller boire un coup. Mais voilà que le carrosse du comte paraît; il serre la main de l'homme à la blouse en lui disant : « Adieu mon camarade, je suis pressé, mais une autre fois, nous boirons ensemble » (Lettre de Marin en appendice aux *Souvenirs*).

3. « L'Histoire de M. Guillaume, cocher. » Paris, Rouquette, 1874.

tout est savoir-vivre sans passion. De ces dernières le comte n'a cure, elles lui donnent la nausée; il se dédommage sur les autres[1]. Les scènes aperçues au cabaret, les querelles saisies aux carrefours, où le patricien travesti en ouvrier se promène et se mêle aux liesses populaires, lui fournissent des gaudrioles pour divertir son cercle du *Bout du banc*.

Ce cercle ne vise pas au bel esprit, il n'adopte point les prétentions bizarres du cercle de la *Calotte*, moins encore la mièvre afféterie de l'ordre de la *Mouche-à-miel*, fondé et présidé par la duchesse du Maine. Ce n'est pas un rendez-vous de gazetiers, comme au cercle de la *Paroisse*, qui pourvoyait les matériaux des Mémoires secrets de Bachaumont.

Le cercle du *Bout du banc* est formé de jouisseurs qui apprécient sur toute chose les repas plantureux et la gaieté bruyante qui les accompagne et qui éclate au dessert. Caylus en est l'amphitryon et le boute-en-train, Mlle Quinault, la jolie soubrette de l'Opéra, la reine. Autour d'eux bourdonnent les convives : La Chaussée, Voisenon, Moncrif, le grand Prieur de Vendôme, Duclos, Crébillon fils, qui tous prennent part à cette gageure de folie. En vidant les coupes ils griffonnent — le surtout est un encrier — des couplets, des chansons, pariant à qui trouvera le refrain le plus égrillard, l'anecdote la plus corsée. Le vocabulaire de la langue verte est en honneur. Le corbillon grossit au milieu des fou-rires de ces épicuriens repus, et Caylus, qui défraye aussi l'imprimeur, se voit chargé de la paternité de douze volumes d'*œuvres badines*[2]. Une mince partie[3] est à lui et suffit, hélas! à lui faire du tort. Il aurait pu désavouer le reste; son indifférence l'en empêcha. L'on doit

1. Caylus cédait son carrosse à ses amis et se servait lui-même d'un carrosse de louage. Le plus souvent il circulait à pied, chaussé de gros souliers, vêtu d'une bure grossière. Quand il eut hérité de son oncle, vice-roi du Pérou, le titre de grand d'Espagne, il ne le porta jamais.

2. *Œuvres badines*, XII vol. (Amsterdam et Paris).

3. Voir « *Le portefeuille du comte de Caylus.* » « Le Moniteur du Bibliophile. » Paris, 1880, in-8, pp. 96.

blâmer chez ce grand seigneur le mauvais goût d'un divertissement où le sans-gêne est poussé trop loin, mais il est utile de faire remarquer que l'indécence des propos, familiers à la coterie du *Bout du banc*, n'entama jamais les mœurs de Caylus.

D'ailleurs il ne s'en tint pas au commerce exclusif de Mlle Quinault.

Il est un des intimes de Mme du Deffand dont il admirait le cœur, l'esprit et la bonne foi ; il fréquente la maison de Sophie Arnould[1], il est surtout l'intime de sa propre mère, auprès de laquelle se groupaient, rivés à ses charmes délicats, les grands noms de la vieille cour. Ici, Caylus est le plus heureux. Quand la porte s'est refermée sur le dernier visiteur, il raconte sa journée, et petit à petit, au hasard de la conversation, il interroge sa mère sur la grande époque close. Et la marquise raconte avec grâce et simplicité les intrigues, les ambitions et les passions qui firent la cour du Roi, elle effleure les sujets, anime les traits disparus, réconforte la mémoire des victimes. Son fils, souhaitant de fixer, pour lui et pour les autres, le souvenir de tous, comparses et acteurs, qui formèrent cette brillante scène, écrit sous la dictée de sa mère ces pages fameuses qui, jusqu'à la publication des Mémoires de Saint-Simon, ont été un important document historique, et qui depuis demeurent une suite de portraits et d'esquisses excellents[2].

Un grand malheur vint troubler cette existence si activement remplie. Mme de Caylus mourut le 15 avril 1729 à l'âge de 56 ans. La douleur du fils ne fut pas violente, ce fut un accablement profond qui porta sur ses facultés au point de les engourdir un temps. Il ne sait plus vivre ; son pays le dégoûte, les détails journaliers de l'existence le blessent[3]. Un esseulement affreux a succédé à la jouis-

1. Voir De Goncourt. « Correspondance de Sophie Arnould. » Paris, Dentu, 1877.

2. Voir Sainte-Beuve. « Causeries du lundi. » III, p. 70-77.

3. Lettre à l'abbé Conti, du 17 juin 1729, rapportée par les de Goncourt, *op. cit.*, p. 157.

sance du commerce maternel, et, dans Paris désert, Caylus est comme un survivant. Forcé de quitter le Luxembourg, il trouve à s'installer à l'Orangerie des Tuileries, mais les agréments de cette jolie demeure n'ont pas le pouvoir de le distraire de sa douleur. Elle hante son atelier, visite ses insomnies, et Mme Bolingbroke, qui la partage, ne réussit point à le consoler[1]. Maurepas lui demeure fidèle; Villeroy ne sut trouver pour le fils de son amie que des phrases banales tellement l'égoïsme avait desséché son inutile vie. Ce spectacle fit réfléchir Caylus et lui souffla de hautes résolutions.

« *Ce qui fait gémir Villeroy, c'est de ne se mêler à rien. Il faut nourrir et alimenter l'esprit. La maturité et la vieillesse y gagnent une solidité qui n'inspire que du Grand.* »

Cette belle maxime devint dès lors sa règle de conduite. Il s'y conforma en tout point.

Caylus se livre alors au travail avec une violence fiévreuse. Le cabinet de Crozat n'ayant plus de secrets pour lui, il fouille celui du roi. Les pierres gravées et mille cinq cents médailles en or sont par lui soigneusement[2] gravées dans le but d'offrir des sujets d'étude à la jeunesse intelligente et pauvre. Il transforme son atelier en école et fournit les candidats artistes de modèles, de conseils, de protection et très souvent de pain. Il aura toujours un groupe de novices ou d'artistes indigents qui se perfectionneront au dessin en copiant ses *guenilles* antiques; pensionnaires à qui il distribue le premier de chaque mois ses bienfaits à proportion de leurs besoins[3]. Quoique de nouvelles recrues s'ajoutent, il n'abandonne pas les anciennes. Il les suit en France et à l'étranger, les recommande à ses correspon-

1. Lettres à l'abbé Conti du 19 janvier et du 1er décembre 1730 (idem).

2. « Pierres gravées antiques du cabinet du roi ». « Recueil de trois cents têtes et sujets de composition gravés par le comte de Caylus » chez Basan (2 vol. in-4 de pl. sans texte).

3. Lettres de Marin, secrétaire du comte de Caylus, adressées au Journal des Débats, 1804.

dants et à ses amis, ne se servant de son nom et de sa fortune qu'au bénéfice d'autrui et de l'Art. Il achète des cabinets entiers, enrichit sa collection d'estampes commencée en Italie; il grappille sans trève Paris. Son culte pour les arts est à la fois si enthousiaste et si désintéressé que l'Académie royale lui confère, le 21 novembre 1731, le plus haut titre dont elle dispose, celui de *honoraire amateur*. Cet honneur qu'il n'a pas sollicité, le flatte, et pour le mieux mériter, il redouble de zèle. Son instinct « donnant et protecteur » va de pair avec son acharnement au travail. Il en procure, fait des commandes, favorise les débuts de chacun, tourne, sur tout ce qui aspire à la réputation, les regards de Coypel, premier peintre de l'Académie, et du ministre Maurepas; il excite l'intérêt des dames qui aident aux ménages pauvres en flattant leur vanité. Graveurs, ciseleurs, pastellistes, peintres, collectionneurs, portraitistes, antiquaires, savants, ont d'une manière ou de l'autre quelque obligation à ce seigneur qu'ils traitent en confrère parce qu'il connaît le métier.

Il est aussi éloigné de la cour que son valet, car il sait, par l'expérience de sa mère et de sa grand'tante, que *la cour est un endroit où l'on n'est, en général, amoureux que par politique, jaloux que par grimace, ami qu'en apparence; la pitié y est feinte, la douleur étrangère*[1]. On le considère comme un original, type rarissime en France. Il l'est. Transfuge du grand monde; travailleur quand la mode est au désœuvrement; honnête homme échappé à la corruption élégante; silencieux parmi des phraseurs; effarouché de popularité à l'époque où les hommes de lettres ont recours au scandale pour forcer l'attention; seul à aimer le huis-clos quand le goût dominant ouvre les portes toutes larges, il est décidément hors de l'ornière.

Il est des petits-maîtres qui se moquent de lui, des roturiers plumitifs qui le narguent.

1. *Mém. et réflex.*, p. 56.

Marmontel, dont Caylus est l'antithèse vivante, le déteste, et nous l'apprend dans une page diffuse de ses Mémoires aigres-doux[1]. Diderot, qui partage ce sentiment, se fait céder la plume de Grimm pour décrier la découverte[2] de Caylus qui lui attire les suffrages de toute l'Europe. Grimm le critique avec modération et finit par l'estimer; Voltaire le ménage. Caylus, qui a toujours traité ses ennemis comme s'ils n'existaient pas, continue à faire l'original à ses frais; ses soixante mille livres de rente s'épuisent annuellement en achats, correspondances, commandes, largesses, secours. Comme il ne nous laisse pas de carnets à dépouiller[3], nous ignorons le montant de ses libéralités et le nom des artistes besogneux, des ménages en souffrance, auxquels il pourvoyait. Je glane dans sa vaste correspondance quelques noms, au hasard. C'est le petit Guiard, élève à l'Académie de Rome, c'est Greuze, c'est Le Bas, Lagrénée aîné, ce sont deux jeunes architectes, Moreau et Dailly, c'est Lefèvre, Leprince, Maclauren, H. Robert, c'est Bouchardon, etc. A l'exception de Cochin[4] qui prononça sur Caylus des jugements aussi sévères qu'inintelligents, puisqu'il est facile de leur donner un démenti, tous ses protégés, arrivés à la gloire ou restés dans la médiocrité, lui furent toujours dévoués.

Caylus rendit un premier service aux beaux-arts le jour où il fit ouvrir le salon de Mme Geoffrin à ceux dont le crayon, la brosse, l'aiguille ou le ciseau portèrent haut et loin le nom de l'art français au XVIIIe siècle. Peut-être Caylus ignorait-il la portée de cette initiative où il ne vit que la satisfaction d'amener son intéressante société par delà les cloisons des ateliers et les salles de l'Académie.

1. MARMONTEL. Mémoires publiés par M. Tourneux. Paris, 1891, livre VI, pp. 102-105.

2. GRIMM. Correspondance littéraire, 1755.

3. Voir ceux de Mme Geoffrin dans P. SÉGUR. « Le royaume de la rue Saint-Honoré. » Calmann-Lévy, 1897.

4. Mémoires inédits de Ch.-N. Cochin sur le comte de Caylus, Bouchardon, etc., publiés d'après le manuscrit autographe, par M. Charles Henry. Paris, Baur, 1880.

Toujours est-il, que grâce à ses démarches auprès de Mme Geoffrin, qui l'honora d'une véritable amitié, le monde artistique, jusqu'ici casanier, guindé, rétréci dans les préjugés traditionnels, ombrageux, s'assouplit dans l'atmosphère mondaine. L'horizon de l'artiste ne tarda pas à s'élargir, le goût à s'affiner, les principes à s'adoucir. Au contact des érudits et des voyageurs illustres qui constituaient « l'abrégé d'empire » que fut la maison de la rue Saint-Honoré, les artistes gagnèrent des connaissances étendues dont l'art bénéficia. Le comte de Caylus fut l'initiateur des dîners du lundi qui donnèrent au salon de Mme Geoffrin un cachet tout à fait particulier. On y vit Boucher, le peintre de la Régence; Vernet, le peintre des marines; La Tour, aux portraits mélancoliques; Vien l'austère Aristarque et l'irrésistible Vanloo. Caylus y amena aussi Mariette, le sculpteur Bouchardon, et deux illustres Italiens, l'abbé Paciaudi et l'abbé Galiani. Ayant obtenu que les Encyclopédistes fussent exclus du dîner du lundi, Caylus se sentit toujours à son aise parmi la clientèle qu'il affectionnait, tolérant de bonne grâce le despotisme de la *czarine de Paris*[1], qui d'ailleurs était fort sensible à cette exceptionnelle assiduité. Trait d'union entre le monde et les artistes avant 1750, Caylus coopéra au fusionnement de ces deux puissances. La soudure en fut complète lorsque Diderot improvisa son premier *Salon*[2].

L'apport de Caylus à l'Académie royale fut presque nul de l'année de sa nomination à 1745. Ce n'est point qu'il manquât d'intérêt pour cette institution fameuse due à Colbert et dont les titres de noblesse, en dehors du patronage royal, lui viennent de Le Brun. Mais Caylus, occupé à s'instruire, préoccupé de trouver par des expériences continues et des comparaisons sans cesse renouvelées, les

1. C'est ainsi que l'abbé Paciaudi avait surnommé Mme Geoffrin, et Caylus ne l'appelle pas autrement dans sa correspondance avec le théatin.
2. Voir BRUNETIÈRE, « Les Salons de Diderot » (Revue des Deux-Mondes, 15 mai 1880).

procédés techniques propres à chaque art et la manière propre à chaque artiste, ne sortait guère de son laboratoire que pour courir les ventes, hanter les bibliothèques[1] et fouiller le Paris du bouquin et de la brocante. Ce sont des années de recherches, d'opiniâtres lectures; il se remet au latin pour mieux comprendre et rendre la pensée de Pline et de Virgile. L'ignorance du grec, qu'il regrettera toute sa vie, le pousse à l'étude comparative des traductions pour se bien familiariser avec Homère. Il s'abîme dans la contemplation des enluminures, dans l'étude des manuscrits. Il copie, collationne, note, compare et rapporte chaque jour un précieux butin. Ces carnets de notes, ces in-folio de transcriptions apostillées en marge, ce ramassis d'éléments hétérogènes, sont, en grande partie, des cahiers où il *tâche*, des aide-mémoire réservés à son outillage d'artiste amateur. Mais quelles surprises lui ménage sa préparation si patiemment menée! Quels aperçus nouveaux, quelles inductions heureuses! Cet homme qui dans la maturité de l'âge refait le chemin de l'école, cueille sur les haies poussiéreuses, quelques fleurs que personne n'avait encore aperçues.

Presque seul de son temps, il étudie avec délice la langue et la littérature du moyen-âge. Les chroniques en vers et les romans forment sa lecture préférée, et comme l'italien et l'espagnol avaient fait le fond de l'éducation de sa jeunesse, il note les échanges, les emprunts que ces différentes littératures se sont fait au moyen-âge. En passant, il énonce la théorie de la transmission des fabliaux et des contes populaires d'âge en âge, en tout point analogue à celle des arts, et il émet la possibilité que leur berceau unique et antique soit l'Inde[2]. Il renoue le moyen-âge à l'âge moderne, il insiste sur la *continuité* de la tradition, affirme que La Fon-

1. La bibliothèque du Roi, Saint-Germain-des-Prés, chez les Carmes déchaux, au cabinet de Sainte-Geneviève.

2. *Mémoire sur les fabliaux*, dans Mémoires de l'Acad. des Inscr. XX, p. 353.

taine, auteur gaulois par excellence parce que simple et vrai, n'est que l'héritier des idées et de la langue du XIVe siècle.

Classique au sens strict du mot, il renie l'ère nouvelle qui a perdu le *trait pur* des productions littéraires du siècle précédent. Modèles que l'on n'atteindra plus, Racine, Molière, Bossuet et La Fontaine se tiennent au point culminant de la perfection. « Si les sciences et les arts ont, depuis, augmenté de force et de consistance, l'éloquence et la poésie perdent tous les jours de ce charme qui tient à la vraie sensibilité et au goût ; beaucoup moins de correction et d'élégance dans notre prose, dans nos vers[1]. »

Ce jugement qui aujourd'hui est un pont-neuf, était alors d'une originalité remarquable. Le décousu, les saillies, les fleurs glacées, l'invraisemblance, le ton absolu, la manière du style à la mode, lui font résolument tourner le dos aux écrivains contemporains lesquels, pour comble, affectent une ridicule anglomanie. Il est à regretter que Caylus n'ait pas poussé plus loin ses études littéraires auxquelles il eût donné une saveur originale.

A le juger par ce qu'il a fait, il nous faut signaler un autre trait méritoire : l'universalité de son intérêt. Pas de terrain clos à son avidité intellectuelle ; il franchit les cadres, brise les barrières, embrasse tous les domaines, allie les travaux du graveur à ceux du critique ; commente un poème pour juger un tableau ; traduit Pline pour classer une cornaline gravée ; interroge les mécaniciens pour s'expliquer la présence de certaines ouvertures ou la forme des poids d'une statère ; il s'adresse aux architectes pour déterminer les dimensions d'un arc ou d'un piédestal dont il ne possède qu'un débris ; il surveille des expériences chimiques, en suggère d'autres, pour pénétrer le secret des enduits et des cires antiques. Toujours à l'affût, toujours en éveil, braconnier infatigablement lancé sur des terrains défendus, il est le premier qui démontre pratiquement que les arts,

1. Sérieys. Souvenirs du comte de Caylus. « De la littérature française sous Louis XIV. »

les lettres et les sciences, travaillent dans une collaboration fraternelle et perpétuelle à la recherche de la vérité. Que celui qui veut être utile et aider au progrès, les interroge successivement.

Voilà comment Caylus remplit les quinze ans qui précèdent sa double prise de possession à l'Académie royale et à l'Académie des inscriptions et belles-lettres où il avait été nommé au mois de février de 1742.

La première de ces Académies est une école nationale de peinture. C'était à ce moment le reliquaire de la tradition. Les études languissaient en une sorte de marasme qui avait gagné jusqu'aux honoraires, y compris Caylus qui ne signe que fort rarement un procès-verbal. Cet état cesse soudainement en 1747. Il se passionne aux travaux de la Compagnie, s'intéresse vivement aux élèves et devient assidu aux séances, d'autant qu'il est l'ami de Tournehem, directeur des Bâtiments, et le protecteur enthousiaste de Bouchardon. L'usage des conférences s'était à peu près perdu; Caylus le rétablit et force les plus récalcitrants à le suivre sur la voie des réformes. Il a le bonheur de trouver dans Lépicié, secrétaire de l'Académie, un allié aussi tenace que modeste, le collaborateur silencieux de ce renouveau académique. Absorbé par le but à atteindre, l'artiste ne se ménage point. Il entraîne les autres, mais il paye de sa personne, et quoiqu'il fasse, il n'arrive pas à fatiguer son tempérament d'acier. Coup sur coup il lit des conférences dont on ne peut établir la liste parce qu'elles ne sont pas toutes conservées. Dans le nombre, il y en a deux qui sont une date de l'histoire de l'art français : *Réflexions sur la peinture*[1], *Discours sur l'harmonie et sur la couleur*[2]. Le premier est un abrégé d'idées justes et neuves sur le goût, le costume, la nature dans l'art. Caylus

1. Publié par Ch. Henry (Revue libérale, mai 1883).
2. Ms. Archives de la Bibl. des beaux-arts, reproduit par S. Rocheblave. « Essai sur le comte de Caylus. » Paris, Hachette, 1889; étude fouillée et vive à laquelle nous avons fait quelques emprunts sur Caylus académicien.

engage les élèves à se prémunir contre la facilité, le *faux feu* et la réminiscence surtout, qui enlève toute originalité. La forme de cette leçon est simple, claire, pas la moindre trace d'enflure ni d'érudition affectée. Ses auditeurs, accoutumés aux dissertations amphigouriques, aux conférences guindées, aux biographies sèches, durent êtres frappés de l'aisance de ton de l'honoraire réputé.

Quant au discours sur l'harmonie et sur la couleur, on peut sans crainte le qualifier un morceau de choix. Composé avec la sobriété d'un programme artistique, traité d'une main de maître dans les principes et dans les accessoires, distribué avec une belle ordonnance, ce discours riche en imprévus, en comparaisons heureuses, nous révèle une critique d'art tout à fait inédite. Le ton en est aisé, l'allure simple. Rien de déclamatoire, rien de prophétique, pas la moindre tentative de dogmatiser. L'éducation artistique est avant tout une éducation des sens par le commerce des maîtres et l'étude de la nature. La nature et les maîtres révèlent, à ceux qui les interrogent, l'harmonie véritable qui est un ordre calculé, savant, une absence d'effet, une sobre mesure. La couleur ne s'analyse pas, elle se sent. Et le sentiment de la couleur est si puissant chez Caylus, qu'à trente ans de distance, il éprouve l'impression d'un tableau du Titien, admiré à Venise.

« *C'était un grand tableau de chevalet : l'orpin et l'outremer purs formaient la couleur du ciel le plus éloigné; les autres teintes se voyaient en proportion dans le pourtour d'une force et d'une hauteur correspondantes, tandis que le reste du tableau ayant été travaillé par le temps, ce bon ami des bons tableaux, était d'un accord absolument différent, mais toujours admirable. Ces teintes telles qu'elles étaient sorties de la main du Titien jetaient dans l'épouvante: on avait peine à concevoir, avec une telle chanterelle, quel était l'accord que ce tableau pouvait avoir présenté; car on ne peut révoquer en doute que, sortant des mains du Titien, dans son meilleur temps, il n'en ait eu un, et un merveilleux.* »

Pour l'harmonie des lignes, il indique Corrège comme maître; pour la couleur, Titien. Rubens a su lire le Titien et s'en nourrit au point qu'il nous en a, en quelque sorte, développé les secrets, les traçant en plus gros caractères, partant plus lisibles. Il engage les élèves à imprimer tous les jours quelque chose sur cette « toile qu'est notre imagination. » La nature est là qui pose continuellement pour augmenter nos connaissances.

Mots, formes, images d'artiste, pensées intimes du peintre, jetés pour la première fois, sans art ni fard, sans emphase, sans clinquant. Caylus ne veut ni éblouir, ni briller : il se communique à ses pairs, il instruit les élèves. Des gens du métier l'écoutent et le jugent. Il ponctue ses affirmations par des « j'ai pratiqué » *l'expérience prouve*, qui sont d'une indéniable valeur. Comme il a son franc parler, il met les élèves en garde contre les faux connaisseurs, les écrivains qui s'improvisent critiques d'art, les théoriciens enragés. L'art n'est pas un canton de la littérature, ni un enclos de la philosophie. Peindre n'est pas écrire. De même qu'il ne faut pas forcer son talent, il ne faut pas sortir de son genre.

Pour se délasser des discours officiels, Caylus notait les sèches biographies de Guillet de Saint-Georges, ou il faisait revivre quelque artiste oublié d'après des documents inédits. C'était encore une manière d'enseignement. Tout lui est un prétexte pour encourager les futurs élèves de l'Académie de Rome. Il leur replace sans cesse sous les yeux l'Italie, terre magique où les attend une félicité qui le fit pleurer de bonheur. Là ils trouveront le modèle idéal, Raphaël, Titien, Corrège; là le véritable art. Il leur inocule l'antipathie du *bibelot*, de la *rocaille* et du *vernis*. A force louer les modèles, ennoblir le travail quotidien, élever le talent, prêcher d'exemple, à force lutter, pousser, encourager, récompenser, Caylus fait vivre l'Académie. On tient les élèves en haleine, on élargit le plan d'études, on s'exerce à la perspective, on étudie l'anatomie, car ces deux branches essentielles du dessin étaient si fort négligées que Caylus, se flattant de leur donner une place honorable, dote l'Académie de prix : prix d'expression, prix d'ostéologie, prix de perspective. Ses efforts se ramènent à fixer les regards de tous les artistes sur la Renaissance, mais celle de Léon X, et à les détourner du genre Pompadour[1] qui applique à la lettre les principes du chev. Bernin ; pour lui, l'art consiste à camper, au milieu d'un flot tourmenté de vêtements, une figure théâtrale.

Caylus travaille sans relâche. « Il aurait voulu que tout le monde eût mis la même ardeur au travail » dit Mariette[2]. Depuis longtemps il réunissait chez lui des jeunes artistes à qui il donnait à copier les objets antiqnes qui encombraient son hôtel. Objets frustes ou élégants, figulines, fragments, n'importe. Tout était utile à reproduire, pour exercer l'œil, pour assouplir la main. Il surveillait, recherchait, faisait recommencer, n'étant satisfait que lorsque le dessin reproduisait le modèle dans son intégrité. La copie de l'antique avait, à son avis, un résultat immédiat, celui de débarrasser l'élève de la manière.

A l'Académie, Caylus donna des séries de modèles en plâtre pour favoriser l'étude des antiques qui n'était point encore au programme. Il plaide avec une telle éloquence sa cause, qu'il arrache le consentement de l'Académie à l'étude de l'antiquité[3]. Nouvelle victoire qui, d'une part, augmente l'hostilité des adversaires jaloux de sa puissance et de l'autre rehausse sa découverte sur *l'encaustique chez les anciens* et donne une vogue immense à son œuvre gravé[4].

1. Voir DE GONCOURT. « Mme de Pompadour » et « l'Art du XVIIIe siècle. » Paris, Charpentier, 1906.
2. *Op. cit.*
3. Voir L. BERTRAND. « Le paganisme en France au XVIIIe siècle et le retour à l'antique, » la portée de l'apport de C. dans ce retour. V. R. CANAT : « La littérature française par les textes. » Paris, P. Delaplane, chap. XX, p. 480.
4. Recueil de tout ce que j'ai gravé à l'eau-forte ou en bois. Cabinet

Caylus a parcouru du chemin ; *l'amateur* s'est changé en *artiste*, l'artiste est devenu *critique*, le critique, par une progression logique, finit en *archéologue*. L'archéologue sexagénaire enrichi du goût de l'amateur, du savoir du critique et de la technique de l'artiste. La double tendance de ses contemporains qui les partage en deux camps, s'incarne chez lui ; l'art et l'archéologie se fusionnent et se confondent. A l'Académie royale, il soulève des discussions érudites ; à l'Académie des inscriptions, il rajeunit la science par des débats variés. Dans les deux, il s'efforce de bannir les déclamations oiseuses, les inutiles parades, mieux que cela il tâche d'expulser la routine. Il réussit.

Une telle puissance ne s'exerce pas à la longue sans soulever des murmures, sans trouver des détracteurs. Caylus n'échappe pas à la destinée commune. D'abord, en réveillant l'école, il y réveille le sentiment d'indépendance qui se soulève contre lui. D'ailleurs les natures illuminées et énergiques exercent à leur insu une espèce de tyrannie dans les assemblées dont elles sont l'âme, tyrannie dont ne souffrent pas les fidèles. Mais quand de nouveaux éléments se juxtaposent ou les remplacent, tout de suite, l'humeur perce et l'opposition s'organise. Cochin[1] est nommé en 1755 à la place de Lépicié ; à M. Tournehem succède le *frérot* de la favorite, le marquis de Marigny, qui peuple l'Académie de ses créatures. Caylus sent que son règne est à son déclin. Il supporte impassible les coups d'épingle et occupe fidèlement sa place. Il continue à paraître aux séances, y parle fort peu,

des Estampes. 4 vol. petit in-folio, 663 pages. Séries spéciales : a) Monnaies impériales d'or. b) Recueil des trois cents têtes. c) Caricatures de Léonard. Caylus évalue à 3.000 le nombre des morceaux qu'il a gravés. « La manière de Caylus graveur est celle d'un dessinateur qui esquisse. » ROCHEBLAVE, *op. cit.*, p. 160 et idem « L'œuvre gravé de Caylus. » *L'Art*. 1890, vol. XLVIII, p. 131 et s. 1891, vol. LX, p. 69 et s.

1. Les accusations formulées par Cochin (*op. cit.*), contre Caylus sont criantes de fausseté. Ne s'avise-t-il pas de le peindre comme un ladre, ennemi des arts, exploiteur des artistes, collectionneur rapace, envieux, médiocre, insensible, flatteur des gens en place !... Il eut la prudence de rédiger ces mémoires après la mort de Caylus. Ces flétrissures posthumes, pour être lâches, sont aussi dénuées de valeur.

garde une réserve hautaine envers la *gens nova*. Celle-ci, frustrée dans son espoir, gênée malgré tout par sa présence, compte avec lui, respecte son passé d'académicien et attend sa mort pour le renverser et faire régner sur l'antique le rococo.

A l'Académie des inscriptions, l'autorité de Caylus ne fut jamais discutée. Il y prit vite rang parmi les plus zélés, les plus chercheurs, et s'y fit une place éminente. L'archéologie, la dernière forme de son activité, en est aussi la plus achevée. Nul autant que lui n'a retourné, creusé, fouillé le champ de l'antiquité, personne ne s'est tenu, avec sa persévérance, pendant vingt-cinq ans au courant des découvertes, en haleine avec les voyageurs, les érudits, les savants. Tout ce que l'Italie avait en fait de brocanteurs et d'antiquaires, est l'objet de son attention. Il suit pas à pas l'abbé Barthelemy, refaisant avec lui, en esprit, son voyage d'Italie[1]. Il encourage Le Roy dans son entreprise de rapporter de la Grèce l'exacte description de ses plus beaux monuments[2]. Il admire le plan colossal de Piranèse. Il applaudit à H. Robert qui se transporte à Paestum pour en dessiner les ruines. Il fait pensionner Anquetil-Duperron et lui procure le passage gratuit pour aller aux Indes, et pendant que ses yeux avides dominent le champ illimité de l'archéologie de l'Asie à Rome, le hasard, qu'il nomme le dieu des antiquaires, lui fait découvrir à Paris les dessins originaux de Pietro Santi Bartoli d'après l'antique, et il en donne une édition à trente exemplaires qui n'a point été surpassée en magnificence[3]. Il fait les honneurs de son cabinet à l'Académie qui décide, dans la séance du 16 août 1752, sur le rapport de Boze et Sallier, de céder son droit

1. « Sérieys. Le voyage en Italie de Barthélemy, ou suite de lettres adressées au Comte de Caylus. » Paris, 1802.

2. Le Roy. « Ruines des plus beaux monuments de la Grèce. 1758, in-folio. »

3. Le Cabinet des estampes contient l'original et un exemplaire. On ne put rééditer cet ouvrage puisque C... en avait fait briser les planches sous ses yeux. Il en fit de même pour l'édition de la fameuse mosaïque de Palestrina.

de privilège à M. le comte de Caylus pour la publication du *Recueil d'Antiquités*. Ce recueil, mis sous le patronage illustre de l'Académie, deviendra désormais sa préoccupation constante, sa manie.

Le *Recueil d'antiquités égyptiennes*, *étrusques*, *grecques*, *romaines* et *gauloises*, comprend sept tomes : les six premiers parurent successivement en 1752, 1756, 1759, 1762, 1764, le dernier parut l'année même de sa mort, en 1765. C'est là son œuvre maîtresse qui représente le labeur de trente ans, enté sur une vie entière d'études passionnées. Caylus lui consacra les énergies de son esprit avisé, les ressources de ses talents divers, la vigueur de son imagination d'artiste, la noblesse d'un but désintéressé.

Quel est ce but? Il est nécessaire de le bien déterminer. Caylus laisse à tous les archéologues présents et à venir la mission de révéler la beauté antique dans ses grands monuments ; il leur abandonne le rôle distingué et délicat. Lui se retranche dans un terrain modeste où personne ne lui fera concurrence. Il s'y campe à ses risques et périls. Il fait « l'iconographie des mœurs des anciens retrouvée pièce à pièce[1]. » D'autres feront la galerie des antiques, lui, le musée : là seront rangés les Vénus, les Apollon, les Mercure, etc. Ici, pêle-mêle, caducées, crotales, boucles, ex-voto, coupes, javelots, massues, gaînes, scarabées, poids, anses, consoles, pendants d'oreille, sceaux, pierres gravées en creux et en relief : les objets du culte, de la toilette, les ustensiles de cuisine, les outils agricoles, les armes, les jeux, les ornements, les chaussures ; ce qui sert dans la maison, au temple, aux champs, à la vie intime, à la vie publique, à la vie d'outre-tombe, l'indispensable et le superflu, le fragile et le solide, le verre et l'or. Tous ces fragments, toutes ces rognures antiques, qui échouèrent à l'Orangerie pendant trente ans, provenaient du Caire, de Naples, de Rome, de Marseille, de Nîmes et de partout, car partout Caylus avait

1. E. et J. de GONCOURT. Portraits intimes du XVIIIe siècle « Caylus, » p. 161.

des fournisseurs auxquels Natoire, du Breteuil, Barthélemy, Paciaudi ne laissèrent aucun répit. Caylus leur communiquait sa fureur, si bien qu'il n'était point de ventes, d'enchères, de fouilles où il n'eût sa part. Tout lui est bon : au pis-aller il soumet le fragment au feu, au bain, pour pénétrer son procédé de fabrication ou son alliage. Lorsque les objets ont été soigneusement dessinés, pesés, évalués, mesurés, décrits, Caylus s'en débarrasse en les envoyant au cabinet du roi, moins parce qu'ils lui paraissent dignes d'y occuper une place, que pour les conserver et les mettre à l'abri des accidents que ces sortes de collections essuient à la mort des particuliers[1]. L'amour de l'antique ne réveille pas en lui l'amour de la propriété. Au moment où un objet, qui lui revenait cher, cesse d'être intéressant, il cesse de lui appartenir. Il lui suffit de l'avoir classé. Aussi Caylus n'est-il pas un collectionneur au sens strict du mot ; son cabinet a une physionomie tout à fait singulière ; c'est un entrepôt de disparates qui n'attendent que le coup d'œil du possesseur pour déménager. Il ressasse dans ses lettres à l'abbé Paciaudi[2] le but de sa collection et l'objet précis de ses recherches.

« *Je vous prie toujours de vous souvenir que je ne fais pas un cabinet, que la vanité n'étant pas mon objet, je ne*

1. *Avertissement* au t. Ier du *Recueil*. Caylus fit au Cabinet du roi trois versements. A sa mort, par disposition testamentaire, la Bibliothèque du roi et le Cabinet des estampes se partagèrent sa bibliothèque, et après la mort de l'héritier de sa fortune et de ses titres, Robert de Lignerac, duc de Caylus, le Cabinet des médailles, auquel C... avait fait deux donations, en 1750 et en 1762, reçut toutes ses antiques.

2. Ch. Nisard. Correspondance inédite du comte de Caylus avec le P. Paciaudi, théatin, 1757 à 1765, 2 vol. Paris, Imprimerie Nationale, 1877. Paolo-Maria *Paciaudi*, fils d'un médecin de la cour de Turin, naquit en cette ville le 23 nov. 1710. Il fit d'excellentes études chez les Jésuites : aussitôt licencié de l'université de Turin, il alla à Venise, y prit l'habit de théatin en 1729. Remarquablement curieux des sciences, il s'appliqua à la physique, à la géométrie. Il professa la philosophie à Gênes, inclinant vers les doctrines de Descartes et de Leibnitz. Eclectique passionné, il amasse un fonds de culture aussi varié que profond, par lequel il gagne en 1740 la protection du savant cardinal Spinelli qui le garde sept ans à Rome. Sa renommée d'érudit s'ébruita si bien et si vite que tout posses-

me soucie point de morceaux d'apparat, mais de guenilles, d'agathe, de pierre, de bronze, de terre, de vitre, qui peuvent servir en quoi que ce soit à retrouver un usage ou

seur d'antiquités voulait les lui montrer et avoir son avis. Ce fut là l'origine de nombreuses dissertations émaillées de citations. Celles sur le bas-relief sépulcral de Démétrius, sur les ombelles d'un vase étrusque du musée Gualterio et sur le mesureur du monument de Bénévent, furent composées et imprimées à Rome de 1751 à 1754. L'ordre de St-Jean de Jérusalem l'avait nommé son historiographe; pour justifier une telle confiance, Paciaudi compose un gros traité sur les antiquités chrétiennes relatives au culte de St-Jean-Baptiste dédié à Benoist XIV qui, dès lors, se mit à protéger le théatin. Pendant le séjour que l'abbé Barthélemy fit à Rome en 1755, il se lia avec l'abbé Paciaudi dont l'ambassadeur de France, M. de Stainville, plus tard duc de Choiseul, faisait le plus grand cas. C'est par Barthélemy que Paciaudi fut mis en relation avec le comte de Caylus lequel, à la mort de Gori (1757), le fit nommer correspondant de l'Académie des inscriptions et belles-lettres. Telle fut l'origine épistolaire entre l'érudit théatin affamé de pamphlets contre les jésuites et le passionné antiquaire affamé de rognures antiques. Celui-là pourvoyait de fragments, de directions savantes, l'académicien, lequel, en échange, lui envoyait des ballots de brochures, de pamphlets et d'estampes qui inondèrent la France pendant les années qui précédèrent la suppression des Jésuites. En 1758, leur correspondance a quelque peine à se soutenir, mais en 1759 elle prend tout son essor et ne finit qu'au 1er sept. 1765, la semaine même de la mort de Caylus. La plupart des lettres adressées à Paciaudi, conservées dans la bibliothèque de Parme, sont intéressantes : Caylus quitte peu à peu sa réserve altière, s'attache à l'abbé, lequel, de son côté, se multiplie avec une bonne grâce inlassable pour rendre service à son illustre ami. S'il hésite à accepter l'offre avantageuse du duc de Parme, c'est qu'il lui faut quitter Rome, centre des recherches archéologiques grâce à quoi il peut obliger l'académicien.

Le ministre de l'infant dom Philippe, du Tillot, auquel Caylus avait suggéré l'idée du choix de Paciaudi, en qualité de bibliothécaire du Prince et d'antiquaire de Son Altesse, l'emporte et Paciaudi, après avoir demandé un délai dans le but de finir son œuvre maîtresse *Monumenta Peloponnesia* (2 vol. in-4. Rome, 1761) où il cite dix fois Caylus, après une visite à Paris, longuement souhaitée, arrive à Parme au mois de juillet 1763. En dépit de contrariétés inouïes et d'obstacles multiples, l'abbé fut le seul fondateur d'une des plus remarquables bibliothèques de l'Italie. Chargé de diriger les fouilles de Véleia, il voulut en faire profiter Caylus, d'autant que le prince enjoignait à Paciaudi de lui dire qu'il le faisait « le maître et le feudataire de toutes les antiquités de Véleia, » mais Caylus n'accepte les plus médiocres *guenilles* qu'à son corps défendant. La mort du comte, auquel le théatin avait voué un véritable culte, le remplit de douleur. L'infant dom Ferdinand succédant à son père, garda du Tillot et Paciaudi dans leurs fonctions et proscrivit les Jésuites. Comme ces derniers abandonnaient leurs écoles, le prince remit à Paciaudi le soin de dresser un nouveau plan d'études. Ce plan parut sous le titre : « Costituzione per li novi studi regi in Parma, » 1768; en même temps, par des négociations habilement menées avec le bibliothécaire d'Emmanuel III de Sardaigne, il obtenait que *Bodoni* portât son industrie hors du Piémont et vint établir

le passage d'un auteur[1].... *Toutes les guenilles même de terre cuite qui tiennent aux Etrusques et aux Egyptiens, fussent-elles mutilées, me seront toujours utiles pourvu que l'on ait une idée de leur forme. Je vous ai témoigné du dégoût pour les morceaux de belle conservation, ces froids Apollons, ces belles prétendues Vénus, etc. En vérité ce n'est pas par avarice, car je ne suis point avare, et je regarde l'argent comme un moyen de satisfaire son goût, mais je crois qu'un honnête homme doit proportionner sa dépense à son argent, et dans la vérité je compare les belles antiques aux belles dames et aux beaux messieurs dont la toilette est complète, qui arrivent dans une compagnie, s'y montrent et n'apprennent rien; au lieu que je retire quelquefois d'un morceau fruste, que je comparerois en ce cas à un homme crotté, le sujet d'une dissertation et l'objet d'une découverte. Car nos modernes ont beau dire, ils veulent par excès de vanité tirer toute la couverture à eux : plus je vais et plus je vois que les anciens ont tout connu.... Plusieurs de ces guenilles m'ont fait trouver des opérations mécaniques très singulières et très utiles aux artistes pour lesquels j'avoue que j'aime le plus à travailler*[2]. *Voilà le sujet pour lequel je ramasse volontiers les ordures. Je ressemble en cela aux chiffonniers.... Ronde-bosse, bas-*

l'imprimerie bodonienne à Parme, la plus justement célèbre dans toute l'Europe.

Mais les revers allaient commencer. Entraîné dans la chute du ministre du Tillot, l'abbé fut destitué de ses charges et relégué dans le couvent de Sainte-Catherine de Parme où il languit six mois. Le prince le rappela à la cour, il y reprit son triple travail pendant deux ans, au bout desquels il donna sa démission et se retira à Turin, dans un couvent. Il connut alors un désœuvré de talent, le marquis Vittorio Alfieri et il orienta sa vie vers des idéalités fortes et civiles. Son disciple lui voua une éternelle reconnaissance. Les instances de dom Ferdinand, et les ordres formels de son oncle Victor-Amédée, contraignirent Paciaudi, vieilli et infirme, à repartir pour Parme où son talent fut partagé entre les soins de la bibliothèque et la direction de l'enseignement. Il travailla en dépit de ses infirmités nombreuses. Il s'endormit rassasié de jours, le 1er févr. 1785, à l'âge de 75 ans. Winkelmann lui témoigna toujours une considération particulière.

1. Lettre II.
2. Lettre III.

relief, gravure, tout me convient[1]. *J'ai, je crois, un collège entier d'Hercules, ainsi que des Jupiters et des Mercures. Quelquefois je les enverrai tous en vacances, c'est-à-dire qu'à la réserve de trois ou quatre, je les mettrai à la porte*[2]. *La beauté et la perfection du goût dans les morceaux me font autant de plaisir qu'à un autre, mais leur possession n'est qu'un plaisir solitaire.... Quand les morceaux les plus humbles seraient plus chers que les beaux, on en serait charmé par le parti qu'on est assuré d'en tirer et l'utilité dont on peut être aux artistes et aux hommes véritablement curieux.... Si vous trouvez des enduits de peinture, j'en serai véritablement charmé; des fragments d'enseigne, dont la variété a besoin d'être examinée pour être conçue, des instrumens de tous les genres, des opérations de l'art, comme incrustations, damasquinures, des verres singulièrement travaillés avec des ornemens en relief, des petites plaques de bronze avec des inscriptions en creux ou en relief, des terres cuites destinées à différents usages comme un vœu à Lucine et la tête d'un tuyau qui représente un chien. Ces objets piquants ne sont pas communs. Ceux qui ont écrit avant nous sur les antiquités les ont méprisés ou étaient occupés de plus grands monuments*[3].

Je possède deux médecins, l'un de mes marbres, l'autre de mes bronzes, qui restaurent sous mes yeux et qui sont des plus sages et des plus entendus[4]. *Les terres cuites peuvent entrer dans le Capharnaüm que je voudrais bien augmenter*[5]. *Je vous avoue que les arts les plus vils et les opérations nécessaires étant l'objet de mon étude autant que les choses de goût, je vous serais obligé de me faire avoir quelque morceau cassé mais orné, et surtout quelque partie de moule.... Ce n'est pas vilainie, mais les guenilles que personne ne voudrait ramasser produisent des éclaircisse-*

1. Lettre V.
2. Lettre VI.
3. Lettre VII.
4. Lettre X.
5. Lettre XII.

ments et des lumières quand une fois le plan est fait et les points de vue donnés. Somme toute, les balayures de la place Navone et toutes les guenilles me conviennent[1]. *Je ne fais pas un cabinet, je fais un cours d'antiquités et je cherche pour les usages ce qui les procure et pour les pratiques ce qui les démontre. La singularité d'Herculanum et les obstacles qu'il faut surmonter pour avoir des fruits de ce jardin des Hespérides font que tout en est bon*[2]. *Il y a tant de pauvres diables qui sont bien aises de gagner un écu, qu'on peut charger quelqu'un de cette espèce de ramasser des pots et des morceaux cassés de tous métaux et de toute matière. Je crois que c'est un moyen pour retrouver plusieurs pratiques des Romains, et il est constant qu'ils en avaient beaucoup qui sont du haut allemand pour nos modernes, malgré leur enflure et leur suffisance.... Nous avons un proverbe qui dit que tout sert en ménage; je le crois surtout vrai sur la table d'un antiquaire*[3]. *Vous voyez que je travaille et que si je désire des morceaux, ce n'est pas pour en faire parade, les arranger dans un cabinet où l'on entre le plus souvent pour écouter des raisonnements à la diable, et répéter de son côté presque toujours la même chose. Si j'étais condamné à cette peine, je jetterais toutes les antiques par la fenêtre et je prendrais le même chemin*[4].... »

Le but de Caylus est donc clairement énoncé; il le définit encore sobrement dans la dédicace à Messieurs de l'Académie des inscriptions et belles-lettres[5].

« *Avant que vous m'eussiez fait la grâce de m'admettre parmi vous, je ne regardois que du côté de l'art ces restes de l'antiquité savante échappés à la barbarie des temps; vous m'avez appris à y attacher un mérite infiniment supé-*

1. Lettre XXII.
2. Lettre XXVII.
3. Lettre XXVIII.
4. Lettre XXXVI.
5. *Recueil d'Antiquités*, etc.

rieur, celui de renfermer mille singularités de l'histoire du culte, des usages et des mœurs de ces peuples fameux qui, par la vicissitude des choses humaines, ont disparu de dessus la terre qu'ils avaient remplie du bruit de leur nom. »

On conçoit aisément que l'achat continu et illimité de ces objets, fut la préoccupation perpétuelle de l'académicien et que s'il fouille Paris, où personne ne court sur son marché, il a constamment le regard tourné vers l'Egypte et surtout vers l'Italie, où la terre, « docile aux vœux de l'antiquaire, restitue en détail les trésors qu'elle cache. » Il y comptait des pourvoyeurs à gages comme Alfani à Naples, des admirateurs prêts à hanter les marchands, à surveiller les trouvailles, tels que Zanetti à Venise, Natoire à Rome ; à Rome, à Naples, à Parme, successivement son informateur fidèle, Paciaudi. Bellotti, pour rendre hommage à l'illustre Français, dessine à son intention ce qui tombe de rare aux mains des brocanteurs. De Paris, il presse les uns, stimule les autres, il charge Paciaudi de faire l'emplette de cabinets borgnes où qu'ils soient ; il prodigue de l'argent même aux emballeurs, et n'épuise jamais son désir, malgré les déceptions et les embarras de toute sorte. Sa passion le tient. Aux lundis de Mme Geoffrin, aux mercredis de Boze[1], il paraît encore, mais autrement d'année en année, il s'isole davantage. Il vit en tête-à-tête avec sa maîtresse, l'antiquité[2]. Il savoure seul à seul les charmes de l'étude et de l'esprit. Comme il y a des poupées pour tous les âges, une belle statère le captive plus qu'un joli minois. Il manie une figuline, un mascaron, un scarabée avec volupté, se consolant ainsi d'être privé des femmes « les plus belles

1. Gros de Boze, secrétaire perpétuel aux inscriptions, réunissait à dîner les membres des diverses Académies. Chez lui l'abbé Barthélemy, alors jeune érudit, et l'archéologue mûr se connurent et s'apprécièrent mutuellement. Caylus exhorta l'abbé à faire son voyage d'Italie et Barthélemy en échange, lui donna la première idée du *Recueil*.

2. Lettre V. Je la caresse, je la regarde, je l'étudie : les goûts de passion sont constants pour les vieillards, ils meurent avec leur attachement.

fleurs de la nature[1]. » Il détaille les jouissances de l'antiquaire : acquisitions, lettres, voyages, visites, donnent à la vie une action que l'on peut avouer; puis l'instant où les trésors arrivent, il ouvre avec une douce inquiétude mêlée d'espérance, les caisses qui les renferment; il se flatte d'y trouver des choses rares et inconnues. Le moment de la découverte lui est une jouissance vive à laquelle s'ajoute celle des expériences. L'idée de prévoir une découverte d'utilité publique le pénètre, l'échauffe, touche son cœur, et le bonheur de réussir le dédommage amplement de toutes ses peines[2]. Parfois Caylus parle de son opulence; le plus souvent il soupire parce que l'ordinaire ne lui a rien apporté. Une fois son angoisse perce dans ces mots : « depuis longtemps je n'ai rien déballé[3]. »

Quoique les caisses qui lui sont adressées voyagent avec les privilèges et les garanties accordés aux effets des ambassadeurs, il tremble sur leur sort. L'état précaire des routes, les différentes douanes de tous les petits princes d'Italie, la négligence des correspondants, sont autant de dangers qui menacent ses guenilles, et il en vient à déclarer que les envois des antiquaires et des gens de lettres devraient être à l'abri de lois si sévères, que lors même que des corsaires les trouveraient flottants sur la mer, ils fussent obligés de les renvoyer à leur adresse[4]. Les inondations le comblent de joie, il en loue Dieu d'abord et donne le branle-bas à ses correspondants à Arles et le long de la vallée du Rhône, pour qu'ils ramassent ce que les débordements découvrent[5]. Il est de mauvaise humeur certain printemps, parce que l'Italie n'a pas eu *son* inondation. Un paquet intercepté le touche plus que les affaires de Pologne et que les tracasseries parlementaires[6]. Pendant

1. Lettre XXXIV.
2. Avertissement au tome II du *Recueil*.
3. Lettre LXXXIV.
4. Lettre XXX.
5. Lettre LXXXII.
6. Lettre LXXIX.

une période de disette, il se compare au tronc d'église qui porte l'inscription : « Je suis en très grande nécessité. » La nouvelle que les Jésuites d'Italie se font antiquaires le met au comble de la colère : « Ils vont encore me couper les vivres! Je ne m'attendais pas à ce trait[1]! » L'abbé Galiani lui mande de Naples la mort d'un curieux dont les bronzes bons ou mauvais pèsent cinq quintaux; il s'engage à lui pourvoir, à cette vente au poids, un quintal de monuments. L'offre divertit Caylus qui aurait peut-être réclamé les cinq quintaux, s'il n'eût craint les brocards de ce polichinelle de génie.

On conçoit qu'à force de s'alimenter d'une passion aussi exclusive, il s'exalte et se surprend à caresser l'idée de voler les manuscrits d'Herculanum. Lui, si probe, communique son plan criminel à Paciaudi, lequel ne le condamne pas, puisque Caylus revient par trois fois sur le même sujet. Il sent la difficulté de réussir, mais il estime qu'il est bon d'avoir le vol en vue[2]. « Si je pouvais fourrager deux heures dans le cabinet du roi de Naples, que je ferais de bonne besogne[3]! »

Caylus défendait sa porte avec rage. Paris tourbillonne dans les fêtes, les bals, les magnificences de tout genre : lui, fermé à double tour dans son laboratoire, est inondé, étouffé, accablé par ses bronzes égyptiens qui viennent d'arriver. Le vacarme de Paris en liesse le pousse à partir pour Pontchartrain[4]. Que les fêtes pour la paix[5] tournent les têtes du pays déjà légères et frivoles, lui prendra le parti du sage et continuera à besogner ailleurs[6]. Il ne cherche pas à connaître des hommes nouveaux et serait presque tenté de mettre à la réforme plusieurs de ses vieux amis.

1. Lettre LXXXVIII.
2. Lettre XXVIII.
3. Lettre XLV.
4. Chez Maurepas.
5. La paix de 1763 entre la France, l'Espagne et l'Angleterre qui mit fin à la guerre dite de sept ans et qui coûta cher à la France.
6. Lettre LXIV.

Politique, littérature, philosophie, nouvelles du jour, chroniques parisiennes, tout lui est indifférent. Il ignore la mort de Mme de Pompadour, il apprend les actualités de France par l'étranger. Si après 1762 il tend l'oreille aux causeries des deux salons qu'il fréquente, c'est uniquement pour les passer au théatin si empressé à lui plaire et à l'obliger. Il ne s'occuperait de personne et ne vivrait que dans le passé : en effet, quel intérêt peut avoir cet athée à la lutte des Jansénistes contre les Jésuites? Quels plaisirs offrent à cet antiquaire préoccupé de vérité les élucubrations ampoulées et creuses des philosophes? Ce qui occupe sa vie le conduit à démêler les ridicules de l'humanité, ses inconséquences, et à atteindre, par l'amour d'elle, par l'excuse de ses défauts, à l'indifférence complète de tous les petits intérêts qui divisent les hommes[1]. Il ne parcourt pas une des brochures sur les Jésuites qu'il envoie par paquets à Paciaudi, il ne donne même pas un coup d'œil à la biographie de son oncle, l'évêque d'Auxerre, avouant avec sa sincérité habituelle « ce n'est pas de ce côté-là que j'aimais mon oncle[2]. »

Néanmoins, pour satisfaire à l'intérêt de Paciaudi[3], il fait quelques allusions aux personnages et aux événements de Paris. Il le fait pour acquit de conscience. Souvent sa manière de voir est la bonne, mais la forme ne cesse d'être rude, voire brutale. Voici une poignée de glanures; le lecteur y démêlera le grain de l'ivraie.

« *Je connais peu Diderot parce que je ne l'estime point, mais je crois qu'il se porte bien. Il y a de certains bougres qui ne meurent pas.*

1. *Préface* au V du *Recueil*.
2. Lettre CXXXIII (Vie de M. de Caylus, évêque d'Auxerre, par l'abbé Dettey. 2 vol. in-12, 1765).
3. L'abbé Paciaudi fut à Paris de décembre 1761 à août 1762. Il accompagnait l'abbé Lanti chargé de porter la barrette à MM. de Choiseul et Rohan, créés cardinaux par Clément XIII. Pendant son séjour à Paris, Caylus et Mariette l'avaient introduit partout. A la reprise de leur cor-

Mirabeau a plus d'amour-propre que de goût pour le bien; son beau titre n'est pas rempli[1].

Beaumont[2] *ressemble à notre Saint-Père; quand il mourra, il ne rendra pas l'esprit.*

Les Encyclopédistes ont un plan de conduite pareil à celui de la Société de Jésus[3].

Voltaire a fait une comédie ou dialogue sur les Rois d'Israël dans laquelle ils ne sont pas bien accommodés. Il est vrai qu'il y a de la matière pour les reproches, mais ils pouvaient être mis au rang des choses inutiles à dire, leur réputation étant faite[4].

Goldoni a donné une pièce intitulée l'Amour paternel dont il me paroit qu'on est fort content[5].

On trouve ici que M. de La Chalotais s'est gâté par son ouvrage sur l'Education[6]. *On dit qu'il a répété beaucoup de choses déjà dites et qu'il a données comme nouvelles. On lui reproche surtout, étant magistrat et homme de sens, d'avoir donné comme des modèles, Voltaire, D'Alembert, et jusqu'à Duclos; le tout pour avoir des partisans et recevoir des éloges*[7].

Je ne sais si vous vous souvenez d'un tale che si chiama Duclos : il a de l'esprit et point d'imagination. « Ses poumons facilitent sa loquèle. »

Notre abbé Cesarotti doit être mis aux petites maisons pour avoir traduit le poème d'Ossian. On ne répond pas sérieusement à des insensés de cette espèce[8].

respondance, Caylus s'efforce de l'entretenir sur quelques nouvelles du jour.

1. L'ami du peuple. Lettre XLIX.

2. Archevêque de Paris.

3. Lettre L.

4. Bachaumont, t. I, p. 174, 177 et 213, en donne aussi un jugement très sévère.

5. Diderot en tira son *Père de famille*. V. Journal encyclopédique, juillet 1753, p. 90.

6. Essai d'éducation nationale. Genève, 1763, in-12.

7. Grimm en fait un éloge partial dans *Correspondance littéraire*, t. III, Ire partie.

8. Lettre LXXXI.

Deux jésuites ont été envoyés à la Bastille; ainsi va le monde : ils y envoyaient autrefois, on les y envoie aujourd'hui.

L'abbé Garnier, un de nos confrères, a fait un livre intitulé : L'Homme de lettres, dont je suis en mon particulier très content. Le tableau qu'il fait des lettres en Grèce, à Rome et en France m'a fait plaisir. D'ailleurs, l'ouvrage est écrit d'un style à lui et nourri par les lettres mêmes. Il n'y a point de ce coupé, de ces fleurs glaciales et de cette métaphysique encyclopédique.

L'édition de Corneille donnée par Voltaire[1] *paraît. Il voulait faire honneur à son maître, faire honte aux parents de l'auteur, faire rougir la nation.... L'ordre chronologique des pièces est culbuté : des douze volumes il y en a plus de six de critique au bas de chaque page, et quelle critique !... Ne me citez pas, car je ne veux rien avoir à démêler avec ces drôles-là. Il n'y aurait pour un galant homme que des coups de bâton à donner, et la façon en est toujours désagréable et embarrassante.*

Algarotti, dont vous me parlez, est un de ces gens qui ont vécu et qui ne laissent rien après eux[2].

On vient de brûler à Genève un nouvel ouvrage de Voltaire intitulé « Dictionnaire philosophique. » C'est un recueil où il a rassemblé les impiétés éparses dans ses autres ouvrages[3].

Nous avons pour spectacle à Paris la vente des meubles de Mme de Pompadour qui est étonnante par le nombre et la valeur des effets[4].

Il nous pleut des traductions d'Homère de tout côté. Il

1. Au sujet de l'édition de Corneille par Voltaire, V. Bachaumont, t. II, p. 41-57.

2. Lettre XCIV. Il survit dans la correspondance de Voltaire et du roi de Prusse.

3. Lettre CVII.

4. La vente des livres précéda celle des tableaux qui dura un an. On y courut comme au feu. Il sembla que « toute les parties du monde se fussent rendues tributaires du luxe de la marquise. »

n'y a pas de mal que l'on s'occupe un peu de ce grand homme. Ainsi un M. Bitaubé nous a donné l'Iliade traduite en prose, mais il l'a donnée abrégée, raccourcie, corrigée. Je ne m'accoutume pas à voir Homère mutilé ; ces corrections ne me paraissent point pardonnables et j'aime mieux le ridicule d'un auteur qui ne paraît ridicule que parce que le genre de ses contemporains, les usages de son pays et les finesses de sa langue nous sont inconnus, que de voir un Homère-Bitaubé comme nous avons vu, il y a trente ans, un Homère-La Motte[1]. »

A propos des *Matinées du roi de Prusse.*

« *On a d'abord voulu donner cet ouvrage à Voltaire, car on lui donne tout, mais il n'a pas assez de véritable esprit, c'est-à-dire de profondeur ou de justesse pour en être capable.... On les attribue maintenant au roi de Prusse, et je vous avoue que je n'ai pas vu de tête plus singulière que celle de l'auteur de ce petit ouvrage qui pense, qui voit d'une façon lumineuse et qui ne court point après l'esprit*[2].

Je vous envoie cet ordinaire l'Expulsion des Jésuites, livre de D'Alembert mais que j'aurois cru être fait par un manœuvre de l'Encyclopédie. Il a le diable au corps avec son esprit philosophique ; c'est une marotte qu'il ramène à tout et l'on peut assurer qu'il est un des plus mauvais Français que je connaisse[3].

Les Anglais ont de l'esprit, mais pas tous : ils ont plus sûrement des préventions et des guinées. »

Les gens qui n'ont qu'une affaire sont dangereux dans le sens qu'ils croient en posséder eux seuls la clef, ils s'en attribuent le monopole et se tiennent à l'absolu. Caylus ne

1. Lettre CXV.
2. Lettres CXX et CXXII. Le roi de Prusse est, en effet, l'auteur de ces *Huit matinées*, compendium de l'Art de gouverner un petit Etat.
3. Lettre CXXVII. Ce jugement est en tout fort juste.

rentre pas dans cette catégorie. Un trait sympathique de son esprit, c'est de ne jamais parler *ex-cathedra*. Il est si modeste. Il insiste pour avoir des lumières et des corrections. Il admet qu'il peut se tromper, aussi parle-t-il en homme faillible qui cherche à s'instruire. Le dernier défaut qu'on oserait lui attribuer, c'est la fatuité. Les lumières bornées n'offrant en général que des conjectures arbitraires, il demande qu'on le conduise à la vérité par la critique. A une critique austère et impartiale il soumet son *Recueil*, et souhaite que les Italiens surtout en relèvent les erreurs et les remplacent par de meilleures explications. Il confie à Paciaudi que la critique rigoureuse est à ses yeux la preuve d'amitié la plus touchante. Les compliments le mettent mal à son aise, il est si mauvais complimenteur lui-même, que les superlatifs italiens l'obsèdent et l'encens l'étouffe. Gori le couvre d'hommages; Piranese dit trop de bien de lui; les éloges du cardinal Spinelli le font rougir; ceux du cardinal Passionei le mettent sur le gril; Barthélemy n'ose lui répéter les mille choses flatteuses qu'on lui mande de Gênes, de Bologne, de Rome, où sa réputation est solidement établie, parce qu'il sait que le comte ne les aime point; le cardinal Rezzonico, qui lui adresse une épître admirative en latin, le fait suer d'ahan; l'Infant de Parme le nomme « feudataire des fouilles de Véléia » et le malheureux Caylus, qui ignore d'avoir tant de mérite, se dérobe, conjure ses intimes de ne pas l'exposer ainsi à l'inimitié ou au ridicule[1], et supplie Calvet : « Au nom des dieux, ne me faites plus de compliments, ils me font le même effet qu'à Scarron, ils me font pleurer. » Ne sait-il pas que la critique est en tout plus digne des Muses sévères auxquelles il sacrifie? Ces Muses exigent l'homme tout entier avec des connaissances multiples, un esprit d'ordre et de géométrie[2]. Il conclut, cet esprit dépouillé de toute vanité :

1. « Que nous savons donner dans ce pays-ci mieux et plus qu'en aucun autre. » Lettre XXXVIII.
2. Lettre à Du Tillot.

« *Plus je vis et plus je vois qu'on a beaucoup de peine* à *savoir une chose très imparfaitement*[1]. »

Caylus défère aux Italiens la supériorité en matière d'archéologie. Tout le monde est, d'après lui, antiquaire à Rome où l'on naît au milieu des monuments et où l'on a dès le maillot un priape pour hochet[2]. L'ordre de Benoît XIV de ne point laisser sortir de Rome les belles antiques, le ravit, et il lui sait gré de veiller à leur conservation. Son esprit plane avec délice sur le Capitole, qui jadis faisait trembler la terre par toutes les horreurs de Mars et qui est aujourd'hui l'asile de la Paix et le grand livre des antiquaires[3]. Là est l'école où l'on apprend à épeler le mot « génie. » Invité à trancher une controverse, il répond qu'un Gaulois est mal venu au milieu d'Italiens érudits. Toutefois, son culte pour l'Italie ne détourne pas ses yeux de la France. Barthélemy lui déclare que la France est le pays de fer des antiquaires, que la barbarie y règne encore[4]; il se confond en doléances. Caylus fait mieux que gémir; il interroge le sol de l'ancienne Gaule, établit des correspondants dans la vallée du Rhône, achète les cartons des antiquités de la France méridionale, dessinées par Mignard, d'après l'ordre de Colbert, empêchant ainsi que la veuve du peintre ne s'en serve pour allumer le feu. Il entretient avec l'antiquaire Calvet[5] une correspondance suivie — du 17 mars 1761 au 10 août 1765 — où il est possible de

1. Lettre V.
2. (En guise d'amulette préservant du mauvais œil). Lettre XXXI.
3. Introduction aux Antiquités grecques, t. Ier du *Recueil*.
4. « On voit à Carpentras les débris d'un arc qu'un évêque a converti en cuisine. On a brisé à Nîmes une quantité prodigieuse d'inscriptions ; on a mutilé des statues, on a vu des enfants poursuivre à coups de pierre des oiseaux qui faisoient leurs nids dans les feuilles d'acanthe de la maison Carrée, si admirée et si digne de l'être. Le nombre d'inscriptions qu'on détruit tous les jours à Lyon est inconcevable. La même chose arrive à Nîmes et partout où les Romains ont habité » IIe lettre de Barthélemy à Caylus. Voyage en Italie, publ. par A. Sérieys. Paris, an X (1801).
5. Claude-François Calvet (1728-1810), docteur en médecine, professeur d'anatomie, curieux d'histoire naturelle, de peintures, d'antiquités. Il a

suivre ligne après ligne l'ébauche d'un plan magnifique qui lui fait honneur en sa double qualité de patriote et d'archéologue. Il rêve à la reconstruction de la Gaule romaine. Il aimerait restituer son histoire lapidaire par ses vestiges, ses débris, les épaves de sa civilisation et faire le départ des éléments indigènes et des éléments transplantés sous l'Empire. Nul mieux que lui ne sait que la vie d'un homme est peu de chose en regard d'une entreprise aussi gigantesque. Qu'importe! Il commence à rassembler, à collectionner, à faire fouiller, dessiner, graver, il se borne au gros de la besogne, voire à la recherche rebutante, aidé par des collaborateurs obscurs ou connus auxquels il communique son feu. Il s'estime heureux si quelqu'un plus éclairé que lui et plus jeune, partageant son rêve, poursuivra et achèvera l'œuvre. Aux antiquités gauloises il consacre une modeste place dès le troisième tome du Recueil; au sixième elles remplissent presque la moitié du volume. Le même soin, la même consciencieuse recherche, la même préoccupation de clarté et d'exactitude qu'il prodigue aux bronzes, aux moules, aux pierres gravées d'Egypte, de Grèce, de Rome, il les prodigue au ramassis de la Gaule. Il fait du ravaudage avec la joie anxieuse qui accompagne la création. Libéralement il fournit à la science de demain, un plan encore inexécuté[1].

« Etant un animal dont la nature est reconnaissante, je témoigne, en action, les obligations que j'ai[2]. » Cochin[3], Marmontel[4], Quérard[5], qui, par dépit, par jalousie et par système, ont accusé Caylus d'exploiter les besogneux et les érudits, de les payer d'ingratitude et de se parer de leur

laissé à Avignon, sa ville natale, toutes ses collections qui forment le muséum Calvet. On y trouve aussi les 85 billets que Caylus lui adressa : Orange, Carpentras, Apt, y occupent la même place que Portici, Herculanum et Véléia, dans la correspondance avec Paciaudi.

1. Napoléon III, en fondant le musée de Saint-Germain, remplissait en partie le vœu de Caylus.

2. Lettre XXXVIII.

3. *Op. cit.*

4. Mémoires cités.

5. Supercheries littéraires.

savoir, se sont exposés à un démenti catégorique. En effet, parcourons les lettres de Barthélemy, de Paciaudi, de Calvet à Caylus, les lettres de Mariette à Paciaudi, et à chaque page nous aurons la preuve de la gratitude que Caylus leur témoigne pour leurs conseils, leurs corrections ou leurs renseignements. Il déclare au public de qui il tient une communication, à qui il doit une idée ; quand il se trompe il s'empresse de le reconnaître et de remercier celui qui lui a signalé son erreur, tandis qu'il n'ébruite jamais les erreurs d'autrui. Dans la dédicace du Recueil il dénonce qu'il n'a pas toujours travaillé seul[1].

Tous ceux qui lui ont été utiles de quelque manière et en quelque mesure, ont bénéficié largement de son crédit. C'est à Caylus que l'abbé Paciaudi doit sa nomination en qualité de correspondant de l'Académie, la protection de Du Tillot, et tant d'autres faveurs au détail, à en prendre Barthélemy sur parole[2]. Grâce à Caylus cet épigraphiste émérite trouve en Italie les portes ouvertes et les amitiés sur la main. Et il reconnaît généreusement les services de Calvet en le mettant en rapport avec le monde savant de Paris, en lui obtenant des lettres de correspondant de l'Académie, en étendant ses prévenances à ses amis, ses largesses à Avignon. Mariette, qui a vécu dans son intimité pendant quarante ans, déclare que nul n'a plus que lui véritablement à cœur le progrès des sciences et des arts et nul n'a fourni comme lui à la dépense. Même lorsque l'amitié se refroidit, Caylus continue à aider les gens qu'il estime. L'exemple de Coypel[3] suffit à prouver que sur le chapitre reconnaissance, *le grand Croquant*[4] savait s'acquitter mieux que personne.

1. « L'abbé Barthélemy a bien voulu me communiquer quelquefois ses lumières. »

2. Lettre XIX de Barthélemy et Paciaudi : M. de Caylus me ravit toutes les occasions de vous prouver mon zèle.

3. Coypel venait d'être nommé directeur de l'Académie royale ; une cabale s'opposait à ce choix. Caylus employa en cette occurence le vert et le sec et fut le plus ardent de ses défenseurs.

4. C'est le surnom que lui donne Mme Geoffrin dans une lettre à l'abbé Paciaudi. V. de Goncourt, *op. cit.* Mme Geoffrin.

Il est temps de définir la méthode de Caylus dans l'étude des antiques et de juger ensuite sur la valeur de son apport à l'archéologie. Avant lui, il n'est pas question de méthode : amateurs, collectionneurs, antiquaires — leur nombre est légion, puisque l'antiquité a été la vogue du XVIIIe siècle — entassent sans triage au préalable. Ils pillent l'ancien, l'antiquaille et l'antique, à l'aveugle, et s'évertuent à atteindre un chiffre considérable par simple gageure. Les érudits, à leur tour, saccagent les auteurs, tournent et retournent les textes, pour commenter les auteurs à l'aide des monuments. Une dissertation quelconque leur est un prétexte pour des développements à outrance, écrasés par la masse imposante des citations qui, le plus souvent, n'ont rien à voir avec le sujet. Ils étalent leur érudition inintelligente dans un style incolore, diffus, filandreux. La rhétorique est leur marotte. Leur ambition est dans la longueur ; ils ont honte de conclure. Ils ne démontrent pas, occupés comme ils sont à se montrer eux-mêmes ; aussi Caylus ne calomnie-t-il pas lorsqu'il écrit à Du Tillot :

« *L'ancienne érudition qui ne s'est que trop perpétuée en Europe charge, répète, veut briller par des inutilités sans nombre*[1]. »

L'enquête est menée à la diable : pas le plus petit renseignement sur la provenance, l'âge probable, la manière de l'artiste, la valeur du morceau. Aucun fil d'Ariane ne nous conduit au travers du fouillis d'objets jetés pêle-mêle devant nos yeux. Nul groupement, fût-il rudimentaire, ne préside à cette bigarrure. L'absence de critique caractérise le manuel de Beger[2] quoiqu'il soit postérieur aux *Miscellanées* de Spon[3], lequel à la suite d'un voyage en Italie et au

1. Dans Ch. NISARD, *op. cit.* tome Ier après la lettre LIII à Paciaudi.
2. Thesaurus Brandenburgicus selectus, etc. Cologne, Ul. Liebpert, 1696.
3. SPON. Miscellanea eruditae antiquitatis. Lugd. Batav. 1685.

Levant, y insère un très grand nombre d'inscriptions. Quant à Montfaucon[1] il est le prototype du savant qui allie à la candeur de son rêve l'insuffisance des moyens propres à le réaliser. Son encyclopédie est, somme toute, un livre d'images. Ce qui manque à leur érudition, c'est la curiosité scientifique. En outre, ils sont tous dépourvus d'une éducation artistique.

Caylus eut à un degré suprême ces deux qualités essentielles et il les mit en valeur dans son travail d'antiquaire. Barthélemy avoue qu'il ne comprend rien en fait de tableaux; Paciaudi mesure nettement la supériorité indéniable de Caylus.

« Vous réunissez deux qualités qui vous mettent au-dessus de tous les autres antiquaires; à la connaissance de l'antiquité vous ajoutez celle des arts. Ordinairement ceux qui écrivent sur les anciens monuments ne connaissent que l'antiquité, et leur travail ne peut être d'aucune utilité pour les artistes. Vous avez ouvert une route nouvelle : peu de savants seront capables de la suivre. Aussi votre réputation est d'autant plus solide qu'elle est plus à envier qu'à imiter[2]. »

On date la science de l'art de l'an 1765[3]. En 1750, paraissent les premiers travaux archéologiques de Caylus. Avant, le chaos règne. Caylus remplit l'entre-deux; il marque l'étape entre le manque absolu de science et son avènement. Il fraie le chemin à Winkelmann dont il est le devancier immédiat.

A la présence du morceau antique, Caylus, évitant toute parade d'érudition, saisit les rapports qu'il présente avec le témoignage des anciens, si ces rapports sont clairs et sensibles. Dans le cas contraire, il applique d'emblée sa méthode. Elle consiste à étudier fidèlement l'esprit et la main

1. L'antiquité expliquée et représentée en figures, par Dom Bernard de Montfaucon. Paris, 1719.
2. Lettre LVII à Caylus.
3. Avec Winkelmann « Histoire de l'art ancien » et « Monumenti inediti. »

de l'artiste, à se pénétrer de ses vues, à le suivre dans l'exécution, à le considérer comme la preuve de l'expression du goût qui régnait dans un siècle et dans un pays. Ce faisant il communique aux artistes, que le prétendu goût du jour et le brillant de la touche égarent, le sentiment de l'exactitude; en plus, il rend les moyens d'opérer que nous jugeons impraticables par la seule raison qu'on ne les pratique plus[1]. Au témoignage des anciens, Caylus ajoute la comparaison qui est à l'antiquaire ce que l'expérience est au physicien.

L'étude des monuments présente deux aspects : le physique et le moral. Le premier consiste dans l'examen de leur matière, de leur forme, de l'usage auquel ils étaient destinés, dans l'analyse du peuple qui les a produits et du pays qu'il habite. Le second met l'antiquaire à portée de juger du caractère des nations célèbres, de leur esprit d'assimilation et d'imitation, de leurs aptitudes, du degré de leur culture. Caylus saurait se moquer tout aussi bien qu'un autre d'un homme qui ne serait occupé que de l'examen d'un vieux pot ou d'une statue mutilée : « Ma critique serait plus vive que la plaisanterie ordinaire si je croyais qu'il ne regardât ces objets que des yeux du corps, sans avoir aucun des projets de recherche qui peuvent conduire à la véritable philosophie[2]. »

La qualité maîtresse de cette méthode est l'exactitude la plus rigoureuse, exactitude qui suppose une rare compétence sur des questions fort variées. Lorsque Caylus peut décrire et classer l'objet avec le secours de sa culture souple, il le fait en toute diligence. Quand le secret lui échappe ou le doute persiste, plutôt que de se rabattre sur des jugements vagues ou des citations ambiguës, il quémande les lumières des spécialistes. Tantôt c'est Paciaudi qui lui donne le mot de l'énigme, en retraçant la provenance ou l'usage du morceau; tantôt c'est Barthélemy qui l'illumine par son érudition de numismate. Il en agit avec les hommes

1. *Avertissement* en tête du *Recueil*.
2. Préface au tome V du *Recueil*.

comme avec ses antiques, il prend son bien où il le trouve et délibérément donne à chacun ce qui lui revient. Il prouve et documente ce qui peut être prouvé et documenté, il doute sur les choses douteuses, il affirme en se fondant sur des raisons explicites, et lorsqu'il faut recourir aux conjectures, il n'hésite pas à le faire. Si parfois son imagination l'égare, ou bien si séduit par des analogies extérieures, il a risqué une solution fautive, il s'empresse à s'en accuser. Cet ensemble de procédés strictement scientifiques font du *Recueil* un ouvrage nouveau à sa date, important dans l'histoire des arts et utile quoique vieilli.

Le *Recueil* a pourtant un grave défaut. Il ne prouve que trop la répugnance de Caylus pour le système qu'il considère comme un boulet dont l'écrivain, l'artiste, l'érudit s'embarrassent et qui force les matières à entrer dans les idées. D'avance, les auteurs à système se condamnent à se mouvoir dans les limites d'un compas. Le préjugé de Caylus paraît dans la présence des objets les plus disparates sur la même planche. Obligé à s'en remettre au hasard des arrivages, menacé tour à tour par l'opulence et la disette, il vit au jour le jour et se tient au proverbe : « Il faut prendre le temps comme il vient. » Une planche est à moitié tirée, il utilisera le contenu de l'envoi en route, quel qu'il soit, pour la compléter. Pas n'est besoin de dire que les idées sont jetées, elles aussi, au hasard des gravures et leur décousu fatigue le plus endurant. La diversité de la valeur intrinsèque des planches donne une valeur différente aux volumes du *Recueil*. Le premier, le troisième et le quatrième sont d'une belle venue : les autres sont médiocres. Le dernier est en tout un volume remarquable : il représente le testament archéologique de Caylus.

L'usage continu de la comparaison, l'étude coutumière du détail, l'analyse des diverses matières : bronze, marbre, terre cuite, pierre dure, verre, avaient à la longue perfectionné ses sens et aiguisé sa pénétration tant et si bien que l'antiquaire découvre où des érudits tâtonnent et devine ce qu'ils n'ont point entrevu. Par exemple : il discerne que certain buste d'Héliogabale ne peut avoir servi qu'au poids d'une balance; il regarde le bas-relief qu'un citoyen du monde[1] a laissé à sa porte, comme représentant l'enfance des arts en Egypte, ce qui est prouvé aujourd'hui. Il devine que le monument de la planche XX du tome II ne représente pas des divinités. trait de sagacité d'autant plus extraordinaire qu'il avait peu de bons monuments égyptiens. Paciaudi étiquette un objet pour une mouchette, Caylus lui prouve que c'est une pince pour arracher le poil. A propos des hiéroglyphes de la table isiaque du musée de Turin, Caylus prévoit qu'il sera un jour prouvé comment les lettres n'ont eu qu'une unique origine, attribuable aux Egyptiens : il a deviné conjecturalement une chose vraie. Sa découverte sur la peinture à la cire encaustique[2] et l'encaustique des murailles est un événement. Une discussion ayant pris naissance au sujet des armes de cuivre découvertes à Jensac[3], Caylus en forge de semblables, reproduit l'alliage, la forme; les éprouve, les apporte à l'Académie et affirme que les épées découvertes sont non seulement offensives et défensives, mais encore antiques et romaines. Avant Winkelmann, il attire l'attention des érudits sur l'importance des pierres gravées, témoins souvent uniques d'un mythe, d'une légende. Barthélemy, le baron de Gleichen, le roi d'Angleterre, le cardinal Albani, conseillés par un Mengs, par un Venuti, achètent comme peintures d'Herculanun des pastiches que Caylus reconnaît comme tels. La Condamine[4] lui adresse de Rome certains tableaux, car « je ne connois que vous qui puissiez réussir

1. Supplément au tome VII du *Recueil pl.* I. V. Lettre XCIII à Paciaudi. « Un amateur de la liberté, un citoyen du mon[...], possède quelques antiques égyptiennes, il les envoie à un gentilhomme français éclairé et bienfaisant. »

2. Mémoire sur la peinture à l'encaustique et sur la peinture à l'huile. Genève, 1755, in-8.

3. XXVe mémoire de l'Acad. des inscrip.

4. Lettre datée de Rome, 17 février 1756 et insérée par Siéreys parmi celles de Barthélemy, *op. cit.*, p. 98.

à convaincre de faux, ce qui a séduit les plus habiles gens de ce pays. » Il s'essaye à des restitutions qui portent sur la solution d'un problème technique; sur la porcelaine d'Egypte, sur le papyrus, sur les embaumements chez les Egyptiens, sur le théâtre versatile de Curion. Il s'en faut qu'il réussisse toujours à épuiser le sujet d'une manière définitive, mais toujours il l'illumine de quelque aperçu nouveau et instructif. Rarement il lui arrive de battre les buissons.

En homme auquel le travail quotidien ménage des surprises ou des difficultés, il donne à l'Académie le compte-rendu hebdomadaire du travail de son laboratoire. Tantôt il y fait une communication, tantôt il y soulève un débat, à telle séance il lit un mémoire, à telle autre il pose les éléments d'un problème. Il formule une conjecture, hasarde une hypothèse, non pas qu'il cède à leur séduction, mais parce qu'il préfère s'égarer en essayant des routes nouvelles, que suivre en aveugle les anciennes. Le charme de ces mémoires variés gagne jusqu'aux confrères les plus rébarbatifs : Caylus qui se sent écouté et entouré puise de nouveaux sujets d'étude, multiplie ses expériences et envahit même le terrain défendu. Oui, il ose toucher aux dieux et les déclarer faillibles. Pline, l'inviolable maître, l'autorité suprême que Caylus a si longtemps servi, devient un sujet de doutes. Il glose sur « son bréviaire. » Il met en garde sur les connaissances artistiques du célèbre physicien auquel il conteste le titre de critique d'art. Quelque motivé que fut ce jugement, qui ne touchait point à la grandeur de Pline philosophe, naturaliste, amateur et historien, il souleva les violentes protestations des partisans des anciens. Un éloge outré de Pline par La Nauze ralluma cette fameuse querelle académique. Jusque dans le lieu très saint de la tradition, Caylus applique sa méthode expérimentale; avec elle il laboure le champ de l'archéologie comme autrefois il avait labouré le champ de l'art.

L'œuvre de Caylus est donc *une* dans sa variété, et cette

unité est logique. De la même manière que l'amateur se développe en artiste et en critique, et qu'au moment où l'artiste atteint son développement, l'archéologue se révèle, de même la main experte à manier le pinceau, le crayon, l'aiguille, à pétrir cire, terre et métaux, manie la plume qui accrédite le praticien auprès du savant. Il prouve que l'on peut partager ses forces sans les affaiblir, que l'on arrête des conclusions aussi bien en restant dans le domaine abstrait des idées qu'en remontant à elles par les voies techniques et que si l'esprit guide le plus souvent la main, il arrive aussi que la main longuement exercée lui révèle tout à coup des secrets. A l'inverse de ce qui arrive ordinairement, Caylus va de la pratique à la critique ; voilà sa force et son originalité. Fort des expériences accumulées dans les cantons les plus divers, mais ressortissants du domaine de l'Art, il soulève des questions, des débats, il énonce des problèmes à résoudre et lorsque, le branle donné, les esprits confutent, discutent, disputent, il a la satisfaction de s'être rendu *utile*. Car il ne se lasse pas de répéter que « tout homme à le *devoir d'obliger*, le premier des devoirs sociaux, et que, à cet égard, il n'y en a que trop qui meurent insolvables[1]. »

Or Caylus s'est acquitté de ce devoir sans jamais croire que la reconnaissance de la postérité dût être grande puisqu'il limite le rôle de l'antiquaire dans le portrait qu'il en trace.

« *Que l'antiquaire se souvienne que les décisions trop prononcées et le ton impérieux, de quelque savoir qu'on puisse les accompagner, révoltent toujours et n'instruisent que difficilement, tandis que les conjectures présentées pour ce qu'elles valent ne sont jamais ni mal reçues, ni mal interprétées. Le ton modeste convient d'autant mieux à l'antiquaire qu'il ne peut se dissimuler que souvent il doit au hasard les découvertes les plus heureuses et que ce hasard*

1. *Préface* au tome V du *Recueil*.

est très rare. Il faut une grande supériorité dans une matière pour oser contredire avec utilité; et quand on pense au grand nombre de faces sous lesquelles un même objet peut être envisagé, la décision fait trembler un homme sage[1]. »

Caylus a peur des idées générales, des affirmations *a priori*, il redoute un peu les conjectures parce qu'elles flattent l'amour-propre. Quant au système, il l'exile catégoriquement du travail de l'antiquaire, car il le considère comme une maladie de l'esprit. Jamais il ne dogmatise, rarement il formule une théorie. Par exemple, quelques périodes lui suffisent à tracer la division nette de la Poésie et de la Peinture, la limitation infranchissable de chaque domaine, la différence des effets qu'elles rendent, la diversité de leurs moyens d'expression. Sur ce canevas de Caylus, Lessing tissera sa théorie d'art. Caylus lui fournit l'idée de Laocoon. Une autre théorie que l'antiquaire ébauche, est celle très belle, très vraie, de la *communication* des arts. Les arts ignorent les frontières, ils franchissent les mers, ils émigrent de l'Asie en Egypte, de l'Egypte en Grèce, de la Grèce à Rome, au cours des fluctuations humaines. Chaque peuple emprunte à son voisin qui est souvent son ennemi, il s'assimile des notions déterminées et en cède d'autres. On progresse par l'imitation et les échanges mutuels. Le *goût* seul est indépendant et classe, par sa valeur esthétique, les peuples aux divers échelons du Beau. En artiste qu'il est, il dit :

« *Le goût d'un peuple diffère de celui d'un autre presque aussi sensiblement que les couleurs primitives diffèrent entre elles : au lieu que les variétés du goût national en*

1. Préface aux t. III et VI du *Recueil*. Winkelmann raille cet étalage de précautions : peu s'en faut qu'il voit une preuve d'ignorance dans ce qui est un excès de modestie.

différents siècles peuvent être regardées comme des nuances très fines d'une même couleur[1]. »

Le premier il a affirmé que l'Egypte a été le foyer des arts, que les marchands phéniciens furent les intermédiaires artistiques entre l'Egypte, l'Etrurie et la Grèce, que les Romains ont eu, en général, le goût mou et lourd. Il a été le premier a concevoir le développement graduel, continu de l'art dans les civilisations anciennes. Sous ce rapport, il est en avance sur Winkelmann.

La méthode de Caylus, basée sur l'expérience et la comparaison, pierre de touche de la science moderne, lui a fourni la connaissance raisonnée et quasi complète de la technique des arts. Mais il excède lorsqu'il transplante sa méthode des objets aux œuvres, c'est-à-dire quand il considère comme un procédé à vérifier, ce qui est de la nature de l'inspiration. A force d'essayer des opérations singulières pour deviner des procédés perdus, il représente les descriptions d'une œuvre littéraire. Instinctivement, il crayonne le poème et le découpe en tableautins. Il présente aux artistes contemporains ce découpage dans le but de leur inspirer de nouveaux sujets de peinture et de sculpture[2]; il place ses sujets sur le chevalet, de façon que l'artiste n'a qu'à passer les couleurs et à inscrire dans le coin de la toile l'auteur et le passage[3]. Que le critique insiste sur le pittoresque, et la rigoureuse exactitude historique, c'est fort bien, mais qu'il ne mette pas en ligne de compte l'inspiration, voilà une erreur impardonnable aux yeux de celui qui refuserait d'y voir le fruit de l'application outrée d'une méthode excellente en elle-même!

Caylus fonda un prix considérable qui se distribue encore

1. Avertissement au t. Ier du *Recueil*.
2. Tableaux tirés d'Homère et de Virgile. Paris, 1757, 396 pages.
3. Du moins, cette voie bizarre l'éloigna-t-elle de l'allégorie pour laquelle ses contemporains nourrirent une tendresse puérile. Dans son *Traité de l'allégorie*, Paris, Jansen, an VII, chap. XI, Winkelmann propose de nouveaux sujets allégoriques. Un grand clou attaché à un temple exprime

tous les ans à celui qui a le mieux discuté un point d'antiquité proposé par l'Académie. Voilà qui est généreux et utile. Mais que dire du *prix d'expression* institué à l'école de peinture? Comment admettre un concours de passion? La pitié, la colère, l'extase, le désespoir, sont rendus par l'âme de l'artiste, non pas d'après des formules. Caylus a pourtant si bien saisi que la sensation de la couleur est incommunicable; comment peut-il se laisser entraîner par sa méthode au point de fournir à l'artiste des recettes pour exprimer les passions multiples de l'âme? Lui qui a toute sa vie lutté contre la convention, y tombe par deux fois, faute d'à-propos dans l'usage de sa discipline intellectuelle. Il fallait signaler les erreurs de Caylus pour être impartial et complet. Hâtons-nous, néanmoins, de dire que si ces erreurs ne sont pas légères, elles sont, par contre, rares et que dans un domaine où presque tout était à faire et où les forces étaient isolées et rivales, l'œuvre de Caylus est considérable. N'eût-il fait que fusionner les forces, rapprocher le savant de l'artiste et donner à l'archéologie le secours d'une méthode rationnelle, il aurait bien mérité de la postérité.

Nous avons essayé de démontrer qu'il a fait davantage. Il a mis au point les procédés de la manipulation des métaux, des enduits, des colles, des dorures; il a pénétré les secrets du travail sur le bois, la pierre, le marbre, le porphyre, la gravure en creux et en relief, les pâtes de verre. Il a eu des idées et des intuitions géniales. Il a donné une critique et une philosophie de l'art ancien. Il a battu en brèche le préjugé traditionnel et l'érudition exclusiviste. Il a évité à ses successeurs quantité de méprises et de faux-pas. Il a ouvert à l'archéologie et à l'art une voie large, aux horizons nets, que l'on a parcourue victorieusement. Il a semé à pleines mains des graines viables : d'autres ont fait la belle moisson.

rait la *nouvelle année*, le lion et le lièvre, *l'antipathie*, une figue, le *dédain*, etc.

Le comte de Caylus atteignait ses soixante-dix ans et une célébrité européenne lorsque l'on commença à épeler le nom de Winkelmann. L'astre se levait au moment même où les ombres de la mort s'étendirent lentement sur celui auquel il décerna le titre « d'immortel. » Pendant dix-huit mois l'on vit le vieillard assujettir son corps, un squelette, à la tâche quotidienne ; Paris s'émut au spectacle de cette endurance surhumaine. Pas un mot sur sa santé dans ses dernières lettres à Paciaudi[1], y compris celle qu'il dicta l'avant-veille de sa mort. Jusqu'au bout, ses yeux larges ouverts sur l'Italie, contemplèrent son immuable beauté. Ce stoïcien mourut le 4 septembre 1765[2]. Ses collections enrichirent le cabinet du roi, la Bibliothèque Royale et le Cabinet des estampes. Sa fortune, accrue de celle de son oncle ainsi que le titre de duc, passèrent à un neveu qu'il ne connaissait pas. A la vente de ses effets curieux, dont la recette était léguée à ses fidèles domestiques, le tout Paris opulent prodigua son argent. Le Beau, secrétaire perpétuel de l'Académie et son commensal du vendredi, prononça son éloge. Ses amis — il en eut d'aveuglément dévoués — se flattèrent d'avoir vécu dans l'intimité d'un homme qui « pouvoit se passer de sa naissance pour être mis au rang des hommes illustres, et qui chercha à faire oublier aux gens de lettres, dont il favorisa les travaux, ce qu'il était et ce qu'on lui devait. » Ses ennemis — il en

1. « Il s'est vu mourir en détail. Ses véritables amis ont le chagrin de lui avoir vu porter jusqu'à la fin une cruelle indifférence sur un avenir terrible. » Lettre VIII (8 sept. 1765) de Mariette à Paciaudi. Le vœu confiant de la marquise de Caylus (v. plus haut) ne fut point rempli ; son fils mourut athée, se refusant même une âme.

2. On lit dans les *Réflexions* à la page 37, édit. cit. La mort que tout le monde redoute parce qu'on ne la connaît pas, a un certain air assez paresseux pour engager à la voir venir sans crainte. Si l'on joignoit à cette idée une vive curiosité sur son chapitre, ce seroit un sûr moyen pour mourir, je ne dis pas sans faiblesse, mais peut-être avec plaisir. Malthe janv. 1717, et dans sa LXXVIe lettre à Paciaudi, à propos de la mort de la petite princesse de Parme, il dit : Telle est l'humanité ; un peu plus tôt un peu plus tard, il faut s'en aller et retourner d'où l'on est venu et envisager le monde comme Mlle de Lenclos qui disait en mourant à un de ses amis : « Je ne laisse que des mourants. »

eut autant que n'importe qui[1] — soulagèrent leur joie dans une méchante épigramme[2]. Un an après sa mort, Mariette écrivait à Paciaudi : « Vous ne pouvez croire à quel point il est oublié. » Les morts, de tout temps, vont vite[3], mais l'oubli qui couvrit Caylus s'explique aussi par la renommée soudaine et bruyante de Winkelmann. Elle éclata comme une fusée, brilla longtemps, refoulant dans l'ombre les gloires plus modestes. L'*Histoire de l'art* reçut d'emblée tous les suffrages, l'intérêt universel se porta aux *Monumenti inediti*. On ne vit que Winkelmann seul, comme s'il s'était formé sans maîtres, en un jour.

Winkelmann se garda de mettre Caylus sur le chandelier; il lui fit l'honneur d'utiliser son *Recueil* et de grappiller ses *Mémoires*[4]. Il éleva, en partie, avec les moellons rassemblés par son labeur acharné, le grandiose édifice à sa gloire et à celle de l'art; mais il ne jugea point nécessaire de le nommer, si ce n'est pour le prendre en faute sur de légères inexactitudes. Lessing, à son tour, imite ce silence prudent. Caylus pressentit qu'on ne l'utiliserait qu'après sa mort... et il ne s'en plaint pas.

« *Je travaille pour l'utilité des artistes. Je sais qu'ils seront ingrats et qu'ils n'emploiront mes démonstrations qu'après*

1. Lettre dédicatoire de Barthélemy à Caylus, en tête du « Voyage en Italie. »

2. Diderot composa cette inepte épitaphe :

Ci-gît un antiquaire opiniâtre et brusque,
Ah ! qu'il est bien logé dans cette cruche étrusque.

Sous un portrait de Caylus on lit ces vers, peut-être composés par Mariette.

Misanthrope par volupté,
Il cultiva les arts en philosophe aimable ;
Et fut trop un homme estimable
Pour n'être pas taxé d'originalité.

3. « La mort de Mme Geoffrin, qui avait rempli de sa personne Paris et l'Europe, ne produit aucune sensation. » Bachaumont. *Mémoires secrets*, octobre 1777.

4. Voir Rocheblave, *op. cit.*, le rapprochement très intéressant de Caylus et Winkelmann.

LE COMTE DE CAYLUS

ma mort. Ils ne veulent pas me faire jouir de mon vivant; mon imagination y supplée. »

L'autre ingratitude plus raffinée et injuste ne l'aurait peut-être pas affecté davantage. Etant de l'espèce rare des hommes qui sacrifient au progrès avec des mains pures, la vérité fut son ambition suprême.

D'ailleurs, n'a-t-il pas remarqué avec bonhomie :

« *Les hommes montent sur les épaules les uns des autres?* »

Une notice biographique et critique du comte de Caylus devait précéder l'édition d'un ouvrage inédit. Nous nous flattons d'avoir contribué à le faire connaître sous son vrai jour, puisque, inconnu à la plupart des gens cultivés, il ne paraît, chez les esprits affriandés par le XVIIIe siècle, le siècle français par excellence, que comme un seigneur qui sort de son rang, se galvaude et apporte à la littérature grivoise une large contribution.

Nous tenons à faire remarquer au lecteur que la notice sur Caylus est plus qu'une simple préface ou une manière d'introduction : c'est une étude significative. L'œuvre entière de Caylus jaillit de son voyage d'Italie. Elle en est la filiation fatale. C'est pourquoi, ayant intentionnellement choisi le retour d'Italie comme notre point de départ, nous y revenons après avoir indiqué quelle moisson l'*amateur*, le *critique* et l'*antiquaire* firent successivement sur le fond de sensations, d'émotions et d'idées que le jeune voyageur rapporta d'Italie. Lui-même a le soin de formuler le rôle immédiat et absolu que ce voyage de jeunesse a joué dans l'orientation définitive de sa vie.

« *J'éprouve tous les jours que le germe qu'on acquiert à Rome et dans quelques autres villes d'Italie jette des racines si profondes qu'elles survivent pour ainsi dire à celui qui les porte*[1]. »

1. Corresp. cit. Lettre du 11 février 1760.

« Dans sa jeunesse, en 1714, Caylus avait fait le voyage d'Italie, et y était demeuré une année ; voyage qui, en 1716, fut suivi d'un second dans le Levant. J'en ai les relations écrites par lui-même[1]. » Mariette fut le dépositaire du double récit des voyages du comte qui, probablement, les lui remit au début de leur longue et inaltérable amitié. Les de Goncourt[2] blâment Mariette de ne point les avoir publiés. Nisard et Rocheblave les jugeant perdus, en déplorent vivement la perte. Il y aurait eu plus que de la curiosité, un intérêt spécial à cueillir dans les notes du voyageur le premier appel à sa vocation d'artiste. Faute de quoi, l'on dut se résigner à forger des hypothèses sur ce moment décisif de la vie de Caylus.

La divinité tutélaire des manuscrits a sauvé du naufrage la relation autographe du voyage d'Italie possédée par Mariette, et nous avons le privilège de l'offrir au public dans son intégrité[3]. Ce que devint le manuscrit à la mort de Mariette est un point difficile à éclaircir. Ce qui, par contre, est sûr, c'est qu'à un moment donné, le précieux document tombe aux mains de Libri, le pourvoyeur des bibliophiles et des bibliomanes, qui en dote la célèbre bibliothèque de Lord Ashburnham. Au lot du trésor Ashburnham, acheté en 1886 par le gouvernement italien, et conservé à la Bibliothèque Mediceo-Laurenziana de Florence, appartient le *Voyage d'Italie du Comte de Caylus*[4]. Hâtons-nous de justifier Mariette. S'il ne publia pas la rela-

1. Mariette. Abecedario, *op. cit.*

2. *Op. cit.* « Caylus » p. 150.

3. La page sur *Sienne* a été publiée par Curzio Mazzi per le nozze Sanesi-Crocini, Florence.

4. *Cod. laur. Ashburnh.* N° 1578 (1501), f. II-69-I ; 18 × 22. Cinq cahiers grand format. L'écriture petite, serrée, très souvent brouillée, couvre la page au recto et au verso. La page est divisée en deux colonnes, avec marge étroite. Le manuscrit numéroté par Caylus a 141 pages. Il ne s'agit pas d'une relation mise au net, contrôlée et corrigée, mais d'un brouillon écrit en voyage à de différentes étapes. Le voyageur y note ce qu'il a vu pour soulager sa mémoire. Il lui arrive de revenir sur un sujet pour en compléter la description, il lui arrive aussi de laisser quelque blanc. L'orthographe est souvent fautive : il n'y a point de trace de ponctuation, point d'accents, point d'apostrophes. Quelquefois les mots sont si rapprochés qu'ils sont soudés l'un à l'autre. C. ne divise pas son récit en chapi-

tion de son ami, c'est qu'il dut en avoir la défense formelle. Caylus, l'auteur d'une littérature des plus variées, avait une réserve discrète sur tout ce qui concernait son fonds intime. Il ne s'est jamais livré. Or cette description, destinée uniquement à sa mère et à son cercle familial, ne devait point servir de pâture au public. Il y a encore deux autres raisons à signaler. D'après Caylus, un voyageur doit se taire, étant dans l'incapacité de décider et de contredire, puisqu'il est également frappé de tout et son éblouissement l'empêche de bien voir. Il admet que le voyageur honnête et véridique a le grand avantage d'avoir vu, mais encore, sous quel aspect[1]? D'ailleurs, lors même que Caylus n'eût pas eu cette pudeur littéraire et ces convictions arrêtées, jamais il n'aurait consenti à remettre sur le chantier son récit de voyage, à le polir, à le corriger, à faire du style, puisqu'il s'est constamment refusé le titre d'écrivain[2].

A chacune de ces raisons et à toutes ensemble, le *Voyage d'Italie* doit son caractère à part.

Les relations de voyage dans ce pays foisonnent. Elles remontent, pour ainsi dire, à l'origine de l'histoire de la civilisation. Rares au début, elles se groupent, se chiffrent de la Renaissance à nos jours. Chaque peuple s'est rendu,

tres, très rarement il fait un alinéa. Il se borne à répéter sur la marge, en grosses lettres, le nom de la ville qu'il décrit. L'encre différente qu'il employa au cours du voyage, rend la lecture du manuscrit difficile, surtout aux endroits où l'encre est délayée, mais, somme toute, le code n'est pas malaisé à déchiffrer parce qu'il n'est que rarement raturé. C. est dans toute impossibilité d'orthographier correctement un nom propre.

Nous divisons le voyage en 4 chapitres. I. *Le nord de l'Italie*. II. *Les Etats de l'Eglise : Rome, Naples*. III. *En felouque*. IV. *Les étapes du retour*. Dans chaque chapitre, nous adopterons la subdivision en paragraphes qui est censée aider à la compréhension du texte et agrémenter la lecture. Le texte que nous donnons, tout en étant corrigé, rend la leçon du code dans son intégrité. Nous plaçons entre parenthèses les mots qui, à notre avis, comblent les vides laissés par le voyageur.

1. Préface au t. VI du Recueil.

2. Caylus ne put se réconcilier avec l'innovation introduite au XVIIIe siècle : il ne put se faire à la vue des écrivains mis au niveau des grands, des couronnes courtisant les plumes. Obstiné dans le malentendu, d'ailleurs réciproque, il s'applique à ne jamais faire d'efforts pour perfectionner sa forme. Une confidence lui échappe; la voici : « Quoique la fureur des gens de lettres soit de passer pour gens du monde, *un de*

sous ce rapport, tributaire de l'Italie; chaque siècle a donné son contingent. L'intérêt de ces récits de voyageurs est en raison directe de leur éloignement. Plus ils sont reculés, plus ils attirent : moins leur voix est l'écho d'événements documentés, plus elle nous charme. A mesure que les voyageurs sont plus près de nous, ils ont nos vues, nos préjugés, nos travers, et cette uniformité atténue le plaisir de les lire; mais qu'un voyageur d'autrefois nous associe à ses aventures, à ses émotions, et son récit, même dans les parties banales, a une saveur exquise. De ces randonnées dans le passé, en chaise de poste, en felouque, en tartane, nous rapportons d'inoubliables souvenirs.

La première moitié du XVIIIe siècle a fourni une littérature de voyages[1] moins copieuse que celle de la dernière moitié, et tout aussi variée. Nous ne voulons pas en tracer le tableau qui dépasserait les limites de notre tâche, nous nous bornons à nommer les voyageurs de cette époque. En 1700 l'écrivain Addison; en 1705 le prêtre Labat; en 1714 le comte de Caylus; en 1716 le bénédictin Montfaucon; en 1717 et 1721 le gazetier Guyot de Merville; en 1728 Montesquieu; en 1729 Etienne de Silhouette; en 1730 le baron Pollnitz; en 1739 le président de Brosses; en 1750 Cochin, secrétaire de l'Académie Royale de peinture et de sculpture; en 1755 l'abbé Barthélemy[2]. Addison voyage en « scholar, » Labat en laïque, Guyot en vacancier. Pour Montesquieu l'Italie est un échiquier politique, pour Pollnitz[3], un assemblage bariolé de cours. De Brosses[4], en savante compagnie, y retrace les fragments de Salluste, Montfaucon y collectionne

ceux-ci, quand il écrit, leur paroit toujours un intrus. » Histoire de Catherine Cuisson dans *Œuvres badines*, *op. cit.*

1. Voir D'ANCONA. Saggio di una bibliografia dei viaggiatori. A la suite de sa savante édition du « Giornale del viaggio di M. de Montaigne in Italia. » Città di Castello, 1895.

2. Nous ajoutons Barthélemy, quoique son voyage appartienne à la seconde moitié du siècle, parce qu'il forme le sujet de ses lettres au comte de Caylus.

3. *Lettres et mémoires* du baron Pollnitz. Amsterdam, 1737, 6 vol.

4. Lettres familières écrites d'Italie. Paris, Didier, 1858, 2 vol.

des estampes, Barthélemy, des médailles, Cochin y dresse le catalogue des tableaux. S'ils n'ont pas imité Addison[1] lequel, avant de se mettre en route, se rafraîchit la mémoire des auteurs classiques et en fait un selecta pour ses besoins, tous se sont préparés d'avance, et tous ont un but. La préoccupation du but à atteindre se fait jour à travers leurs notes ou leurs lettres jusqu'à devenir obsédante pour Barthélemy. Addison déclame aussitôt débarqué à Gênes et scande son enthousiasme érudit au rythme des poèmes latins qu'il cite à tout propos. Labat[2] marque trop de plaisir à ridiculiser la dévotion italienne pour que l'on puisse lui en attribuer un autre de meilleur goût. Montesquieu[3] garde jusque dans ses notes sur les mœurs la gravité du philosophe. Pollnitz s'arrête à la bagatelle. Presque tous voyagent dans leur âge mûr : leur esprit est discipliné, leur optique faite. Ils ne se laissent pas surprendre. Le charme particulier qui opère sur des esprits neufs, sur des imaginations frustes, n'a pas de prise sur eux, De Brosses excepté : habitués à compter sur leurs aises, il leur arrive de grommeler sur les auberges qui sont malpropres, sur le vin qui est fade, sur les chemins qui sont rompus, sur le temps qui est trop beau ou l'est trop peu. Même la jovialité juvénile du magistrat bourguignon en est parfois entamée. Presque tous aiment l'Italie, mais ils aiment davantage leur pays. Au plus fort du plaisir se mêle la nostalgie du foyer. Ils ont sur la belle route, le regard tourné vers la distance qui les sépare des Alpes. Barthélemy soupire après Paris. De Brosses aspire à rentrer au sein de sa coterie dijonnaise.

La plupart des relations de voyage ont la forme épistolaire, composition charmante lorsqu'elle est réellement animée par l'échange amical de vues, d'idées et de sensations.

1. *Remarques sur l'Italie*, pour servir au voyage de Misson. Tome IV. Paris, chez D. Horthemels, 1722.

2. Labat, le père J.-B. Voyage en Espagne et en Italie, en 1705 et 1707. Paris, 1730, 8 vol.

3. *Voyages de Montesquieu*, publiés par le baron A. de Montesquieu. Paris, A. Picard, M.DCCC. XCIV, 2 vol.

Mais lorsque le destinataire n'existe pas, c'est-à-dire lorsque la forme épistolaire n'est que le choix d'un genre, l'on ne gagne qu'un langage artificiel, sans la ressource de l'imprévu propre aux notes griffonnées.

Caylus, lui, a vingt-deux ans. Par un beau matin d'automne il descend la vallée du Rhône, l'esprit libre, le gousset plein, les yeux avides. Nul plan, nulle préparation. Il s'en va à l'aventure. Il veut voir. Il veut se griser de soleil. Il veut passer le carnaval à Venise, la semaine sainte à Rome, le printemps en Sicile : voilà son itinéraire. Il tient à visiter les recoins perdus, les villes mortes. Il regardera ce qui se présente à ses yeux, subissant les sensations sans les forcer, admirant d'après son goût et point sur commande.

Et il se laisse aller comme au fil de l'eau. Alors la séduction opère lentement, fatalement. De ville en ville elle augmente et se trahit par un intérêt plus grave et une curiosité plus opiniâtre. Il ne regarde plus les modes de défense, les remparts, les citadelles, il ne décrit plus l'uniforme des gardes, car le mousquetaire s'engourdit; il revient aux tableaux, il séjourne dans les villes qui l'ont envoûté. Il voudrait regarder à genoux certaine toile de Raphaël. L'art du Guide le trouble, la couleur vivante du Titien le transporte. Il voudrait vivre à Bologne et à Sorrente. Les débris de Pouzzoles l'empêchent de sentir la lassitude du chemin. Il se rattriste au spectacle des termes de Caracalla servant aux Jésuites à jouer au ballon, du Temple du Soleil servant de grenier à foin, de la fontaine d'Aréthuse servant à de vieilles blanchisseuses. Les échafaudages des fouilles entreprises par le prince d'Elbeuf à Herculanum étant défaits, il a envie d'en faire la dépense. Il en veut à Crozat qui, par sa folie, a refusé le cabinet de dom Livio. Il se réjouit d'être le premier à revoir, au palais Piombino, le gladiateur mourant.

Il évite la jeunesse dorée pour laquelle le voyage d'Italie est de bon ton et se réduit à un carnaval de débauche.

Si d'autres voyageurs saluent avec joie le moment du retour, il ne lui faudra pas moins que la mort de Louis XIV pour le ramener au foyer. Les affaires de la politique locale ne le hantent pas. Il fait des réserves ironiques au sujet de la superstition que le clergé entretient chez le peuple : il administre aux Jésuites quelques boutades: mais il est facile de deviner que, tout neveu d'évêque et arrière-neveu de Mme Maintenon qu'il est, l'Eglise est le cadet de ses soucis. Par contre il a déjà deux rancunes invincibles qui prendront plus de consistance avec l'âge : les objets en sont les désœuvrés et les nouveaux nobles; dès que les uns ou les autres tombent sous sa main, il les cingle impitoyablement.

Nous sommes frappés en lisant ce récit de voyage, de son allure calme et unie. Nulle trace de cette exagération admirative outrée et enflée qui, à force de se prodiguer, place tout sur le même rang et rebute le lecteur. Le futur artiste y révèle sa qualité fondamentale d'observateur clairvoyant. Il n'est ni confus, ni diffus, parce qu'il n'a pas la manie de dire son mot sur tout, Ce n'est pas lui, oiseau de passage, qui aurait la fatuité de trancher en connaisseur. Son sentiment de la nature, à une époque qui ne l'exprimait pas encore, se manifeste malgré la sobriété de l'expression. Le jeune homme n'est pas phraseur; même, nous le voudrions moins économe d'adjectifs. Néanmoins, on le voit rentrer des îles Borromées les bras chargés de jasmins et de roses, descendre l'eau en musiquant sur le Bucentaure, aspirer avec volupté l'harmonie de Sorrente, épier sur la haute mer, dans la nuit noire, le vaisseau turc qui le poursuit.

Le récit du Voyage d'Italie du comte de Caylus, réservé à la plus exquise des mères, est un brouillon simple et discret[1].

1. Caylus, *Comte :* Lang. D'azur à deux lions affr. d'or supp. ensemble une flamme du même. *Duc* (brevet 1783). D'azur à trois étoiles d'or; au chef du même (Tubières de Caylus); sur le tout d'arg. à trois pals d'azur. *Devise :* Dum spiro spero.

N. B. Les culs-de-lampe placés au commencement et à la fin des chapitres, sont pris au Recueil d'Antiquités, etc.

Voyage d'Italie
par le Comte de Caylus

1714 – J'arrivay a turin le quatre octobre. J'y trouvay du [illegible] qui depuis huit jours m'attendoit. Il avoit amené avec luy Penailler et j'y trouvay avec grand plaisir [illegible], logé a l'auberge Royalle [illegible] ou nous estions a merveilles de bon vin de champagne et bonne chere que l'on paye tres bien. Il n'y avoit que deux jours que la cour estoit arrivée de Sicile et M. de [illegible] l'ambassadeur n'estoit pas encore arrivé, je l'attendis deux jours. Il me presenta au Roy qui me fit entrer dans son chambre et me fit l'honneur de me parler une demie heure avec beaucoup de bonté. La Reine et M.e Royalle en eurent aussi beaucoup pour moy. Le reste du temps que je fus a turin je l'employay a me promener ou a entendre des [illegible] musique ou a passer les soirees au cercle et l'hiver avec les filles d'honneur de la Reine fort aimables, sur tout M.elle de Brake. Celles de M.e Royalle sont aussi fort jolies mais leur maitresse fut malade je les connus moins. Cette cour est tres jolie tres nombreuse en dames bien faites nombre de gentilshommes. Les hommes n'y sont pas si bien [illegible] les vieux m'y ont paru plus aimables et les jeunes tout comme chez nous. Le regime de vie de la Roy a dit on cependant changé la maniere [illegible] raisonnable que l'on y menoit, c'est encore tout comme chez nous [illegible] que les personnes n'y soient pas encore tout a fait si libres ou si libertines que chez nous le diable n'y perd rien et le service une [illegible]. J'ai remarqué [illegible] on y parle françois comme chez nous et toutes les dames et les demoiselles entendent ce qu'on appelle le bon de peuple même parle presque tous notre langue. Le retour du Roy nous procura la vue de trois jours d'illuminations et d'un beau feu d'artifice. Hors le dernier jour qui fut bien executé jusqu'a la fin que le feu y prit un peu mal a propos.

TVRIN. La ville de turin capitalle des Estats du Roy de Sicile est située dans une plaine fertile terminée agreablement pour la vue d'un coté par les Alpes presque toute l'année couvertes de neiges de l'autre plus pres de la ville sur le chemin qui mene a Alexandrie par des hauteurs fertilles et vertes couvertes de bastides fort agreables. Il n'y a que du coté des Alpes que la vue de cette ville n'est desagreable d'aucun coté. Le Po d'un coté coule dans cette plaine, ce fleuve y porte de gros batteaux au dessus de la ville, de l'autre coté la petite riviere de Doire aiant apres avoir fait le tour de la ville de ce coté se jetter dans le Po. Cette derniere riviere sert a mettre de l'eau dans les fossés de la ville et a fournir [illegible] pour netoyer les rues ou a en conduire ou l'on veut en cas d'incendies. Cette place est tres bien fortifiée et deffendue par le plus du monde, le plus [illegible] ayant beaucoup d'ouvrages avancés. Le pentagone regulier de la cittadelle est magnifique et ne paroit que trop bon. Les breches que nous y avions faites ne sont encore reparées qu'en partie. Des trois cotés le Po couvre donc la ville d'un coté, la Doire d'un autre et le troisieme est bien deffendu par la citadelle. Le terrain qui se trouve entre elle et cette riviere est deffendu par de vieilles ouvrages en entier [illegible] depuis peu qui a mon avis rend cette place excellente. Les gardes du Roy estoient encore en Sicile ou [illegible] n'y avoit en garnison que [illegible] allemand. [illegible] couleur de [illegible] double [illegible] d'estain.

Toute la ville est entierement batie de brique. La vieille est irreguliere fort estroite pour la neuve est tout au contraire tres bien batie, les rues fort larges entr'autres la neuve qui aboutit d'un coté a la place St Michel qui est fort grande et de l'autre a la place Chateau aussi nommée a cause du palais qui la termine d'un coté et de l'autre celuy de M.e Royalle qui a pour point de vue d'un coté la rue du Po qui est magnifique et qui a des arcades de chaque coté qui continuent tout autour de la place Chateau. Celle de St Charles a un pareil ornement. Le palais du Roy est un batiment en quarré long sans rien de merveilleux pour l'architecture. Le dedans en sont

[illegible]

FERDINANDO DE MARSIN
FRANCIÆ MARSCALLO
SVPREMI GALLI[illegible]
ORDINIS EQVIT[illegible]
TORQVATO
VALENCENARV[illegible]
GVBERNATORI
VII IBRIS ANN. DO[illegible]
1706
INTER SVORV[illegible]
CLADEM ET FV[illegible]
GAM
VICTORIAM EX[illegible]
RCITVM VI[illegible]
AMISIT
ÆTERNVM [illegible]
HOC TVMVLO
MONVMENTV[illegible]

Le commerce consiste en soye. Lon y a dans le tems de tres bonne glace pour rafraichissement du sorbet et du [illegible] tabac [illegible]. Il y a aussi le palais du P. de Carignan, frere du Roy. Les ornemens de l'architecture en un salon [illegible] et le [illegible] milieu de la façade [illegible] extraordinaire. Il y a un beau jardin en tout [illegible] et un grand et assez beau batiment.

sont beaux bien executes et bien [illegible]. Il y a quelques beaux tableaux entre autres les originaux des [illegible] L'appartement de Mme Royalle est plus beau de beaucoup soit pour la [illegible] soit pour les ornemens que ceux du Roy et [illegible] regularite que ceux de la Reine. Il y a entr'autres un salon quarre qui sert d'entree qui est magnifique. Il n'y a point encore de degre. Le jardin du Roy est petit mais le dessein en est agreable. Il est appuye sur le rampart qui luy sert de terrasse. Il a une porte qui va dans la ville dont personne n'y entre [illegible] le sert souvent pour aller seul ou peu accompagne dans la ville. Je quittay cette ville avec assez de regret. Cependant nous en partimes dans deux chaises et trois hommes a cheval et peut derriere une des voitures.

Les eglises que j'y ay vu ne m'ont pas plu. [illegible] que [illegible] qui sert de chapelle au chateau et qui est au dessus de la cour de la cathedralle. Cette chapelle est ronde fort exaucee revestue de marbre noir de haut en bas. La voute en dome est tres hardie, a chaque coste un degre de marbre aussi qui descend dans l'eglise. Il y a trois tribunes pour la musique.

Nous vinsmes disner a [illegible] ville nous [illegible] a quinze milles de Turin au [illegible] dans un assez mauvais cabaret et nous eumes assez beau chemin [illegible] la montagne [illegible] que l'on trouve aupres de Turin. Apres avoir passe [illegible]. Cette petite ville est de l'Evesche d'Asti elle a este demantelee. Il y a environ vingt cinq ans pour les ducs de Savoye qu'elle n'estoit je croy pas trop forte. Nous fimes l'apres midy quatorze milles par d'assez beaux chemins quelquefois montueux et [illegible] chemins nous passames par une tres agreable vallee pour arriver a Ast qui est une ville mais qui n'est curieuse par aucune beaute. Cette ville est assez vilaine elle n'a qu'une vieille enceinte qui [illegible] nous logeames a la poste ou l'on est tres bien. Il y avoit en garnison quatre compagnies d'infanterie de [illegible] blanc doublé de bleu.

ALEXANDRIE

D'Asti a Alexandrie il y a quinze milles. Le chemin qui y conduit en est assez droit l'on passe plusieurs plaines qui me parurent tres mauvaises [illegible] qu'il faisoit nous logeames a la [illegible] ou l'on n'est pas mal. Cette ville est du duché de Milan mais le duc de Savoye en est le maistre et ne l'est pas pour long temps [illegible] les apparences en tout cas il n'est pas pourveue d'une trop belle cité. Elle est grande tres mal batie et fort mal propre. Les fortifications consistent en de vieilles murailles avec quelquefois des ouvrages de terre cependant il y a deux bastions revestus. Elle est traversée par la riviere de Tanaro qui se [illegible] pres de la dans le Po. [illegible] la cathedralle. Les eglises ne peuvent satisfaire la curiosité. Il y a quelques maisons de belle apparence. Tous les ans il s'y tient une foire qui dure quinze jours [illegible] elle est composee de toutes sortes de marchandises et se tient dans un enclos ou les boutiques sont baties. Il y avoit une assez bonne comedie italienne ou nous fumes. Mr le marquis de Trotti y vint a moy me demander et me parler de mon oncle en m'offrant ses services. Il y avoit encore [illegible] garnison le regiment de [illegible] les gardes bleu doublé de rouge [illegible] boutons de cuivre. Celuy de Piedmont blanc doublé de rouge. Celuy de Savoye et de Montferrat blanc doublé de bleu sans autre difference que les poches et celuy de [illegible] est [illegible] blanc doublé de vert. Tous les regimens ont des boutons d'estoffe blanche [illegible]. Il y avoit encore quatre compagnies de cavalerie de [illegible] qui m'a paru assez mal tenue. Nous passames l'apres midy dans cette ville. Nous en partimes le lendemain pour aller a [illegible] a un demi mille [illegible] passames la Bormida a la [illegible] cette riviere est dangereuse [illegible] souvent apres l'avoir passee nous fimes environ un mille et nous trouvames un chemin fort large droit et garni d'arbres a droite et a gauche jusques au bord de la Scrivia que nous passames aussy.

TORTONE

Cette riviere est sous le canon de Tortone ou nous fumes disner a la Croix blanche pleine de bonnes gens et ou l'on est pas mal. Cette ville n'est recommandable par aucuns batimens ny par aucune eglise [illegible]. Il y a cependant un chasteau et une place de guerre [illegible] de bastions et de courtines fort [illegible] mais a la verité n'ayant

que

LE NORD

LE PIÉMONT — LA LOMBARDIE — LES ÉTATS DE VENISE

1714 (5*). — J'arrivai à Turin le 4 octobre. J'y trouvai Du Toureil qui depuis huit jours m'attendoit. Il avoit amené avec lui Levailler, et je l'y trouvai avec grand plaisir. Il estoit logé à l'Auberge Royale, chez Cavin, où nous estions à merveille; de fort bon vin de Champagne et bonne chère que l'on paye très bien. Il n'y avoit que deux jours que la

* Plusieurs *Itinéraires* avaient été rédigés dès le début du XVIIIe siècle. Aucun n'eut plus de crédit et de vogue que celui de Misson dont il se fit de nombreuses éditions (Celle que nous avons consultée, quatrième en date, parut à La Haye, chez H. van Bulderen, en 1717). La plupart des voyageurs du XVIIIe siècle ont utilisé Misson, qui est, en général, bien informé et qui donne des indications exactes et variées. Catalogues des palais, des tableaux, des cabinets; tableau des monnaies des différents états, routes, etc. : tout ce qui renseigne le voyageur s'y trouve.

La route à suivre pour arriver de France en Italie était le Cenis ou la

Cour estoit arrivée de Sicile[1] et M. de Prie[2], l'ambassadeur, n'estoit pas encore arrivé.

Je l'attendis deux jours. Il me présenta au Roi[3] qui me fit entrer dans sa chambre et me fit l'honneur de me parler pendant une demi-heure avec beaucoup de bonté. La Reine[4] et Mme Royale[5] en eurent aussi beaucoup pour moi.

Le reste du temps que je fus à Turin, je l'employai à me promener ou à entendre de très bonne musique[6] ou à passer

Riviera. Presque tous les voyageurs français parcoururent successivement les deux voies; à savoir les Alpes en arrivant et la mer au retour : Nodot, Labat, Mabillon, Cochin, ou vice versa, comme : Addison, De Brosses, Barthélemy.

L'itinéraire traditionnel était le suivant : Turin, Milan, les îles Borromées, Plaisance, Parme, Reggio, Vicence, Vérone, Venise, Padoue, Rimini. Pesaro, Fano, Sinigaglia, Ancone, Loreto, Foligno, Spoleto, Terni, Rome, Naples. L'on revenait par Florence, Pise, Sienne, Bologne, Gênes, Marseille. Les voyageurs qui venaient d'Allemagne — Misson, Montesquieu, Pollnitz — arrivaient à Vérone par la Chiusa d'Adige, touchaient aux mêmes villes et visitaient, au retour, Modène, Parme, Turin et Milan. Caylus se tint à l'itinéraire habituel pendant la première moitié de son voyage. De Pouzzoles il en agit à son plaisir et fut l'unique voyageur de son temps qui ajouta à la visite *complète de toute* la péninsule, une tournée en Sicile et à Malte. A cause de l'étendue de son voyage, il nous offre le tableau de l'Italie au commencement du XVIIIe siècle.

1. Victor-Amédée II, qui, étant parti de ses anciens états en octobre 1713, pour se faire couronner roi de Sicile à Palerme, revint à Turin le 30 sept. 1714.

2. L'ambassadeur de France à la cour de Turin était surtout connu par la beauté et les intrigues célèbres de sa femme. En voici le crayon tracé par Mme Du Deffand (Mémoires d'une aveugle, Paris, Calmann-Lévy, t. II, p. 189). « Elle était grande, faite au tour, le visage gai et provoquant, le nez à faire tourner la tête, des cheveux cendrés, des dents, des pieds, des mains, un teint adorable, distinguée comme une déesse et fine comme un lutin. Elle avait tous les talents.... Sa rage était la domination. Son orgueil était insatiable. A la fois séduisante et froide, deux qualités essentielles pour conduire les hommes où on les veut mener. »

3. Victor-Amédée II (1666-1732) duc de Savoie en 1675, roi de Sicile en 1713, par le traité d'Utrecht. En 1718, il dut accepter la couronne de Sardaigne en échange de celle de Sicile, que le traité de Londres attribua à l'Empereur.

4. Anne-Marie, fille de Philippe duc d'Orléans et nièce de Louis XIV, née le 17 août 1669, duchesse de Savoie en 1684, morte en 1728.

5. Marie-Jeanne-Baptiste, fille de Charles-Amédée, duc de Nemours et veuve de Charles-Emmanuel II, duc de Savoie (1644-1724), portait le titre de Madame Royale, depuis la mort de son mari, en qualité de duchesse-mère. C'est elle qui gouverna pendant toute la jeunesse de Victor-Amédée II, c.-à-d. de 1675-1684.

6. J.-J. Rousseau. « Les Confessions » (t. Ier, p. 72). « Le ro de Sardaigne

les soirées au cercle, à causer avec les filles d'honneur de la Reine, fort aimables, surtout Mlle de Brèze. Celles de Mme Royale sont aussi fort jolies, mais leur maîtresse fut malade, je les connus moins.

Cette Cour est très jolie, très nombreuse en dames bien faites, nombre de gentils minois. Les hommes n'y sont pas si bien faits. Les vieux m'y ont paru plus aimables, et les jeunes sont comme chez nous. Le régime de vie du Roi a, dit-on, cependant changé la vie aimable qu'on y menoit. C'est encore tout comme chez nous, quoyque les femmes n'y soient pas encore tout à fait si libres ou si libertines que chez nous. Le diable n'y perd rien, et ce seroit une cour que j'aimerois fort[1]. L'on y parle françois comme chez nous et les dames et les demoiselles entendent ce qu'on appelle le ton. Le peuple même parle presque tous (*sic*) notre langue[2]. Le retour du Roi nous procura la vue de trois jours d'illumination et d'un beau feu d'artifice pour le dernier jour, qui fut bien exécuté jusques à la fin que le feu y prit un peu mal à propos.

avait alors la meilleure symphonie de l'Europe. » De Brosses (*op. cit.* t. II, p. 49). « J'y entendis des conversations musicales dont il fallait pâmer d'aise. Je ne puis vous exprimer les ravissements où cela jette. Je n'ai rien éprouvé en ma vie de plus enchanteur. »

1. Montesquieu (*op. cit.* I vol., p. 112) n'est point de cet avis. « Il n'y a rien de si gêné que toute cette Cour. » Quant à De Brosses (*op. cit.* II vol., p. 492) qui la visite en 1740, sous le règne de Charles-Emmanuel III, voilà le tableau qu'il en fait. « La reine tient tous les soirs un cercle aussi triste qu'il soit possible d'imaginer. Elle est assise dans son fauteuil; toutes les dames sont rangées autour d'elle, debout sur leurs pieds comme des péronnelles, car elles ne s'assoient jamais que pour jouer. La reine, de temps en temps, adresse quelques mots à quelqu'une d'entre elles, qui répond successivement sans s'approcher ni bouger. De là, on va au Salut ou au Stabat. Voilà la récréation actuelle de la cour de Turin. Je me figure qu'une étiquette si divertissante ne fait pas moins bâiller le souverain que les courtisans. » Pollnitz (*op. cit.*, t. II, p. 357-358), confirme cette impression.

2. Pollnitz (t. II, p. 359) «... Les Piémontois ne se croyent pas Italiens. On me demande si je viens d'Italie, ou si j'y vais. Ce mélange des manières françoises avec les italiennes me paroît convenir parfaitement.... » De Brosses (*op. cit.*, p. 494) « Le français et l'italien sont presque également en usage à Turin. » Misson (*op. cit.*, t. III, p. 56). « On vit à Turin à peu près comme en France; la langue françoise n'y est pas moins connue que l'italienne. »

TVRIN. — La ville de Turin[1], capitale des Estats du Roi de Sicile, est située dans une plaine fertile, terminée agréablement pour la vue, d'un côté par les Alpes, presque toute l'année couvertes de neige; de l'autre, plus près de la ville sur le chemin qui amène à Alexandrie, par des hauteurs fertiles et vertes couvertes de bastides, enfin fort agréable. Il n'y a que du côté de Chivas que la vue s'étende. Elle n'est désagréable d'aucun côté. Le Pô d'un côté coule dans cette plaine; le fleuve y porte de gros bateaux. Au-dessus de la ville, la petite rivière de Doire vient, après avoir fait le tour de la ville de ce côté, se jeter dans le Pô. Cette dernière rivière sert à mettre de l'eau dans les fossés de la ville et à fournir de l'eau pour nettoyer les rues ou à en conduire où l'on veut, en cas d'incendies.

Cette place est très bien fortifiée et défendue par le feu du monde le plus rasant, ayant beaucoup d'ouvrages avancés. Le pentagone régulier de la Citadelle est magnifique et n'a paru que trop bon[2]. Les brèches que nous y avons faites ne sont encore réparées qu'avec des fascines. Le Pô couvre donc la ville d'un côté, la Doire d'un autre et le troisième est bien défendu par la Citadelle. Le terrain qui se trouve entre elle et cette rivière est défendu par de doubles ouvrages, en entier perfectionnés depuis peu, ce qui, à mon sens, rend cette place excellente.

— Entre la Venerie et Turin[3], à environ la moitié chemin, il y a une capucinade où se trouve cette épitaphe du Maréchal de Marsin, sur un marbre blanc tout simple : les armes estoient en haut.

FERDINANDO DE MARSIN, Franciae Marescallo, supremi

1. De Brosses (t. II, p. 489). « Turin me paraît la plus jolie ville de l'Italie, et à ce que je crois de l'Europe, pour l'alignement de ses rues, la régularité de ses bâtiments et la beauté de ses places. »

2. Allusion au siège mémorable de 1704. Le comte maréchal Daun défendit la place contre le duc d'Orléans, petit-fils de France, et donna le temps au prince Eugène de Savoie de venir à son secours et de faire lever le siège.

3. Nous plaçons entre ce signe — — les notes ajoutées en marge par Caylus.

Galliæ ordinis equiti torquato, Valentinarum gubernatori, die VII septembris MDCCVI, inter suorum cladem et fugam, victoriam exercitum et vitam amisit, aeternum in hoc tumulo monumentum[1]. —

Les gardes du Roi estoient encore en Sicile ou n'en estoient pas revenus. Il n'y avoit en garnison que le régiment de Schulembourg[2], allemand, bleu doublé de blanc, bouton de cuivre; et celui d'Arpert, suisse, doublé de jaune, bouton d'estain. Toute la ville est entièrement bâtie de briques. La vieille est irrégulière et fort estroite; la neuve, est tout au contraire très bien bâtie. Les rues sont larges, entr'autre la Neuve, qui aboutit d'un côté à la place Saint-Michel qui est fort grande; de l'autre, à la place *Château*, ainsi nommée à cause du palais qui la termine d'un côté, et de l'autre celui de Mme Royale qui a pour point de vue, d'un côté, la rue du Pô qui a des arcades de chaque côté qui continuent tout autour de la place Château. Celle de *Saint-Michel* a un pareil ornement.

Le *Palais* du roi est un bâtiment en carré, long, sans rien de merveilleux pour l'architecture. Les dedans en sont beaux, bien exhaussés et bien dorés. Il y a quelques beaux tableaux, entr'autres les originaux de l'Albane[3].

L'appartement de *Mme Royale* est plus beau de beaucoup, soit pour les ornements, soit pour la régularité, que ceux du Roy et de la Reine. Il y a entr'autre un salon carré qui sert d'entrée qui est magnifique[4]. Il n'y a point encore de degré.

1. Confrontée et corrigée sur D. Carutti « Storia del Regno di Vittorio Amedeo II (*Firenze, Le Monnier*, 1863), page 209, en note.

2. Jean Mathias, comte de Schulembourg, né en 1661, servit tour à tour dans les armées du Danemark, de la Pologne et de la Hollande. Il servit le prince Eugène de Savoie. Sur le conseil de ce dernier, les Vénitiens conférèrent au comte de Sch. le commandement de leurs forces de terre. Il mourut en 1747, à Vérone.

3. Le manuscrit donne « des Albanes » au lieu d'Albane (1578-1660), peintre bolonais, rival du Dominiquin et du Guide. On l'a surnommé « l'Anacréon de la peinture. » « le peintre des Grâces. »

4. Pollnitz (p. 333, t. II). « Tout ce qu'il y a de plus beau et de plus parfait en architecture moderne, à Turin, et peut-être en Europe, est la façade du Palais de Madame Royale. »

Le commerce consiste en soye[1]. L'on y vend de très bons gants pour l'hiver, du rossolis et du tabac grené (6).

Il y a aussi le Palais du *P. de Carignan*, frère du Roi. Les ornemens de l'architecture en sont vilains et le milieu de la façade extraordinaire. Il y a un beau jardin. En tout, c'est un grand et assez beau bâtiment.

Le *Jardin* du Roi est petit, mais le dessin en est agréable. Il est appuyé sur le rempart qui lui sert de terrasse. Personne n'y entre. Il y a une porte qui va dans la ville, dont le Roi se sert souvent pour aller, seul ou peu accompagné, dans la ville.

— Les églises que j'y ai vu ne m'ont pas plu. Je n'ai trouvé que le *Saint-Suaire*[2], qui sert de chapelle au Château et qui est au-dessus du chœur de la Cathédrale. Cette chapelle est ronde, fort exhaussée, revêtue de marbre noir du haut en bas. La voûte en dôme est très hardie. A chaque côté est un degré de marbre qui descend dans l'église. Il y a trois tribunes pour la musique. —

Je quittai cette ville avec assez de regrets. Cependant nous en partîmes le 13, dans deux chaises et trois hommes à cheval, et Privat derrière une des voitures.

Nous vînmes dîner à *Villanova*, à onze milles de Turin, au « Paon, » un assez mauvais cabaret. Nous eûmes assez beau chemin[3], mais inégal, surtout à la montagne que l'on trouve auprès de Turin, après avoir passé le Pô. Cette petite ville est de l'évêché d'Asti; elle a esté démantelée il y a environ vingt-cinq ans, par le duc de Savoie[4]; elle n'estoit, je crois, pas trop forte. Nous fîmes l'après-midi douze milles par d'assez beaux chemins, quelquefois montueux, et entr'autres chemins, nous passâmes par une très

1. Montesquieu (*op. cit.*, p. 128). « Les marchands de Turin tiennent que le commerce de soye, qui est le seul du Piémont, monte à 10 millions. »

2. Montesquieu (*op. cit.*, t. Ier, p. 127). « C'est la chapelle de la cour, elle a plus de réputation que de beauté. »

3. Montesquieu (*op. cit.*, p. 127). « De Villanova à Asti, le pays est bon, plein de vignobles et de mûriers. »

4. Victor-Amédée II, en 1707.

agréable vallée pour arriver à *Asti*, qui est un évêché, mais qui n'est curieux par aucune beauté. Cette ville est assez vilaine; elle n'a qu'une vieille enceinte prodigieusement grande. Nous logeâmes à la « Poste » où l'on est très bien[1]. Il y avoit en garnison quatre compagnies du chevalier de Brisac[2]; blanc doublé de bleu.

ALEXANDRIE. — D'Asti à Alexandrie il y a quinze milles. Le chemin qui y conduit en est assez droit. L'on passe plusieurs plaines qui me parurent très mauvaises à cause de la pluie qu'il faisoit. Nous logeâmes à « La Treille » où l'on n'est pas mal. Cette ville est du duché de Milan, mais le duc de Savoie en est le maître. Ce ne sera pas pour longtemps, selon les apparences[3]. En tout cas, il n'est pas possesseur d'une trop belle cité. Elle est grande, très mal bâtie, et fort malpropre. Les fortifications consistent en de vieilles murailles avec, quelquefois, des ouvrages de terre. Cependant il y a des façons de bastions revêtus. Elle est traversée par la rivière de Tanaro, qui se jette, fort près de là, dans le Pô. A en juger par la Cathédrale, les églises ne peuvent satisfaire la curiosité. Il y a quelques maisons de belle apparence. Tous les ans, il s'y tient une foire qui dure douze jours. Je la vis : elle est composée de toutes sortes de marchandises et se tient dans un enclos où les boutiques sont bâties.

Il y avoit une assez bonne comédie italienne où nous fûmes. Mme la Marquise Trotti[4] y vint à moi, me demander

1. Pollnitz (t. II, p. 339). « Je n'y ai trouvé de bon que l'auberge, une des meilleures d'Italie. »

2. J.-P. de Brissac qui servit sur mer et combattit contre les Turcs au siège de Corfou (1716). Il mourut en 1784.

3. Par le traité de Turin, du 25 octobre 1703, l'empereur Léopold Ier avait cédé au duc de Savoie les provinces d'Alexandrie et de Valence, la Lomelline, la vallée de Sesia; cette session avait été confirmée par le traité d'Utrecht du 11 avril 1713. Les ducs de Sardaigne cédèrent et perdirent par la suite les autres terres, mais celles des ducs de Montferrat furent définitivement incorporées au Piémont.

4. Le code donne Strotti, au lieu de Trotti. La marquise appartenait à

et me parler de mon oncle, en m'offrant ses services. Elle est encore jeune et jolie. Le roi de Sicile y avoit en garnison le régiment de ses gardes, bleu doublé de rouge avec des boutons de cuivre; celui de Piedmont, blanc doublé de rouge; ceux de Savoye et de Montferrat, blanc doublé de bleu, sans autre différence que les poches, et celui de Deysortes rouge, blanc, doublé de vert. Tous les régimens ont des boutons d'étoffe blanche et sont beaux. Il y avoit encore quatre compagnies de cavalerie de Brissac, qui m'a paru assez mal tenue. Nous passâmes l'après-midi dans cette ville. Nous en partîmes le lendemain pour aller à Pavie.

TORTONE. — A un demi-mille, nous passâmes la Bormide[1] à la traille. Cette rivière est dangereuse assez souvent. Après l'avoir passée, nous fîmes environ un mille et nous trouvâmes un chemin fort large, droit et garni d'arbres à droite et à gauche, jusques au bord de la Scrivia que nous passâmes au gué. Cette rivière est sous le canon de Tortone où nous fûmes dîner à « La Croix blanche » pleine de bonnes gens, et où l'on n'est pas mal. Cette ville n'est recommandable par aucun bâtiment ni par aucune église. J'en vis une partie, j'en fus puni. C'est cependant un évêché et une place de guerre environnée de bastions et de courtines fort rasantes mais, à la vérité, n'ayant que peu ou point de fossé. Il n'en est pas de même d'une citadelle, qui de loin m'a paru entretenue et qui commande à toute la ville et la défend. Il n'y avoit en tout, en garnison, que cinq cents hommes du chevalier de Canis, tout blancs, qui sont depuis neuf mois sans paye. M. de Litta[2], gentilhomme milanois, en estoit gouverneur. Il me fit faire des honnêtetés à cause de mon oncle. Cette place est du Milanois (7).

une grande famille milanaise. Elle s'informe de l'oncle paternel de Caylus, le chevalier de Caylus (v. Introduction).

1. Le mss. donne la Brounie.

2. Montesquieu (t. I, p. 100). « Il y a neuf familles à Milan qui ont le grandat d'Espagne : Borromée, Visconti, Litta, Serbelloni, Stampa, Clerici, Trivulce, Carnavagio, Castelbarco. »

Nous fîmes l'après-midi onze milles pour arriver à *Voghera*, petite ville enfermée d'une simple enceinte ornée de tours. Il n'y a rien du tout qui mérite considération. Elle est de l'évêché de Tortone, relevant de l'Empereur comme estant du Milanois, mais appartenant au prince de la Cisterne de Turin. Nous logeâmes « Aux Trois rois, » ni bon ni mauvais. Nous partîmes le lendemain matin, et après un demi-mille de chemin nous passâmes la Staffora[1] au gué. Je la crois dangereuse dans les inondations. Il y a un pont de briques pour la passer, ensuite l'on rencontre un chemin absolument droit, bordé d'arbres des deux côtés et fort agréable qui vous conduit pendant treize milles jusques au bord du Pô que l'on passe à la traille. Il peut avoir en cet endroit un demi-mille de large. Après l'avoir passé, l'on fait environ cinq milles et puis l'on passe à la traille le Curone, assez grosse rivière. Enfin, nous fîmes vingt milles pour arriver à Pavie. Il y a un autre chemin par lequel on n'en fait que quinze, mais il falloit rester sur les terres de Piedmont et nous n'avions point de billet de santé.

PAVIE. — Pavie est une grande ville située dans une belle plaine. En y arrivant, l'on passe par un faubourg défendu par des ouvrages de bonne grandeur, mais de terre. Le fossé en est presque comblé. Ce faubourg est assez grand et conduit à un pont long de deux cent quarante huit de mes pas. Il est sur le Tessin et construit sur sept arches dont celle du milieu est percée pour le pont-levis. La rivière y est fort large et y porte de gros bateaux. Il y avoit en garnison le reste du régiment de Canis et celui de Lutsino, italien à la solde de l'Empereur; blanc et parement bleu. Pavie est un évêché; elle a une université, beaucoup de couvens et cinq collèges, entr'autres celui du pape Pie V, qui n'a rien de merveilleux pour son bâtiment. Il y a sur une petite place, devant la porte, une figure de bronze

1. Le mss. donne Staff au lieu de *Staffora*.

de ce saint qui est assez belle mais que je trouve un peu trop chargée de bronze. Elle est posée sur un piédestal de marbre blanc avec une inscription assez belle que j'ai dans mes tablettes.

— *Quod viventis modestia vetuit in Capitolio, poni posterorum pietas hic erigi curavit.* —

Le *Collège de Borromée* est plus beau pour le bâtiment. La façade ne m'en plait pas; l'intérieur est en carré à double rang de pilastres assez beaux. Il y a un assez joli jardin. L'on voit aussi le vieux château de briques tout à fait antique et qui n'est pas bon à grand'chose. Les fortifications de la ville sont de très mauvais raccommodages à la moderne, entés sur de vieilles enceintes qui défendent Pavie sur le bord du Tessin. Les églises ne m'y ont pas paru belles. J'y ai vu la *Cathédrale* qui ne m'a pas plu, quoy qu'on la dise bâtie par des François. Ils ont recommencé à la rebâtir; elle sera mieux. L'on voit devant la porte de cette église un piédestal sur lequel est posée une statue équestre de bronze que l'on dit estre d'Antonin le pieux, apportée de Ravenne par les François[1]. Quoyqu'antique je ne trouve ni la figure ni le cheval bien[2]. Ce dernier n'est pas posé sur les jambes. Nous fûmes voir le tombeau de saint Augustin où il n'est point[3]. Il est de marbre fort beau, c'est-à-dire, le marbre : l'ouvrage n'y est point épargné, mais il est vilain. Les Augustins et les Théatins prétendent dans un caveau en posséder la relique, et se la disputent. Pour les accorder, l'on a marqué une ligne qui partage l'église et on leur a donné à chacun leur part de

1. En 1512, après la victoire remportée par les Français sur l'armée hispano-papale, et dans laquelle périt Gaston de Foix. Mais cette statue, que l'on pensait être d'Antonin, fut probablement apportée de Ravenne, lorsque cette ville fut prise et saccagée par Liutprand, roi des Lombards.

2. De Brosses (t. I, p. 83). « Ce n'est, à mon sens, qu'un très détestable ouvrage de quelque Ostrogoth. »

3. La légende raconte que ce même roi Liutprand apporta, de Sardaigne à Pavie, le corps de saint Augustin.

l'office à dire et du caveau. Il y a auprès du lieu où ils le disent estre, un puits, qu'ils baptisent du nom de fontaine, auquel ils attribuent des miracles.

Nous fûmes voir à l'église de *Sta Maria in pertico* les os des François rassemblés de la bataille où François Ier fut pris[1]. L'on nous montra aussi une tour bâtie sur le coin d'une maison appuyée sur un pilastre d'un pied en carré jusque à vingt en hauteur, qui va toujours en s'élargissant jusque à la largeur, ou environ, de deux toises en carré (8). Elle n'est pas fort haute et est de vilaine maçonnerie, cependant assez extraordinaire. Elle se nomme *Pitsindon*[2]. La ville de Pavie est assez grande, très peu peuplée, ayant de vilaines rues malpropres et, outre l'irrégularité, très mal bâties. Il n'y a de passable que la grand' rue qui traverse toute la ville et qui est assez marchande. Nous logeâmes « Au Faucon, » assez bon, qui est sur la grande place qui ne mérite pas de description, quoyqu'elle soit bâtie en carré long, régulier et qu'elle ait des arcades qui en fassent le tour. Nous partîmes de cette ville le lendemain matin, après y avoir demeuré l'après-midi pour voir ce que je viens d'écrire.

Nous fîmes, dans le plus agréable chemin que l'on puisse imaginer, bordé de beaux arbres et de deux navilles qui, joint à la vue du plus beau pays du monde, sont des objets charmants et qui empêchent que l'on ne s'ennuye, [quelques milles]. Après trois milles, nous quittâmes le grand chemin pour aller à la *Chartreuse* de Pavie.

L'on y arrive par une grande avenue magnifique et fort droite qui conduit du chemin à la maison qui mérite d'estre vue pour plusieurs raisons que je vais décrire.

La cour ni la maison n'ont rien d'extraordinaire ; la façade qui donne sur la cour est assez belle, avec de grands cloîtres dont les piliers sont de marbre. Il y en a un petit dans

1. Le 24 février 1525 par de Lannoy et de Pescara.
2. *Pizzingiò*, nom populaire donné à cette tour auj. détruite.

lequel il y a quantité de jets d'eau pour mouiller les curieux en cent façons.

Mais ce qui est au-dessus de ce que j'ai encore vu, c'est l'église[1]. Le vaisseau en est simple et grand avec des chapelles tout du long de la double croix. La première voûte est simple, ornée à chaque pilier de statues de marbre blanc. Celles qui sont contre les piliers du milieu sont sur des piédestaux de marbre faits en couronne : les autres sont sur des carrés de marbre à l'ordinaire, et sont un bel objet et nouveau. Il n'y a pas d'autre ornement dans cette première nef. Elle est séparée de la croix de l'église par une grille presque toute de cuivre, qui est, en vérité, magnifique et qui est, pour ainsi dire, finie. Toutes les chapelles sont fermées chacune par une grille faite dans le même goût.

Dans cette croix l'on voit, à droite, le tombeau de Jean Galéas Visconti, duc de Milan, fondateur de ce couvent, mort en 1442. Son mausolée est magnifique par la beauté de la sculpture et des bas-reliefs. Il faudroit plus d'un mois pour admirer en détail la beauté de tous ceux qui sont dans cette église[2], et (la beauté) des marqueteries de marbre qui font les devants de tous les autels, tous en marbre de différente couleur ou de différente espèce[3]. Le portail de cette église est entièrement bâti de marbre et plein de médaillons, de statues, de bas-reliefs du haut jusques en bas, qui ne sont pas de la beauté de ceux que l'on voit en dedans, mais le tout ensemble est beau et, quoyqu'en détail plein d'ouvrages, il n'en paroit pas trop chargé dans le tout ensemble. Il y a aussi de très belles peintures à fresque. Non pour le coloris, mais pour le dessin, elles le doivent de beaucoup céder à la sculpture que l'on y voit. Je ne crois pas que la

1. Pour une étude complète de la Chartreuse, consulter le volume de Luca Beltrami « La Certosa di Pavia. » Milan, 1908.

2. Celui de Ludovic Sforza, dit le Maure, de sa femme Béatrice d'Este, etc.

3. De Brosses (t. I, p. 87). « Un curieux de marbre peut s'amuser là pendant un mois, et il n'y a pas un de nous qui, s'il avait un des morceaux qui y sont prodigués, n'en fît faire une très belle tabatière. »

délicatesse et la perfection du ciseau se soient encore poussées plus loin[1]. Cette église est magnifique; jusques derrière l'autel, que l'on ne voit qu'avec peine, il y a des statues et des ornements très beaux. Je ne dois pas oublier que dans les morceaux de marbres incrustés, il y a des pierres fines en quantité, des fruits et des oiseaux aussi beaux qu'ils se puissent faire. La balustre de l'autel est, ainsi que le reste, d'un très bon goût et nouveau. Les chandeliers sont de bronze pleins d'ornements bien finis; enfin, j'ai admiré avec très grande raison la quantité de beautés qui se trouvent dans cette maison et qui doivent tous les jours augmenter puisque les meilleurs ouvriers travaillent journellement. Il y a dans le couvent quarante moines.

Nous fîmes, toujours par un chemin aussi agréable, sept milles pour venir dîner à *Binasco*[2], village qui n'a rien de remarquable. Je croy qu'il n'y a qu'un seul cabaret qui est celui des « Trois rois. » Nous n'y fûmes point mal et nous fîmes dix milles pour arriver à Milan (9). Notre chemin continuant d'estre assez agréable, nous logeâmes « Aux Trois rois, » nous renvoyâmes une de nos chaises et un cheval, et nous partîmes avec notre ami Romain, pour aller voir les isles Borromées, avec Belleville et Levailler à cheval, et nous en chaise. Les arbres et le chemin unis et les campagnes agréables nous accompagnèrent tout le jour. Quoyque nous fussions égarés pendant plus de deux heures, nous arrivâmes sans inconvénient à la *Castellanza*. Un mille avant que d'y arriver, l'on trouve des petits vallons toujours agréables. Ce petit village est dans un terrain inégal : la petite rivière de l'Arona le traverse, et le rend digne d'avoir esté le séjour où se soit passé une scène du « Pastor fido[3] » ou

1. De Brosses (t. I, p. 86). « Le portail de la Chartreuse est une magnifique galimafrée de tous les ornements imaginables : statues, bas-reliefs, feuillages, bronzes, médailles, colonnes, cloches, etc., le tout distribué sans choix et sans goût.... »

2. Bourg qui a un château, où Phil.-Marie Visconti, duc de Milan, fit exécuter, en 1418, sa femme Béatrice de Tende, qui était innocente.

3. Idylle pastorale de G. B. Guarini, poète italien contemporain du Tasse.

un chapitre de « l'Astrée[1]. » Nous logeâmes « A l'Aigle » qui n'est pas des plus mauvais. Nous en partîmes le lendemain matin par une pluie épouvantable qui nous avait conduit depuis Milan. Le chemin que nous fîmes n'est pas des plus mauvais; nous passâmes par *Galara*, gros bourg assez joli, et nous arrivâmes à *Sesto*, village situé sur le lac Majeur, un peu au-dessus de l'endroit où le Tessin sort de ce lac. Nous fîmes cette matinée quatorze milles. Nous dinâmes à « La Croix Blanche » qui ne peut pas s'appeler mauvais. Quatre milles avant d'y arriver, le terrain devient inégal et le chemin s'en sent un peu. Nous fîmes marché avec des bateliers, à vingt cinq livres de Milan, pour nous mener et ramener des isles Borromées où nous voulions aller. Nous nous embarquâmes donc, et, comme il estoit un peu tard, nous ne pûmes à grand peine faire que dix milles. Encore arrivâmes-nous à une heure de nuit à *Belgirate*, village sur le bord du lac, de l'autre côté de Sesto. Nous fûmes bien logés à « l'Aigle noire. » La pluye nous conduisit presque toujours: le grand vent, que nous avions contraire, éleva un orage et enfla le lac lorsque nous le traversions d'un bord à l'autre, [ce] qui me fit, non seulement à moi, mais au reste de notre bande, très grand'peur surtout à moi, les vagues entrant très et trop souvent dans notre trop petit bateau[2]. Nous nous en tirâmes heureusement : nous couchâmes à Belgirate. Le lendemain matin, le temps estant fort adouci, nous partîmes dans notre même bateau pour aller aux îles. Levailler se trouva incommodé au point de ne pouvoir y venir. Nous fîmes cinq milles pour arriver à ces agréables jardins, nous vîmes la *Maison*. Elle est grande avec de beaux appartements assez bien disposés, avec nulle autre tapisserie que des tableaux. Il y en a un très grand nombre; quelques-uns de bons; il y en a beaucoup sur du marbre. L'on travaille à l'agrandissement de ce palais dans

1. Roman en cinq volumes où Honoré d'Urfé (1568-1625), a fusionné l'élément pastoral avec l'élément historique (L'Astrée, en 5 vol. Paris, 1633).
2. De Brosses (t. I, p. 110). « Ah! de grâce, faites-moi justice d'un petit

lequel un prince pourroit loger, soit pour la grandeur soit pour la situation.

Les *Jardins* en sont, après tout, la plus grande beauté; ils m'ont donné une idée de ceux de Sémiramis. Ils sont presque tous en terrasse, dont il y en a jusqu'au nombre de dix, l'un sur l'autre, terminés par une belle plate-forme. La vue du lac contribue à embellir ce lieu qui pourroit estre gâté par de grandes statues de pierre et des obélisques qui font ressembler ce lieu, le plus en vue et du lac et de la maison, un peu trop à une église ou à un calvaire. Quoy qu'il en soit, le défaut est selon moi bien réparé par les espaliers en pleine terre de limons, d'orangers, de citronniers, etc., qui pleins de fleurs et de fruits se voyent en tout temps dans le séjour que des berceaux ou des allées couvertes de ces mêmes arbres, rendent agréable. Il y a des cabinets pour l'esté et des grottes; un bois impénétrable au soleil, et un appartement entier de rocailles, d'une fraîcheur admirable, pour l'esté. Nous revînmes nos poches pleines de fruits dont je viens de parler, et les mains remplies de jasmins, de roses, etc., quoique nous fussions au 19 d'octobre. Après nous être longtemps promené, nous revînmes dîner à Belgirate, où nous trouvâmes notre malade un peu guéri. Après un médiocre repas, nous nous embarquâmes et fîmes, par le plus beau temps du monde, cinq milles sur le lac, pour venir voir la statue de saint Charles[1] qui est auprès d'*Arona*, petite ville fermée de murailles où l'on m'a dit ne rien estre de merveilleux. Elle est commandée par un haut rocher sur lequel est un château gardé par les Allemands, défendu assez mal, mais que la situation rend assez bon.

A une portée de canon au-dessus, du côté des isles, l'on trouve cette grande statue que l'on découvre d'une grande

faquin de lac qui, n'ayant pas vingt lieues de long et d'ailleurs fort étroit, s'avise de singer l'Océan, et d'avoir des vagues et des tempêtes. »

1. Statue élevée en 1697 en l'honneur du comte Ch. Borromée, le célèbre cardinal archevêque de Milan, né en 1538 à Arona, m. en 1584 et canonisé en 1610.

partie du lac. Nous mîmes pied à terre pour l'aller voir de plus près, et nous montâmes près d'un demi-mille par un chemin fort roide. En vérité, une statue semblable n'inspire pas grande dévotion pour le saint qu'elle représente. Il est sur un piédestal de pierre, haut de plus de quarante pieds. Un prêtre du séminaire qui est auprès du lieu où l'on voit cette terrible image, nous montra cinq arbres, plantés tout auprès, qui occupent la longueur qu'occupoit la statue quand elle estoit à terre. J'en ai mesuré la longueur, elle est de trente sept de mes pas. L'on peut juger de quelle taille peut estre en cet endroit, le nez d'un saint à qui l'on en donne ordinairement un si grand. Nous revînmes, après avoir satisfait notre curiosité, par le plus beau temps du monde regagner notre ancien gîte de Sesto, après avoir concerté le long du chemin dans notre bateau. Je ne dois pas oublier qu'une partie du lac et des terres qui l'environnent, sont à Mgr de Borromée (10).

Nous repartîmes, toujours par la pluye, le lendemain, et nous vînmes dîner à la *Castellanza* et de là coucher à un gros bourg appartenant à dom Antonio Visconti, gouverneur de Côme et du Milanois. Mon hôte voulut absolument que je visse, avant de m'en aller, une église qu'ils ont fait bâtir depuis peu et qui n'est pas même encore finie. Elle est belle pour un village, mais n'a rien qui mérite la peine d'aller jusque-là. Je n'y vis qu'un amas de haillons de toute espèce, offerts à la Madone qui, apparemment, reçoit en cet endroit, et s'y repait de vieux meubles et de linge sale. Nous logeâmes à « St-Antoine, » assez bon. Le lendemain nous repartîmes pour venir à Milan qui en est éloigné de huit milles. Les grandes pluyes avoient un peu fait déborder les eaux. Nous passâmes, mais avec un peu de peine, et nous vînmes dîner à Milan

MILAN. — « Aux Trois rois. » Nous payâmes Romain neuf francs par chaise, un écu par cheval. La malpropreté et le bruit du cabaret nous fit chercher un autre gîte. Nous prîmes des appartemens chez un nommé Lapierre, traiteur françois qui avait esté cuisinier de mon oncle, et nous fûmes le lendemain loger chez lui. Nous louâmes un carrosse pour le temps de notre séjour, pour douze francs par jour. Nous nous en servîmes le même jour pour aller au couvent de Sainte-Radegonde, où nous demandâmes la signora Quintini, pour laquelle M. Floret de Turin avoit donné une lettre à Levailler. Elle nous retint pour entendre le Magnificat et un autre motet qu'elles (sic) chantèrent dans leur église à je ne sais quelle prière. Nous fûmes payés amplement du peu de temps que nous attendîmes, par de très bonne musique, très bien exécutée, mais surtout par la plus belle, la plus grande, la plus nette et la plus estendue de toutes les voix que l'on puisse entendre; que l'on dit, cependant, n'estre plus si belle qu'elle a esté autrefois. Je n'imagine pas ce qu'elle a pu estre[1].

Nous fûmes le lendemain matin voir la grande église ou le *Dôme*, et nous y trouvâmes un nommé Jean Combe, qui conduit les estrangers pour cinquante sols par jour et qui nous montra tout ce que je vais dire des curiosités de Milan[2]. Cette église est toute de marbre : les piliers en sont tout revêtus et le dehors aussi. Le portail n'est eslevé qu'à la hauteur des portes ou un peu plus. Il n'y a aucune tour qui soit achevée. Toutes les chapelles au dedans ne le sont pas même encore, ni le pavé qui est de marbre et de pièces de rapport magnifiques. Il y a cependant plus des deux tiers de fini. Il y a des ouvriers en grand nombre et surtout des sculpteurs assez bons qui travaillent sans cesse. Il pourroit encore y avoir des ouvriers dans cent ans et plus. L'on dit que dans le dedans et le dehors, il y a, à présent, sept mille statues de marbre[3]. L'on conte qu'il y en aura

1. Voir sur la musique aux églises, et les spectacles de Milan, de Brosses, t. I, lettre IX et t. II, lettre LIV.

2. Misson (Lettre XXXIV, t. III, p. 20) parle aussi d'un conducteur qui lui fit visiter Milan, mais il le nomme pas.

3. De Brosses (t. I, lettre VIII). « Il est habité par un peuple de statues suffisant pour faire une petite armée : Que sera-ce quand elles seront six

plus de dix mille quand l'ouvrage sera fini. Dans le nombre de celles qui sont en dehors de ce grand bâtiment, il m'en a paru quelques-unes de bonnes. Le maître-autel, quoyque de bronze, ne répond pas à la beauté de ce lieu, mais ce qui est magnifique, ce sont les chaises des prêtres : les bas-reliefs en bois en sont superbes. Ils représentent l'histoire de Théodose et de Constantin.

L'on garde dans une chapelle voûtée, sous le grand autel, le corps entier de saint Charles[1]. Il est dans une châsse magnifique ornée de beaux cristaux. Nous le vîmes à visage découvert. La chapelle dans laquelle on le garde est ornée de bas-reliefs d'argent fort beaux. L'on en voit de marbre autour du chœur, qui méritent d'être vus.

A droite, derrière le même chœur, est le saint Barthélemy, si vanté. Je n'en ai pas esté charmé, quoyqu'au bas de cette figure on lise une inscription qui traite Apelles comme un petit garçon, auprès de celui qui l'a faite[2].

Cette église est d'un tiers plus grande que celle de Notre-Dame, plus large et plus élevée. Derrière l'église, au dehors, notre conducteur nous mène à un lieu où se tiennent les comptes de l'emploi de l'argent destiné pour le bâtiment, ce qui est examiné par les premiers de la ville. Sur la porte de ce lieu l'on voit écrit « Capitulum. » Il n'y a qu'une grande salle dans laquelle nous vîmes deux statues d'Adam et d'Eve, très belles, d'un sculpteur nommé Cerano[3] (11). Il y a aussi dans cet endroit, cinq tableaux en grisaille de ce même homme, qui représentent les bas-reliefs des cinq portes qui méritent, en vérité, d'être vus tant ils sont d'un dessin correct. De là nous fûmes au palais de l'archevêque qui joint l'église. Il n'a rien d'extraordinaire pour le

fois plus nombreuses? » Cochin (t. I, p. 32). « C'est le comble de la folie du travail des architectes gothiques. »

1. Le cardinal Borromée, archevêque de Milan (1539-1584). Il contribua à la réforme catholique et se fit remarquer par son dévouement lors de la peste qui désola Milan, l'an 1576.

2. Voici l'inscription prétentieuse « non me Praxiteles, sed Marcus finxit Agrates. » C. donne Apelles pour Praxitèle.

3. Giov. B. Crespi, da Cerano (1557-1633).

bâtiment, il a seulement une très belle enfilade[1], mais l'on y voit une galerie et dans deux autres chambres des tableaux magnifiques des plus habiles peintres, et en très grand nombre. Ils ont esté donnés aux archevêques de Milan par un prédécesseur nommé Mintio.

L'après-midi, nous fûmes à la maison d'un nommé Jean Antoine Pallavicino, fils d'un banquier fort riche. Il n'est pas, par conséquent, de la maison de ce nom. Nous vîmes dans son jardin une perspective très naturelle et faite à s'y méprendre, qui représente « l'enfant prodigue. » Dans le haut et le bas de la maison qui est très grande, nous vîmes grand nombre de tableaux parmi lesquels il y en a de bons.

De là nous vînmes au séminaire italien fondé par saint Charles.

La cour en est très belle, a deux étages de colonnes, et a beaucoup de goût. Pour finir notre journée, nous fûmes visiter le séminaire allemand fonde encore par le même ; il n'est pas achevé de bâtir. Il est construit en deux cours carrées l'une sur l'autre, à double rang de colonnes, mais elles ne sont pas bâties avec exactitude, m'ayant paru n'estre pas perpendiculaires. La facade du bâtiment est assez belle, mais matérielle. Ce que j'y ai vu de plus beau, ce sont quatre colonnes de marbre, dont il y en a deux torses dans la chapelle du séminaire. A propos de colonnes, il y en a deux à côté de la porte grande de l'église du Dôme, d'une élévation et d'une grosseur surprenantes. J'appris ce jour-là, qu'il y avait sept cents églises dans Milan et soixante et dix colonnes au milieu des rues, portant des saints de bronze ou des croix ou des statues de marbre.

Le lendemain matin nous fûmes visiter l'église de *Notre-Dame de l'Ascension*. L'on y voit quelques beaux tableaux. Il y en a entr'autres deux dans la sacristie, dont un de Raphaël qui mérite d'estre vu. Il y a aussi quelques statues de marbre. Cette église est sombre et plus qu'à moitié

1. « Cortile della Canonica. »

pavé d'une mosaïque de marbre très belle. Les piliers et le dedans est (*sic*) de pierre, mais orné de marbre par compartiments. Ce qu'il y a de plus beau, du portail de cette église, sont (*sic*) de marbre orné de bas-reliefs et de statues. Les chapiteaux de l'église, du portail, et d'une petite colonnade qui forme une cour carrée devant cette église, sont de bronze. Elle a été bâtie sur les dessins d'Annibal Fontana[1], bon sculpteur qui a fait dans cette église plusieurs statues et ces bas-reliefs.

De là nous vînmes au couvent de *Saint-Paul*, fondé et ordonné par saint Charles. L'église de ce couvent a un frontispice orné de colonnades de marbre avec les chapiteaux de bronze. Il est orné de beaux bas-reliefs, mais moins chargé de dessins que l'autre. Ce qu'il y a de charmant, c'est une balustrade qui fait le tour de cette petite église : elle est galante, trop même pour un lieu sacré. Ce sont des anges de marbre ressemblants fort à des amours, soutenant dans différentes attitudes des cartouches ou des pots de marbre dont il sort des feuillages ou des fleurs de fer mis en couleur. Le haut n'est point terminé. Toute l'histoire de saint Paul y est peinte par *Antonio Campi*[2] de Crémone, à fresque et fort bien. Il a peint aussi les tableaux de quelques chapelles. A la droite et à la gauche du chœur, il y a une cour et un endroit pour communier les religieuses, que l'on doit regarder avec attention.

Notre conducteur nous mena, tout auprès de là, à l'église de la Madeleine où il n'y a rien du tout à voir. De là il nous conduisit à l'église de *Saint-Laurent*, bâtie en octogone, fort simple et qui n'est recommandable que parce qu'elle est bâtie des pierres d'un palais — à ce que l'on dit — de Marc-Aurèle. Dans une chapelle, à la droite de l'église, nous vîmes un ancien tombeau de marbre blanc fort simple et sans inscription : l'on nous a dit qu'il estoit d'une reine. Il m'a paru fort ancien. Au milieu de la rue

1. Annibal Fontana, école lombarde (1540-1587).
2. Antoine Campi, m. vers 1591.

qui mène à cette église, l'on voit 16 colonnes de ce palais[1] qui sont sur pied et qui sont encore jointes par leur chapiteau. La pluye nous empêcha de les examiner et nous fit revenir chez nous, bien résolus d'y retourner avant notre départ.

En plusieurs jours nous vîmes le cabinet *Settala*[2], plein de raretés naturelles, d'ouvrage de tour, de pierres précieuses, de médailles, et qui mérite un grand examen.

L'église et le couvent de *Saint-Victor* ayant : un très beau cloître, des dortoirs magnifiques, un très beau réfectoire achevé depuis peu, une église avec de beaux tableaux dans le chœur et une fort belle boiserie pour les chaises. Tout le bâtiment est en entier orné de peintures ou d'ornemens.

L'*Hôpital*, fondé par Jean-Antoine Visconti[3], mérite d'estre vu. C'est un des grands et des beaux que l'on puisse voir. La façade du côté de la ville est assez belle mais d'un goût de la seconde antiquité. La cour du milieu, bâtie à deux rangs de colonnes, est très belle. Il y a de quoy tenir deux mille malades. Ce lieu a plus de cent mille écus de rente (12).

La *Bibliothèque Ambrosienne* est un lieu fondé par St Charles[4], et c'est en vérité un bel établissement. L'on dit qu'il y a cinquante mille volumes ; je n'en crois rien[5]. Ce

1. Non pas du palais, fautivement attribué à Marc-Aurèle, mais d'un portique de l'empereur Vérus.

2. Manfredo *Settala*, noble chanoine, habile mécanicien, tourneur et dessinateur, fort savant et fort riche, qui collectionna un cabinet-muséum, parmi les plus curieux. Aujourd'hui ce musée est au rez-de-chaussée de la Bibliothèque Ambrosienne.

3. Auj. Ospedale Maggiore, fondé en 1456, par Franç. Sforza, agrandi par Visconti.

4. Par son neveu, cardinal Frédéric, qui l'a dédié à saint Ambroise.

5. En effet, le chiffre était alors exagéré. De Brosses (t. I, lettre VIII, p. 100) doute que le nombre de trente-cinq mille volumes, qu'on lui donne, ne soit chargé, et il visite la bibliothèque l'an 1749. Montesquieu (t. I, p. 92). « Outre le grand nombre de livres dont elle est remplie, elle contient une très grande quantité de manuscrits. Elle est publique, et on fournit papier, encre et plumes. Elle est extrêmement bien tenue. On voit qu'il y a eu des bibliothécaires savants. »

lieu a dans plusieurs salles des sculptures et des tableaux ou des esquisses que l'on ne peut se dispenser d'aller voir. Il y a une académie de peintures établie pendant trois mois dans cette bibliothèque, mais elle n'est que pour peindre à la lumière, au moins à ce que l'on m'a dit, pendant deux heures le matin, et autant l'après-midi. Ce lieu est ouvert pour tout le monde; l'on y trouve tout ce qu'il faut pour écrire, l'on prête pour lire les livres que l'on demande, et il y a deux des plus habiles gens de la ville qui sont là pour répondre aux questions ou aux objections que les gens de tout pays peuvent faire.

A l'hôpital, j'ai oublié de dire, que de quelque nation que l'on fût, l'on estoit reçu.

L'église de la *Passion* n'a rien du tout de recommandable, seulement dans deux chapelles, à la droite et à la gauche du chœur, l'on voit deux tombeaux dont les inscriptions ne sont pas belles. Celui de la chapelle de la gauche est vilain; celui de la droite est d'une forme bizarre, il est en pyramide, par degrés.

Il vint une troupe de comédiens qui nous fut, pour les soirs, d'un grand secours, [ainsi que] la maison de M. Bianchi, chez lequel nous eûmes un concert nombreux et excellent.

Le palais — du marquis Visconti[1] — est bâti et meublé avec beaucoup de goût. Il y a quelques beaux tableaux.

Entre quatre maisons que les pauvres Pères Jésuites ont à Milan, nous fûmes à leur université où ils sont quatre-vingt-dix. Cette maison mérite d'estre vue à cause de la distribution de ses cloîtres qui sont d'une grandeur étonnante. Ils ont un beau réfectoire et une très vilaine église dans laquelle ils montrent une sangle ou estère qui servit à la Vierge pour soutenir le petit Jésus dans son voyage d'Egypte. Ils ont commencé un bâtiment pour leurs écoles qui sera beau[2].

1. Jean Antoine, gouverneur de Côme et du Milanais.
2. Achevé plus tard, on le nomma Brera.

Le château ou la *Citadelle* de Milan est la seule fortification de cette ville. C'est un hexagone. Les bastions à oreillons sont accompagnés d'une grande demi-lune dans tous les polygones; les fossés sont en tout temps pleins d'eau. Il n'y a nul ouvrage avancé. Le vieux château des ducs de Milan, bâti sans nulle magnificence et qui sert maintenant de caserne, est dans l'intérieur de la Place et pourroit, en cas de besoin, servir de mauvais réduit. Il y a une fonderie et environ deux cents pièces de canons gros ou petits. [De] cette place, défendue par mille hommes de garnison, dont deux cents Espagnols du Chevalier de Castille, blanc doublé de pourpre; le reste Allemands[1], M. le Maréchal Colmenero[2] estoit gouverneur : il estoit assez bien logé. Il y a de quoi loger sept mille hommes à ce que l'on m'a dit. Ce qu'il y a de meilleur, c'est qu'il y a un très grand nombre de casemates. Il y a entr' autres deux vieilles tours anciennes, bâties dans leur circonférence en pointe de diamant, qui font face à la ville, qui sont à l'épreuve de la bombe et sur lesquelles on a monté des canons.

La chapelle de *Sainte-Marthe*, où l'on voit le tombeau de Gaston de Foix, tué à la bataille de Ravenne, l'an 1512. Il n'y a de beau dans l'église que quatre colonnes de marbre.

L'église des Cordeliers, nommée *Saint-François*, moderne, grande et bâtie avec goût. L'on y voit saint François mortifiant sa chair en se roulant sur des épines, tant il est vrai que ces dernières sont plus susceptibles à un homme du monde; il n'en faut pas tant pour le réduire.

Le couvent de *Saint-Ambroise*, le plus grand de la ville ayant de très beaux cloîtres au nombre de deux : le dernier du bâtiment à quatre cours, est du Bramante[3]. L'église n'en est pas belle mais elle est respectable par son anti-

1. Le manuscrit ajoute « du.... de.... habillé. »
2. François de Colmenero, général d'artillerie, qui s'était prononcé d'abord pour Philippe V, passa au service de l'archiduc Charles en 1707, et fut nommé gouverneur du château de Milan.
3. Donato d'Angeli Lazzari, dit le *Bramante* (1444-1514) auteur des plans de Saint-Pierre de Rome.

quité : c'est la même qui a esté bâtie par saint Ambroise et dont il ferma les portes à Théodose. Elles servent encore à cette église, qui a encore son parvis qui servoit aux catéchumènes et aux pénitents. L'autel en est d'un goût extraordinaire et ses quatre colonnes à moitié enterrées, parce que l'on a relevé le pavé qui est abominable. Le chœur est derrière l'autel dans lequel on voit de fort vilaines chaises et une calotte peinte à la mosaïque, assez mal, mais ancienne. L'on voit dans cette église un serpent d'airain posé sur une colonne que l'on dit estre du bronze de celui du désert : il y a au moins six cents ans qu'il est à cette place. L'on prétend que lorsque l'on a voulu chercher les corps de saint Ambroise et d'autres qui sont sous l'autel, il s'est fait dans la ville des tremblemens et que l'on y a entendu des tonnerres qui en ont empêché la recherche. Ce qu'il y a de sûr c'est que ces corps y sont, comme il le paroit par plusieurs actes authentiques, et qu'il faut qu'il y ait quelque chose qui empêche d'avoir ces corps, surtout dans un pays où l'on est si curieux de reliques. L'on fait tous les jours double service dans cette église qui est partagée entre les Bernardins, moines du couvent, et entre des chanoines (13). Ils ont [un] coin chacun de leur côté ; celui des moines est le mieux tenu et orné de chapelles assez jolies. Un fils de Pépin[1] est enterré dans ce lieu, mais sans tombeau. L'on voit dans le jardin de la maison une petite chapelle élevée à l'honneur du lieu où saint Augustin fut appelé par une voix du ciel. Le figuier sous lequel il estoit, a vécu dès lors jusques à l'année passée. Il estoit toujours, dans les deux saisons, chargé de fruits mais qui ne mûrissoient pas. On en a gardé des rejetons qu'apparemment l'on remettra auprès de la chapelle, comme une relique. A vingt pas hors des murs de la maison, l'on en trouve une où sont encore les fonts baptismaux où saint Ambroise baptisa Augustin. L'autel est sur le monument. L'on en voit l'histoire peinte très

1. C'est Louis II, fils de Lothaire et petit-fils de Louis le Débonnaire.

mal et anciennement dans ce lieu. Ce fut en retournant de cette petite chapelle à l'église, que les deux saints firent le *Te Deum*. Tout cela nous fut expliqué et montré par le père X., homme de condition, grand mécanicien. J'en parlerai dans la suite.

Chez le comte Arese, jadis trésorier des rois d'Espagne, on voit un degré double et que l'on peut monter à cheval.

La *maison professe* des *Jésuites*[1] a un beau portail; en tout, une très belle église ornée d'architectures de tous les côtés qui se voyent. Un saint Janvier, fait à Naples, très bien fait, quoyque de bois en couleur.

A *St-Denis*, au bout de la strada Marina, promenade de l'esté, l'on voit une pierre ronde avec un trou au milieu, que l'on montre comme ayant servi à poser la première croix dans le pays au temps de la primitive Eglise. Contre le mur, au dehors, du côté de la promenade, on lit l'inscription suivante :

M. D. IX

LUDOVI. GALIÆ REX ET MLI DVX

parta de venetorum victoria hic, equum ascendit ut in urbe, triumpharet iussu Jafridi Kreli Perlidis lapis iste erigit.

Auprès de cet endroit, l'on voit une des portes de la ville pour aller à l'*Hôpital* du Lazaret ou des pestiférés. Il est dépendant de celui dont j'ai parlé et a esté fondé par saint Charles. Chaque côté du [carré] a quatre cent vingt de mes pas. En dedans soixante et treize maisons. Le bâtiment est simple, n'a qu'un étage avec une galerie qui en fait le tour, soutenue de chaque côté par cent vingt-huit colonnes. L'on en montre qui a une tache et une espèce de trou différencié comme s'il en estoit sorti quelque liqueur rougeâtre. Ce qui arrive, à ce que l'on prétend, lorsque la peste est ou va arriver dans la ville. Il y a une chapelle au milieu, octogone, disposée de façon que chaque malade peut entendre la messe dans son lit. Il y a un des côtés du bâtiment dont la galerie

1. San Fedele.

n'est pas finie, mais les maisons le sont toutes. Une naville fait le tour de ce grand bâtiment. Le milieu est une prairie coupée de ruisseaux.

L'Eglise des Augustins est nouvellement réparée, bâtie avec grand goût. J'ai trouvé dans le cloître un tombeau charmant[1], j'en ai le dessin. Cette église s'appelle *Saint-Marc.*

Le *Noviciat* des Jésuites est une maison dont ces Messieurs ont chassé, il n'y a pas fort longtemps, un autre essaim de corbeaux de différente espèce. A la vérité, ils ont donné un pot-de-vin au saint Père. Leur église est chargée de vilaines peintures : l'on y montre la grandeur de Jésus-Christ et une espèce de caveau fait, à ce que l'on dit, sur le véritable qui est à Jérusalem.

Aux *Dominicains*, qui ont l'Inquisition, l'on voit deux beaux tableaux[2] : c'est une vieille église, d'une grande estendue.

Colonna Infame, mots écrits sur une colonne de pierre eslevée sur un piédestal avec une boule au haut, assez en désordre, avec une inscription à côté qui apprend, qu'en 1630, c'étoit la maison d'un barbier qui, dans un temps de peste, donnoit des remèdes propres à l'augmenter. Sa maison fut rasée, cette colonne eslevée, et lui roué et brûlé. L'on voit ce monument auprès de celui qui est au milieu de la rue, devant l'église de St-Laurent, de seize colonnes de marbre de l'ordre corinthien, toutes entières. Il y en a trois surtout, où les cannelures et les chapiteaux se voyent à merveille. Elles se joignent toutes par des pierres du même temps. Je crois qu'il n'y en a qu'une d'ajoutée.

St-Eustorge, autre petite maison des Jacobins, où ils ne

1. Un tombeau antique très joli, infixé dans le mur; dans la partie supérieure de ce tombeau, on a sculpté en bas-relief, une danse des trois grâces, toutes nues.... » De Brosses, t. I, p. 99.

2. Aujourd'hui le couvent s'appelle Santa-Maria delle Grazie. Un des deux beaux tableaux est le fameux *Cenacolo* lequel, en 1714, quand Caylus visita le couvent, était dans un état de dégradation avancé. La première restauration fut exécutée en 1730 par Bellotti. L'autre tableau, en face de la Cène, est le crucifiement de J. D. Montorfano.

sont que quarante. L'on y voit, dans une assez vilaine église, le tombeau de saint Pierre martyr, frère Jacobin, assez beau pour estre dans le goût gothique. L'autel [est] de la même structure. Derrière le chœur, l'on voit la petite maison que l'on dit estre le tombeau des Trois Rois, avant qu'on les portât à Cologne. Le lieu où ils estoient est simple, très vilain, et de marbre.

Ste-Majeure, servi par des chanoines, paroisse ayant : un parvis octogone, dans chaque côté à la hauteur de vingt pieds, huit vilains tombeaux des Trivulces[1], quelques peintures modernes, un ancien tableau et le plus [bel] autel de Milan, du moins celui qui a le plus de goût.

St-Antoine del Fuoco, habitée par des Théatins. Elle est fort chargée de peintures, de beaux morceaux, de bas-reliefs, entr'autre, le devant d'autel de saint Gaétan. La chapelle de l'Immaculée Conception est toute blanche et d'un goût charmant : elle est du dessin du cavalier Bernin (14).

St-Stefano est une église bâtie dans le lieu où les chrétiens eurent, du temps de saint Ambroise, un combat contre les Ariens. L'on prétend que leur sang ne se mêla point, et que, quoyque dans un lieu plan, ils [sic] coulèrent chacun de leur côté. En mémoire de cela, on a mis, je ne sais trop pourquoi, une roue de pierre très mal faite dans un des piliers de l'Eglise, avec une inscription fort obscure qui apprend seulement que cet événement arriva du temps de saint Ambroise. — L'année de cette aventure est écrite, non dans la nouvelle inscription, mais dans une qui est au-dessus où l'on ne peut lire qu'un mot. Je n'ai pu déchiffrer l'année. —

Tout auprès de cette église l'on voit une chapelle qui en est séparée, dédiée à *saint Bernardin*, où l'on a rassemblé les os de plusieurs cimetières, que l'on a aménagé en piles, en pyramides et dont on a tapissé toute cette chapelle.

1. Trivulces, seigneurs milanais, qui prirent part aux guerres d'Italie. L'un d'eux, Jean-Jacques, dit le *grand Trivulce*, maréchal de France, fut l'un des meilleurs généraux de Louis XII.

C'est le plus lugubre spectacle que l'on puisse imaginer.

Après avoir parcouru toute la ville, nous montâmes au Dôme. L'on ne conçoit point le travail infini dont ce bâtiment est composé. Ce n'est, tout au plus haut et dans les endroits les moins vus, premièrement que marbre blanc partout, secondement, que statues ou bas-reliefs. C'est dommage que cet ouvrage soit dans le goût gothique. Quoiqu'il n'y ait encore que la simple voûte du Dôme et de toute l'église, on ne laisse pas d'y avoir une vue qui porte plus loin que quinze milles, ainsi l'on découvre parfaitement la ville. L'on nous a dit que cette simple voûte avait deux cent soixante brasses du haut jusqu'au pavé de l'église. L'on nous a montré un bas-relief que l'on dit le portrait de l'architecte qui a donné le dessin de cette église. Il se nommait Jean Antoine [Amadeo] de Milan.

Nous fûmes après cela nous promener à la maison d'un cavalier nommé Simonetta[1], qui est à un mille de la ville, pour y entendre un écho que l'on dit qui répète jusques à cent fois. Nous y en avons compté jusques à soixante ; nous y portâmes des pistolets.

Le jour de la Saint-Charles est une grande fête à Milan. Les marchands de la place firent tirer, ce jour-là, un feu d'artifice qui fut tout de travers.

La ville de *Milan* est fort grande : elle a sept portes que l'on peut faire ouvrir à toute heure de la nuit, en donnant quelque chose. Elle a une idée de bastions où il n'y a presque plus de chemises. Elle est de neuf milles de tour. Les François ont fait deux canaux qui en font tout le tour. Ils en ont tiré un du Tessin et un autre de [l'Adda]. Par le moyen des écluses, les canaux portent les plus gros bateaux et rendent le commerce plus florissant dans cette ville qui, pour estre si considérable, est très mal bâtie, irrégulière dans ses rues, et pavée extraordinairement mal. Si l'on ostait les

1. Au nord de la Via Cenisio, se voit encore le palais de la Simonetta, abandonné et en mauvais état. Construit en 1547 pour Ferrante Gonzaga, duc de Guastalla, il était le modèle d'une villa renaissance de banlieue.

églises et quelques palais, Milan ne mériteroit pas la moindre curiosité. Il n'y a aucune place ni aucune rue droite ni symétrique. Devant le Dôme il y a un terrain vide, auquel on a donné le nom de place, sur laquelle, en hiver, tous les carrosses viennent, s'arrêtent, changeant de temps en temps de place.

Il est permis aux hommes d'aller faire les sigisbées à la portière[1] jusques à la nuit que l'on alloit à la Comédie, peu remplie des gens de la ville, ou aux conversations, où effectivement l'on cause, ou l'on joue à des jeux de commerce. Elles se tenoient chez la comtesse Lucini[2], mais il n'y avait là que les deux dames, ou chez la signora Trotti. Il y en avoit encore en d'autres endroits, mais cela m'a paru un faible plaisir. Après cela, je conviens que Milan n'estoit pas dans son brillant lorsque je l'ai vu[3]. Une partie de la noblesse estoit à la campagne : outre cela l'on dit que cette ville n'est plus ce qu'elle estoit du temps des François, que l'on regrettoit publiquement, même devant les Impériaux. Il devoit y avoir un opéra, en carnaval, comme à l'ordinaire. On dit qu'il est assez beau. Le lansquenet et la bassette y estoient sévèrement défendus.

Il y a une *Loge des marchands* qui est une espèce de halle vilaine au milieu d'un endroit qui devoit estre bâti en carré comme un cloître, du moins par ce que l'on peut juger par ce qui est exécuté, bâti en portiques ornés de bas-reliefs ordinaires. C'est apparemment Philippe II qui avoit fait faire ou commencer le bâtiment, car l'on y voit sa statue qui est très mal fabriquée.

1.... « L'on va étouffer en carrosse à l'heure de la promenade, selon l'usage assez plat de quantité de villes d'Italie. » De Brosses, t. II, p. 478. Sur les *sigisbées*, v. De Brosses. Lettre XLIV « Femmes, assemblées, conversations, » p. 206-232.

2. « Sœur de la princesse Trivulce, qui tient assemblée tous les jours. » Montesquieu, t. I, p. 98.

3. En effet, car tous les autres voyageurs, surtout Montesquieu, Pollnitz, De Brosses, prodiguent leur admiration sur l'entrain, le mouvement et l'hospitalité courtoise des Milanais.

Saint-Alexandre, soit par son portique, sa belle chaire, [soit] un confessionnal bien sculpté, mérite d'estre vue, beaucoup plus que pour les peintures dont elle est pleine. Il y en a cependant de bonnes.

Enfin, nous reçûmes nos lettres, et j'appris que mon frère[1] avoit le régiment d'Houquelon d'infanterie. Ce fut là que j'écrivis la première lettre italienne. Enfin, comme rien ne nous retenoit plus à Milan, nous en partîmes le quinze de novembre, conduits par Francesco qui m'avoit amené de Como. Nous lui donnions huit livres de Piémont par jour, cinquante sols par cheval. C'estoit trop. J'achetai dans cette (ville) plus de cent cinquante dessins à la main et quelques vieilles estampes.

Nous vînmes, par un très beau chemin, coucher à *Lodi* distant de vingt milles de Milan. Nous logeâmes à « L'écrevisse, » assez bien. Nous passâmes par le bourg de *Marignan* qui est à la moitié-chemin. Ce bourg est assez beau, il est très gros, situé sur le Lambro, que l'on passe sur un pont de bois qui forme un joli coup d'œil. Il y avoit en quartier les gardes du corps entretenus par l'estat de Milan. Ils sont rouge, tout uni, avec des boutons d'estain. Le chemin qui nous amena à ce bourg est magnifique et toujours agréable. Celui qui nous amena à Lodi ne l'est pas moins (15).

LODI. — Cette petite ville est située sur l'Adda, rivière assez grosse, qui se jette dans le Pô entre Crémone et Plaisance. Les rues de Lodi sont belles, mais voilà l'unique beauté. Il y a peu de maisons passables ; les églises, vilaines. Le Dôme est très ancien, vilain, avec un grand autel singulier en ce que l'on y monte par plus de vingt degrés. C'est un évêché et une ville sans autres fortifications que quelques terres relevées et grand nombre de palissades sans trop de règles arrangées. La vieille enceinte n'est ni belle

1. V. *Introduction.*

ni bonne, non plus qu'un vieux château de briques sans aucun flanc. Le régiment de Douan[1], blanc doublé de rouge et les boutonnières de même. La rivière porte bateau, on la passe sur un pont défendu par un ouvrage de terre. L'on voit de cette ville les montagnes de Bresse et de Bergame. Il y a un petit hôpital assez joli. Je n'ai pu entendre ce que le mot de *Quid*, en gros caractères, écrit sur un morceau de marbre, vouloit dire.

PLAISANCE. — Par un assez beau chemin, nous vinmes coucher à Plaisance, c'est-à-dire, nous fîmes douze milles sur le grand chemin de Crémone qui est très beau, mais trois milles que nous fîmes pour arriver à Suzzara, premières maisons de l'estat de Parme, doivent estre très mauvais par un temps de pluye. De là jusques à Plaisance, il y a cinq milles, l'on est obligé, pour y arriver, de passer le Pô à la traille. Il n'est pas si large qu'auprès de Pavie. La ville est riante; la largeur de ses rues, sa propreté en font l'unique beauté. Elle est assez grande. Le duc de Parme[2] y fait sa résidence, l'hiver. Il y estoit dans une masse assez informe de bâtiment peu avancé, qui ne me donna aucune curiosité d'y entrer. Quelques échantillons de seigneurs et dames de la cour, çà et là errant dans les rues, nous empêchèrent de voir la cour, quoyque le prince aime fort les François. On ne parloit pas beaucoup dans le pays de la reine d'Espagne[3]. Nous logeâmes à « St-Marc, » assez bon. Nous vîmes sur la place, qui est assez irrégulière, un vieux château ancien, sans nulle beauté, devant lequel l'on voit deux statues équestres de bronze sur des piédestaux de

1. Le manuscrit donne Douan au lieu de DAUN. W. Ph. L. comte de Daun (1669-1741), envahit, en 1707, le royaume de Naples à la tête des troupes impériales. Deux fois, il fut chargé de gouverner sa conquête. Il fut nommé feld-maréchal en Lombardie, mais il ne put s'y maintenir lorsque l'armée franco-sarde y pénétra, en 1733.

2. François Farnèse.

3. Elisabeth Farnèse, fille du duc François et Dorothée de Neubourg, reine d'Espagne, épouse de Philippe V. Fière et opiniâtre, elle agita l'Europe et épuisa l'Espagne pour procurer des couronnes à ses enfants.

marbre ornés d'amours et de bas-reliefs de bronze. L'une est d'Alexandre Farnèse[1], troisième duc de Parme, et c'est la plus belle : l'autre, de Ranuce Farnèse. Son cheval est faux en bien des choses. Le Dôme, antique, très vilain. La porte n'est pas vis-à-vis de l'autel. De là nous fûmes à l'église de *St-Vincent* ornée par toute la nef de très vilaines décorations d'Opéra. *St-Augustin* est dans une rue superbe par sa longueur et sa largeur — nommée « Stradone, » avec des piliers de pierre de distance en distance, pour faire une séparation pour les gens de pied. — Le portail de cette église n'est pas encore commencé, mais le dedans en est gracieux. C'est une colonnade riante, fort longue et faite avec goût ; du reste, l'on y voit trop de statues de pierre qui ne sont pas bonnes et quelques ornemens de trop dans les chapelles. Nous vîmes dans la sacristie un Calvaire en bas-relief de bois très beau et d'un travail infini. Il y a deux grands cloîtres très beaux : il y en a un qui a une très belle vue au second étage. Cette église est servie par des chanoines de St-Jean-de-Latran.

Nous fîmes un marché de deux chaises avec une vieille comtesse plus juive que toute la Judée. Nous la plantâmes là, et achetâmes les deux voitures de Francesco vingt-cinq louis, et comme le maître de la poste ne nous voulut pas donner la *cambiature*, nous prîmes des chevaux de la ville qui nous menèrent pour le même prix et le même train. Nous fîmes treize milles de beau et agréable chemin sur les terres de Parme jusques à *Monticello*, qui est à cinq milles de Crémone et qui est le dernier de l'Estat de Parme. Depuis ce village jusques au gîte, le chemin est épouvantable.

CREMONE. — Nous passâmes le Po qui est sur la place de la ville. Il peut avoir un demi-mille de large en cet endroit ; nous le passâmes en deux barques. Il estoit trop

1. Grand capitaine au service de Philippe II d'Espagne. Ranuce, son fils, gouverneur des Pays-Bas, qu'il dompta par les supplices.

bas pour que la traille put marcher. Nous vîmes les restes du pont de bois qui a esté fait dessus par les François : le coup d'œil de la ville est assez beau. Nous donnâmes douze paules pour le passer et nous vînmes loger « au Chapeau » qui n'est pas mauvais. Comme dans tout l'estat de Milan la poste ne donne point de cambiature et que Crémone appartenoit aux Allemands, nous gardâmes nos mêmes chevaux en payant huit paules par chaise et autant pour nos trois chevaux par poste. Le lendemain, nous fûmes voir dans Crémone, le *Dôme*, église très courte pour sa largeur, sombre, sans goût, et quelques tristes tombeaux de ses évêques, parmi lesquels il y en a un en pyramide, de marbre, assez beau. Nous montâmes à l'Horloge qui tient à cette même église, bâtiment assez beau pour sa hauteur, mais moderne. Il est de briques : il y a quatre cent quatre vingt dix-huit marches pour arriver au bas d'une flèche qui peut avoir encore quarante à cinquante pieds. La vue de cet endroit est magnifique. Le temps n'estoit pas trop serein, aussi nous n'en jugeâmes que faiblement. — On lit en bas cette inscription : Alto B. CCXLVIII : largo da basso B.XXVI.O.VIII. — Nous vîmes que la ville est ronde. Nous fûmes voir l'égout par où le Prince Eugène[1] avoit esté près de surprendre la place. L'on nous montra le lieu sur le rempart ou estoient les maisons du Prince et l'église que les François avoient fait raser, à la place desquels ils avoient élevé une colonne de marbre avec une inscription qui apprenoit l'histoire, mais les Allemands l'ont abattue.

Nous vîmes les dehors du plus vilain château, qui m'a paru le plus mauvais, qui est celui de la ville, gardé avec grande précaution par les Impériaux. Notre curiosité ne fut point jusques à demander la permission d'y entrer. Nous fûmes de là voir la plus belle église de cette ville, qui est *Saint-Pierre*. Elle est ornée de beaucoup de peintures, mais qu'en tout je n'aime point et qui ne peut paroître un peu

1. Eugène de Savoie (1663-1736), fils du comte de Soissons et d'Olympe Mancini, un des plus grands hommes de guerre de son temps. En 1712,

que parce qu'elle se trouve dans Crémone, laquelle, du reste, est très mal peuplée au point qu'on peut la nommer déserte. Cependant les rues sont assez ouvertes, fort claires, bien pavées. L'on y voit quelques belles maisons, mais avec le peu de monde qui les habitent, il est impossible qu'elles subsistent. Les fortifications ou les revêtemens qui existent sont dans un délabrement affreux. Il n'y avoit en garnison que les compagnies du régiment de dragons du Prince Eugène, rouge, parement noir, composées de toutes nations et qui n'ont jamais esté montées. Les compagnies en sont de cent hommes. Il y avoit encore quatre autres compagnies des cuirassiers de Visconti, blanc doublé de bleu. Ce que je vis de ces troupes me parut assez médiocre, mal tenu. Après cela, elles estoient très mal payées, et cela n'est point étonnant (16).

Nous fûmes voir le fameux Stradivarius[1]. Levailler y acheta un violon pour quatre vieux louis, valant quarante-huit livres de France. La ville de Crémone ne renfermant que de si médiocres beautés, et mon principal motif n'ayant esté que de voir le théâtre des plus vives actions de la guerre et la plus honorable pour la valeur de notre nation, nous en partîmes à midi et vînmes sur les terres de Crémone, pendant dix milles, par le plus vilain chemin du monde, et qui doit être épouvantable pendant les pluyes de l'hiver, quoyque l'on en fasse trois milles le long d'une chaussée qui conduit jusqu'au Pô, et qui sert à le retenir dans ses inondations.

Nous nous embarquâmes au port d'Ensa, et nous fîmes trois milles sur le fleuve en une demi-heure. Il estoit bas; toutes nos voitures et nos chevaux estoient dans ce même bateau qui faisoit eau de tous côtés, et nous en sortîmes avec joie et nécessité au pont de Ragazzola. Il ne nous en

ce Prince, général des armées impériales, assiégea la garnison française de Crémone commandée par Villeroi et le fit prisonnier.

1. Stradivarius Antonio (1644-1737), facteur de violons. Son nom a passé dans la langue comme synonyme de violon excellent et de grand prix.

coûta que douze paules. Ce pont est le premier de l'estat de Parme. De ce côté, nous trouvâmes ensuite le plus beau et le plus agréable chemin du monde et qui ne peut jamais estre mauvais en aucun temps, parce qu'il est un peu ferré. Nous le suivîmes pendant huit milles, jusques à Saint-Second, très beau bourg assez agréablement bâti. Nous n'y vîmes rien de remarquable. Nous logeâmes « Aux Armes de saint Second » chez de bonnes gens où nous ne fûmes point mal, et où nous bûmes le meilleur vin que nous eussions encore trouvé en Italie. Nous continuâmes notre chemin et fîmes dix milles d'un très beau et très agréable chemin en tout temps, pour arriver le soir à Parme.

PARME. — Nous passâmes à moitié chemin le Parme, au gué, parce que ses eaux estoient extraordinairement basses. Ordinairement, on le passe à la traille. Nous vînmes débarquer « Au Paon » où l'on n'est point mal; l'on y est assez bien logé. Nous crûmes prendre un carrosse de louage, point du tout. Il se trouva que c'estoit celui d'un cavalier de la ville, qui permettoit à son cocher de promener son équipage pour ce qu'il en pourroit retirer. C'est, à ce que l'on m'a assuré, la mode du pays, fondée avec d'autant plus de justice que les domestiques ont très peu de gages. Nous nous servîmes de cet honnête équipage pour aller au château du duc, voir ce que je m'en vais détailler, ce que l'on ne peut faire sans une permission par écrit du gouverneur que l'on paye un teston[1].

Dans une des cours du Château neuf, qui m'a paru d'une architecture simple et le bâtiment fort triste, l'on entre par un grand passage à carrosse sous une espèce de vestibule dans lequel on monte plusieurs marches pour arriver à un degré fort beau, assez bien distribué, vis-à-vis duquel l'on

1. Les ducs de Parme sont extrêmement jaloux des choses qui leur appartiennent. On ne peut voir le théâtre sans un ordre de la main du duc. MONTESQUIEU, t. II, p. 114.

trouve cette grande et superbe salle d'*Opéra* que l'on ne peut imaginer sans avoir vue. Elle est longue, en comptant le théâtre, l'orchestre et le parterre, d'environ 155 pas des nôtres, mais ce qu'il y a de plus surprenant, c'est qu'en parlant à peu près du ton ordinaire de la conversation, vous estes entendu de tous les endroits de cette superbe salle. Nous l'éprouvâmes par les mouvemens que celui qui nous conduisoit, ordonnoit tout bas à côté de nous à deux suisses qu'il avoit exprès laissés à l'autre bout. On peut aussi faire entrer quand on veut trois pieds d'eau dans le parterre de cette salle, et l'on voit des gondoles faites pour représenter de petits combats sur le bassin. Il y avoit vingt-quatre ans que l'on avoit représenté dans ce lieu; mais au mariage de la princesse de Parme, l'on représenta une pastorale. Il n'y avoit que deux mois que cela s'estoit fait quand nous y passâmes. A la droite de ce degré, l'on trouve une galerie longue de plus de cinquante pas, ornée d'un nombre considérable d'originaux de tous les plus fameux peintres d'Italie. Il y en a aussi d'autres pays. L'on sort de cette grande galerie pour entrer dans une plus petite où dans plusieurs cabinets d'ébène, l'on trouve plusieurs curiosités, soit en cristaux, en agathe, en ambre, pièces de rapport, yvoire, horloges, etc. Cette petite galerie donne dans un cabinet rempli d'un nombre prodigieux de médailles, que l'on dit très belles, de dessins au crayon ou à la plume, dont il y en a quelques-uns de très beaux. L'on y voit aussi plusieurs chevaux et statues antiques, des lampes et quelques divinités des Anciens. L'on y voit des tables d'airain où sont écrites, en latin, des lois des Romains. Il y en a deux carrées bien entières qui peuvent avoir deux pieds et demi en carré : il y en a d'autres un peu plus petites, écrites en grec des deux côtés, et dont il y a plus que la moitié de rompu. Il y en a aussi trois ou quatre plus petites qui estoient apparemment attachées sur des colonnes. Elles sont toutes assez difficiles à lire soit à cause du mauvais caractère, soit à cause des abréviations. Cependant, nous en avons lu une, mon camarade et moi, qui estoit faite pour les voyageurs[1].

A gauche de ce degré dont j'ai parlé, l'on trouve la *Bibliothèque*[2] dont le vaisseau est assez joli, d'une boiserie simple, mais il n'est pas des plus grands. Les livres en sont bien teuus. Le bibliothécaire nous a voulu persuader qu'il y avoit quarante mille volumes : ce nombre me paroît un peu fort. Ce qu'il y a de sûr, c'est qu'ils sont tous fort serrés, que tout est plein et que ce que j'en ai vu, m'a paru bien choisi. L'on m'a dit, sans vouloir me les montrer parce que cela est défendu sans la présence de deux des trois cavaliers nommés par le duc de Parme, qu'il y avoit beaucoup de manuscrits, surtout des grecs. On ne m'a montré que les bulles et les ordonnances du Concile de Constance[3], quoyque l'on voye des sceaux, qui, à la vérité, ne sont que de plomb. Je ne suis pas persuadé que ce livre soit l'original comme le bibliothécaire nous l'a dit.

Le Dôme, ou *cathédrale*, car c'est le mot général, est une ancienne et vieille église. La calotte est, à ce que l'on dit, peinte par le Corrège[4]. Je n'ai vu dans cette église, qui est pavée de marbre, aucune beauté mais bien quelques singularités, entr'autres, celle de l'autel qui est très ancien. Il est de marbre représentant quatre figures de saints aussi mal bâtis que l'on en puisse trouver. Il y en a un qui coupe la teste de deux hommes d'un seul coup de sabre. Cet autel est de la même élévation que les nôtres, mais il est d'environ deux pieds moins long. A gauche de l'autel, au-dessus des chaires des prêtres, il y a une inscription de cuivre assez simple où l'on lit qu'un nommé Vidiboldo estoit cha-

1. Médailles, inscriptions, pierres tumulaires, etc., se voient aujourd'hui à l'entresol et au rez-de-chaussée du *Musée d'Antiquités* fondé en 1760.

2. Cette même bibliothèque possède aujourd'hui toutes les lettres autographes que le voyageur écrivit 44 ans plus tard au bibliothécaire du duc, le théatin Paciaudi : ces lettres, signalées pour la première fois par les de Goncourt, furent soigneusement classées, annotées et publiées par Ch.-N. Nisard (v. *Introduction*).

3. Célèbre concile convoqué en 1414 pour mettre fin au grand schisme d'Occident.

4. Effectivement, le Corrège peignit cette fameuse coupole, représentant l'Assomption de la Vierge.

noine de cette église, neveu de Charlemagne et qu'il est enterré là. Il y a aussi dans l'église grand nombre de mauvaises épitaphes, parmi lesquelles j'ai trouvé celle-ci qui ne m'a pas déplu.

MARTINUS MAIVACCA
doctor et eques, nolens discretioni heredum stare,
vivens posuit.
M. D. XX.

Ce Maivacca estoit bien sage de ne pas vouloir s'y fier. Le meilleur, après tout, est de se mettre peu en peine de ce qui arrivera après nous.

Depuis Lodi, toutes les cathédrales ont une église voûtée sous le chœur, aussi pour les rendre plus grandes, on élève le maître-autel de douze ou quinze marches, qui plus qui moins. Ainsi j'avois tort d'estre surpris du premier que j'avois vu que je croyois le seul. Auprès de l'église du Dôme, l'on voit un bâtiment octogone[1] au dehors, rond au dedans, presque tout de marbre et qui doit estre fort ancien, au moins par ce qui paroit par les ornemens dont il est orné. Je ne sais trop même s'il a esté bâti pour une église. Il sert, à présent, pour les fonts baptismaux, quoyque l'espace du Dôme [soit vaste]. L'église de *St-Jean* est assez propre, assez jolie, servie par des moines dont j'ignore le nom[2]. Ils ont une grande table de marbre sur laquelle sont écrits les noms de toutes les reliques qu'ils prétendent avoir : il est prodigieux! Leurs autels sont tous faits en tombeaux dans lesquels sont renfermés des saints en apparence. Tous les autels sont en marbre.

L'église de *Notre-Dame de la Steccata* est d'une forme singulière. Sa construction est assez belle, mais il n'y a rien de remarquable. L'on voit un tombeau d'un Farnèse[3] dans une des chapelles, vis-à-vis un que je n'ai pu connoître

1. Le BAPTISTÈRE.
2. Les Bénédictins.
3. Le duc Octave Farnèse.

et qui n'est pas laid[1]. Auprès de cette église, j'ai vu un pilier de marbre blanc enfoncé en terre, qui est antique; il y a une inscription romaine où on lit quelques mots mais qui ne peuvent donner aucune idée de son ancien usage. Il faut seulement qu'elle ait esté faite du temps des Empereurs car on lit le mot de « Consul » et celui de « Caesar. »

L'église de l'*Annonciade* n'est pas laide, elle est faite en ovale dans lequel il y a cinq chapelles de chaque côté de l'arrondissement. Le portail et le chœur font une espèce de croix dans le plus estroit de ce bâtiment[2].

L'on voit aussi le *Palais des Jardins*. Ce ne seroit point à présent qu'il mériteroit une pareille épithète car ceux qui l'environnent sont très mal tenus et en mauvais estat. La maison est assez gracieuse, mais n'est pas absolument finie. C'estoit une maison de plaisance que le père de ce duc avoit fait bâtir : celui-ci[3] ne s'y plait point ni dans la ville de Parme. Il se tient l'hiver à Plaisance et l'esté à *Colorno*, à neuf milles de cette ville. Le mauvais temps et le peu d'envie de voir une maison qui n'est pas achevée, nous empêchèrent d'y aller. Devant le Palais des Jardins, il y a un bassin, qui autrefois retenoit de l'eau, avec deux figures de bronze plus grandes que nature et vilaines. Auprès de cette maison il y a une ménagerie où il y a des lions, des tigres, des ours et autres animaux bien tenus et d'autant plus beaux qu'ils ont une espèce de liberté.

Je montai au clocher du Dôme qui est assez élevé mais qui est épouvantable pour le mauvais degré. La ville de Parme est ronde, les rues sont belles, assez droites et bien pavées. Elle est bien peuplée. Il y a quelques belles maisons; point de belle place publique ni aucun bâtiment de la ville qui arrête les yeux. La rivière de Parme traverse la ville; elle est très petite et n'est considérable que parce

1. Sforzino Sforza.
2. Ce plan singulier et hardi est dû à Giov. Batt. Fornovo (1566).
3. Antoine Farnèse, frère et successeur de François, fils de Ranuce II.

qu'elle donne son nom à une ville et à un Estat. On la passe sur trois ponts dont un de bois et deux de pierre. Le premier de pierre s'appelle Guardasone. Le second et le plus beau, qui est au milieu de la ville, se nomme le Pont neuf, et l'autre qui est vis-à-vis le château et le Palais des Jardins et qui les communique (sic) se nomme de la Rocchetta. Les fortifications de la ville sont un revêtement de bastions qui ne sont pas trop entretenus. La citadelle est, à ce que l'on m'a dit, bâtie sur le modèle de celle d'Anvers; elle a sept bastions, elle est très bien tenue, autant qu'il m'a paru, car on n'y laisse pas entrer les estrangers. Ce que j'en ai appris, c'est qu'elle n'est gardée que par cinquante hommes vêtus de blanc avec des paremens bleus. La ville n'a pas partout de chemin couvert et, en bien des endroits, le fossé [est] à peine marqué. Il y a cinq portes. Il y a un très beau régiment des gardes de France, vêtu de bleu, la veste de même, les paremens rouges. Les grenadiers sont superbes, et le reste très beau. On y reçoit [des hommes] de toutes nations. Le duc a un très beau et nombreux haras qui, l'hiver, est dans des prairies sur la place de Parme. L'on y élève de très bons chevaux. L'on m'a dit aussi que le duc de Parme pouvoit avoir sur pied quatre mille hommes d'infanterie et douze mille chevaux, en cas de besoin. Ce nombre me paroit un peu fort[1] (18).

J'ai oublié de dire que, en entrant à Plaisance, on nous prit nos pistolets; on nous les rendit en sortant. On ne nous fit point cette cérémonie à Parme. Les grands chemins de cet estat sont tous beaux. La justice s'y observe à merveille; on n'y entend point parler de voleurs. Il est défendu, sous peine de la galère et de la vie, d'y porter des stylets et des pistolets de poche. Outre cela, les gens du pays sont bonnes gens, serviables. Le Collège des Nobles fondé par Ranuce Ier est en vérité un bel establissement. Il y avoit cent cinquante

1. Le duc de Parme a 1900 hommes de troupes, cavalerie ou infanterie, tant pour ses gardes que pour ses garnisons de Parme et de Plaisance. MONTESQUIEU, t. II, p. 109.

jeunes gens de condition quand je l'ai vu : de tous pays on y est reçu, pourvu que l'on paye et que l'on fasse les preuves. Il y a tous les maîtres que l'on peut désirer soit pour étudier les langues, la musique ou les exercices militaires[1]. Il y aussi un manège et des chevaux, deux théâtres, dont un grand, quand on y fait représenter des comédies, et une salle ornée de balcons pour leur (sic) voir faire le maniement des armes ou faire assaut. Des cinq portes de la ville, il y en a une auprès du château qui est toujours fermée, et non les autres.

On ne passe jamais sur le pont de la *Rocchetta*. Il aboutit à un château où l'on enferme les prisonniers d'Estat. Tous ceux qui y entrent n'en sortent jamais. Le gouverneur et les gardes sont tous suisses. On porte ceux qui y meurent enfermés dans un sac aux armes du prince. Sous peine de la vie, c'est défendu de l'ouvrir. Les prisonniers ne voyent jamais le jour. Il y avoit un bâtard des Farnèse, oncle du duc d'aujourd'hui, qui y estoit depuis vingt-quatre ans et qui y mourra.

Un demi-mille au-dessus de la ville, en remontant la rivière de Parma, on trouve un pont nommé *d'Attila*, parce que c'est celui de ce nom que l'on prétend qui l'a fait. L'on dit même dans le pays que son armée le fit en une nuit. Je n'en crois rien. Il est large et assez bien bâti ; les pierres n'en sont pas grosses ; il y a quatre arches.

L'on trouve quelques peintures à fresque belles et des tableaux. Le saint Antoine du Corrège, qui doit estre dans une église de ce nom que l'on bâtissoit, estoit pendant ce temps en dépôt chez un cavalier. Il y en a un autre de Raphaël au couvent de Saint-Paul[2].

1. Il y a un grand et beau collège qu'on appelle le collège des Nobles Les écoliers de toutes nations y peuvent estre admis, pourvu qu'ils soient capables de la Chevalerie de Malthe. L'on y peut aussi apprendre toutes sortes d'exercices, comme on y fait toutes sortes d'études tellement que les pensions sont différentes, selon les diverses choses auxquelles on se veut appliquer. Les écoliers mangent ensemble dans un réfectoire ; leur nombre est présentement de deux cent trente. MISSON (t. III, p. 4).

2. Tous les voyageurs de l'époque qui visitèrent Parme, préconisent le

REGGIO. — Nous partîmes de Parme le 24 pour venir à Reggio. Nous prîmes des chevaux de cambiature; on ne relaye qu'une fois entre deux. A une portée de canon en sortant de la ville, l'on trouve un arc de triomphe moderne, assez mal bâti, sous lequel on passe, mais qui, joint à la largeur du chemin, aux arbres qui le bordent et à la longueur dont on le voit tiré au cordeau, fait un bel effet. L'on fait environ six milles pour arriver à la rivière de l'Enza que l'on passe sur un pont et une chaussée assez longue. C'est la séparation des terres de Parme et de Modène. Le chemin qui conduit à Reggio n'est point mauvais et ne peut l'estre, même par les grandes pluyes. Je crois la ville de Reggio plus grande, ou environ, que Parme. Les fortifications sont composées de bastions et de courtines, sans chemin couvert et très peu de fossés. J'ai vu une idée de demi-lune. Il y a un château fort, fait à la moderne, qui ne m'a pas paru fort considérable. Cette ville est irrégulière dans toutes ses rues; elle n'a que celle où se tient la foire qui est fort large et qui peut avoir sept ou huit cents pas de long. Les marchands y établissent des boutiques apparemment comme à Beaucaire. Voilà, je crois, la seule chose qui la rende recommandable. Le *Dôme* est bâti assez à la moderne en dedans; sans portail. Les chapelles sont si obscures que l'on ne peut distinguer si les tableaux qui y sont méritent d'être regardés. Cependant je crois en avoir vu de beaux. Il y a un grand nombre de tombeaux dont plusieurs de forme extraordinaire, beaucoup du temps de Charles V. Le plus beau, ou du moins le plus grand, est celui d'un Rangoni[1] qui, dans le temps de cet empereur, avoit esté Légat du Pape à Palerme et à Plaisance.

De là on nous mena à *Saint-Jérôme* où, dans un bâtiment

talent des Carrache qu'ils placent au premier rang; ils considèrent le Corrège l'égal de Raphaël : Caylus, seul, garde le silence.

1. Ugo Rangoni, nonce du pape Paul III. Les deux principales familles de Modène et Reggio, sont les Rangoni et les Montecuccoli, MONTESQ.. t. II, p. 103.

de brique de forme assez extraordinaire, l'on a ménagé trois oratoires assez grands, dont l'un à saint Simon n'est que de plâtre mais m'a donné une idée fort juste d'un petit temple romain; un autre à saint Jérôme, et un autre où il y a une représentation du tombeau de Notre-Seigneur, bâti à peu près comme celui de Milan, où l'on voit N. S. couché entre deux draps. Il y a aussi un degré bâti sur le modèle de la Sainte Echelle de Rome. J'y voulus monter; on ne le voulut pas à moins que je ne disse des *gloria* et des *ave* à chaque marche; à quoi je ne voulus pas consentir. Tous les oratoires sont disposés dans le même corps de bâtiment et sont grands. Il y a un grand nombre de passages et de doubles degrés. Tout cela m'a donné de la curiosité pour le plan que je ne compris pas et que je n'ai pu voir.

L'église des *Jésuites*, à l'ordinaire comme presque toutes, colifichet.

Saint-Prosper grand, vanté dans la ville, mais peu de chose; point de portail. Je dis grand par rapport aux autres.

Saint-Pierre, pas de portail, mais église moderne, assez jolie et claire. Elle est servie par les Bénédictins qui ont un beau cloître pour le goût et l'architecture dont (*sic*) il est bâti.

Saint-Augustin, sans portail, est une église chargée de trop de colonnes de brique blanchie pour imiter le marbre (19).

Au bout de la rue où se tient la foire, l'on trouve une église bâtie à l'honneur d'une Madone[1], qui auparavant estoit à l'air comme il y en a des milliers. Elle y a fait tant de miracles qu'elle a mérité une plus belle demeure. On a élevé une espèce de colonne ou obélisque à son ancien gîte, avec une inscription. Cela se voit tout contre cette même église qui n'est point trop laide. Vis-à-vis la porte est le maître-autel, consacré à Notre-Seigneur, mais il est abandonné et a l'air misérable. A droite est l'autel de la Vierge, superbe, magnifique et bien orné; toutes les avenues qui y conduisent [sont] pavées de marbre. Je crois dans ce pays-ci tout le

1. Madonna della Ghiara.

monde superstitieux[1]. Cette église est la plus belle de la ville, elle a un portail assez simple.

L'on montre, sur la porte d'un cavalier, deux figures de marbre, dont l'une représente un Hercule, meilleur que l'autre statue habillée à la romaine. Elles sont aux deux côtés de la porte, posées sur deux piédestaux, avec des inscriptions, où celui qui les a fait faire, nommé Scaruffa, parle de lui assez sottement. La maison appartient à une dame de Cerani. Il y a tout auprès une salle d'opéra où l'on en représente un, tous les ans, dans le temps de la foire. Voilà tout ce que l'on voit de beau dans Reggio, qui ne valoit pas la peine que j'ai pris de l'écrire.

Nous logeâmes à « La fleur de lys, » chez de bonnes gens chez lesquels on n'est pas mal. Nous partîmes le lendemain pour venir à Modène. Il n'y a que deux postes de l'un à l'autre. Celle où l'on prend des relais est une espèce de fortification où il y a quelques bastions assez mal revêtus, avec un vieux château à l'antique. C'est un gros bourg assez joli nommé [Castelfranco]. Le chemin de cette journée ne peut estre mauvais, en quelque temps que ce soit.

MODÈNE. — Cette ville est située dans une belle plaine. Les fortifications en sont médiocres, sans chemin couvert, le tout mal entretenu. Il y a une citadelle avec bastions qui ne m'a pas paru mal tenue, mais l'on m'a dit que, par la situation du pays, on peut, en l'attaquant, mettre trois pieds d'eau dans la place. Cette ville n'est pas bien bâtie; toutes les rues sont estroites et de travers, avec presque partout, comme à Parme et à Reggio, des portiques sous lesquels on va presque toujours à couvert. Il y en a plus dans cette ville que dans toutes autres. Nous crûmes, sur la mine des objets qui d'abord nous frappèrent la vue, nous ennuyer beaucoup[2], mais nous nous trompâmes. Nous trouvâmes

1. Le mss. donne « suspicieux. »
2. La ville, au premier abord, fit la même impression à Montesquieu et à De Brosses.

d'abord un Opéra joli, fort agréable, avec d'assez bons acteurs et un orchestre bien composé. Il y a quatre salles dans cette ville, dont une au duc, et la plus belle au frère du marquis Rangoni. Nous fûmes bien reçus du duc de Modène[1]. Il nous parla françois. C'est un homme de soixante ans qui m'a paru ne pas manquer d'esprit. Il est fort noir. Il nous fit mettre nos chapeaux, chose qui nous surprit. Mme la duchesse de Brunswick, sœur cadette de Mme la princesse, nous reçut à merveille. Nous lui donnâmes un concert. Du Toureil chanta « Orphée, » Levailler et Belleville jouèrent, non seulement devant elle, mais aussi à l'Opéra, des airs seuls et des accompagnemens, et reçurent des applaudissemens bien mérités. Nous vîmes les trois filles de M. de Modène[2], toutes bien faites mais point jolies, et deux garçons : l'aîné, pas mal fait mais triste ; le cadet nommé Prince Frédéric, plus joli et éveillé, habillé en abbé[3]. Le plus vieux des filles et des garçons pouvoit avoir vingt ans.

Le palais de ces princes n'est pas fini : ce que l'on en voit est beau, bâti avec beaucoup de goût pour l'architecture. Il y a surtout un degré qui est beau. Les appartemens n'en sont point vilains. Il y en a un garni des plus superbes tableaux de l'Europe[4] : on ne peut se lasser de les admirer. Les plus beaux morceaux du Corrège[5], de Paul Véronèse, du Titien, de Michel-Ange, etc., s'y trouvent; plus beaux que tout ce que j'ai vu dans ce

1. Renaud, duc de Modène, de la maison d'Este, qui relevait de l'Empire. Il avait épousé, le 18 novembre 1695, Charlotte-Félicité, fille de Jean-Frédéric de Brunswick-Lünebourg, duc de Hanovre.

2. Amélie-Joséphine, qui épousa l'empereur Joseph ; Bénédicte-Erneste ; Henriette-Marie qui fut mariée, en 1728, à Antoine duc de Parme.

3. Le prince héréditaire épousa Mademoiselle de Valois, fille aînée du Régent. Sur la cour de Modène, sous cette célèbre duchesse, lire De Brosses, lettre LIII.

4. « C'est assurément la plus belle galerie qui soit en Italie, non qu'elle soit la plus nombreuse, mais c'est la mieux tenue, la mieux distribuée et la mieux ornée. » De Brosses, lettre LIII.

5. Le « Saint-George, » la « Madeleine, » « la Nuit de Noël. » Cette dernière, dans la galerie de Dresde dep. 1749.

genre-là. Il n'y a plus rien à voir après cela dans Modène.

Nous fûmes au *Dôme*, ancienne église où l'on montre la *Secchia rapita* que l'on garde dans un caveau. C'est un trophée que les Modenois ont gagné sur les Boulonois[1]; ce n'est autre chose qu'un seau à tirer de l'eau d'un puits, que l'on a pendu à une chaîne de fer. Je ne conçois pas que l'on puisse montrer une pareille coïonnade. Il y a un clocher sur lequel nous montâmes. Dans la flèche de pierre l'on monte par un degré de bois en spirale qui est très obscur et très peu agréable. Nous vîmes d'en haut que la ville est ronde : elle a quatre portes.

Nous trouvâmes M. de Prusan, françois, honnête homme qui, depuis vingt-cinq ans, est l'homme de confiance de Mme de Brunswick, qui contribua beaucoup à nous rendre le séjour de cette ville agréable, et le frère de Rangoni. Nous menâmes une fort jolie vie dans ce lieu. Les dames y sont assez aimables, coiffées et mises à la française. Ils (*sic*) se souviennent encore avec plaisir du séjour que nous avons fait dans cette ville. Le duc seul ne s'en rappelle pas avec plaisir, quoyque les Allemands doivent l'avoir corrigé par leur sagesse en pillant son pays dans lequel on ne trouve point de troupes, ou du moins quelques galeux pour empêcher les gueux d'entrer dans les villes. Ses gardes sont mal vêtus, sans uniforme, avec une simple bandoulière. Il y a, je crois, en tout deux compagnies d'autres gardes aux portes, qui ne sont pas laids, vêtus de blanc avec des paremens bleus et des boutons de cuivre. L'on voit quelques grenadiers vêtus de bleu, paremens rouges, fiers par le bonnet et qui brillent à l'*Opéra* (20).

A propos, nous y entendîmes encore un cavalier boulonois qui accompagna, pour son plaisir, du téorbe dont il ne joue point trop mal, car dans ce pays les cavaliers ne se font point déshonneur de paroître virtuoses ni de le pa-

1. Ce fait historique a fourni le sujet et le titre d'une épopée badine : « La secchia rapita » par A. Tassoni (1565-1635).

roître en public. Ce sont toujours des gentilshommes qui tiennent l'Opéra : il ne coûtoit qu'un paule et demi et le prix de la chaise. Des abbés jouent dans l'orchestre même : la Madone est sur la porte avec une petite lampe.

Nous partîmes le 30 novembre, toujours par la cambiature. Nous relayâmes, après avoir fait un poste à Bonporto, où il y a un péage et où le canal qui part de Modène se jette dans la Secchia qui va dans le Pô, ce qui joint Modène à Venise et à la mer. Cette rivière est agréable, nous la suivîmes un grand mille avant d'estre à Bonporto assez gros village; nous la côtoyâmes un demi-mille encore après. Nos postillons étoient si ivres qu'ils nous versèrent trois fois, entr'autre, une dans un fossé où nous fûmes plus de deux heures à retirer la chaise. Le chemin que nous fîmes est aussi mauvais en hiver qu'il doit estre agréable en esté. Les terres sont excellentes, c'est ce qui rend le chemin plus mauvais, d'autant mieux que c'est une traverse fort estroite. Nous vînmes, avec assez de peine, coucher à la *Mirandole*, à « la Poste » où nous fûmes fort mal. Malcanton est le dernier village des terres de Modène; San Giacomo, la première des terres de la Mirandole. A un demi-mille de cette ville, tout auprès de cet endroit, le postillon nous montra des restes de retranchement et d'une redoute de terre assez élevée qu'il nous dit estre un reste de guerre du marquis [frère] du père de ce duc de Modène, et du Pape Pie V.

La poste n'est pas dans la *Mirandole*, elle est sur le quai, ainsi je n'y vis rien, d'autant mieux que l'on m'assura qu'il n'y avoit rien dedans qui méritât curiosité. Quoyqu'il y ait trois postes, il n'y a que vingt milles. Cette ville est petite; les fortifications m'ont paru estre dans le système du maréchal de Vauban[1]. Je ne sais si je n'ai pas vu des tours bastionnées : les fossés sont fort larges, pleins d'eau, le chemin couvert tracé ayant esté fait autrefois, mais tout éboulé et

1. Sébastien le Prestre, seigneur de Vauban (1683-1707), dirigea 53 sièges, fortifia les frontières de France, construisit 33 places et en répara 300.

sans palissades. L'on passe même absolument dessus. Enfin, pour tout dire, elle est gardée par les Allemands quoyque le duc de Modène ait acheté[1] toutes les dépendances des terres et les bourgades de l'Empereur qui s'en est emparé parce que le duc de ce nom[2], général des Vénitiens, avoit suivi notre parti. Quoyqu'il en soit, cette ville n'est pas absolument finie pour les fortifications et n'a coûté que trop de monde et d'argent à la France, pour la perdre avec tout le reste.

Je trouvai à la Mirandole un camérier qui avoit esté dragon du régiment de mon oncle. J'ai oublié de dire que nous logeâmes à Modène dans un cabaret épouvantable, cependant le meilleur de la ville, nommé « Saint-Georges, » chez un nommé Laurens que l'on m'a dit estre un très bon maquereau[3].

Nous partîmes de la Mirandole, nous fîmes une poste où l'on ne compte cependant que cinq milles et nous suivîmes un chemin, fort estroit et fort mauvais, le long d'un canal dans lequel il n'y a plus d'eau. La poste est à la *Concordia,* bourg assez gros et où l'on voit une maison qui n'est pas finie et l'on m'a dit qu'elle avoit esté commencée pour celle de campagne du duc de la Mirandole.

Le canal dont j'ai parlé se jetait dans la Secchia qui passe dans ce lieu. Elle est assez considérable et porte de gros bateaux. Nous fîmes encore un mille sur les terres de la Mirandole, puis nous entrâmes sur le Mantouan. Notre chemin de cette journée fut très mauvais ; nous suivîmes toujours la Secchia qui avoit depuis peu rompu les digues et inondé le pays et rendu les chemins épouvantables. Cela fut cause que notre chemin fut allongé de trois milles estant obligés, à cause du pays inondé de l'autre côté, que (*sic*) nous

1. « La Mirandole vaut 5.000 pistoles de revenu. Le duc de Modène en a payé le prix et les suppléments, 180.000. — L'Empereur y a laissé une garnison qui n'est pas commode. » MONTESQ., t. II, p. 98.

2. François-Marie duc de la Mirandole, chaud partisan des Français.

3. Sur le triste cumul de ces métiers, voir Docteur CABANÈS dans « Indiscrétions de l'histoire. » Paris, Michel, 1903.

vînmes passer la Secchia à la traille, à un village nommé *Guastalla*. A trois lieues de *San Benedetto*, nous fûmes contraints de loger à la poste ou nous ne fûmes pas mal. L'on nous obligea de prendre la poste pour arriver à Mantoue. San Benedetto est un bourg sur le bord du Pô. Il n'y a rien à y voir. Il y a un grand couvent qui n'est pas beau. Les dragons blancs à paremens rouges y estoient en quartier. Ils estoient pour la plupart tous à pied n'ayant pas esté remontés depuis la Catalogne. Le chemin de cette journée ne fut pas mauvais. Nous passâmes le Pô à une traille. A environ deux milles au-dessous, en approchant de Mantoue, nous passâmes un bras du lac[1], sur une traille ; de là, en suivant une chaussée, nous arrivâmes à

MANTOVE. — Cette ville est dans une belle et [forte] situation. Le Mincio forme autour de ses murailles un lac qui l'enferme de tous côtés. Il y a quatre avenues ou chaussées de ponts sur lesquelles on passe pour y arriver. Il y a des ouvrages au bout de ces ponts du côté de la terre qui sont bons : ceux de la ville ne sont rien. Il y a beaucoup d'ouvrages de fascines. La situation [de la ville] en fait la force. La ville est assez claire ; d'assez jolies maisons, des rues assez droites, mais il n'y a rien de curieux pour les estrangers (21).

Le *Palais*[2] *du duc de Mantoue*[3] est épouvantable au dehors, sans nulle régularité. Cependant les dedans n'en sont pas laids, à ce que l'on m'a dit. Il y a un théâtre et deux manèges, dont un assez joli. La *Cathédrale* n'a rien de merveilleux. Mantoue est un évêché.

Saint-François est un couvent de cordeliers assez grand,

1. Lago Inferiore.

2. Le Palais du T construit par Jules Romain, vers 1530, pour le duc Frédéric II de Gonzague. Montesq., t. II. Mantoue, en parle longuement ainsi que De Brosses, lequel, (lettre XI), indique la négligence outrageuse de l'Empire à l'égard des toiles de Jules Romain, du Tintoret, des Carrache et de P. Véronèse.

3. Duc de l'illustre maison de *Gonzague* : le dernier, Charles IV ayant pris parti pour la France dans la guerre de la succession d'Espagne, fut

l'église est pleine d'épitaphes où je fus m'amuser. Il y en a quelques-unes assez singulières, mais rien de bien merveilleux.

L'Eglise de *Saint-André* est grande et n'est pas encore finie. On prétend y avoir du sang de N.-S. Au coin de l'église, en dedans, l'on voit une cloche à terre, sans battant, qui est assez belle, soit par la grosseur et les ornemens, soit parce qu'elle est percée à jour et que, malgré cela, elle sonnerait. Il y a un assez beau bas-relief de marbre sur la porte qui représente des feuillages.

Les places sont peu régulières.

Pour aller à Vérone, nous sortîmes par le *Pont des Moulins* qui est couvert et qui mène à la citadelle. Ce pont est ainsi nommé parce qu'il y en a douze dessous, consacrés aux douze apôtres. Un courant du lac les fait aller. Il y avoit en garnison dans Mantoue, six mille Allemands en trois régimens ; celui de Konigsberg, blanc doublé de rouge, celui du Prince B., blanc doublé de bleu, boutons de cuivre, et celui des ex-ducs, tous hongrois, vêtus avec des houppelandes. Le général Firmont commandoit en chef. Il avoit sous lui le général Brown[1], irlandois. Nous logeâmes chez Carneure, traiteur françois, où nous fîmes assez bonne chère. Le logement n'estoit pas des plus beaux, mais c'estoit de bons languedociens. La boucherie est une des beautés que l'on montre dans cette ville : ce qu'il y a de plus surprenant c'est que jamais il n'y entre une mouche. Je n'en imagine pas la raison. Nous dinâmes chez le général Brown qui nous envoya chercher avec son carrosse, sitôt que nous fûmes arrivés. Nous fûmes à la conversation où nous vîmes d'assez jolies femmes chez M. de Gonzagues qui se nommoit Mlle de Maransane et qui estoit languedocienne. Son mari estoit frère naturel du feu duc de Mantoue[2].

mis au ban de l'Empire en 1708. Mantoue échut alors à l'Autriche qui en fit le principal point d'appui de sa domination en Italie. Elle ne devint italienne qu'en 1866.

1. Le mss. donne l'orthographe « Conisbreck et Braon. »

2. Charles IV.

La crainte de beaucoup boire et le peu de divertissement que nous trouvâmes dans cette ville, nous en fit partir le 4 de novembre, après y avoir demeuré un jour franc. On ne voulut point nous donner la cambiature. La poste nous avoit si mal servi et nous avions esté trompés sur les monnoies, de façon que nous aimâmes mieux payer au maître de la poste trois philippes pour acheter notre liberté, plutôt que d'attendre les trois jours qui nous l'auroient rendue. Nous donnâmes neuf philippes pour nous mener et nous conduire à Vérone en un jour, et nous partîmes avec assez de contentement de Mantoue.

Le chemin fut très mauvais, quoyque droit et spacieux jusques à *Marmirolles*, maison de plaisance et jardin du duc de Mantoue. Le bâtiment m'en a paru colifichet et un peu en ruines. Le village avoit autrefois un château qui le défendoit mal. Il est en ruines. Il y a dans ce même lieu un moulin à poudre. Marmirolles est à six milles du lieu d'où nous estions partis. Au sortir de ce village, le terrain change et devient sablonneux, par conséquent nous trouvâmes de bons chemins qui nous menèrent jusqu'à Vérone. Nous fîmes, depuis Marmirolles, environ quatre milles sur le Mantouan, puis nous entrâmes sur les terres de Venise.

***

VÉRONE. — Le premier village se nomme *Montagnana*. Nous fîmes repaître nos chevaux et nous bûmes un coup à un village, « Au cheval », où l'on n'est point des plus mal. Ce village est précisément à la moitié du chemin que nous fîmes ce jour-là. Ce fut avec peine que nous arrivâmes à Vérone estant partis assez tard. Nous trouvâmes la porte fermée mais enfin, après une heure et demie d'attente, nous fûmes assez heureux pour entrer dans la ville. Nous fûmes pour descendre « Aux trois couronnes », le meilleur cabaret; il estoit plein. Nous vînmes « A la Tour » où l'on est fort bien.

Nous n'avions jamais compté estre à Venise que le jour de Noël, mais n'ayant point assez d'argent pour attendre ce temps, nous laissâmes tout notre monde et notre bagage à Vérone et nous partîmes, le lendemain de notre arrivée, en poste, du Toureil et moi tous seuls. Non seulement pour une raison aussi essentielle que celle que je viens de dire, mais aussi pour aller régler toutes nos affaires, retenir une maison, enfin nous arranger pour notre carnaval. Nous prîmes la poste et vînmes, dans les chaises qu'on y fournit avec assez de peine, coucher à Venise. Nous fîmes huit postes et demie jusques à *Fusina*, où l'on s'embarque et l'on fait cinq milles par eau. L'on donne ordinairement quatre livres, seize sols de Venise pour être menés de cet endroit à celui de la ville où vous voulez descendre. L'on ne vous arrête point pour les douanes, du moins nous ne le fûmes point. On mène seulement à une consigne où vous dites votre nom et votre pays. C'est la seule question que l'on nous ait faite sur les terres de Venise et en entrant dans Vérone. Du reste, à Vicence et à Padone, on ne nous demanda rien (22).

Nous vînmes descendre chez Dureau et Beaucousin, traiteurs françois, logés à merveille sur le Grand Canal. Nous avions si fort l'air chevaliers d'industrie, du Toureil et moi, que ce fut avec assez de peine que nous fûmes reçus. Mais enfin, nous soupâmes avec nos hôtes; nous parlâmes assez bien et nous eûmes de bonnes chambres et tranquilles. Nous y demeurâmes quatre jours ayant esté reconnus par M. Lannois qui nous amena le sieur Frémond, resté à l'ambassade pour en faire les affaires, qui est en vérité un parleur impitoyable. Il y avoit un Opéra qui n'estoit pas des meilleurs et deux comédies où l'on alloit en masque comme si l'on eut esté en carnaval. Nous ne vîmes rien en ce voyage. Je ne parlerai des beautés de Venise que pendant mon séjour. Nous arrêtâmes une des jolies gondoles de la ville pour sept francs par jour. Le dix, nos gondoliers nous amenèrent à Fusina où nous prîmes la poste de la même façon que nous estions venus. Nous en fîmes trois pour venir à Padoue.

PADOVE. — Nous vînmes loger à « la Reine d'Angleterre, » chez Crépi, où l'on est assez bien. Nous y trouvâmes de Laistre avec le baron de Bonneval[1] et M. Taner que nous avions déjà vu à Mantoue. Le petit Lonsky, polonois, gouverneur de Kasimov[2], y estoit aussi avec M. Gaspardi, son gouverneur.

Nous mangeâmes avec eux. La ville de Padoue est grande, elle a l'air et le jeu très misérable : elle est mal bâtie sans aucune beauté pour les maisons et pavée extraordinairement mal. Il y a presque partout des portiques dans les rues.

L'église de *Sainte-Justine*[3], couvent des Bénédictins, est une des plus belles que j'aie encore vues. Son architecture est simple, elle est pavée de marbre partout. Le grand-autel et une vingtaine d'autres autels sont presque tous ornés de statues et composés de marbre, ce qui fait tout ensemble une magnifique simplicité. Les chaises des moines sont belles et un tableau dans le chœur de Paul Véronèse mérite d'estre vu. Il y a une chapelle basse, sous le chœur, où l'on voit un pieu sur laquelle (*sic*) on a écrit qu'elle servoit autrefois ou qu'elle a servi pour décapiter plusieurs saints. Le portail de cette église n'est pas encore commencé[4]. L'on dit qu'elle(a esté bâtie des seuls deniers du couvent qui possède une maison des plus belles. Nous y avons compté six grands

1. Claude-Alexandre, comte de *Bonneval*, d'une vieille famille du Limousin, 1675-1747, servit d'abord sa patrie sur mer et sur terre. Mais pendant la guerre de succession d'Espagne, en 1706, il passa dans les rangs de l'armée impériale, avec le grade de général-major. Il jouit à Vienne d'un grand crédit que son esprit d'indiscipline et d'intrigue lui fit perdre en 1724. Disgracié, il se retira à Venise où il rencontra Montesquieu en 1728 avec lequel il vécut intimement pendant quelques semaines.

2. Ville de la Russie d'Europe. 7.000 habitants. Commerce actif en pelleteries et étoffes d'Asie.

3. « La plus belle de Padoue sans difficulté ». MONTESQ. I p. 79.

4. Ce portail n'est pas encore achevé.

cloîtres tous bien entretenus. Ils (*sic*) ont une bibliothèque dans un assez beau vaisseau. Cette maison se voit dans une grande place, longée de canaux qui se nommoit dit-on, autrefois, le champ de Mars : à présent elle se nomme le *Pré*[1]. On montre une espèce de terre environ le milieu, où l'on dit que l'on a expédié plusieurs martyrs.

L'église de *Saint-Antoine* a un portail à la grecque. Elle est grande et assez obscure; elle est ornée d'un très grand nombre de beaux tombeaux enrichis de figures de marbre qui y font un très bel effet. La chapelle de Saint-Antoine, nommée par plus grand honneur « le Saint » tout court, est très belle, ornée d'un grand nombre de lampes d'argent et de bas-reliefs de marbre, avec deux très beaux chandeliers de bon goût. L'on prétend que ce caveau sent très bon. Pour cet effet l'on s'approche derrière l'autel et tout le monde, à toute heure, va sentir par des fentes. J'ai vu des bonnes gens se moucher auparavant avec une très grande vénération, s'approcher, sentir et s'en aller en reniflant. Pour moi, je n'ai rien reconnu d'extraordinaire. Auprès du grand autel et non le plus beau, Saint-Antoine efface tous les autres, il y a un magnifique chandelier de bronze. Derrière le chœur, l'on a bâti depuis peu un lieu magnifique presque tout de marbre orné de statues et d'amours du meilleur goût du monde, où l'on doit mettre le trésor. Ce lieu est beau et magnifique.

Le *Dôme* est une église dont on vient de renouveler le chœur et la croix d'un assez bon goût. La nef est encore à l'antique. Il y a dans cette église quelques tombeaux anciens. L'évêché est tout auprès, vilain bâtiment où l'on montre une salle où sont nombre de portraits de MM. les Evêques, qui ne méritent guère d'estre vus.

L'on croit avoir à *Ste-Justine* le tombeau de *Saint-Luc*.

L'on voit auprès de l'église de *St-Antoine* une statue

1. *Prato della Valle*, auj. Piazza Vitt. Em. II.

équestre de bronze, fort vilaine, qui est d'un général vénitien nommé Gattamelata[1].

La *place dei Signori*[2] n'est pas laide; elle a pour façade un assez beau bâtiment où loge celui qui commande pour la République. La grande salle dans laquelle, ou aux environs, se rend la justice, est assez belle : elle est longue de 107 et large de 55 de mes pas. L'on y voit un tombeau avec une inscription ancienne que l'on dit estre de Tite Live[3], un autre à la vertu de M. d'Obisi et un autre monument à la louange d'un savant. La salle où cela se voit est bâtie un peu à fausse équerre, mais elle est belle : elle est couverte de plomb.

Aux *Carmes*, où il n'y a rien de beau à voir et qui est une église plate et d'une venue, j'y ai trouvé cette inscription au bas d'un tombeau, qui m'a paru digne de la Garonne :

Hic cineres magni Deciani sufficit illud disces audito nomine quantus erat[4].

Ce tombeau est celui d'un noble vénitien.

Celui d'Anténor[5], que l'on prétend estre le fondateur [de la ville], se voit auprès d'une petite église, nommée *St-Laurent*. Il n'a rien de recommandable : il y a quatre lignes d'écriture gothique dessus que j'ai lues et qui ne disent pas grand'chose (23).

L'église des *Eremiti;* dont la voûte de bois est faite en galère renversée, du reste l'église n'a rien de beau.

Tout auprès l'on voit un reste d'*Arena*, pour lequel il faut de la foi. L'on a enté sur ce qui en reste des briques

1. Erasmo da Narni, dit *Gattamelata* (m. 1443) commandant en chef des armées de Venise de 1438 à 1441. Ce monument, fondu par Donatello en 1447, est la première grande statue équestre de bronze faite en Italie depuis l'antiquité.

2. Aujourd'hui *piazza dell'Unità d'Italia*.

3. C'est la pierre tumulaire de T. Livius Halys, affranchi de la famille de l'historien Tite-Live.

4. « Ci-gît le grand Deciani, il suffit d'entendre ce nom pour connaître ce qu'il était. »

5. D'après Virgile, on fait remonter l'origine de Padoue à Anténor, roi mythique des Troyens et frère de Priam.

qui forment une cour en ovale qui sert de cour à la maison d'un noble vénitien. Tout ce que l'on peut voir, c'est qu'il n'estoit pas grand.

Il y a dans la salle dont j'ai parlé[1] une pierre nommée d'*opprobre* où l'on fait asseoir les banqueroutiers. J'ai vu cinq degrés à cette salle dont il y en a deux de chaque côté, et sur les portes qui y conduisent un relief à l'honneur de quatre savants de Padoue, avec leur nom[2].

De dix collèges autrefois bâtis et remplis dans cette ville, il n'y en a plus qu'un qui est celui du *Boeuf*[3], qui n'est pas laid. C'est une université[4] : c'est ce qui empêche la ville d'estre déserte. Il y a tout ce qu'il faut pour bien étudier l'anatomie. Autrefois Messieurs les écoliers en estoient fort dangereux : en disant « Chi va li » et « chi va là, » ils tuoient le soir tout ce qu'ils rencontroient[5]. Cela arrivoit assez souvent. A présent on y a mis ordre et ce désordre n'arrive [plus].

La Brenta passe au milieu de la ville et l'arrose.

Nous fûmes dans la maison de M. Mantua Lazara où nous vîmes un grand nombre de bustes et de morceaux de marbres antiques assez beaux. Son jardin a du goût, et la cour est jolie. L'on y voit un Hercule de pierre bien proportionné et assez bien fait, qui a pour le moins vingt-cinq pieds de haut sans le piédestal.

Nous fûmes passer une après-midi avec M. Antonio Vallisnieri[6], habile naturaliste, qui est en commerce avec ce que nous avons de savants anatomistes à Paris. Il nous

1. De la Justice ou « *della Ragione.* »

2. *Tite Live*, le théologien frate *Alberto*, le philosophe et médecin, *Pietro d'Abano*, et *Paolo*, préteur, jurisconsulte du IIe siècle.

3. *Il Bo*, d'après l'enseigne « Au Bœuf » d'une célèbre hôtellerie du moyen âge qui dut faire place aux constructions de l'Université en 1493.

4. *L'Université*, fondée par l'évêque Giordano, en 1222, agrandie par l'empereur Frédéric II, en 1238.

5. Misson Addison, Montesquieu répètent la même chose. Il y a beaucoup d'exagération dans ce jugement. Aux XVe et XVIe siècles, le nombre même des écoliers les rendait redoutables.

6. Antonio *Vallisnieri* (1661-1730), professeur de médecine de l'Université de Padoue, s'illustra par ses découvertes en histoire naturelle.

expliqua tout ce qu'il a dans son cabinet, soit sur les métaux soit sur les planches avec une attention infinie parce qu'il vit que nous y prenions goût. C'est un bon homme. Il est de Reggio.

VICENCE. — Nous vînmes le douze dîner à Vicence. Nous fîmes deux postes de chemin assez mauvais, rempli de pierres. Nous vînmes loger « Au Soleil » qui est assez bon, mais dont le vin me déploit. Ainsi qu'à Padoue, nous fûmes d'abord voir la place *della Signoria* qui est longue, pas parfaitement régulière, et sur laquelle il y a deux colonnes de marbre, moins grosses que celles de Saint-Marc à Venise, mais inégales aussi, sur lesquelles le lion est à droite avec un rayon de saint sur la tête, et sur l'autre, N.-S. Ces deux figures m'ont paru de pierre.

Le *Palais* ou maison de ville est un morceau d'architecture. Elle est simple et de l'ordre toscan, longue de 96 de mes pas et large de 52, dans sa longueur il y a neuf portiques, dans la largeur il y en a cinq. Ce morceau est à deux étages. Sous le premier sont les boutiques; dans le second, est une grande salle, mais moins vaste que celle de Padoue plus grande et moins sombre. Le tout est couvert de plomb. Le second rang de portiques se termine par une balustrade sur laquelle sont des statues qui ainsi que le reste, ne sont que de pierre. Le tout ensemble est beau et m'a rappelé des idées de bâtiments romains[1]. Il n'y a que trois côtés de bâtis. Le quatrième tient à la maison d'un magistrat, qui est vilaine, à laquelle est attachée une tour assez élevée fort menue et qui sert d'horloge. La grande salle sert à rendre la justice. A côté est une chambre longue où l'on m'a dit que se tient le Conseil. Entre plusieurs tableaux médiocres, il y en a un, que je crois de Paul Véronèse, qui représente une Vierge et un bambino adorés par des figures rouges.

De là nous sortîmes par la porta Lupia et en montant aux

1. Œuvre de *Palladio*, se nomme aujourd'hui *Basilica Palladiana*.

environs d'un demi-mille nous fûmes à une *Madone* nommée *de Monte Berici*[1]. Elle est sur une hauteur, fatigante à monter, de laquelle on a une agréable vue. L'on voit que la ville est longue et n'est qu'aux environs de quatre milles du pied des Alpes qui font de beaux coups d'œil et qui terminent agréablement la vue du côté de la gauche. La plaine fertile, remplie de maisons de campagne, forme une variété qui n'est pas moins agréable. Au pied de la hauteur, aux environs de quatre portées de carabine est la maison du marquis Capra où l'on dit qu'il y a quelques tableaux et d'assez jolies choses à voir. Nous n'y avons point esté. L'église de la Madone adorée en ce lieu, vient d'estre rebâtie depuis peu, avec assez de goût, mais c'est peu de chose. On dit que son image est sortie de terre, que c'est la Vierge qui l'a faite et qu'on n'a jamais eu assez de force pour la transporter jusques à la ville. On nous proposa de la voir, mais tous ces contes ne nous donnèrent point de curiosité. Une partie de l'église et du cloître est tapissée d'ex-voto, et entr'autre d'un pendu. Ce qu'il y a de plus beau dans ce lieu c'est la vue et un tableau de Paul Véronèse qui est dans le réfectoire des moines qui est fort beau. Il représente un repas de saint Grégoire[2], où N.-S., à ce que l'on dit, apparut. Ce tableau est beau et grand. Ce sont des Servites qui le gardent et qui, quoiqu'ils ne vivent que d'aumône ont déjà commencé une espèce de portique ou de galerie couverte pour conduire les pèlerins à couvert depuis la ville.

(24) Le *Dôme* est une ancienne église plate où je n'ai rien vu du tout de beau, ni le dedans ni le dehors. L'évêché est tout auprès. Nous vînmes de là à la porte du *Castello*, ainsi dite parce qu'il y en avoit autrefois un dans ce lieu : il n'y a plus que ses ruines. De cette porte à celle de Lupia, il y a un grand espace qui est un pré fort estendu qui a conservé son nom de *Champ de Mars*. Par cette même porte

1. Auj. *Madonna del Monte*.
2. Le repas de Grégoire le Grand peint en 1572 par Véronèse, tout lacéré en 1848 et restauré depuis d'après la copie de la pinacothèque.

l'on va à Vérone et tout contre l'on voit un *arc de triomphe* qui n'a pas de peine à estre entier, puisqu'il n'a esté bâti qu'au commencement du dernier siècle[1]. A côté de cette même porte est le *jardin* du comte de *Valmarana*[2]. Sur une porte qui donne dans la ville il y a une inscription latine qui recommande de n'estre point sacrilège à Vertunne et à Pomone, et sur une autre qui est dehors la ville, il (sic) convie les estrangers curieux de voir les délices de son jardin.

Il y a un peu de gasconnade mais le lieu est assez aimable et conviendroit fort à un homme amoureux seul, ou à un amant et une maîtresse. Il y a un canal plein de beaux poissons, beaucoup de statues, des inscriptions toutes assez jolies mais surtout ce qu'il y a de beau, c'est une allée d'orangers en pleine terre, tous très beaux. J'en ai mesuré entr'autres un qui avait quatorze à quinze pouces de diamètre. A la vérité, le tout se couvre l'hiver avec des planches que l'on oste l'esté.

La ville de Vicence n'est pas si grande que Padoue. Elle n'est guère mieux pavée, elle est un peu plus peuplée à proportion, et l'on y voit des maisons qui ont plus d'apparence. J'ai vu des dehors de palais qui avoient très bonne façon. Le terrain de la ville est montueux et n'est point égal. Elle est arrosée de quatre petites rivières[3] qui ne portent point bateau et qui ne servent qu'à faire tourner des moulins. On les passe sur plusieurs ponts, celui de Saint-Michel est le plus beau et n'est pas laid. Vicence a comme Padoue un *Mont-de-Piété*[4] que je regarde comme les comptans de Flandre où l'on porte des meubles pour avoir de l'argent. On les garde pendant un certain temps limité.

Un nommé Bertoli a donné à cette ville sa bibliothèque[5]

1. Elevé par le fameux Palladio (1518-1580).
2. Villa *Valmarana*, ornée de fresques de J.-B. Tiepolo, œuvre de jeunesse, fort bien conservée.
3. Il y en a deux : le Bacchiglione qui reçoit le Retrone.
4. « Où l'on fait l'usure pour le secours des pauvres gens. » De *Brosses* I. p. 119.
5. *Biblioteca Bertoliana*, érigée en 1704. Elle renferme env. 170.000 vol. imprimés et un précieux manuscrit de la Divine comédie (XIVe s.).

en mourant. On l'a placée dans le Mont-de-Piété. Elle est publique, à de certaines heures tout le monde y est reçu comme à la bibliothèque Ambrosienne de Milan. Il n'y a que cinq ou six ans que cela est establi.

Il y a aussi une *Académie* nommée *Olympique*, ainsi nommée pour conserver ce nom et s'en donner un honorable plutôt que pour aucune autre raison. Il y a un beau bâtiment consacré à cette académie dans lequel il y a plusieurs salles et un théâtre, bâti sur le modèle de l'antique. Il mérite d'estre vu non pour la matière dont il est bâti, qui n'est que de bois et de pierre, mais pour sa structure[1].

Il y avoit autrefois des arènes dans Vicence, mais elles sont détruites et le peu qu'il en reste est caché sous des bâtimens nouveaux de façon que nous ne le pûmes voir.

Le couvent de *Ste-Catherine* a une petite église ou chapelle fort jolie et de bon goût.

Nous partîmes le 13, après avoir séjourné une après-midi et un matin et nous fîmes trois postes et demie pour venir à Vérone, où nous trouvâmes tous en bonne santé.

VERONE. — Misson[2] fait un conte si joli d'un âne qu'il prétend estre celui qui porta N.-S., qu'en ayant la teste remplie et sachant que c'estoit à Vérone qu'on le voyoit, je fus le chercher pour m'instruire de la vérité du fait. Je fus à *Ste-Marie in Organo* : l'église en est petite. Il y a quelques tableaux qui ne sont pas mauvais et des autels de marbre d'un assez bon goût surtout le plus grand qui est beau par ce qu'il contient. Les chaises du chœur sont assez belles, de marqueterie. Je trouvai un père dans l'église. Ils sont du même ordre que ceux de St-Victor de Milan[3]. Je

1. Commencé en 1579 sur les plans de Palladio, terminé seulement en 1584 par V. Scamozzi, ce théâtre olympique fut inauguré par la représentation de l'Oedipe Roi de Sophocle.

2. Le conte dont s'occupe Caylus se trouve dans la première édition de *Misson* : « Voyage en Italie »; de Brosses aussi en parle. « Je n'ai pu voir l'âne qui porta N.-S. à Jérusalem et dont Misson rapporte l'histoire fort au long, » t. I, p. 144.

3. Les Bénédictins.

trouvai, dis-je, un père avec lequel je causai et je m'instruisis du fait de l'âne. J'appris qu'il y a environ trois cents ans, un des pères ou frères de ce couvent fut, dans les montagnes voisines de Vérone, se faire ermite, et que, partant du couvent, il avoit promis de donner quelques signes de sa mort. L'histoire dit que cet homme avoit vécu exemplairement. L'on fut quelque temps sans entendre parler de lui, ou, pour mieux dire, il n'en fut plus mention. Au bout de quelques années l'on vit arriver par un canal qui sort de l'Adige et qui passe au pied presque du mur de l'église, un âne de bois avec un Christ de même estoffe à cheval dessus. Le tout nageoit dans l'attitude naturelle et non comme un morceau de bois, tantôt d'un côté, tantôt d'un autre. Il traversa une partie de la ville et enfin s'arresta devant la porte de l'église. On cria [au] miracle, on s'empara de cette relique que l'on regarda comme envoyée par l'ermite que l'on regarda comme mort. L'on fit une procession par toute la ville que l'on a toujours continuée (25). L'on expose tous les ans cette rare relique. Le peuple y a une grande dévotion et accourt en foule. Voilà le fait. On voit ce précieux animal dans une niche sur un autel. Il est recouvert par un tableau les jours ouvriers, et ce n'est qu'aux grandes festes qu'il voit le jour. Il est de bois vernissé. Le père qui me conta tout cela me dit, quand je lui parlai de ce que l'on m'avoit assuré que je verrois chez eux celui qui avoit porté N.-S., me répondit en soupirant, qu'il n'estoit pas assez heureux pour cela, mais que je verrois celui dont je parlois à Gênes. Ce que je viens d'écrire est bien différent de ce qu'en écrit Misson.

L'amphithéâtre[1] de Vérone est un des plus beaux morceaux qui subsiste de l'antiquité. La ville a fait la dépense de le réparer pour le mettre dans l'estat où il est. L'on y travaille tous les jours, soit pour entretenir ce qui subsiste, soit pour tirer les décombres qui en remplissent encore une partie. L'on

1. Célèbre *Arena* construite sous Dioclétien, vers 290 apr. J.-C.

montre le lieu où l'on tenoit les bestes, l'on distingue tous les passages et degrés par où chacun, selon sa condition, montait à sa place sans s'incommoder et sans faire de foule. L'on croit voir encore sous une des grandes portes quelques restes de peintures. L'on fait tous les jours de nouvelles découvertes en enlevant les terres de ce beau monument qui comblent encore tout le terrain où se donnoit les combats et où se faisoient les jeux qui est encore élevé jusques au premier gradin. Il y en a 46, à la vérité tous refaits de nos jours, mais dans les justes proportions. L'on trouve tous les jours dans les terres que l'on enlève des morceaux de colonnes de marbre d'Afrique très fin et d'une belle couleur. Il ne reste qu'un peu de la seconde enceinte. L'on va travailler à la remettre en y ajoutant deux piliers afin d'en voir un côté dans la perfection, et de faire voir au naturel la disposition des degrés[1]. J'en ai emporté un plan qui est conforme à l'original. Celui qui nous a montré le tout nous a expliqué qu'au-dessus de tous les gradins il y avoit un rang de colonnes de marbre où se mettoient les dames et qui égalisoient la partie intérieure à l'extérieure qui est celle dont j'ai dit qu'il ne restoit qu'un pan. L'on voit au milieu un trou carré dans lequel on s'aperçoit, en jetant une pièce, qu'il y a de l'eau. L'antiquaire nous a dit que c'était là qu'on plaçoit un grand mât auquel, par plusieurs cordes, estoient attachées les toiles qui couvroient cet amphithéâtre pour garantir du soleil. L'on trouve des canaux dans les galeries d'en bas, dans lesquels il couloit de l'eau. L'antiquaire nous a dit qu'elle servoit à élever la toile. Cela m'a paru difficile (45). Je croirois bien plutôt que c'estoit à dessein de remplir le bas de cet amphithéâtre d'eau pour donner au peuple de ces combats navaux dont il est parlé dans l'histoire[2]. Il y a tant de descriptions de ce beau lieu que je n'en rapporterai aucune

1. Depuis le tremblement de terre de 1814, il n'existe plus que quatre arcades du mur extérieur qui avait trois étages.

2. Remarque fort juste.

dimension[1]. Je dirai seulement que ce lieu est rond au dehors et ovale en dedans et que rien n'est si beau ni si louable à la ville de Vérone que de conserver et d'entretenir une antiquité si respectable qui estoit anciennement toute de marbre.

Tout contre ce monument est une grande place irrégulière mais assez belle qui se nomme la place [Brà], sur laquelle est un bâtiment de pierre de taille d'une assez belle architecture, mais qui n'est pas encore fini, qui sert de corps de garde.

Le Dôme ou *Cathédrale* est une église dans le goût gothique avec une vilaine façade mais qui est légère et claire contre l'ordinaire de ces temps. Ses piliers sont de marbre rouge jusques à la voûte. L'autel est simple mais avec une colonnade de marbre qui l'environne. Les colonnes sont belles et dans la ceinture d'en haut, ou ce qui sert de piédestal, l'on voit quelques beaux morceaux de marbre. Sur le pavé qui est auprès du marchepied de l'autel, on lit sur une simple pierre cette épitaphe :

Ossa Lucii III. PONT. MAX. cui Roma ob invidiam pulso, Verona tutiss. ac gratiss. perfugium, fecit ubi conventu christianorum, Acto dum praeclara multa molitur et vita excessit[2].

Il y a dans cette église une Assomption du Titien[3] ; les peintures des orgues m'ont paru assez bonnes. L'on y montre aussi dans une chapelle une ancienne peinture à fresque qui est bonne. Auprès de la porte, sur une petite

1. Une des plus complètes est celle du marquis Scipion *Maffei* (1675-1755) dans l'« Histoire de Vérone » et « Musoeum Veronense » publ. 1790.

2. Le pape Luce III eut de grandes affaires avec Frédéric Barberousse, ce qui l'obligea de sortir de Rome où, d'ailleurs, il était mal toléré par le Magistrat et le peuple. « Les os de Luce III, auquel, expulsé par l'envie de Rome, Vérone offrit un très sûr et agréable asile, où, après avoir convoqué une assemblée de chrétiens, pendant qu'il méditait de grandes entreprises, la mort le frappa. »

3. Au 1er autel de gauche, fut peinte vers 1525.

pierre sur laquelle on marche, j'ai trouvé cette petite épitaphe qui ne m'a pas paru mauvaise :

FERDINANDUS MANUELUS CANONICUS
FUMUS UMBRA NIHIL
V. S. P. 1691.

Cette église est assez bien pavée. Il y a quelques morceaux de marqueterie de marbre.

Les *Augustins* ont une assez grande église plate au dehors et au dedans sombre, sans portail et en tout assez vilaine. J'y ai trouvé un ou deux tableaux qui ne m'ont pas déplu. Il y a dedans un très grand nombre de chapelles, mais toutes vilaines et sans goût (26). Je rencontrai dans la ville un honnête homme qui me mit au fait de bien des choses et qui m'expliqua ce que j'avois vu dans le cloître des Augustins. Il me conta qu'un nommé Amadeus, faiseur de rubans, s'estant engagé soldat dans le temps de la guerre des Vénitiens contre le Turc, cet homme par sa valeur estoit venu colonel et avoit pris sur les Turcs une queue de cheval qui leur sert d'étendard, surmontée d'un croissant doré.

Elle est dans le cloître, dans une niche grillée avec deux carquois pleins de flèches et cette inscription au-dessus :

Expectans mortem Franciscus Amadeus urnam condidit hanc vivens, mortuus orbe, sibi, ense sibi palmas venetis peperito triumphos, vexillum caudæ mille trophoea nota[1].

Celui qui m'apprit cela estoit un vénérable vieillard, fort sage, nommé Giuseppe Ferrari. Nous fûmes voir le cabinet du comte Mascardo[2], mais il estoit à la campagne et nous eûmes le malheur de ne pouvoir admirer les curiosités que l'on dit y estre.

1. En attendant la mort, François Amadeo prépara cette urne où mort il gît (?). Avec son épée il pourvut à sa gloire et fournit des triomphes aux Vénitiens et trophée bien connu l'étendard de la queue.

2. Pour les trésors du fameux cabinet *Mascardo*, voir MISSON, op. cit., t. I, p. 188-199 et t. III, p. 194-201.

Notre conducteur nous mena dans la maison du comte Giusti[1], où l'on ne nous montra qu'un jardin rustique plein de cyprès. De terrasse en terrasse l'on monte presque sur le haut du rocher qui domine la ville. De ce lieu on la découvre dans son entier et elle paroit plus belle qu'elle n'est en effet. Elle est longue ; l'Adige qui y porte bateau et qui y coule avec assez de rapidité, la traverse d'un bout à l'autre. On la passe sur quatre ponts de pierre qui n'ont rien d'extraordinaire. Son enceinte est très estendue et embrasse la montagne. Les fortifications ne consistent qu'en une muraille simple, crénelée, flanquée de tours carrées. Les rues ne sont pas trop belles, ni les maisons en général. Les balcons de bois pleins de pots de terre y sont fort à la mode. Il y a cependant des palais dont les façades sont belles[2].

Ce jardin duquel on voit la ville à merveille est rempli d'inscriptions soit païennes soit des anciens tombeaux des premiers chrétiens. On rencontre dans cent endroits de la ville de semblables monuments, ou des chapiteaux ou des restes de colonnes presque toutes de marbre, preuve de l'ancienne magnificence de cette ville, mais on ne peut rien déchiffrer de ce qui est écrit, ou l'on ne peut en entendre le sens estant des pierres détachées.

De ce même côté de la rivière, c'est-à-dire à la gauche, il y a ce que l'on appelle le *Château de Saint-Pierre* derrière lequel est celui de *Saint-Félix* qui commandent absolument la ville.

Auprès de la porte de *Saint-George* il y a un couvent de même nom qui a une église très jolie avec un portail pas à la moderne contre l'ordinaire des temples de Vérone. Ce couvent est à présent à des sœurs ; il appartenoit autrefois à des moines du même ordre que ceux de saint Victor de Milan.

1. « J'estime mieux les jardins du palais *Guisti* que la nature a assez bien servi, etc. » DE BROSSES, t. I, pag. 141. On visite encore auj. ce magnifique parc aux cyprès centenaires.

2. Tels que les palais *Maffei*, *Carlotti*, *Bevilacqua*, *Guastaverza*, *Pompei*.

Ils estoient si riches et si orgueilleux que la République a trouvé moyen de s'en défaire et de s'emparer de presque tous leurs biens[1]. L'on m'a conté cette histoire dans la ville. Ce qu'il y a de sûr c'est que le pavé en est de marbre bien rapporté, une balustrade de même étoffe avec des figures de bronze, petites, mais qui ont du goût. L'on y voit quelques peintures qui ne sont pas désagréables : un beau tableau de Paul Véronèse sur un hôtel particulier représentant un miracle de saint Bernabé, et sur le grand autel, un tableau du même auteur représentant le *martyre de saint George* qui est, à ma fantaisie, un morceau superbe. Il m'a charmé et je le crois le plus bel ouvrage de ce peintre. Le jour y est observé avec une force bien rare à trouver[2].

L'on m'a dit qu'un nommé Bonderi, banquier, a un cabinet de beaux tableaux.

De l'autre côté de la rivière, je fus voir la maison du comte Chiodo qui est située sur le bord de l'Adige. Un appartement — entre plusieurs il m'y a paru un ou deux beaux tableaux — à côté d'une terrasse m'y plut infiniment avec la vue de l'eau et celle de ces premières montagnes au pied desquelles Vérone est située.

En revenant de cette maison, je passai auprès du vieux *Château* qui n'est pas autrement fortifié que le reste de la ville. Joignant le fossé de cet ouvrage, l'on voit un reste d'*Arc de Triomphe* qui sert à présent de poste. Il estoit orné de quatre colonnes cannelées, de l'ordre corinthien. De chaque côté et dans l'entre-deux des colonnes, il y avoit une espèce de fenestre. L'on voit encore en dehors un reste de corniche. Le ceintre de la porte, les moulures des fenêtres sont encore pleins d'ornemens ciselés et de bas-reliefs. Le tout m'a paru de marbre ou de cette pierre dure qui reçoit le poli.

1. L'Eglise de *St-Georges* comme celle de *St-Giorgetto*, auj. *St-Pietro-Martire*, se donna en 1509 à l'empereur Maximilien. Au retour, les Vénitiens firent leurs vengeances et dépouillèrent les traîtres de la République.

2. Véritable chef-d'œuvre, où l'horreur de l'action est atténuée par la noblesse du dessin et la magnificence du coloris.

Du côté de la ville, au-dessus de cette espèce de fenestre, il y a de chaque côté une pierre sur laquelle je crois qu'il y avoit des inscriptions, mais on n'y lit plus rien. Mais, en regardant dans le fossé, j'y ai vu le piédestal d'une des colonnes, j'y ai lu une inscription où, au milieu de plusieurs abréviations, on lit distinctement *Strabon*. Ce qui reste de cet ouvrage fait voir la magnificence dont (*sic*) il estoit travaillé. L'on a ajouté sur le tout des briques qui le conservent. Ce bâtiment peut avoir deux toises d'épaisseur. En dedans de la voûte, de chaque côté, on y lit :

L. VITRVVIVS L.L. CERDO ARCHITECTVS

Mais la façon dont cela est écrit m'est suspecte. Je ne la crois pas si ancienne que le reste de l'ouvrage qui est situé au bout d'une grande rue. En la remontant pour retourner à la rivière l'on trouve au bout de quatre portées de fusil, une ancienne *porte* de la ville du temps des Romains. Elle est bâtie du même ordre que l'Arc de Triomphe. Il y a deux portes ornées de même que l'autre ouvrage et bâties de pierre. Au-dessus de ces deux portes sont deux rangs de petites fenestres percées à jour l'une sur l'autre. Les plus hautes sont les plus longues, elles sont faites en portique. Il y en a six à chaque rang, le tout orné de sculptures et de colonnes cannelées. Celles du premier[1] rang sont en ligne spirale; celles du second rang ne subsistent plus[2]. Il y a sur chaque porte une inscription qui estoit en gros caractères. Quelques mots rompus empêchent de trouver le sens du reste. Ce bonhomme, M. Ferrari, m'a dit que cet ouvrage estoit du temps de la République, sous le consulat de Gallien. On lit effectivement ce nom. C'estoit autrefois l'enceinte

1. Le ms. donne second pour premier.
2. Le monument que C. nomme Arc de Triomphe, auj. *Porta dei Borsari*, est un des rares spécimens encore existants de l'architecture à étages multiples dans la construction des fenêtres. Ce monument, ainsi que le fragment décrit de l'*ancienne enceinte* (Piazza Mura Gallieno), datent de l'*empereur Gallien* (265 apr. J.-C.).

de la ville, et le terrain qui sert aujourd'hui de cours entre cette porte et l'Arc de Triomphe, estoit hors de la ville, qui est relevée depuis ce temps-là de plus de dix pieds. L'on en juge aisément par les ouvrages dont je viens de parler qui sont enterrés par delà même le pied des colonnes. J'oubliai de dire qu'il n'y a que le côté extérieur de la porte qui soit travaillé, celui qui regarde la ville est absolument nu. Il ne subsiste plus rien de l'ancienne enceinte (27).

Dans la même rue, en remontant vers la place, il y a une petite église nommée *S. Giovanni in Fonte*, où l'on voit contre le mur une petite inscription latine, qui dit qu'en mil cent quatre, ou environ, toute la ville de Vérone fut brûlée.

Sur la *place*[1] il n'y a qu'une seule colonne, elle est de marbre avec le lion de saint Marc, coiffé toujours comme un saint. Cette place est longue, irrégulière et faite en gaine. Il y en a une autre petite à côté[2] qui n'a rien de remarquable. La maison de ville est un bâtiment commun.

Tout auprès de ce quartier l'on trouve une petite église nommée *S. Maria Antica* qui est effectivement, à ce que l'on dit, fort ancienne. L'on y voit en dehors trois tombeaux de marbre de goût gothique[3] en tout assez beaux que l'on m'a dit estre des Scaliger, autrefois maîtres et princes de Vérone[4].

En carnaval il y a un Opéra.

Dans cette ville il y avoit en garnison quatre régimens de mille hommes chacun, pas fort élevés mais bien tenus. Ces régiments sont vénitiens. Tout ce que j'ai vu de cavalerie répandue çà et là dans tous les villages de ma route, est composée de Hongrois ou de Dalmates. Ce sont ces derniers qui gardent les magistrats et ceux qui commandent dans les principales villes. Je rencontrai dans la rue de Vicence

1. *Piazza delle Erbe*, une des places les plus pittoresques de l'Italie.

2. *Piazza dei signori* ou *piazza Dante*.

3. *Can Grande Ier della Scala* (m. 1329) *Mastino Ier* (m. 1277) *Mastino* II (m. 1351).

4. Les *Scala* ou Scaliger, célèbre famille gibeline de Vérone, gouvernèrent la ville de 1259 à 1381. Le plus illustre, Cane I, dit le Grand, vain-

le podestat de cette ville. Il marchoit [entre] deux carrosses, précédé de trente de ces Dalmates, le fusil sur l'épaule. Ils avoient bonne mine[1]. Le maistre de poste de Vérone ne voulut point nous donner la cambiature; ce n'est point l'usage des terres de la République. Aussi je fis marché avec un voiturin pour sept chevaux jusques à Padoue moyennant douze philippes. Nous quittâmes le 17 notre cabaret de « La Tour » tenu par de bonnes gens, et nous vînmes, par un chemin fort rude, coucher à Vicence. Nous descendîmes « Au Soleil. » L'hôte est honnête homme contre l'ordinaire de ceux de cette ville remplie de coquins ainsi que de comtes sur lesquels à tout moment l'on marche. Il y en avoit naturellement dans Padoue, Vicence et Vérone quand Venise a pris ces villes sous sa domination. La République, par politique, en a fait encore un grand nombre pour contrecarrer les autres; ainsi dans ces villes, l'on voit beaucoup de noblesse crottée, que les nobles vénitiens regardent du haut de leur grandeur et sur laquelle ils exercent leur empire.

Le terrain de Vérone n'est pas trop bon; en approchant de Vicence on le trouve plus fertile. Nous dinâmes en chemin à un endroit où il n'y a que quatre maisons nommées *La Torre dei Confini*. Ce lieu est à 17 milles de Vérone et est, en effet, les limites du territoire de cette ville et du terrain de Vicence où nous couchâmes. Nous en repartîmes le lendemain et vînmes, par un très mauvais chemin, coucher à Padoue. Les pierres répandues çà et là et les bourbiers rendent cette route très mauvaise. Tout le terrain de la République de Venise est planté de mûriers blancs ou autres arbres tenus fort bas. Des vignes sont plantées à leur pied et se joignent en festons d'un arbre à l'autre. C'est, dit-on, un agréable point de vue en esté. Nous passâmes la Brenta sur un pont de pierre à environ deux milles de Vicence, et à trois de Padoue.

queur de Padoue et de Trévise, lieutenant des empereurs Henri VII et Louis IV, fut l'ami du Dante, auquel il donna asile.

1. V. sur le même sujet de Brosses, t. I, lettre XII.

PADOVE. — Nous vînmes loger chez nos bonnes gens de « La Reine d'Angleterre. » Notre hôte était un vieillard de cent-neuf ans, marchant tout seul et ayant tous ses sens. Comme il n'estoit que le 18, nous résolûmes de nous tranquilliser (sic) quelques jours.

Je les employai à aller visiter le jardin des Simples où l'on dit qu'il y en a de beaux. Comme je n'y entends rien, je me contentai de regarder la disposition du jardin qui me plût assez. Sa figure ronde ou un peu ovale est fort bien employée. Tous les compartimens où sont les plantes sont fermés d'une grille de fer à hauteur d'appui, ce qui fait un effet assez joli. Je fus aussi voir le jardin du signor Papafava. Il est gracieux et rempli de bosquets et de palissades agréablement taillés. Il y a entr'autres choses un labyrinthe de buis haut de dix pieds où il est impossible de ne pas se perdre. Il y a, au milieu, un cabinet qui est un endroit agréable pour y être avec une maîtresse aimée et qui auroit de la reconnaissance (Misson parle d'une inscription que je n'ai pu trouver et qui sûrement n'y est point).

Je fus passer l'après-midi dans l'église de *St-Antoine*. Je la vis à loisir, tourmenté seulement par les pauvres gens qui vous accablent. Je fus fort content des bas-reliefs de bronze et des figures c'est-à-dire des petites de même métal que l'on voit dans le chœur. J'en admirai aussi le beau chandelier. Il y a plusieurs autels de marbre de bon goût, entr'autre, un qui n'est pas loin de la porte, du côté droit en entrant. Je n'ai jamais pu connaître le saint auquel il est adressé [1]. Il y a, à côté, deux bonnes figures de marbre.

Le plus [beau] de cette église c'est la chapelle de St-Antoine que l'on appelle à Padoue, *il Patrono* [2]. Le dedans et le dehors, du côté de l'église, est tout revêtu de marbre. Il y a des ornemens en relief très beaux ! Les colonnes sont d'une pièce; les chapiteaux sont bien finis. Dans l'intervalle des colonnes, les miracles du saint sont représentés en assez

1. St Jacques, auj. St Félix.
2. Antoine de Padoue, né à Lisbonne en 1195, m. à Arcella en 1231.

grand relief, par Ant. Lombardi, Tullio Lombardi, Sansovino de Florence, et Girolamo Campagna[1]. Ces ouvrages sont très beaux. Au côté de l'autel qui est au milieu de la chapelle il y a d'assez grands chandeliers d'argent, soutenus par des groupes d'anges remplis de fleurs, qui sont très beaux. Le tout est de marbre. Ce jour-là le saint avoit une très bonne odeur ; apparemment que les moines avoient mis une nouvelle dose de parfum. Il y a dans cette chapelle un très grand nombre de lampes. Il n'y en a que trois qui, plus grosses que les autres, sont belles. J'ai remarqué qu'il n'y a que les ex-voto d'argent reçus dans la chapelle. Les autres qui ne sont qu'en peinture, sont par centaines dans une chapelle d'un autre saint qui couche dans l'antichambre de saint Antoine. C'est apparemment un secret des bons pères pour faire faire des vœux un peu plus lucratifs au couvent.

Le bâtiment qu'on a fait depuis peu derrière le chœur pour y mettre le *Trésor*, me charma ce jour-là encore. Il est du meilleur goût du monde et outre cela magnifique[2]. Quoyque chargé de statues de marbre, et quoyque le fonds de l'ouvrage et le gradin qui est un peu en saillie soient de marbre, le tout a l'air simple, et l'on ne sauroit se lasser de le regarder.

L'on voit écrit sur le palais du Podestat qu'il a esté bâti avec une diligence incroyable, sans limites de temps; au-dessous des armes d'un de ceux qui apparemment l'a fait bâtir : *Nemo bonis Amicitior, nemo malis inimicitior.*

Je vis dans la sacristie le Trésor de l'église. On y montre des reliques de toute espèce, des reliquaires d'argent ou de vermeil. L'on avoit montré d'une manière indifférente du lait de la Vierge, des épines de la couronne de N.-S., tout cela dis-je, comme par manière d'acquit; quand ce vint [le

1. Antonio Solari (vers 1462-1516), Tullio Solari (vers 1460-1532) fils de Pietro Solari dit *Lombardi. Sansovino* Jacopo (1486-1570), élève d'Andrea. Girolamo *Campagna* (vers 1550-1623).

2. Le sanctuaire ou *Trésor* fut construit en 1690 par Fil. Parodi.

douter] la langue de saint Antoine, le prêtre en surplis et en estole, descendit du gradin sur lequel il estoit monté, se mit à genoux. Tous les assistants du pays en firent autant et après une prière qui ne fut pas longue à la vérité, il tira un rideau sur lequel estoit écrit : *O lingua miracolosa,* qui laissa voir un reliquaire, plus grand et plus beau que tous les autres et à la place d'honneur, dans lequel est la langue de saint Antoine, bien mieux traitée que tout le reste[1].

Je sortis de la sacristie en riant de ces bouffonneries et je fus examiner les tombeaux de marbre, ornés de figures grandes comme nature, dont cette église est remplie. Il y en a beaucoup de très modernes, celui d'un nommé Contarini[2], ni des plus vieux ni des plus modernes, m'a paru le meilleur pour l'expression des figures qui l'accompagnent. Dans un autre des modernes d'un nommé Horatius Sicco, l'on apprend qu'au siège de Vienne il avoit esté blessé d'une flèche et qu'il estoit mort d'un coup de fusil. Tout cela est dit avec assez de verbiage. Au bas du tombeau, est une statue couchée, assez belle, qui est appuyée sur une espèce de bouclier, sur lequel est écrit :

Hac iter Elisium[3].

Dans un autre [tombeau] des plus simples et des plus vilains de l'église et qui n'a aucun ornement, on lit le nom du seigneur Ottonelli, et sur une pierre détachée, au-dessous de celle où les qualités sont écrites, on lit :

ARCA TEGIT CINERES, ANIMAM DEVS ADDIT O-LIMPO, FAMAM GERMANÆ SVSCIPIVNT AQVILÆ[4].

1. « Laissons ces pauvretés, et n'achevons pas; il est indigne de voir combien la misérable superstition souille la religion par ses momeries. » De Br. I, lett. XIII.

2. Alexandre *Contarini,* m. 1553, général de la Rép. de Venise.

3. « D'ici est la voie pour le Paradis. »

4. « L'arche couvre les cendres; Dieu a placé son âme au ciel; les aigles allemandes élèvent sa renommée. »

J'ai oublié de mettre sous l'article de Vicence, que les quatre rivières qui y passent se réunissent presque à leur sortie de la ville et forment la Brenta qui porte bateau. Aussi l'on peut aller par eau jusques à Venise, mais il y a cinquante-six milles par eau jusques à Padoue, et il n'y en a que dix-huit par terre.

Le 19, nous fûmes en bucentaure, grand bateau où l'on est fort à l'aise, et où il y a une chambre vitrée. Le tout est tiré par un cheval que l'on relaye. Ordinairement cette voiture ne coûte que trois philippes valant trente livres; il nous en coûta quarante à cause des festes. Nous mîmes des vivres dans notre bateau, et en musiquant nous vînmes par un beau temps [à Venise]. L'on s'embarque à la porte de Padoue, l'on suit la rivière pendant environ huit milles, quand on la quitte pour entrer dans un canal dans lequel on passe des écluses pour y entretenir toujours de l'eau. Les bords du canal et de la rivière sont bordés d'un grand nombre de maisons de campagne de Venise, bâties avec goût et qui amusent le voyageur. Les villages mêmes que l'on trouve sont beaux et bien bâtis. Il n'y a que vingt-cinq milles de Venise à Padoue, par terre; il y en a trente par eau, c'est-à-dire vingt-cinq, par le canal ou la rivière, jusques à Fusina, où l'on n'est plus tiré par un cheval. A ce petit village commencent les lagunes, ou cette espèce d'inondation de la mer qui environne la terre. A ce village, le patron du bucentaure est obligé de fournir un petit bateau avec quatre rameurs qui remorquent jusques à la ville.

VENISE. — Par les lettres que je reçus en arrivant j'appris avec une douleur infinie la mort du pauvre Saint-Didier[1]. Il estoit aimable et d'un bon commerce. Je le regrettai d'autant plus que j'estois persuadé d'avoir en lui un bon ami, chose bien rare à se trouver.

1. V. Mme DE CAYLUS. Op. cit. *Correspondance*, 1re partie.

La veille de Noël, par une permission du pape Alexandre III, l'on dit la messe à deux heures de nuit qui répondent à six heures de France. Il y a trois églises à Venise qui ont ce privilège : celle *de la Pietà*, celle de *Frari* ou des Cordeliers, et celle de *St-Marc*. Je fus à cette dernière qui est la chapelle du doge qui y vient en cérémonie, suvi d'un certain nombre de nobles en habit de damas couleur de feu avec une espèce de manche sur l'épaule gauche de velours de même couleur à raies. Cet habit est terminé par des fourrures de couleur rouge et est assez apparent. Le doge estoit habillé de velours de même couleur tout uni, bordé de galons d'or (29). Il est assis dans une chaise distinguée mais qui est au rang de celles où sont ordinairement les prêtres. A sa droite sont les ambassadeurs des cours étrangères assis selon leur rang. Il n'y avoit ce jour là que le nonce du Pape : il estoit le seul envoyé qui fut alors auprès de la République. Les nobles sont assis dans des bancs larges, dans ce lieu, à droite et à gauche. La messe est célébrée par le premier chanoine de cette église, nommé le *Primicerio*. C'est toujours un noble qui occupe ce poste. C'estoit alors un jeune homme de 23 ans de la maison des Cornaro. Le doge portait aussi ce nom[1]. Le poste de Primicerio est assez agréable parce que, ordinairement, le pape fait cardinaux ceux qui le remplissent. Outre cela, il officie crossé, mitré, mais il n'a pas dans son église et dans son chapitre l'autorité d'évêque. La messe qui se célèbre n'a d'autre beauté, selon moi, que son heure extraordinaire, que l'illumination de l'église et qu'une musique à quatre chœurs qui, cette année, fut très belle. Les premiers acteurs des Opéras y chantent chacun un motet[2].

1. *Cornaro*, famille patricienne de Venise, a donné trois doges à la République : Marc Cornaro, 1365; Jean Cornaro, 1625; *Jean II* Cornaro, 1709. Ce dernier fit la guerre aux Turcs et signa le traité de Passarowitz qui fixait les limites des Etats de Venise et de ceux des Turcs. Un personnage célèbre de cette famille, est Caterina Cornaro (1454-1510), reine de Chypre et de Jérusalem par son mariage avec Jacques de Lusignan III.

2. Sur la musique à Venise voir : A.-A. Pons « J.-J. Rousseau et le Théâtre » Jullien, Genève, 1909. ch. V. Burney « Musical Tour, or pré-

Le doge mange quatre fois l'an avec quarante nobles; savoir le jour de Saint-Marc, celui de l'Ascension où il épouse la mer, celui de Saint-Pierre et Paul, et le lendemain de Noël. On ne le voit point manger, mais toute la matinée tout le monde va voir les tables. On est déjà masqué car, dès le jour de Saint-Etienne, cette folie commence et le premier Opéra se représente. J'avois toujours entendu parler de ces repas de la République, mais sept ou huit tables sur lesquelles l'on voit plusieurs sujets de la fable qui, bien que mal représentés en sacré[1], me paroissent estre peu de chose pour en faire autant de bruit. L'on entre dans une partie de l'appartement du doge : le premier étage n'a rien de merveilleux, il est sombre, mal disposé et très médiocrement meublé. Dans le second étage où l'on m'a dit que logeoit le doge il n'y a que [dix] salles qui sont assez belles, entr'autre une ornée de tableaux où l'on en voit deux de Paul Véronèse[2].

Ce fut là que je vis passer le doge qui, suivi des nobles qui devoient dîner avec lui, s'en alloit en station à *S.-Stefano*. Il y avoit trois grands bateaux dorés, faits en espèce de bucentaure, exprès pour le porter [lui] et sa suite. Sa première robe m'a paru de couleur de café avec un manteau fort ample également de tous côtés, de brocard d'or, et sur les épaules une espèce d'émaus d'hermine tachetée de noir. Je vis aisément cette espèce de bonnet, *le corno*, qui lui touche en pointe plus bas que les oreilles et qu'il porte entre sa perruque et son bonnet de même couleur que le reste de l'ajustement, et bordé d'un galon d'or. Un noble porte derrière lui une grande épée dans son fourreau orné d'argent jusques au bout. J'en saurai l'usage. On la porte toute droite.

sent state of music in France and Italy. » London, 1772, VERNON LEE « Il Settecento in Italia. » Milan, 1882.

1. « La table est extrêmement garnie de hors-d'œuvre et de machines faites d'amidon; on les appelle ici des *Triomphes*. » POLLNITZ, t. II, p. 94.

2. « La gloire de Venise » et les tableautins illustrant l'histoire de la République dans la « Sala del maggior Consiglio. »

Dans une petite chapelle particulière du palais, assez vilaine, il y a quelques très beaux tableaux, entr'autre un du Titien[1].

L'Eglise de *St-Marc* est assez grande, large pour sa longueur et fort sombre. Elle est bâtie à la grecque. L'on a peine à lire en plein jour au maître-autel d'autant mieux qu'il est fort bas, de marbre, soutenu de quatre colonnes de même espèce sur lesquelles toute l'histoire de la Bible est représentée, mais mal. Il y a dans cette église beaucoup de statues de marbre mais mauvaises et gothiques. Ce n'est point en tout cela que consiste la magnificence de ce lieu qui est revêtu, jusques à la hauteur du premier cordon, de marbre jusques dans les coins les plus cachés. Toutes les voûtes sont absolument ornées et remplies de mosaïque qui est très bien conservée. Les Pères de l'Eglise et beaucoup de nos saints y sont représentés. Comme cet ouvrage est de verre et de pièces rapportées, il conservera éternellement son éclat et sa beauté. C'est dommage que le dessin soit si mauvais! Le pavé est de pièces rapportées aussi, mais de jaspe, de porphyre ou de marbres fins, mais il manque en plusieurs endroits. Il est encore étonnant qu'il en subsiste un morceau puisqu'il y a plus de neuf cents ans que cette église est bâtie[2]. L'on montre dans le même pavé une grande pièce de marbre blanc que l'on appelle la mer parce qu'effectivement il y a naturellement une espèce d'onde représentée dessus. Cela se voit vis-à-vis le chœur. Sous la grande porte l'on montre aussi un morceau de porphyre qui est dans le pavé, mis, à ce que l'on dit, en mémoire de ce que le pape Alexandre III mit, en cet endroit, le pied sur la gorge de Frédéric Barberousse.

Auprès des fonts baptismaux il y a une chapelle dédiée à la *Madonna della Scarpa*. [La chapelle a] un autel, la Vierge, un saint Jean, un saint Pierre, des colonnes de bronze

1. « Traité de Bologne (1529) » entre Clément VII et Charles V.
2. L'Eglise fut commencée en 830 pour y conserver les reliques de *saint Marc*, patron de Venise, apportées d'Alexandrie en 829.

et un tombeau du cardinal Zenone. Elle a une extraordinaire relique. C'est un morceau de marbre, qui paroit avoir esté blanc, dans lequel l'on voit quatre petits trous, assez grands pour passer une plume et distans l'un de l'autre d'un travers de doigt. Une inscription assez mauvaise apprend que c'est par ces trous que Moïse abreuva les Juifs dans le désert. C'est un double miracle que celui d'avoir pu par quatre aussi petits trous, fournir de l'eau pour tout un peuple (30). *Ah! si vous me voulez tromper, trompez-moi mieux que vous ne faites.* Un ange, une petite crèche, sont, dit-on, fabriqués de cette même relique ainsi que la Madone qui a donné le nom à la chapelle, contre laquelle on voit les trous si bien inventés.

Le *portail* de St-Marc est assez plat et est orné de colonnes de marbre [blanc] ou autres espèces de différentes couleurs avec tous des chapiteaux différens, non par l'irrégularité, mais par l'ignorance du temps où l'on a bâti cette église. La mosaïque est employée jusque dans le dehors, orné de plusieurs statues et d'ornemens en relief, du même goût que le reste. Le tout ensemble, cependant, fait un portail singulier et beau surtout avec la magnifique antiquité dont il est orné, c'est-à-dire par quatre chevaux de bronze, de grandeur naturelle, apportés de Constantinople lorsque l'an 1192 les Vénitiens s'en rendirent maîtres. Ils y avoient esté portés, à ce que l'on dit, par Constantin le Grand et avoient esté faits pour un arc de triomphe élevé à l'honneur de Néron[1]. Ils sont beaux; il ne leur manque rien et sont comme s'ils sortaient de la fonte. Je ne sais s'ils n'ont point esté redorés depuis le temps, mais ils le sont encore presque partout : quoyqu'il en soit, c'est un beau monument. Ils sont si bien fondus qu'ils ont chacun deux pieds en l'air.

Contre l'angle gauche de cette église, il y a un morceau de colonne de porphyre qu'on nomme *pietra del bando*,

1. C'est le seul quadrige antique qui nous soit conservé. Le doge Dandolo le transporta à Venise en 1204, Bonaparte à Paris en 1797, d'où l'empereur d'Autriche le ramena en 1815.

où se font les proscriptions[1]. Vis-à-vis la porte de la chapelle de la Madonna della Scarpa, l'on voit deux piliers de marbre, absolument hors d'œuvre, que le peuple dit estre le gibet des doges. Il y en a plusieurs de décollés, de pendus ou assommés aux environs de cet endroit. Ces deux colonnes sont de marbre blanc. Je ne sais d'où elles ont été apportées[2], mais en quelque lieu où elles aient esté faites, on travaillait mal. Elles sont carrées, unies jusqu'aux environs de la moitié. Sur une des faces il y a une croix en relief que je crois, cependant, faite après coup. Le reste est sans dessin ni symétrie, orné de fleurs ou d'assez vilaines choses jusques à ce qui se dit le chapiteau, qui tient à la colonne et qui n'a ni air ni façon.

Le Palais du Doge tient à St Marc. La cour en est carrée du côté de l'église. Il n'y a point de bâtiment du côté de la place et de la mer. L'édifice est à la grecque et à la gothique. Le premier étage et le rez-de-chaussée sont en portique et en galerie, le reste s'élève tout d'un coup et n'est plus qu'un mur de briques de diverses couleurs terminé par une espèce de créneaux. L'autre côté qui est au fond de la cour est orné de bas-reliefs ou ornemens d'une architecture moderne, et peut passer pour beau. L'on fait par en dedans de la cour, le tour du Palais au rez-de-chaussée et au premier étage. Tout le monde y entre. C'est là que les matelots et les polissons se donnent rendez-vous pour tenir leurs assises. L'on y fait toutes les ordures imaginables, et le peuple n'a pas plus de respect pour la maison, que les nobles pour le maître. Dans le Palais il y a différens endroits pour les affaires de justice. L'on y voit plusieurs muffles dans lesquels on peut hardiment jeter des papiers qui instruisent ou des affaires d'Estat ou de l'Inquisition : l'on garde le secret et cet usage n'est point mau-

1. C'est du haut de ce bloc de porphyre que la Rép. faisait proclamer ses édits.

2. Elles proviennent de l'église St-Sabas, de St-Jean-d'Acre, détruite par les Vénitiens ; elles ont été apportées à Venise en 1256.

vais. Il y a de pareilles « denunzie » secrètes dans toutes les villes de la domination de Venise. Je ne trouve point mal non plus que les officiers prévaricateurs de la justice ou criminels d'Estat, soient *in aeternum* notés d'infamie par des inscriptions qui apprennent leur nom, leur crime et leur punition.

Le grand degré par lequel l'on monte au Palais est de marbre : deux figures plus grandes que nature le terminent[1], elles ne sont point laides. De la place à ce degré. l'on est conduit par un bâtiment sous les portiques duquel on passe. Ce bâtiment est moderne et joint celui à la grecque du côté de l'église. Il est orné de statues du côté du degré. Il y en a deux d'Adam et d'Eve, du Sansovin[2], qui m'ont paru belles. Du côté qui fait face à la cour sont plusieurs statues parmi lesquelles il y en a cinq que j'ai remarquées antiques; elles ont esté même mal raccommodées dans les choses où elles avoient esté gâtées. Je n'ai pu lire une inscription qui est sur le bâtiment particulier. Il y a dans la cour deux puits ou citernes, dont les bords relevés sont de bronze d'une pièce, chargés d'ornemens.

De l'église de St-Marc pour aller à la mer, il y a deux cent cinquante pas. Le Palais du Doge est d'un côté, de l'autre la fin des *Procuraties*, desquelles jusques au palais il y a 80 pas.

Cet espace est nommé le *Broglio*, lieu destiné pour la promenade des nobles, tantôt d'un côté tantôt de l'autre, selon le chaud ou le froid. Tout ce qui n'est pas noble vénitien, soit de la ville ou étranger, ne peut s'arrêter du côté où ils se tiennent.

C'est le Broglio[3] que l'on voit pris partout pour le point de vue de Venise où sont les deux colonnes de granit, apportées, dit-on, d'Egypte. Elles sont d'inégale grosseur;

1 Statues colossales de Mars et de Neptune, qui donnent le nom d'*Escalier des Géants* à ce superbe perron.

2 Ces statues ne sont pas de Sansovino; Antonio Rizzo les fit en 1464.

3. Auj. « Piazzetta di S. Marco. »

sur la plus grosse qui est du côté du Palais est le lion de saint Marc de bronze ; sur la plus haute et la plus menue, du côté des Procuraties, est un saint Georges de marbre blanc dont le dragon est fait en crocodile[1]. Le saint regarde la place et non la mer, comme il est dessiné partout.

(31) Cette promenade est si fort en usage chez Messieurs les nobles, que quand un jeune homme prend la robe et qu'il entre au Conseil, on l'installe au Broglio, et quand il est banni de l'un, il est aussi chassé de l'autre. Cette place du Broglio, quoyque belle par le point de vue de la mer et des bateaux vus dans un éloignement qui les embellit, est, dis-je, gâtée par l'architecture bizarre et plate de cette face du Palais que le coup d'œil des *Procuraties* n'embellit pas. C'est un des bâtimens réguliers, [plus] agréables que j'ai vus, d'une architecture agréablement exécutée, ni trop, ni trop peu chargée d'ornemens et de figures en bas-relief dans les intervalles des ceintres aux colonnes. Sur le haut de ce monument [du côté] qui forme la place du Broglio, règne une balustrade sur laquelle l'on a posé, de distance en distance, des statues de marbre blanc, gracieuses et d'un bel effet[2]. Le Broglio est, comme je l'ai dit, à la gauche de l'église de St-Marc, en face de laquelle est ce que l'on appelle *la place de St-Marc*, longue de deux cent quatre-vingts pas. A gauche, les nouvelles Procuraties[3] tournent [autour] du Broglio, d'un ordre plus élevé mais toujours bâties dans le même goût, vont, en refaisant un nouvel angle, rejoindre l'église de St-Géminien[4] qui termine la place et qui se trouve au milieu des nouvelles et des vieilles Procuraties, lesquelles repartent de cette même église, et formant un angle, vont jusques auprès de *St-Marc* composant la *place*.

1. Ce n'est pas un saint Georges, mais un saint Théodore, l'ancien patron de Venise, sur un crocodile.

2. *Procuratie Vecchie*, construites de 1480 à 1517 par P. Lombardi et G. Bergamasco.

3. *Procuratie Nuove*, commencées en 1584 par V. Scamozzi.

4. Bâtie par Jac. Sansovino.

Ce côté droit n'est pas bâti dans le même goût que l'autre; il est aussi plus ancien. Tous les estages ont des fenestres en portique fort près les unes des autres. Le tout forme une très belle place qui est large de [110] pas devant St-Marc et de [80] devant St-Géminien, car elle n'est pas un parallélogramme régulier. Cette dernière église n'est proprement qu'une petite chapelle où je n'ai rien vu de singulier; son portail est simple, la place en demanderait un autre.

L'on fait le tour de ces places[1] et l'on va toujours à couvert sous des portiques. Les vieilles Procuraties logent différens particuliers; les nouvelles servent à loger les procurateurs de St-Marc, renferment la Bibliothèque, etc. Cette place est un peu gâtée, du moins sa symétrie, par *la Tour de St-Marc* qui est au loin des deux places mais dans l'alignement de celle du Broglio. Cette tour est la plus élevée de Venise; l'on dit qu'elle est haute de trois cent seize pieds, y compris un angle qui sert de girouette. Autrefois la flèche et le haut doré s'apercevaient de loin en mer, mais à présent cette magnificence ne subsiste plus[2]. Au pied de cette tour, il y a un petit bâtiment, élevé peut-être de vingt pieds, dont la façade est ornée de bas-reliefs de marbre et de bronze assez beaux; [il est] nommé la *Loggetta*. Pendant que le Conseil se tient, il y a dedans des procurateurs ou nobles qui font semblant de travailler, mais qui sont là pour faire sentinelle en cas de quelque émeute.

Devant la façade de St-Marc, sur trois piédestaux de bronze qui ne sont pas laids, s'élèvent trois mâts plus hauts que l'église auxquels on élève des banderoles les jours de fête, en mémoire des trois royaumes de Chypre, Candie et Négrepont.

St-Roch est une confrérie des marchans pour laquelle ils ont bâti un lieu pour s'assembler et implorer la miséri-

1. Place du Broglio et Place St-Marc.

2. *Le campanile*, dont la partie supérieure subit plusieurs avaries. Tout le clocher s'écroula en 1902, écrasant la Loggetta dans sa chute. Il a été superbement reconstruit de 1905 à 1912.

corde de Dieu pendant une peste[1]. Ce lieu est carré et n'a point la figure d'une église mais celle d'une maison. Les façades sont très belles surtout celle qui est du côté de la [place St-Roch où est] l'église qui porte le même nom. L'architecture est du Sansovin, le tout est de l'ordre corinthien bâti de pierre dure et orné de compartimens de porphyre. L'on monte de la première à la seconde [salle] par un très beau degré. L'une et l'autre sont pleines de grands tableaux du Tintoret dont il y en a quelques-uns de beaux et d'autres furieusement troussés comme ce peintre a fait souvent[2]. Il y a dans celle d'en haut des lambris de bois sculptés par un nommé Antonio Planta. Cet ouvrage mérite d'estre vu. Il y a aussi dans cette espèce de maison un très beau cabinet.

Les *Frari*, moines de l'ordre de St-François, ont un portail et une église grande, plate et gothique. Je n'y ai vu qui méritât curiosité qu'un saint Jérome de marbre d'un nommé Alex. Vittoria[3]. La chapelle de la Madone est de marbre, assez belle : l'on y voit un tableau d'un nommé Rossi[4] qui ne me déplait pas et le tombeau du doge Pesaro[5] qui est de marbre fort grand puisqu'il tient toute la voûte de l'église. C'est une belle pièce. Les moines de ce couvent ont deux grands cloîtres. J'y fus causer avec un nommé Coronedi qui a esté général de son ordre, à qui il est arrivé plusieurs aventures et qui est dans le fond peu de chose.

Devant la place St-Marc, en face du côté de la mer, il y a deux isles, la séparation desquelles fait un très beau point de vue à cette même place. L'isle qui est à gauche en

1. *La Scuola di S. Rocco*, construite de 1524 à 1560 par *S. Lombardi*, a une façade magnifique, un bel escalier et des peintures fort intéressantes du Tintoret.

2. Jugement très juste; la plupart de ces peintures sont exécutées hâtivement par le Tintoret, mais elles sont intéressantes par leur importance historique car le peintre y interprète l'histoire sainte d'une façon toute naturaliste.

3. Alex. Vittoria, art. et sculpt. vénitien (1525-1608).

4. Dom. Rossi, art. vén. m. 1742.

5. Jean Pesaro, doge en 1658.

venant de la ville est la plus petite[1] et appartient tout entière à des moines de St-Benoît, qui y sont superbement logés. Ils ont de grands bâtimens, deux cloîtres, l'un du Sansovin, l'autre du Palladio, celui du dernier est le plus beau[2] (32). Ils ont depuis peu fait faire un degré qui est aussi fort beau, mais embelli par une très belle vue et très peu orné par de vilaines figures de marbre[3]. La Bibliothèque est un joli vaisseau assez grand, boisée avec goût, fort propre et qui m'a paru remplie de choses fort rares. Le réfectoire n'a rien de merveilleux pour la structure mais il renferme un trésor qui est un tableau prodigieusement grand de Paul Véronèse. Il représente « les noces de Cana » et c'est un beau morceau. Je le trouve plus beau, quoyque j'en aie dit, que celui de Vérone[4] qui m'avoit tant frappé.

Ce qu'il y a de plus beau dans cette maison c'est qu'il y a un grand et beau jardin ; une petite allée en terrasse règne, en partie, autour, la mer en bat le pied, d'un côté la vue de la ville de Venise, de l'autre tous les vaisseaux, les barques, enfin, c'est une vue enchantée !

L'église se nomme *St-Georges Majeur*. C'est celle où le doge vient le jour de Noël. Elle est au-dessus de la magnificence de la maison, elle est du Palladio. Son portail est simple et beau, toute l'église est dans le même goût ; de grands et beaux piliers simples, dans le goût de Sainte-Justine de Padoue. Elle n'est pas si grande, elle est pavée de marbre, les autels sont simples, point chargés de colifichets ; de bonnes colonnes de marbre bien proportionnées selon leur ordre, en font les ornemens. Le grand autel est d'une simplicité charmante. Sur quatre belles figures de bronze représentant les Evangélistes, est une grosse boule de bronze doré sur laquelle est un Christ de même métal. Ces figures ne sont pas tout à fait si grandes

1. S. *Giorgio Maggiore.*
2. S. *Giorgio Maggiore* (1565).
3. Ce magnifique escalier, de B. Longhena, fut commencé en 1644.
4. v. *Vérone.* Le tableau auquel C. fait allusion est le martyre de saint Georges.

qu'en nature. A droite et à gauche de cet autel, sont deux beaux tableaux du Tintoret[1]. Ce maître-autel est au milieu de ce qu'on appelle, je crois, le sanctuaire; de grands piliers soutiennent la voûte derrière et laissent voir le même autel au chœur où l'on voit des formes belles mais plutôt dans l'ensemble qu'en détail. Elles sont chargées de sculptures assez bonnes. Dans le haut sont des niches de saints qui ne sont encore que de pierre et qu'apparemment l'on fera de marbre. — L'on fait remarquer sur le marbre d'un autel, à droite du chœur, un crucifix et une tête de chien au naturel, dans la pierre, pas trop mal marqués. Aux deux coins des formes du chœur, il y a deux boules de pierre de touche plus grosses que celles avec lesquelles on joue. — La sacristie n'a rien d'extraordinaire, il y a seulement une assez bonne Présentation. Dans une chapelle[2] qui n'a point de communication avec l'église, et où sont les tombeaux des abbés, il y a trois beaux tableaux, un du Tintoret[3], un du Palma.

C'est une maison belle et riche. Ce que j'aime c'est qu'il n'y a aucun vilain ex-voto ni toutes ces vilainies que l'on souffre ordinairement dans les maisons consacrées à Dieu. Celle-ci est fort claire; le jour n'y entre que pour voir de belles choses. Ce que j'en aime encore, c'est la propreté qui règne dans toute cette maison.

L'autre isle que j'ai dit estre vue de la place, est à droite, et fort longue, grande et fort peuplée. C'est un des quartiers de la ville où il y a le plus de jardins, du moins qui méritent ce nom. Ce quartier se nomme *Giudecca*. Le quai qui règne d'un bout à l'autre [de l'isle], est encore une aimable promenade. — Le petit couvent des religieuses de St-Côme que l'on trouve dans la Giudecca, est moderne pour toutes les peintures; il y en a peu même de bonnes, mais le tout réjouit la vue. — Nous entrâmes dans le jardin de M. Nani, fort curieux en simples. Le terrain dans lequel il les cultive

1. A dr., la *Cène*; à g., la *Manne tombant du ciel*.
2. « Cappella dei Marti. »
3. « La mise au tombeau. »

n'est pas laid. Nous y vîmes un aloès qui cette année avoit porté sa fleur, et qui estoit en graine. Cette nouvelle a, dit-on, fait grand bruit dans l'Europe, parmi les curieux, d'autant mieux que cela n'arrive à cette plante que tous les cent ans. La maison de ce Nani m'a paru grande et belle. L'on dit qu'il a un cabinet où il y a quelques bons tableaux[1].

Dans ce même quartier l'on trouve une église, nommée *le Rédempteur* du Palladio qui n'a rien cependant de merveilleux mais qui m'a paru superbe et m'a plus frappé que ne fera St-Pierre de Rome, lorsque je l'ai trouvé habitée par des Capucins. Ils ont un autel fort grand, fort élevé, orné de figures de bronze, enfin une église de pierre belle qui sert fort bien. Leur porte même est couverte de bronze ; mais on ne peut les métamorphoser ! Dans un vaisseau beau qui ne demande aucun ornement, leurs autels sont pleins de colifichets. Il y a des niches ; comme ils n'ont point de statues à y mettre, ils ont fait peindre des grisailles par un malheureux frère. Ils ont mis dans le lieu le plus élevé des Pères de l'Eglise, et dans les niches les plus voyantes, toutes les Sibylles, peintes avec tous leurs attributs, comme elles pourroient l'estre dans les temples païens. Je ne puis comprendre quel tour on peut donner à cette profanation. — La façade quoyque du même auteur est fort au-dessous du dedans de l'église qui est très beau. Dans leur sacristie l'on voit deux ou trois tableaux assez bons et un crucifix vilain mais que l'on regarde par goût et d'une pièce. La toile d'une petite Vierge qui est dans leur maison m'a paru très bien. Je n'ai pu en connaître l'auteur ainsi que de celles de la sacristie[2]. Il est étonnant que le capucin l'ait ignoré. Il y en a une dans l'église de François Bassan[3], mais qui ne me plaît pas. —

1. Nani possède une bibliothèque où l'on peut avoir « entrée. » Misson, op. cit., t. I, page 257.
2. « La Flagellation et l'Ascension » du Tintoret.
3. « François *Bassan*, fils de Jacques » (1549-1592).

St-Sébastien est une petite église habitée par des moines noirs. Le temple ni la maison n'ont rien de recommandable que d'estre remplis des ouvrages de Paul Véronèse[1]. Les orgues, les tableaux qui ornent le maître-autel, le plafond sur toile, les fresques et le réfectoire, montrent de tout côté la beauté du pinceau de ce grand peintre. Il est enterré dans cette église. Son buste est contre le mur avec ces paroles (33) :

Paulo Calario veronen, pictori naturæ aemulo, artis miraculo, superstite fatis fama victuro[2]. Ce peintre passa les dernières années de sa vie dans ce petit monastère. Il avoit fait le portrait d'un noble vénitien qui se plaignit de ce qu'il ne lui ressemblait point. Paul lui dit de le lui renvoyer pour le raccommoder. L'autre le fit, et pour se venger de ce qu'il avoit méprisé son ouvrage, Paul y peignit des cornes sur la tête, lui mandant qu'il n'y manquoit plus rien. Le noble fut si irrité qu'il voulut absolument le faire assassiner. Pour éviter sa colère, il se retira dans ce couvent où il vécut quelques années[3] en travaillant pour cette église où il y a une chapelle assez jolie.

La paroisse de *St-Gervais* est assez grande, claire, bien disposée. Le dedans m'en plait assez, pour le dehors il n'a rien de remarquable. L'on y voit deux très grands tableaux modernes que j'estime assez.

Les frères de sainte Geneviève ont sur le grand Canal une vieille église nommée *La Carita*[4]. L'on dit que c'est une des anciennes de Venise ; elle est petite et très gothique. Il y a une chapelle lambrissée, pavée de marbre et de pierres

1. « On pourrait appeler Saint-Sébastien l'école de P. Véronèse. On y voit la gradation de son génie, de ses divers ouvrages et de toutes ses manières » (De Br., lettre XVII, p. 209).

2. A Paul Caliari Véronèse, peintre émule de la nature, miracle d'art. qui par sa renommée survivra à la mort.

3. *Paolo Caliari dit Veronèse*, 1528-1588.

4. Aujourd'hui, sur l'emplacement de cette ancienne église fondée en 1360, s'élève l'*Académie des Beaux-Arts*, dont la galerie, fondée en 1798, renferme une vraie profusion de chefs-d'œuvre (Les primitifs. Les maîtres italiens. Les flamands. La salle du Véronèse, la salle du Titien, la salle du Tiepolo, la salle Carpaccio, etc.).

précieuses très belles, les morceaux en sont grands. La mosaïque de la voûte manque en quelques endroits de ce réduit; ce que j'en ai vu est du même goût à peu de chose près que les ouvrages de notre temps. On montre dans la sacristie un vase de porphyre beau quoyque le pied en soit cassé, et un plat fort pesant d'or et d'un métal inconnu. L'on dit vulgairement que l'une et l'autre de ces pièces ont servi aux noces de Cana. Je parlai à un prêtre, un homme d'esprit, qui ne me fit pas ce conte et qui me dit naturellement qu'il n'y avoit pas d'apparence à le croire et qu'il y en avoit plus à regarder le plat comme une antiquité romaine comme je le lui disois. D'autant plus que les quatre petits pieds sont percés, ce qui me faisoit croire que cela pouvoit avoir servi pour les sacrifices, pour voir les entrailles, etc., d'autant plus que pour un plat il est trop lourd.

Ce même prêtre me montra un morceau d'architecture, qui fait partie de leur maison, du Palladio[1], qui est très beau. Il y a dans la sacristie un assez beau tableau et deux belles colonnes de marbre fin, qui, comme il se voit par d'anciens papiers, ne leur ont coûté les deux, il y a plus de 300 ans, que quarante ducats. Cela prouve combien l'argent s'est multiplié en Europe, car, à présent, elles coûteroient quinze fois plus.

C'est dans cette maison qu'Alexandre III se réfugia pour éviter Frédéric Barberousse. On voit une partie de cette histoire dans un mauvais tableau qui est dans cette église.

Le couvent des religieuses de Ste-Claire, nommé *Ste-Marie Majeure*, est une vilaine église ancienne et sans aucune beauté pour les bâtimens, mais en récompense elle est pleine de beaux tableaux du Titien et du Bassan. Il y en a d'autres, de peintres modernes, qui ne sont pas mauvais. Les bonnes religieuses, aimant mieux l'argent que les peintures, avoient consenti à en vendre quelques-unes, mais le

1. Loggia Palladiana.

doge, en ayant esté averti, a depuis peu fait faire un inven taire de celles qu'elles ont.

St-Gaétan, autrement les *Théatins*, est une église bell et grande. Je la crois du Palladio. Elle est ornée en dedan de trop de colifichets. La façade en est belle; c'est u portail de pierre soutenu par de belles colonnes, le hau n'en est pas encore fini. Il y a dedans quelques peintures plusieurs sont modernes, quelques-unes mauvaises. Il y e a du vieux Palma[1], et un saint Jérôme d'un Anglois nomm Lith[2] qui est très bon. L'on m'a dit que cet homme estoi contemporain du Titien. Toutes les chapelles de cett église sont de marbre. Le maître-autel l'est aussi; contr l'autel on voit un tombeau de marbre d'un nommé Morosin patriarche de Venise, qui mérite d'estre vu. Il est de l main d'un sculpteur de Gênes. Il est très moderne, mai n'en est pas moins beau : entre plusieurs figures qui ornen ce tombeau, celle du Temps est magnifique.

Corpus domini est une petite église de religieuses, san portail ni ornemens. Elle n'a rien de rare, elle est pleine d tableaux modernes. Il y en quelques-uns de bons.

S.-Lucia, couvent de filles. Il y a un autel de la Vierge e marbre assez joli.

Pas loin de cette dernière l'on trouve *Ste-Thérèse* habitée par des Carmelitani, espèce de Carmes vêtus d blanc, et si habiles dans la conduite de leurs affaires et dan le talent de se faire donner, qu'ils ont mérité le nom de « Jésuites blancs. » C'est en deux mots faire l'éloge d leurs talents dont la structure de leur église est une grand preuve. La façade en est fort élevée et grande, toute d marbre blanc orné de figures. Je la trouve riche mais san goût et remplie de défauts.

Toutes les chapelles, hors une, sont de marbre, belle pour l'argent qu'elles ont coûté, mais il a esté mal em

1. *Palma il vecchio*, peintre vén. (vers 1480-1528).
2. Ascendant de l'abbé *Lith*, écossais de nation, qui fut bibliothécair de Saint-Marc avant Zanetti. V. Misson, t III, p. 210.

ployé, car elles manquent de goût. La plus simple est très belle, c'est celle de St-Jean-Baptiste. Toute cette église a esté faite par des nobles à l'envi les uns des autres. Il y en a même un qui voulant enchérir sur les autres, a fait apporter de quoi faire un maître-autel à la place d'un qu'ils ont qui est petit mais joli. Il n'a pu s'accommoder avec les moines pour ses armes, et les vrais Jésuites qui n'y regardent pas de si près et qui ne se piquent que du point d'honneur, ont accepté le rebut des autres. Ce couvent n'a rien de merveilleux qu'un grand jardin pour vérité (34).

La paroisse de *S.-Marciliano* n'a nul dehors. C'est une petite église, mais jolie et fort claire. Les autels sont tous de marbre. Le premier est très beau, d'un goût particulier[1]. Les tableaux de ce lieu sont tous modernes. Des cinq couvents que MM. les Dominicains ont dans Venise celui de *SS.-Jean et Paul* est le plus beau. Leur maison n'a rien de beau ni trois cloîtres qu'il ont, mais un dortoir de cent soixante-dix de mes pas est assez beau. Dans le dortoir l'on trouve la Bibliothèque, petit vaisseau, où il y a de bonnes sculptures en bois. Un moine me la montra. Il parloit françois mais ne savait pas ce que c'estoit un manuscrit. Aussi je ne pus tirer aucune lumière de ce savant personnage. J'ai trouvé une bonne invention dans ce lieu; la séparation de la grande à la petite croisée dans laquelle sont les livres. L'on tire une table sur laquelle on peut lire et écrire et de chaque piédestal des statues il sort une chaise. Le tout se remet quand on s'en est servi et l'on ne s'en aperçoit point. Il y a deux réfectoires dans cette maison (chose très édifiante la cuisine est au milieu) tous deux très grands et trop même pour environ quatre-vingt-dix pères. Le nouveau est plein de tableaux modernes qui ne sont pas beaux. Dans le vieux il y en a d'infâmes modernes et deux de Paolo Véronèse magnifiques, surtout celui qui représente un repas, je crois, de saint Grégoire où

1. Au 1er autel : *Le Titien* « Tobie et l'ange. »

est Notre-Seigneur[1]. Il est en trois pièces qui ont ensemble plus de trente pieds de large, mais celui-là, encore plus que l'autel, a souffert dans l'embrasement de ce réfectoire non par le feu mais par la précipitation avec laquelle on l'a voulu sauver. Dans le chapitre il y a l'histoire des patrons de la maison, qui est assez bien peinte. Dans l'antichambre de ce lieu il y a des peintures modernes qui ne sont pas mauvaises.

L'Eglise[2], une des plus grandes de Venise, est bâtie à l'ancienne mode, mais claire, bien disposée et bien exhaussée. Le maître-autel de marbre n'a rien de merveilleux, les anges et les figures qui sont dessus sont mauvaises. Le martyre de saint Pierre par Titien est le plus beau morceau de l'église, et quelques-uns croyent de ce peintre[3]. Il y a une chapelle grande et ornée de marbre qui a de la beauté; on en fait une nouvelle qui ne sera pas moins belle. La chapelle de la Vierge[4] est fort en vogue, l'on en peut juger par sa richesse. Il y a vingt-cinq lampes d'argent et deux anges d'assez grande taille, du même métal. La Vierge est de marbre, au milieu d'une espèce de colonnade, un saint et une sainte de même espèce et qui sont le plus beau de tout l'ouvrage. Il y a dans cette chapelle plusieurs assez bons tableaux, mais rien d'extraordinaire ni de rare.

Un noble a donné en mourant cinquante mille ducats pour finir le portail de cette église, mais les bons pères l'employent à autre chose qui apparemment leur plait davantage. Cependant cette façade[5] est un peu commencée et le ceintre de la porte est un gros cordon de feuillage, dit-on, d'une seule pièce, ce qui [en effet] m'a paru. De ce

1. Il s'agit du repas chez le Lévite.

2. La plus célèbre de Venise après St-Marc, a été construite, dans le style gothique, de 1333 à 1390.

3. Ce célèbre tableau, peint en 1530, fut brûlé lors de l'incendie de la chapelle du Rosaire (1867); il a été remplacé par une copie.

4. Chapelle du Rosaire fondée en 1571 en souvenir de la victoire de Lépante.

5. La façade est inachevée.

lieu à la rive, il y a une petite place sur laquelle est un piédestal de marbre assez élevé qui porte une statue équestre de bronze assez vilaine d'un général Colleoni[1] qui l'estoit de terre et de mer des Vénitiens. Dans la même église de SS.-Jean et Paul, il y a plusieurs tombeaux sur lesquels l'on voit plusieurs officiers à cheval en relief. Il y a pour le moins sept ou huit de ces animaux, de façon que l'on peut appeler cette église une petite écurie. Il y en a même qui ne sont pas si bien fournies.

Cependant il y a deux mausolées de doges assez beaux, l'un, dans le chœur, de Lorédan[2], c'est le plus ancien et le moins beau. Il est de marbre comme celui de Valiero qui est au milieu de l'église et s'élève jusqu'à la voûte. Des bas côtés le père et le fils, tous deux doges, sont debout, dans leurs habits avec une de leur parente[3]. Il peut y avoir, sans les anges d'en haut, en tout huit grandes figures comme nature, le tout de marbre, les grands bas-reliefs dans la base des colonnes de marbre noir sont le plus beau de l'ouvrage qui est en tout un beau tombeau. L'obscurité ne m'a pas permis de voir si les tableaux qui sont dans la sacristie sont beaux, cependant je ne les crois pas bons. Sur la porte de ce même lieu l'on voit trois bustes de terre cuite, à une certaine distance l'un de l'autre, avec cette inscription :

TITIANO VECELLO, IACOBO PALMÆ SENIORI IV
NIORI, FERE PALMEO COMVNI GLORIA.

Je conviens que ces fameux peintres ont assez travaillé pour leur réputation, mais puisque l'on a tant fait de vouloir encore en conserver la mémoire par un tombeau, il

1. *Bartolomeo Colleoni*, condottière, qui fut tour à tour au service des Visconti et de Venise. Sa statue fut modelée par Verrochio et coulée en bronze par Al. Leopardi. « C'est le monument équestre le plus grandiose du monde. » Burckhardt. « Histoire de la civilisation en Italie, pendant la Renaissance. »

2. Le doge Léonard *Lorédan* (1501-1521).

3. Les doges B. et S. *Valier* et Elisabeth Querini-Valier, épouse du premier.

falloit au moins que le mausolée fut digne d'eux et que les deux Renommées qui sont au-dessus des trois bustes, peintes sur toile, fussent un beau morceau de peinture.

(35) A la *Carita* dont j'ai parlé, il y a une cella ou confrérie. La salle d'en bas n'a nulle beauté, celle d'en haut, où l'on monte par un assez vilain degré, est lambrissée avec une sculpture en bois qui n'est pas laide. Elle est pleine, du reste, de peintures modernes. Une de Ricci, qui est à présent en Angleterre, me plaît assez, et une naissance de N.-S. dans la nuit, assez dans le goût de celle du Corrège[1] de Balestra qui a de la beauté. Un autel de marbre blanc est assez joli : les figures de la Vierge et autres n'ont pas grande beauté. Dans une petite chambre à côté, l'on montre plusieurs reliques qui seroient belles si elles estoient vraies.

Cependant on ne les montre que rarement et on nomme cela le Trésor, gardé dans de très vilains reliquaires. Le véritable et à plus juste titre, se voit dans le même endroit; c'est un tableau du Titien, bien conservé et très beau, qui représente la Vierge dans son enfance montant au Temple. Il y a dans cette toile une tête de vieillard inimitable[2] !

L'église de *S. Stefano* des Augustins, n'a ni portail ni architecture ; elle n'a de beau qu'un autel de marbre qui est le grand, fort élevé et fort simple de Sansovino. L'on y voit sur un pet[illegible] autel un petit tableau du vieux Palma qui est une Sainte Famille et un St-Augustin de Liberi. Les moines sont las de quelques tableaux d'un même auteur qui sont dans la sacristie[3] et que je n'estime pas. Dans leur cloître l'on voit les restes de fresques par le Pordenone[4], l'émule du Titien ; ce qui en reste est beau.

La jeunesse, y compris les deux sexes, doit trop à l'Arétin[5] pour que je n'aie pas esté chercher son tombeau et lire

1. V. pages sur *Modène* : « La nuit de Noël » du Corrège, actuellement à Dresde.
2. Auj. à l'Académie des Beaux-Arts.
3. Par G.-B. Pittoni (1687-1767).
4. G.-A. *Sacchi da Pordenone*, peintre frioulien (1483-1539).
5. Pierre *l'Arétin*, 1492-1557, surnommé : « Le fléau des Princes » fameux

son épitaphe. Je me suis donné des peines inutiles. Il est sûrement enterré à *St-Luc*, paroisse de Venise. Je m'y entretins avec un prêtre honnête homme, qui me dit qu'il estoit inutile de l'y chercher parce qu'il la croyoit sur l'ancien pavé de l'église qu'on avoit relevé à cause des eaux par quatre fois, dont la première il y avoit très longtemps et qu'il ne l'avoit jamais vu. Il me dit encore qu'un vieillard à grande barbe que l'on voit vêtu à la grecque dans un tableau qui est auprès du grand autel et où il y a une histoire de N.-S. estoit, à ce que l'on disoit, le portrait de ce fameux débauché[1]. St-Luc est une petite église où il n'y a rien de beau, c'est là que les François, qui sont à Venise, festent la St-Louis.

L'église du *Salvatore*, habitée par des chanoines réguliers, est une des plus agréables de Venise. Son portail est beau, chargé de quelques statues de pierre gracieuses, et tout le bâtiment de l'église et de la maison est du Sansovino. Les autels sont beaux sans colifichets. L'on y voit plusieurs beaux mausolées de doges, d'évêques ou de nobles, tous de marbre, ainsi que les autels, et qui, pleins d'une certaine uniformité de goût et d'élévation, embellissent l'église en la faisant paroitre revêtue de marbre. Il y a dedans quelques beaux tableaux, et surtout une espèce de Cène de Giov. Bellini[2]. Il y a deux cloîtres qui ne sont pas laids et un réfectoire où il y a des peintures que les pères du couvent disent être du Titien. Il y en a quelques morceaux qui n'en sont pas meilleurs.

Tout auprès de cette église, il y a l'école de *St-Théodore*, où il y a quelques tableaux. On m'a conseillé de n'y pas entrer. La façade du Sansovino est fort jolie.

par ses poésies mordantes, ses sonnets obscènes et ses comédies licencieuses.

1. Misson aussi (op. cit., t. I, p. 334-335) alla maintes fois et en vain chercher le tombeau de l'*Arétin* et lire l'épitaphe dont voici la traduction. « ... Sous cette pierre est mis le corps | de l'Arétin, de qui la plume | blessa les vivants et les morts.... | S'il n'a pas contre Dieu même | vomi quelque horrible blasphème | c'est qu'il ne le connoissoit pas. » Cf. l'épigramme contre Bissot dans « Bigarrures » du Sr. des Accords.

2. « Jésus à Emmaüs » Giovanni *Bellini*, fils de Jac. (1430-1516).

L'école de *St-Marc* est jointe à l'église de SS.-Jean et Paul. Elle est ornée d'une façade assez chargée de bas-reliefs et de quelques morceaux de porphyre. Il y a aussi des perspectives en pierre : hors deux beaux bas-reliefs et les ornemens qui sont sur les colonnes de la porte, il n'y a rien de merveilleux. [Dans] la salle que l'on trouve au rez-de-chaussée, on voit au fond un autel sur lequel est le lion de saint Marc, tout seul, de façon qu'il est comme s'il estoit adoré. Le haut est orné de tableaux du Tintoret presque tous faits à son ordinaire, mais il y en a un qui représente un martyre de saint Marc qui est superbement fini et qui est si beau que l'on ne fait point attention à une sainte famille du Titien qui est placée auprès.

Entre cette école et SS.-Jean et Paul, l'on trouve une chapelle sur la porte de laquelle est écrit : *Templum pacis.* Il y a plusieurs peintures qui ne sont pas trop bonnes : un tableau où saint Luc peint la vierge, du cav. Celesti, est le meilleur.

(36) La *Bibliothèque de St-Marc*[1] est dans les nouvelles Procuraties, sur le Broglio. Elle est ouverte trois fois la semaine, le matin elle est publique. Le cardinal Bessarione en fut le premier et le principal fondateur. Avant que d'entrer dans le lieu où sont les livres, l'on entre dans un petit salon plein de morceaux d'antiquités grecques et romaines. Le Ganymède, avec le bonnet phrygien comme le corno du doge, est un morceau fort estimé à Venise. Pour moi, les deux Bacchus d'un seul bloc de marbre me plaisent davantage. On dit que cet objet des vœux de Jupiter est fait du temps de Michel-Ange ; quoiqu'il en soit l'on trouve là un très bel assemblage d'antiquités bien entières. Il n'y a que des marbres, des bustes, des statues, des inscrip-

1. La Bibliothèque de St-Marc (*Bibl. Nazionale Marciana*), fondée en 1468 par le cardinal Bessarione, enrichie par celle de Pétrarque et des cardinaux Alcandre et Grimani, fut installée aux nouvelles Procuraties jusqu'en 1812. De 1812 à 1905, elle occupa le palais des Doges. Elle a été somptueusement installée en 1906, au Palais de la Monnaie (*Zecca*). Elle compte env. 240.000 vol. et 10.000 manuscrits.

tions, des autels et des bas-reliefs, entre lesquels il y a un sacrifice très beau et bien conservé.

La porte de la Bibliothèque, en dedans, est ornée de deux belles colonnes et de morceaux de marbre vert que l'on m'a dit estre antique. A gauche et dans le fond, sont les livres imprimés qui sont en bon ordre. A droite, dans de trop petites armoires et sans aucun ordre, ni pour l'histoire, les temps, ou le coup d'œil, sont les manuscrits grecs et latins au nombre d'entre neuf cents et mille. L'on y trouve presque tous les auteurs grecs et latins, presque tous les Pères de l'Eglise. Ce n'est pas encore la seule beauté que l'on voye dans ce lieu. Le plafond et le dessus des armoires qui, par parenthèse, sont vilaines, sont ornés de tableaux de P. Véronèse, du Tintoret, de Palme, etc., enfin les auteurs contemporains. Pour engager les peintres ci-dessus à mieux faire, la République promit une médaille d'or à celui qui réussiroit le mieux et pour le savoir, comme on ne pouvoit en estre instruit plus sûrement que par eux-mêmes, il leur fut ordonné à chacun en particulier de donner la pomme à celui qu'ils trouveroient le plus beau, le leur à part. Véronèse l'emporta, [avec] le tableau qui représente une musique, car il y a trois ovales dans la main. Il y a aussi deux philosophes très beaux du Tintoret[1]. Il n'y a presque point de bronze dans cette bibliothèque où l'on fait tous les jours des présens de livres ou d'antiques. Cependant elle me paroit peu fréquentée et est assez mal tenue. Le degré qui y conduit est un beau morceau; la distribution en est belle.

La Madonna dell' Orto est habitée par des Bernardins très malpropres, ignorants et qui n'ont pas grande pratique. Ils sont mal logés. Leur église est ancienne, et le bâtiment n'a nulle beauté. La façade est ainsi que le reste gothique, mais d'un goût commençant à sortir de l'ignorance crasse. Il y a sur la porte un fort grand morceau de porphyre. « L'Adoration du veau d'or » et « La Résur-

1. Diogène et Archimède.

rection des morts » sont deux très beaux et très grands tableaux du Tintoret ; mais ils ne sont pas soignés pendant qu'une grande et ridicule statue de plâtre de saint Christophe est en bon estat sur le maître-autel et y fait un effet ridicule. Ce n'est pas le seul que j'ai trouvé dans ce lieu. Sur un autel à côté du chœur est un tableau ni bon ni mauvais. La Vierge est avec le bambino ; au haut, sur un nuage, saint Bernard, fondateur de l'ordre, est à genoux qui ouvre la bouche. La bonne Vierge détourne le petit Jésus de sa gorge, se presse un teton, il en sort une fusée de lait qui tombe droit dans la bouche du bienheureux Bernard. Les orgues sont très bien peintes. Il y a encore un tableau que l'on m'a dit estre du vieux Palma, et un autre qui n'est pas mauvais. Il n'y a point de chœur, aussi je crois que les bons Pères ne disent point d'office. Il y a un grand tombeau de marbre que je n'aime pas tant que la belle simplicité des six tombeaux des Contarini [1] que l'on voit dans une chapelle.

Si quelque chose m'a fait plaisir à Venise cela a esté d'y trouver les Jésuites confondus avec tous les autres, au contraire même tenus très bas et sans pouvoir se mêler de rien. Ils n'ont qu'une maison ; ils y sont quarante avec lesquels ils ont un collège. Leur église n'a nulle beauté mais ils en font bâtir une dont les fondements promettent de soutenir l'orgueil de cet ordre.

Il y a dans Venise quatre hôpitaux où l'on retire les vieilles gens et les enfants trouvés. L'on fait apprendre à jouer de toutes sortes d'instrumens aux filles et toutes les festes et les dimanches, c'est un spectacle où l'on va écouter le concert comme à l'Opéra, tournant le dos à l'autel. Quelquefois cela n'est pas mauvais. L'on fait apprendre des métiers aux jeunes garçons. L'on marie les filles, mais difficilement celles qui ont du talent. Les *Mendicanti* est

1. *Contarini*, famille illustre de Venise, a fourni sept doges à la République, depuis Dominique Contarini (1043) jusqu'à Louis Contarini (1677) et compte parmi ses membres, des ambassadeurs, des cardinaux et des gens de lettres.

un de ces hôpitaux : il y a environ huit cents vieillards, et jeunes gens des deux sexes. On n'entre point du côté des filles et elles chantent derrière des grilles[1]

Le grand autel n'est pas laid mais effacé par le tombeau d'un Mocenigo[2] qui termine l'église, et où l'on voit plus d'orgueil que de beauté. Le portail est assez beau, il est simple. La maison est fort grande, bien située et bien fondée pour le revenu (37).

Les Cordeliers ont le plus grand couvent de la ville, mais mal bâti. Ils y sont au nombre de 90. Leur église s'appelle *San-Francesco della Vigna;* elle est de bon goût, simple, claire et du Sansovin. Le portail est simple, tout uni, de pierre. Le Palladio l'a fait et c'est, pour l'architecture, la plus belle façade de la ville. Il n'y a rien en fait de tableaux ou, du moins, bien peu de chose.

Sainte-Justine, petit couvent de religieuses, a un petit colifichet d'église. Le portail, sur lequel il y a trois tombeaux, n'est pas laid. Le dedans est orné partout de tableaux jusqu'au plafond : je n'y ai rien vu de beau. Le tabernacle de ce lieu a, dit-on, coûté quinze mille ducats. Il est en entier de pierres rares et fines. Il est beau. Deux colonnes et la frise, qui fait tout le tour de l'église, sont de marbre blanc incrusté de feuillages et d'oiseaux, le tout de bon goût.

Dans la maison de Garzoni il n'y a que peu de bons morceaux ; dans celle d'un nommé Marcello, honnête homme et riche négociant, il y a de belles choses du Libri[3]. Mais chez un nommé Antonio Grassi, l'on voit un cabinet où il y a de très bons morceaux car il y a un peu de marchandise mêlée, il y a du Titien, du Véronèse, du Bassan, du Michel-Ange ; de Raphaël un portrait. Cependant les plus beaux morceaux ne sont pas sans défaut.

1. Lire sur les concerts dans les Hôpitaux, les pages de J.-J. Rousseau (*Confessions* IIe p., livre VII, p.) et la délicieuse lettre XVIIIe de Brosses, t. I, pp. 212, 216.

2. Mocenigo, famille patricienne de Venise qui lui a fourni les doges : Thomas, Pierre, Jean, Louis (1570-77).

3. Girolamo dai Libri (1474-1556).

L'on n'auroit jamais fait d'entrer dans le détail de toutes les peintures du Palais du doge. Je dirai seulement que de tous côtés l'on voit le Véronèse, le Bassan, le Tintoret et le vieux Palme, quelquefois l'on rencontre le Titien. Il y a cependant de mauvais auteurs mêlés parmi les grands maîtres.

La *salle du Grand Conseil* est très grande, belle et ornée de tous côtés des tableaux dont je viens de parler. Tout ce qu'en dit Misson[1] est juste. Le « Paradis » du Tintoret est très beau pour la quantité de figures innombrables dont il est rempli, mais quoyque l'on en dise, le tableau de l'école de Saint-Marc est, selon moi, plus beau. Cet auteur est de tous, celui qui a le mieux dessiné. Titien a fait cent fautes contre le dessin, Paul Véronèse aussi, comme on peut le voir en plusieurs endroits du Palais mais surtout au grand Conseil, à un tableau[2] qui est au fond en face du Paradis, il y a une procession très vilaine de prêtres dont les mains sont toutes fausses, au point que l'on ne peut imaginer que le reste du tableau qui est magnifique soit du même maître. Dans l'antichambre ou *Anticollegio*, où se traitent les affaires militaires, l'on voit deux tableaux qu'un noble a donné depuis un an à la République, un du Bassan[3], l'autre de Véronèse[4]. Tous deux sont magnifiques, mais l'Europe que le dernier a peint, est enlevée par un veau de six mois au plus et qui est estropié. Ce que je dis est pour excuser les fautes de bien des peintres puisque ceux-là ont manqué. L'on voit encore des tableaux du vieux Palme très beaux, à côté d'autres si faibles et si mous qu'on ne les peut croire du même auteur.

Quand on monte comme j'ai fait à la tour de l'église de St-Marc, l'on ne peut se passer de regarder la quantité d'ouvrages dont elle est remplie et d'admirer une infinité de mosaïques qui l'ornent. Comme elle a esté commencée

1. Misson, op. cit., t. I, p. 250-252.
2. « La gloire de Venise. »
3. « Jacob revenant au pays de Canaan. »
4. « Enlèvement d'Europe. »

dans les temps de l'ignorance, le haut des voûtes et ce qui se trouve le plus en vue, est d'un dessin épouvantable, mais en montant en haut l'on trouve des ouvrages magnifiques, des dessins du Titien, Tintoret, Paul Véronèse, etc., qui mériteroient le premier rang et qu'à moins d'avoir vus en haut, l'on ne peut reconnaître en bas.

L'Eglise de *St-Marc* a toujours trois ou quatre ouvriers entretenus pour la mosaïque seule, cependant il y a bien des endroits où elle a grand besoin de réparation surtout dans les calottes extérieures du portail. La voûte de la sacristie est aussi en mosaïque, elle est de dessin d'ornemens, mais de bon goût. La calotte qui est sur la porte est d'un très bon dessin et une des choses le mieux exécutée. L'on y montre, je crois, en tableau, un saint Jérôme dont les pièces rapportées sont environ d'une ligne en carré. La porte de la sacristie, les fonts baptismaux, six morceaux de bas-reliefs que l'on voit à deux tribunes dans le chœur, tout cela, dis-je, est de bronze en relief très beau du Sansovin. Je fus voir cette église avec un abbé qui a fait toute sa vie son étude des marbres et pierres. Il m'en fit remarquer de toutes les espèces parmi lesquelles il y en a de très rares soit en colonnes, soit en morceaux mis en compartimens, soit en dedans, soit dans la partie extérieure du bâtiment. L'on y trouve du porphyre, du granit, du serpentin, du vert antique, etc. (38). Tous ces morceaux ne sont point par petites pièces, les colonnes s'y trouvent entières et belles et de toute grosseur. Il y en a quatre d'albâtre derrière l'autel principal, qui en soutiennent un autre. Elles sont toutes quatre torses; deux ne sont point extraordinaires mais les deux du milieu sont transparentes du haut en bas. On le voit aisément en passant une lumière d'un côté et regardant de l'autre. Cela est si marqué que l'on voit un trou que l'on a fait à une d'elles pour voir si elles n'estoient pas creuses en dedans. Je dois me souvenir que presque toutes ces colonnes et celles que l'on voit dans le palais sont antiques, apportées de Constantinople ou d'Egypte dans le temps de la splendeur de la République de Venise. Tous les morceaux de marbre rare viennent aussi des mêmes endroits.

Je ne dois pas oublier que mon même abbé m'a fait remarquer deux colonnes de moyenne taille de porphyre noir, elles sont au deuxième rang des colonnes du portail, au coin du Broglio. Ce n'est pas là la seule beauté dont cette église est ornée. Plus on voit et de plus près les quatre chevaux dont j'ai parlé, plus on admire sans prévention pour l'antique un ouvrage et annoncement si superbe et si beau de la magnificence et des secrets des Romains. Ils sont de taille naturelle, tous d'une différente attitude et font honte à la nature. Ils [ont] les plus beaux airs de teste, le plus beau corsage, le tout est si bien marqué que l'on ne peut se lasser de les regarder. Ils sont en peu d'endroits blessés, il y en a un qui a un pied cassé que l'on a remis tant bien que mal : du reste ils sont comme s'ils sortoient de l'ouvrier. Ils ont au poitrail leurs ornemens ; l'on voit encore la place de leurs têtières. Ils seroient encore dorés entièrement sans l'infamie de ceux qui avec des couteaux ou autres ferremens les ont grattés pour avoir un sou d'or ! Cela se voit très aisément quand on les regarde de près, car il y a des morceaux tout entiers où l'on n'a pas touché qui sont encore brillants de dorure, chose étonnante quand on imagine quel temps et quelle dépense il a fallu employer pour dorer quelque chose d'un aussi gros volume en or moulu !

Les gens qui pourroient estre instruits de l'histoire de ces chevaux ne sont pas d'accord s'ils ont esté faits pour l'Arc de triomphe de Néron après la victoire des Parthes ou pour celui de Trajan à Rome. Ce que l'on sait seulement c'est que Constantin les emporta de Rome à Constantinople et qu'il les plaça dans l'hippodrome d'où les Vénitiens les ont rapportés avec plusieurs autres dépouilles des Turcs.

La peste a souvent affligé la ville de Venise et l'on voit plusieurs églises et écoles bâties par la République par des vœux faits pour obtenir la clémence de Dieu : le Rédempteur ou la belle Capucinade a esté bâtie de cette façon. La *Salute*, habitée par des Somaschi, autrement dits pères de l'Oratoire, a esté bâtie à la même occasion. L'on monte du Canal et de la rive par un degré, beau pour sa largeur, une vingtaine de marches qui vous conduisent à cette église. La façade est assez belle mais chargée de beaucoup d'ornemens. Elle a deux bas côtés qui ne sont pas laids et qui font un effet assez nouveau, car ils touchent à la grande façade d'un côté, et s'éloignent de l'autre côté parce que l'église est ronde et qu'ils la vont rejoindre. Le tout est du Palladio. Un grand dôme compose presque toute cette église, du milieu duquel vous voyez six chapelles également symétriques de chaque côté qui sont sous une espèce de petite voûte qui ne me paroit pas proportionnée. Le grand autel n'est point dans l'enceinte du dôme, l'on entre, pour ainsi dire, dans un étroit parallélogramme dans lequel on voit, dans des niches, seize statues de marbre qui n'ont rien de merveilleux. Le chœur est une annexe de vilaine forme, séparé de cette espèce de sanctuaire par le grand-autel qui est en entier de marbre d'un beau dessin; la Vierge est au haut debout, la République de Venise habillée en reine est à genoux, et la peste est de l'autre côté et paroit s'enfuir; saint Marc et un autre sont aux deux coins de l'autel. Le tout est de marbre et presque grand comme nature. Les trois figures me paroissent bonnes et m'ont plu. Le dôme s'élève assez haut, il en vient un beau jour. Il est orné extérieurement pas à ma fantaisie et est couvert de plomb. La sacristie a quelques beaux tableaux, surtout une espèce de *Cène* ou de repas du Tintoret[1]. Il n'y a qu'un cloître dans cette maison. Le rez-de-chaussée m'en plait assez, du reste, il n'y a rien d'extraordinaire. Le vaisseau de la Bibliothèque est assez grand la boiserie en est simple et dans le goût de celle de Saint-Georges-Majeur, mais elle est encore peu remplie de livres.

1. « Les Noces de Cana » (1561).

Il y a dans la maison des peintures très modernes et qui m'ont paru de Ricci[1] (39).

J'ai dit qu'en face de la place de St-Marc, St-Georges-Majeur et la Guidecca formoient un canal qui fait à cette place un beau point de vue. En passant par là, on fait environ un mille pour arriver à *St-Clément*, petit couvent où l'on voit dix-neuf Camaldules. Leur église est petite; la façade n'en est pas belle, mais la propreté et le goût de tous les autels de sept chapelles qui sont de marbre, font la beauté de ce lieu. Ils (sic) ont fait au milieu de leur église une chapelle en tout semblable à celle de Lorette, jusques à la plus petite bagatelle. Le dehors en est revêtu de marbre; les figures et les bas-reliefs qui l'ornent ne sont pas bons mais une « Nativité » de bronze qui est derrière la chapelle, vis-à-vis le chœur, est un beau morceau fait depuis peu de temps par un boulonois, nommé Mazza[2]. La maison de cette Madone est peu fréquentée aussi n'est-ce qu'une copie et n'a-t-elle pas beaucoup de meubles. Le pavé de l'église et quelques tombeaux modernes de marbre et de bon goût, contribuent à l'ornement de ce lieu. Ils ont quelques tableaux dont ils font cas : je n'ai trouvé, dans l'église, qu'une « Nativité » du Titien à ma fantaisie, et dans la maison, à une chapelle particulière, un Bassan. Les petites maisons des Camaldules sont d'une propreté infinie et me plaisent infiniment.

En allant à ce couvent, Valentin, excellent conducteur et instruit de tout, à un endroit où se joignent trois canaux beaucoup plus profonds que les autres, m'a dit qu'avec une pierre au col et une confession, on enterre ceux qui ne plaisent pas à la République et que l'on veut secrètement expédier. Ce qui, dit-on, arrive assez souvent.

La façade de *Ste-Maria-Zobenigo* n'est pas laide, elle représente les tombeaux de plusieurs nobles. Le dedans est trop plein d'ornemens. Le devant du maître-autel rap-

1. Dom *Ricci* (1493-1567).
2. Giuseppe *Mazza*, sculp. bol. (1600-1680).

porté, a son mérite. Du reste c'est une petite église.

St-Moïse est encore une petite église pleine, ainsi que la précédente, de tableaux qui ne m'ont pas paru grand' chose. Le grand autel a sa singularité et la façade trop chargée son désagrément et ses défauts.

Le couvent des Bénédictins est maître d'une église consacrée à *saint Zacharie*. C'est le plus ancien monastère de Venise. On m'a dit que presque toute la maison estoit du Sansovin. L'église est de ce bon architecte[1]. La façade en est belle mais mêlée un peu de goût grec. Plus grande que les deux dernières, l'église a les bas côtés estroits et les colonnes fort élevées d'une architecture hasardée qui fait un bel effet. Le maître-autel est à l'ancienne mode, il y a une espèce de colonnade qui en fait le tour derrière. Le tout ensemble ne me déplait pas, au contraire. Entre plusieurs épitaphes que j'ai lues, j'ai trouvé la suivante :

Alexander Victoria qui vivens vivos duxit e marmore vultus[2].

Son tombeau est simple, cependant le plus apparent de l'église; la peinture, la sculpture et l'architecture en font les ornemens. Les tableaux qui remplissent le lieu ne m'ont pas paru bien beaux. Il y en a un qui représente l'histoire suivante : le second jour de Pâques, le doge, suivi du Sénat, vient dans le couvent montrer aux religieuses le « Corno » précieux, gardé dans le trésor de St-Marc, en mémoire de ce qu'il a esté donné autrefois par une religieuse de ce couvent. La prieure le voyant lui donne un bouquet de fleurs[3]. L'on garde dans ce même lieu un tableau de Paul V, qui représente la Sainte Vierge et quelques saints, que dans le pays l'on fait ses favoris, et que l'on dit estre très beau. Je ne l'ai pas vu car il estoit dans le couvent

1. C. fait erreur, l'église de S. Zaccaria, construite par Ant. Gambello et Moro Coducci, marque la transition du gothique à la Renaissance.

2. C'est l'épitaphe du beau tombeau d'Al. *Vittoria* (Art. et sc. vén. 1525-1608), orné du buste de l'artiste par lui-même.

3. Nous omettons deux lignes se rapportant à un petit dessin qui est en marge, parce que le sens en est incomplet.

parce que on l'avait changé de place pour lui en faire une où le jour put en faire valoir les beautés, et le mur n'estoit pas encore sec. On dit que la République en a voulu donner 15 mille ducats[1] (40).

Un imprimeur de Venise fort riche, nommé Gussoni, avait une belle maison bien disposée. Il attendoit l'ouverture du « livre d'or » pour se faire noble. Il y a quelques tableaux dans la maison et quatre du bon Bassan. Il y a « un miracle des cinq pains », très beau, un du Titien qui est magnifique, on y voit aussi un beau tableau de Cavallino, bon peintre de Naples[2].

Chez un nommé R. romain, renvoyé du duc de Lorraine, on voit tous les tableaux qui estoient au duc de Mantoue[3]. Il s'est accommodé avec les créanciers, et les tableaux lui sont demeurés. Il y a des morceaux très rares de presque tous les premiers peintres d'Italie[4]. Ceux qui m'ont frappé sont une Sainte Famille de Michel-Ange et quelques morceaux de Castiglione, génois[5]; il y en a de Carrache, de Raphaël, du Tintoret, du peintre génois, enfin c'est un très beau cabinet qui mérite infiniment d'estre vu.

A la partie septentrionale de la ville, l'on trouve une isle qui commence à plus d'un mille de distance de Venise. Elle en a sept de long : au bout, de l'autre côté, est une petite ville nommée *Malamocco*. Le bout de cette isle, du côté de terre, est retranché peut-être dans l'espace de sept ou huit cents arpens. Les fortifications ne sont élevées que jusques au cordon; il n'y a que deux côtés de fortifiés, celui qui est dans la terre et le côté de l'isle qui, de la gauche, regarde la mer; celui de droite n'est en nulle façon retranché. Un

1. Ce tableau de P. Véronèse se voit auj. dans la II° salle de l'Académie des Beaux-Arts.

2. Bernardo *Cavallino* p. nap. (1622-1658).

3. Sur l'état où les Impériaux laissèrent les dépouilles du duc de Mantoue, v. Montesq., t. II, p. 123.

4. Auj. à l'Académie des Beaux-Arts.

5. B. *Castiglione* (1616-1670).

château sans nul flanc, où l'on voit seulement plusieurs batteries ou embrasures l'une sur l'autre, la défendent. Ce château et ce lieu se nomment le *Lido*. C'est une des défenses de la ville, c'est là que les troupes font l'exercice et que la cavalerie se promène. On y avoit des écuries pour la tenir, mais quand je les ai vues, elles avoient esté brûlées. Dans l'enceinte des fortifications il y a un couvent de Bénédictins de même qu'à St-Georges-Majeur. Ils y sont une douzaine de moines. Leur maison n'a rien de rare, mais leur église, qui n'a point de portail, est jolie, claire, un peu dans le goût de celle de leur autre couvent. Pas loin de l'église, il y a une caserne où l'on m'a dit qu'il pouvoit tenir quatre mille hommes. Il y a peu de fenestres ainsi qu'à un magasin de poudre : le peu qu'il y en a est grillé. Il y a une grille devant la porte et l'on parle aux soldats, quand on a à faire à eux, avec plus de peine qu'aux religieux parce qu'ils désertent tous. C'est au mouillage de cette isle que les galères et bâtimens, qui font voile vers le Levant, attendent le vent.

La sépulture des Protestans est dans un bastion hors de la forteresse ; celle des Juifs est dans un petit verger.

C'est contre cette isle que le vaisseau anglois fut brûlé par M. Duquesne[1] à la barbe des Pantalons[2].

En retournant à la ville et venant du Lido, on trouve une assez grande isle habitée par les Chartreux. Ils y ont un grand jardin qui sert de promenade l'esté. Leur maison est assez grande, leur église est propre et quoyque du Sansovin, je ne l'aime pas infiniment. Elle est soulevée par des pilastres qui sont, ainsi que les ceintres des voûtes, ornés de petits morceaux de marbre noir, de porphyre, etc. Le tout est bien colifichet. Il n'y a point de portail. Ils

1. Abraham, marquis *Duquesne* (1610-1688), grand capitaine, se signala en plusieurs combats, fut créé vice-amiral par le roi de Suède. Il fut lieutenant-général de Louis XIV qui lui offrit le bâton de maréchal, s'il voulait abjurer le calvinisme ; il refusa.

2. *Pantalon*, personnage de la comédie italienne. Il est docteur et porte la culotte longue qui a pris son nom. Pantalons, est employé ici pour Vénitiens.

(*sic*) m'ont montré le corps du général vénitien mort d'un coup de flèche il y a cent-cinquante ans[1]. Il est bien plus beau pour en faire un saint que saint Charles[2]. Il n'a point la physionomie vilaine et il est bien entier (41).

Il y a un petit couvent nommé *St-Niccolo* du même ordre que les Frari, où l'on voit une petite église assez vilaine. Il y a quelques tableaux de Paul Véronèse dans le plafond et dans le mur, mais ils ne sont pas de ses meilleurs. Je les crois de son commencement. Un autre sur un autel est du Flamand, celui du maître-autel est du Titien, très beau, surtout le saint Sébastien.

Dans la maison Micheli[3], noble vénitien, il y a quelques tableaux et quelques bronzes.

Le *trésor* de saint Marc ne s'ouvre que devant un procurateur qui en a toutes les clefs. D'abord l'on montre grand nombre de reliques parmi lesquelles est gardé cet évangile de saint Marc. On le montre rarement. M. Guistiniani, procurateur, eut la bonté de me le montrer. Il est impossible d'y distinguer le plus petit caractère et l'on ne peut savoir en quelle langue il a esté écrit. Je crois qu'il estoit sur du vélin : on ne peut y toucher qu'il ne s'en aille en poussière[4]. Dans une autre chambre à côté est le véritable trésor ; on y voit des vases d'agathe, de calcédoine, d'émeraude, de lapis, enfin de très belles choses et antiques. Il y en a aussi de fort belles en cristaux. Je ne crois pas qu'une espèce de sceau rouge soit de grenat, mais je suis persuadé qu'il est

1. *Marcello,* ascendant de Benedetto Marcello (1689-1739) auteur des psaumes célèbres.

2. Allusion à saint Charles Borromée, dont la statue colossale se dresse dans une des îles Borromées.

3. *Pal. Michiel delle Colonne*, plafond par Tiepolo, douze tableaux de P. Longhi.

4. « ... On conserve avec le plus grand soin le fameux évangile de saint Marc comme le plus ancien manuscrit de l'univers. Il est in-4 en papier d'Egypte assez épais et l'on n'y distingue plus quoi que ce soit, que quelques lettres majuscules grecques par-ci par-là, qui ne peuvent faire juger si c'est plutôt un livre de médecine qu'un Evangile. DE BROSSES, t. I, p. 198. « On pouvoit encore le lire quand on le déposa dans ce caveau, en 1564 » (Montfaucon, lettre de Magliabechi dans Corresp. de Mabillon et Montfaucon avec l'Italie, publ. Valery. Paris. Guilbert 1847.

de cristal, avec une couleur rouge en dedans, ainsi qu'un vase, dit-on, d'émeraude, qui est de verre; je l'ai vu et touché. Mais une espèce de coupe à tenir, près d'une chopine, est de turquoise et très belle. Il y a de belles pierres en améthyste, rubis, grenats et émeraudes. L'on y voit les douze machins qu'ils appellent « pettorali » avec douze autres petites plaques qui estoient, dit-on, les ornemens de teste des filles d'honneur d'Hélène. Ce qu'il y a de certain, c'est que cela est ancien et a servi à la cour des impératrices d'Orient. Ils sont tous garnis de perles, d'émeraudes, grenats et rubis, ainsi que les ornemens de tête. Il y en a un dont le saphyr du milieu est par dessous : on ne sait à quel usage cela pouvoit servir. Ils ne sont pas tout à fait de grandeur égale, les uns sont un peu plus longs ou un peu plus ouverts. Le « corno » du doge, donné comme j'ai dit par les religieuses de St-Zacharie, est la plus belle pièce de ce lieu. C'est celui avec lequel il est couronné. Il est orné de très belles pierres avec un cercle de pierres grosses et belles et de la plus belle eau du monde. On voit aussi un grand calice apporté de Constantinople qui servoit au temps où l'on communiait sous les deux espèces. Ce « trésor » est plus beau que je ne l'avois cru.

L'archevêque de Venise ne porte point ce nom mais celui de Patriarche parce que la République, autrefois puissante, estant maîtresse d'Antioche, a réuni ce nom à celui de son évêque. Il lui reste plusieurs noms semblables. C'est toujours un noble qui est revêtu de cet emploi; tous les autres évêques le sont aussi. C'est d'entre eux que l'on prend le patriarche, mais plus ordinairement, c'est le Primicerio. Les places de chanoines de St-Marc occupées par des nobles et par lesquelles on arrive aux autres dignités, sont remplies par le doge, c'est là presque tout son pouvoir et le seul plaisir qu'il puisse faire. Le patriarche est mal logé, il est contre son église qui n'est pas des plus belles, quoyque rebâtie depuis peu. Cependant elle est claire, assez bien ordonnée. Tous les autels sont de marbre mais n'ont rien d'extraordinaire. La chapelle de la Vierge, ornée de deux tombeaux modernes symétriques et de goût, est ce que j'ai vu de plus joli. Quant aux peintures, il n'y a qu'un tableau de Lazzarini[1], peintre vivant, qui soit bon. Il représente la charité de saint Laurent et Justinien patriarche de Venise. Le portail de cette église est médiocre (42).

Près de ce lieu et des murs de l'Arsenal j'ai esté voir deux couvens de filles. Ni l'un ni l'autre n'ont aucune beauté : à l'un, qui s'appelle *les Vergini*, je n'y ai trouvé que deux chapelles qui sont assez gracieuses, l'une de la Vierge et l'autre où se trouve un grand crucifix de marbre assez beau. L'autre couvent, nommé *St Daniele*, est le plus petit. Je n'y ai trouvé qu'un ancien ornement d'autel où il y a deux figures que je crois du Sansovino.

Les Servites ont un grand couvent fort ancien, malpropre ainsi que leur église dans laquelle il y a quelques tableaux modernes qui ne sont pas mauvais. Je n'ai trouvé des anciens peintres qu'un petit [tableau] de P. Véronèse représentant une Sainte-Famille. Les marchands de Lucques ont une grande chapelle où il y a d'assez bonnes peintures entr'autres celles des orgues. C'est dans cette maison qu'a écrit et qu'est mort le frère Paolo, dit communément fra Paolo[2]. Dans la bibliothèque de cette maison, que je n'ai pu voir, l'on garde ses manuscrits. L'on voit dans l'église, sur la chapelle consacrée *filio Dei liberatori*, le stylet avec lequel on a voulu l'assassiner disant la messe sur le même autel. Les pères de ce couvent sont très ignorants.

Dans la maison de *Pisani*[3] j'ai vu le chef-d'œuvre de Paul Véronèse représentant « la famille de Darius aux pieds

1. Gregorino *Lazzarini* p. ven. (1657-1735).

2. Pierre-Paul *Sarpi*, dit Fra Paolo, célèbre théologien vénitien (1552-1623) se porta défenseur de Venise contre le pape Paul V. La Rép. le nomma membre du *Conseil des Dix*. Blessé par des assassins, il fut traité aux frais de l'Etat. *Œuvres*. « Histoire de l'interdit. » « Histoire du concile de Trente », réfutée par le card. Pallavicino.

3. Palazzo *Pisani*, auj. conservatoire, est un bon spécimen d'une maison de grand négociant de l'époque baroque.

d'Alexandre ». Le maître de la maison est assez fol pour ne le montrer qu'avec peine.

Peu de gens l'ont vu et le connaissent.

Chez un nommé *Barbara della Terrazza*[1] qui demeure tout contre ce dernier, l'on voit des ouvrages magnifiques du Titien qui louait une maison de ce monsieur et lui en payait le loyer par ses ouvrages. Il a esté bien récompensé car, entre plusieurs autres, il y en a trois que l'on ne peut payer, qui sont : une Madeleine, une Vierge, le Bambino et Ste-Catherine, et une Vénus à la toilette avec des amours. L'on apprend dans ce lieu à connoître, par conséquent, à admirer le Titien.

J'ai trouvé dans l'église des Servites les deux épitaphes suivantes. Je crois qu'il y a peu de gens du goût de la dernière :

MANES SVPERIS FAMA VIRIS OSSA HIC
NICHOLAI DE PONTE DE COLVMNA TEGVNTVR

POMPEI CONSTANTINI ANTONI FILI, ELECTA
ET DILECTA IN PERPETVVM DOMVS

Passe pour le choix mais le goût, c'est par ma foi trop dire!

L'*Arsenal* de Venise est une chose dont on fait grand cas, on a raison en plusieurs choses et tort en quelque autre. Je ne puis positivement en limiter la grandeur, la figure estant irrégulière. Tout ce que je sais c'est qu'il est très grand[2] (43).

Ce que j'ai remarqué, à vue de pays, sans m'en rapporter aux discours ordinaires, c'est que l'on y peut construire à la fois tout au moins cent bâtimens, vaisseaux ou galères, le

1. Pal. *Barbaro*, auj. Volkoff, gothique (XIVe s.).

2. « L'Arsenal est grand et vaste ; mais il a une plus grande réputation qu'il ne mérite... ce qu'il y a de beau, ce sont les chantiers pour les navires, et ils y sont tous à couvert.... Ils disent qu'ils ont dans l'Arsenal, de quoi armer 60.000 hommes : ce que je ne crois point, mais bien 30.000. Leurs armes sont assez mal tenues. » MONTESQ., t. I, p. 53.

tout à couvert. Tous les métiers qui sont absolument nécessaires pour les choses de marine, s'y trouvent dispersés dans un fort grand ordre, chacun séparé et tous à couvert. Cela donne une idée de la grandeur de ce lieu, dans lequel on peut construire tant de bâtimens que l'on voudrait, sans qu'on en fut informé dans la ville.

Les forges et la fonderie sont assez bien disposées. Il y avoit plusieurs bâtimens commencés, surtout des galères. Pour des vaisseaux je n'en vis que deux et encore petits : les plus grands n'ont jamais passé soixante pièces de canon. Ils ont deux sortes de galères, de la petite espèce et de la grande. Ces dernières sont de la taille des plus petites que l'on voit à Marseille. Ils ont encore une espèce de bâtiment, qui tient du vaisseau et de la galère, qu'ils nomment une galéasse. C'est un bâtiment fort large qui, par conséquent, paroit court. Il est mâté et va à la rame comme une galère. Ce que l'on appelle la chambre du capitaine sur ce dernier bâtiment, [consiste] en deux ponts. Il y a sur une galéasse une quinzaine de pièces de canon grosses et petites. Quoyqu'on en dise, je n'imagine pas le bâtiment bon, il a l'air trop pesant et je crois que cela chemine très peu.

J'ai vu neuf salles d'armes. L'on m'a assuré qu'il n'y en avoit pas davantage. Dans presque tous les arsenaux que j'ai vu, il m'a paru que l'on exagérait toujours. L'on peut juger ce que doit estre celui-ci, dans un pays où, pour ce que l'on y voit, l'amplification est à l'excès ! Aussi n'a-t-on point eu de honte de me dire qu'il y avait de quoi armer cent mille hommes. Selon ce que j'ai vu, vingt-cinq mille ne le seraient qu'avec peine, encore en se servant d'armures anciennes. Pour les modernes, je n'ai vu que des fusils d'une pauvre espèce, si peu travaillés, et en si mauvais estat, que l'on emportait pour envoyer en Dalmatie.

Le Bucentaure[1], sur lequel le doge épouse la mer, est

1. « Le Bucentaure est renouvelé tous les cent ans, et les vieux sont conservés jusqu'à ce que le temps les détruise. » POLLNITZ, t. II, p. 103.

plus grand que je ne croyois. Il est doré. Le doge est dans une chaise vers le gouvernail avec le patriarche; les ambassadeurs qui se trouvent à Venise sont à côté de lui. Quatre bancs qui vont d'un bout du bâtiment à l'autre sont remplis par des nobles. Au-dessous de cet étage sont les rameurs qui ne sont pas galériens, mais tous gens de l'Arsenal. Ces mêmes gens que l'on nomme « Arsenalotti » portent celui qui vient d'estre couronné doge sur une espèce de brancard long sur lequel est le nouvel élu avec deux de ses plus proches parens et un homme de l'Arsenal qui est derrière, qui tient un estendard. Il se promène dans cet équipage sur la place de Saint-Marc en jetant de l'argent au peuple.

L'Arsenal est gouverné par trois nobles qui n'occupent ce poste que trois ans. Les murs de ce lieu sont fort hauts. Il n'y a qu'une porte sur laquelle il y a sept ou huit mauvaises statues de marbre. A côté sont deux lions de marbre apportés du temple de Minerve d'Athènes[1]. Ils sont grands trois fois comme nature. Il y en a un droit qui ne vaut rien, et un autre couché qui est beau. Les inscriptions que l'on y a mises sont belles (44).

Il y a trois grandes halles où l'on tient les canons. L'on fait aussi dans ce lieu la poudre, les tonneaux, les balles, enfin tout ce qui peut estre nécessaire. Il n'y a que les princes qui y entrent avec leurs épées. Les plus gros vaisseaux que l'on y construit ne sont que de 60 pièces de canon. *Le Terror venetum* n'est rien moins que cela! C'est mal nommé. Par une porte qui communique au grand conseil, l'on entre dans un petit arsenal où les armes sont beaucoup mieux tenues que celles du grand; elles n'y sont que pour servir à MM. les nobles en cas de révolte du peuple. Je crois qu'ils feroient peu de résistance et que ce seroit un mauvais bataillon, mais cela intimide toujours, joint à la précaution d'une galère toujours armée. Quoyqu'il en

1. Sous le grand lion il y a « Franciscus Maurocenus... in patriam transtulit futura Veneti leonis, quoe fuerunt Minervoe Atticœ ornamenta. »

soit, l'on charge les fusils frais tous les huit jours.

L'on voit dans ce lieu, où il y a peut-être en trois petites salles de quoi armer deux mille hommes, plusieurs lanternes de galère et armes prises sur les Turcs, l'armure d'Henri IV[1] avec une inscription digne de lui, trois bustes antiques de marbre d'empereurs romains entiers et beaux trouvés en Aquilée et donnés par le cardinal Grimani ainsi qu'un cabinet orné de camées et de bronzes, tous très beaux et tous trouvés dans le même lieu. L'on ne manque pas de montrer les armes des héros vénitiens peu connus du reste du monde et même de leurs compatriotes, qui poussent l'ignorance jusques dans des choses qui ne sont pas pardonnables.

La politique de MM. de Venise n'est pas mauvaise, pour entretenir leur autorité, de fomenter l'antipathie parmi les gens du peuple[2]. Ils se la montrent souvent l'un à l'autre. Les deux partis se nomment les « Arsenalotti » qui sont les gens de l'Arsenal, et les « Nicolotti » qui sont les pêcheurs, etc. Les premiers sont plus portés pour le doge et le Sénat, les autres élisent un d'entr'eux qui marche dans les rues avec une robe rouge faite comme celle des nobles. Il ne fait que les juger quand ils ont des disputes; ils le nomment leur doge. Il ne travaille plus. Il faut que le Sénat approuve son élection et qu'il rende compte de sa conduite dans les affaires essentielles, mais cela le ménage de part et d'autre. Le combat des « pugnales » autrement dit des coups de poings entretient l'inimitié entre ces petites gens plus que tout le reste. Il se fait l'esté sur un pont. Ils sont presque nus, chacun des partis garde un côté et s'efforce de gagner le pont sur l'autre parti. Cette affaire ne se passe point sans la mort de plusieurs. Le pont est estroit, il s'en noye quelques-uns, d'autres se cassent la tête.

(45) Le peuple ne peut souffrir les nobles. Ils les appellent

1. « Henri IV en fit présent à la République, et comme de raison elle est dans le lieu le plus honorable. » De Brosses, t. I, p. 206.

2. Ils adoptaient la politique fameuse des Romains « divide et impera. »

souvent en les voyant passer « pantalons[1]. » Cela ne leur fait pas de mal, ils le souffrent, mais pour remédier aux inconvénients qui pourroient arriver, sous le prétexte d'empêcher les assassinats et les bastonnades, il est défendu très rigoureusement de porter aucune arme à feu, ou stylet, ou même couteau fait d'une manière approchante, sous peine de la corde qui est l'estrapade. Cet arrêt s'exécute avec exactitude. Pendant mon séjour à Venise, on a exécuté cinq ou six fois. Cela retient un peu la populace à qui ces sortes d'armes plaisent beaucoup[2]. Les estrangers n'ont pas le droit d'en porter. Les gens des ambassadeurs en ont la permission. Ceux qui commercent avec eux ne peuvent voir les nobles auxquels il est défendu de recevoir ni d'aller chez aucun de ceux qui sont à Venise pour les princes estrangers. Un noble ne peut voyager sans la permission du Sénat qui ne la donne qu'à ceux qu'ils (sic) croyent capables. La mauvaise éducation qu'on leur donne et le peu de connaissances qu'ils ont de ce qui n'est pas la ville de Venise, font qu'ils ont peu de têtes capables de les servir. Leur ignorance ne les rend pas moins fiers, de façon que généralement parlant l'épithète de *sotte vanité* en tous les sens, a esté faite pour un noble vénitien.

Il y a un tribunal des pompes; si l'on avoit porté de l'or ou de l'argent, l'on seroit condamné à de certaines amendes. Les gentilles sont toujours vêtues de noir. Les courtisanes aiment mieux payer que de se refuser le plaisir des couleurs. Les nobles ont donc leur robe longue et noire qui les autorise à porter les plus infâmes chaussures[3], leur ceinture

1. Pollnitz (t. II, p. 95), décrit le spectacle de l'élection du doge des Nicolotti.

2. « Malgré tout, il n'arrive pas quatre accidents par an. Vous pouvez juger par là combien les idées que l'on a sur les stylets vénitiens sont mal fondées aujourd'hui. » De Brosses, t. I, p. 175.

3. « On porte dessus tout ce qu'on veut, et vous ne trouverez autre chose à la messe ou dans la place, que des gens en pantoufle et en robe de chambre avec leur manteau par-dessus. » De Brosses, t., I p. 184. « Il y en a qui portent eux-mêmes chez eux leur viande ou leur poisson caché sous leurs robes; il y en a même de si pauvres, qu'on leur voit demander l'aumône. » Pollnitz, t. II, p. 120.

est garnie de boucles d'argent, voilà leur parure. Ceux qui ont esté ambassadeurs et que les princes ont honoré du titre de chevaliers, portent des boucles d'or et un galon de même autour d'un morceau de drap noir qu'ils appellent leur manche, [drap] que les autres portent uni et ont sur l'épaule gauche.

Les gondoles qui sont la voiture du pays comme les carrosses ailleurs, sont noires absolument dedans comme dehors. Le patriarche seul et les estrangers, à plus forte raison les ambassadeurs, les ont de couleur et dorées.

Il paroit donc que les femmes ne peuvent faire aucune dépense, mais elles peuvent changer de caractère en six semaines que dure le carnaval; elles dépensent [alors] autant que les nôtres. Les dentelles, la broderie, les étoffes de France, tout se trouve sur le corps de ces femmes. Les nouvelles mariées peuvent seules porter pendant un an des pierreries, du reste il leur est défendu, hors pendant le bienheureux carnaval. Pour lors on les en voit couvertes et l'on peut dire que Venise est la ville d'Europe où l'on trouve le plus de pierreries. Non seulement pour cet exemple mais pour plusieurs autres, je puis dire que les femmes de Venise sont plus libres qu'on ne le croit. Enfin, *c'est tout comme chez nous*[1].

(46) Les hommes ne peuvent, pour leur ajustement, dépenser qu'en perruques. Quelques-uns sont bien coiffés, mais généralement l'on peut dire que les queues des vaches, les épouvantails des chenevières et les brigadiers sont dans leur antre à Venise. Pour que Messieurs les nobles puissent plus aisément prendre leurs plaisirs dans la ville et se ressentir moins de l'aversion du peuple, grand nombre de citadins ou bourgeois portent le même habit qu'eux.

Le masque est à la mode dans cette ville plus qu'on ne peut le croire. Les femmes partout maîtresses du monde y trouvent leur avantage. Le ménage est meilleur; le mari

1. Sur les mœurs des Vénitiennes, v. tous les voyageurs, surtout Montesquieu et de Brosses.

ne court point risques d'envisager sa femme, ni la femme d'estre reconnue d'un mari. — Combien de gens vivant sur le commun, voyent-ils ce que, sans cela, ils n'auroient jamais vus ! — Les agrémens du masque estant connus, peut-on l'abandonner ? Aussi ne [le] fera-t-on jamais ! On s'en saisit à toutes les occasions. Est-il une réjouissance, une entrée d'ambassadeur ? L'on se masque. L'esté à la fête de Saint-Marc, il se fait une foire, le tribunal des pompes n'a point d'autorité pour ces jours. Va-t-on à un spectacle ? Ce déguisement s'y trouve. Enfin, il ne peut estre de plaisir sans la mascarade. Il en est pourtant où les dames de Venise, ainsi que les autres, conviennent et pratiquent que la vérité ne peut estre trop nue. Le masque, le jeu, les spectacles et l'extrême autorité de la débauche, sont donc les plaisirs du carnaval.

Dès le matin jusques au soir l'on se masque et l'on va à toutes ses affaires, l'on fait les visites, dans cet estat.

La *place de St-Marc*[1] est ornée d'une chaire de prédicateur l'après-midi. Il s'y en trouve un qui venant de déclamer contre la luxure, aura au bas de la chaire, son masque dont il se servira pour estre à pratiquer ce qu'il vient de condamner, ou du moins à écouter les bateleurs, diseurs de bonne aventure, marionnettes dont le Broglio est rempli et qui n'attendent que son souhait de l'éternité pour commencer leur jeu. Tout le monde se trouve l'après-midi dans cette place ou sous les Procuraties. La foule en fait l'agrément : c'est estre extraordinaire que d'y aller sans femme ou sans dessein d'y en trouver. L'on se promène dans ce lieu jusques à la nuit d'abord qu'elle est venue. L'on trouve au bout de la place *le ridotto*[2], lieu fameux et si fort chéri

1. « J'y vais au moins quatre fois le jour pour me régaler la vue. » DE BROSSES, t. I, p. 172. Sur la féerie que représentait la place de St-Marc, voir surtout MISSON, t. I, p. 286-289. DE LA ROQUE. Voyage d'un amateur des arts III, p. 321. GROSLEY, MOORE, GOETHE et la belle étude de *Malamani*, Il settecento a Venezia, Turin, 1891 et 1892 et ses articles sur la NUOVA ANTOLOGIA, févr., mars 1897.

2. « Les lieux qu'on appelle RIDOTTI sont proprement des académies de bassette : elles s'ouvrent en même temps que les théâtres, il n'y a que les

des nobles Vénitiens qu'ils ne pensent à autre chose. C'est une maison qui ne sert que pour jouer, qui que ce soit qu'un noble n'y peut tailler. Ils sont démasqués, personne qu'eux ou les femmes ne peuvent guère l'estre. Ils sont une cinquantaine répandus dans cinq ou six chambres avec une petite table devant eux, attendant, en mêlant leurs cartes, le malheureux étranger qui pressé, debout, mal à son aise, mourant de chaud, éprouve pour ne guère gagner, l'impolitesse, la vanité et les ridicules de Messieurs les nobles. Je ne veux point médire de mon prochain, je ne sais pas sûrement si l'on y joue de mauvaise foi, mais je sais que le « ridotto » est pour la bourse d'un étranger *l'antre du lion* (47).

L'on passe une heure ou deux dans ce lieu tenté par des tas d'or; ceux où l'on voit des fèves ou des petits morceaux de bois, font bon de tout.

Après l'on va aux spectacles. Il y en avoit sept quand j'y estois. Deux bons Opéras S. Giov. et Paolo et S. Angelo, un mauvais, et quatre comédies. Encore y avoit-il deux ou trois théâtres qui chômoient. L'on est dans les loges comme dans sa chambre, l'on y joue, l'on y fume, l'on ferme la porte sur soi, l'on y peut entrer sans votre permission[1]. Vous avez des volets de bois avec lesquels vous vous cachez au public si vous voulez. Le spectacle fini, l'on retourne au ridotto passer une partie de la nuit. Le casino de la place de l'Opéra et du ridotto est un lieu qui se nomme malvoisie ou muscat; vous y menez qui vous voulez. L'on en trouve par toutes les rues surtout dans les quartiers où le monde se trouve. Les maîtres de ces lieux vous laissent pleine liberté dans votre chambre. Joignez à cela, la liberté des gondoles dans lesquelles, quand on veut, on ne peut estre vu et l'humeur accommo-

nobles qui taillent, et la banque fait presque toujours fortune. » Misson, I, p. 285.

1. Sur les théâtres vénitiens v. Burney, Misson, de Brosses et B. *Marcello* « Il teatro alla moda, etc. ». Venise, 1733, G. *Guersoni* Il teatro italiano del sec. XVIII. Milan, 1876.

dante, quelquefois même provocante, des gondoliers qui ne connoissent rien d'impossible pour les plaisirs de leur maître. Voilà ordinairement les plaisirs de ce carnaval si vanté et duquel plusieurs estrangers se souviennent *perdant d'un côté et gagnant de l'autre*[1].

Le *jeudi gras* il est permis, et c'est le seul jour de l'année, à tout le monde de porter un masque ou toutes sortes d'armes. L'on voit le goût que les Italiens ont pour les stylets, car ce jour jusques aux plus petits garçons en avoient dans leur manche ou à leurs côtés. Ce même jour, les bouchers louent des bœufs à des jeunes gens qui se divertissent à les mener par toutes les rues quoyqu'en ayant grand'peur. Ils sont si poltrons que j'ai vu un veau d'un an faire fuir, quoyqu'il fût attaché à deux cordes, plus de trente personnes.

L'après-midi, sur les vingt-deux heures, on a le spectacle suivant. L'on m'a conté qu'autrefois le patriarche d'Aquilée, premier siège de l'Eglise, estoit prince de l'Empire. Il eut guerre avec la République de Venise, il fut battu et pris avec douze chanoines. En mémoire de cette victoire l'on tue tous les ans un bœuf; on en faisoit autant à douze cochons. L'on a retranché cette dernière cérémonie, apparemment sur la requête de tous les chanoines du monde, offensés de trop de vérité dans la représentation. Quoyqu'il en soit, le doge, avec la Seigneurie, paroit sur la galerie de son palais et voit devant lui trancher la tête à un bœuf d'un seul coup d'épée. Sur une corde attachée entre les deux colonnes et presque au haut du clocher de St-Marc, un homme monte dans une espèce de petit char. Quand il est au haut, il se met sur un autre qui le mène au lieu où est le doge et lui présente un sonnet à sa louange. Il est attaché par le milieu du corps (48). On le remonte par la même voiture. Quand

1. Sur le *carnaval* à Venise, v. Addison, Montesquieu, Malamani « Il Carnovale a Venezia nel s. XVIII, p. 600 à 681. Goldoni « Mémoires » et les pages si pittoresques et enlevées de Ph. *Monnier* : Venise au XVIIIe s. *Lausanne*, Payot, 1907, ch. III.

il est arrivé, il se remet sur une autre corde qui est au même endroit duquel il estoit parti. Dans le petit char il se met sur le ventre et descend d'une rapidité étonnante au point que l'on dit qu'il arrive tout noir en bas et presque étouffé. Ce spectacle ne me plut pas, car celui qui descendit le jour que je le vis fut dans une situation, selon moi, épouvantable. Presque en partant du clocher, ce qu'il avoit qui le tenait à la corde, se rompit à moitié et le fit tourner. On ne put lui donner du secours et il fut obligé de descendre jusque au bout, pendant un quart d'heure, la tête en bas, se tenant avec les jambes et les mains. Ordinairement, dit-on, les cordes estoient attachées à un ange qui est tout au plus haut de la tour laquelle, selon moi, est d'un grand tiers plus haute que les tours Notre-Dame.

Pendant tous ces vols, sur deux espèces de théâtre séparés, les Arsenalotti et les Nicolotti font des danses à la mauresque, et des tours que l'on nomme à Venise « les forces d'Hercule[1]. » Sur les épaules de huit, il en monte quatre et toujours en diminuant, puis ils sautent à terre sur des sacs. Cela ne laisse pas d'estre difficile et d'estre assez bien fait. Ils font de part et d'autre à l'envi, quelquefois même le soir, dans les récits de l'envi, ils viennent aux injures et aux coups. Les deux théâtres sur lesquels ils font ces tours sont à droite et à gauche d'un feu d'artifice assez bien décoré mais très mal tiré et très vilain pour l'artifice. On le tire en plein jour et il est fait en Italie. C'est ce qui termine la feste.

Le *Vendredi* de la dernière semaine de carnaval est le seul où l'on aille en masque tout le jour. Les autres il n'est permis qu'à l'entrée de la nuit de se déguiser.

Je ne dois pas oublier que les moines, les prêtres se servent de la liberté publique pour aller dans les lieux où, dans d'autre temps, ils n'oseroient aller avec leurs habits. C'est apparemment pour convertir les religieuses fort galantes.

1. « En récompense, ils ont inventé un autre jeu appelé les « forces d'Hercule. » (La description suit). De Brosses, I., p. 218.

On leur fait la cour. Autrefois, dit-on, les dames plus retirées leur laissoient plus de pratique de gens de la ville le long de l'année. A présent les grilles tournent à bien pour les estrangers. Ces pauvres filles ne pouvant sortir, font au moins comme les autres au dedans de leur maison. Elles s'y masquent de toutes sortes de façon et ne reçoivent que des masques à leurs parloirs dans lesquels elles voient danser et écoutent tous les contes qu'on leur fait. Les meilleurs ne sont pas devant tant de témoins. L'on m'a dit qu'elles n'estoient pas scrupuleuses[1].

Le *dimanche gras* le doge avec la Seigneurie voit l'après-midi d'une des galeries de son palais combattre des taureaux et un ours avec des chiens. Puis, pour terminer la feste, l'on tranche encore la teste à un bœuf. Les autres galeries sont toutes échafaudées. Ce spectacle n'est pas laid, à cause de l'affluence du peuple et des masques qui font un assez beau coup d'œil. Cela m'a donné une idée des anciens divertissemens des Romains (49).

L'on ne peut trop se récrier sur les folies qui semblent s'estre emparées de tout le monde aux approches du cruel mercredi. Le lundi et le mardi, presque toutes les boutiques sont fermées. Tout le monde, vieillards, enfants de quatre ans, en nourrice même, ont un masque sur le nez. Il y a une académie : le manège couvert et l'autre ne sont pas laids. Il n'y a de chevaux que les deux mois de carnaval : c'est une pitié que les haridelles que j'y ai vu, montées à l'avenant. Ceux qui se hasardent de monter sur les plus pacifiques bêtes que l'on puisse imaginer, n'oublient pas de faire,

1. « Depuis que les femmes sont devenues plus libres, les couvents, où étoient la joie et le plaisir, sont devenus déserts. Le dérèglement des femmes du monde a mis la réforme chez celles qui y avoient renoncé. Il y a encore des religieuses qui ne s'étoient faites telles que par amour pour le plaisir; leur vieillesse seule les console.... MONTESQ. I, p. 34. « Cette pratique actuelle des dames a beaucoup diminué les profits des religieuses, qui étaient jadis en possession de la galanterie. Cependant il y en a encore bon nombre qui s'en tirent aujourd'hui avec émulation, puisque il y a une furieuse brigue entre trois couvents de la ville pour savoir lequel aura l'avantage de donner une maîtresse au nouveau nonce qui vient d'arriver.... » DE BROSSES, I, p. 177.

ainsi qu'à Parme, un grand signe de croix avant de s'exposer à un aussi grand danger. L'on y voit de grands benêts de 25 ans se servir d'un marchepied pour en faire l'ascension : le maître est dans le goût de tout le reste.

Les *Juifs* sont installés à Venise ; ils ont un canton habité par eux seuls, nommé le « Ghetto. » Ils ont leur synagogue; les riches ont le dessus de leur chapeau de drap rouge et les pauvres n'ont qu'une toile cirée. Ils peuvent estre au nombre de trois mille.

Les *Grecs* sont aussi établis dans cette ville, ils font leur service à leur manière dans une église qui leur appartient. Ils communient sous les deux espèces, ils disent leur office en leur langue. Leurs prêtres n'ont point de surplis et portent la barbe. Ils sont mariés mais n'habitent point avec leurs femmes. Quand ils doivent célébrer, ils sont trois principaux qui officient. Ils desservent l'église une semaine chacun, les autres chantent avec le reste des prêtres. Ils n'ont point de chasubles mais une espèce de chape. Ils ne se mettent jamais à genoux. Tout le monde est debout. Il n'y a point de chapelles dans leur église ; l'autel est séparé par un mur, une porte communique à laquelle il y a un rideau que l'on ferme dans certains temps de leur messe, le prêtre sort dans d'autres de l'espace où est l'autel et vient ou parler ou faire de certaines prières devant le peuple. Aux deux côtés du lieu où est l'autel, qu'ils nomment le Saint des Saints, sont deux petits réduits qui leur servent de sacristie. Les gens mariés, hors les prêtres, n'entrent point dans ce lieu. Les estrangers qui y entrent, quittent leur épée. Ce lieu est peint à fresque de tableaux de dévotion, tous à fond d'or. L'on peut faire le tour de l'autel. Le saint Sacrement est gardé dans un tabernacle comme dans nos églises. Les femmes sont séparées des hommes.

Ils ont un couvent de filles qui viennent au service dans cette église et qui ont pour elles une tribune séparée en haut. Ils ont aussi leur évêque. Le siège estoit vacant, ainsi je n'ai pu voir ni son équipage ni les cérémonies. L'église n'est ornée que de tableaux dans le goût grec; il n'y a pas la moinde figure en relief, même sur une grande croix qui est au-dessus de la petite porte du Saint des Saints, le Christ est peint. Ils ont aussi un collège pour instruire la jeunesse. Ils peuvent [estre] au nombre de 7.000 establis. Ils ne reconnaissent ni le patriache de Venise ni le pape. — Les schismatiques avoient, il n'y a pas encore dix ans, une église et faisoient leur service à leur mode ; à présent ils n'y sont plus. —

Les Huguenots peuvent, s'ils le veulent, estre enterrés dans les églises. On ne suppose point à Venise d'autres religions que l'hébraïque et l'Alcoran : cependant il y a un bastion au Lido dans lequel il y a plusieurs tombes de gens de la religion et je le crois destiné pour servir de cimetière à ces Messieurs.

Il y a à Venise quelques jardins mais ils sont en petit nombre (50).

Il n'y a pas proprement de place que celle de St-Marc. Il y a plusieurs autres terrains vides auxquels un voyageur qui voudroit tout louer et montrer tout par les beaux côtés, pourroit donner le nom de place, mais à dire la vérité ce n'en est point. L'Italien, tout ami qu'il est de l'exagération, ne leur donne même que le nom de « campi. »

La situation de Venise est plus extraordinaire que l'on ne peut imaginer. On ne s'accoutume point à l'eau que l'on voit à tout moment : les voitures sont si différentes de tout ce que l'on a vu que, selon moi, l'on ne s'y fait pas aisément. Les canaux traversent et coupent la ville autant que les rues le font dans les autres. Ils sont de largeur inégale et ne sont point du tout alignés. *Le grand Canal* ainsi nommé par quoi il se distingue de tous les autres, porte des barques qui font au milieu de la ville et des maisons avec leurs mâts, leurs cordages et leurs voiles, un effet particulier. Le canal n'est pas en droite ligne ; il trace la figure d'un S. Il n'y a dans les endroits les plus larges, car il n'est pas absolument égal, qu'aux environs de cent pieds tout au plus. Il peut y avoir à Venise autour de trois cents ponts de pierre et une centaine de bois. *Le Pont de Rialto*, qui est le seul sur lequel on traverse le grand Canal, s'élève sur tous les autres. Tout n'est que comparaison, je l'ai moi-même éprouvé ; ce pont si vanté ne me frappa point le premier jour que je le vis, quelques jours après que j'eus demeuré dans cette ville, mes yeux accoutumés aux autres petits ponts, virent d'une autre façon celui-ci qui, dans le fond, est assez beau. Selon ma supposition il peut avoir quatre-vingt-dix pieds d'une pile à l'autre, car il n'y a qu'une arche. Son élévation peut estre de trente pieds, sa largeur de plus de cinquante. Il a trois passages, au moins de deux toises chacun, et deux rangs de boutiques bâties de pierre avec un portique au milieu de chaque rang qui joint les trois passages. Les boutiques sont de l'un et l'autre côté. Ce bâtiment est en entier de pierre dure que l'on trouve si souvent en Italie. A droite et à gauche de ce pont sont deux bâtimens ; l'un est de forme et d'architecture bizarres, c'estoit autrefois, m'a-t-on dit, l'ancien palais des doges[1]. Il ne sert à présent à rien ; je crois qu'il s'y tient encore quelque petit tribunal de justice. L'autre est la maison des Allemands ou *le Fondaco*[2]. C'est un lieu où toutes les marchandises qui viennent d'Allemagne viennent débarquer. Cet endroit ne mérite d'estre remarqué que par les tableaux qui y sont renfermés. Le dehors et le dedans estoient peints à fresque par le Titien, mais presque tout est effacé. Ce que l'on en voit cependant prouve la beauté dont estoit l'ouvrage. Dans une salle où mangent l'esté les marchands qui demeurent dans cette maison, j'ai vu sept tableaux de P. Véronèse représentant sept sujets d'histoire ou de la fable, mais ils ne me plaisent pas. Ils ne sont pas de ses plus beaux. Huit autres du Titien représentent, je crois, les signes du Zodiaque et un Sauveur, du même, de toute beauté. Tous ceux du Titien

1. Auj. *Pal. dei Camerlenghi*, anc. palais des trésoriers de la Rép.
2. *Fondaco dei Tedeschi*. L'extérieur, décoré de fresques par le Giorgione et le Titien, n'en garde aucune trace.

sont conservés à merveille. Le plafond est rempli d'une cinquantaine de petits tableaux en grisaille de ce dernier qui m'ont paru estre de ses études : il y en a de très belles. J'y en ai vu une d'un homme avec toutes les marques de santé.

Les canaux se sentent du flux et reflux. La Méditerranée, dans le seul golfe de Venise, se donne les airs de l'Océan. Dans les grandes marées il y a plusieurs endroits à sec. La bourbe et les immondices qui ne peuvent pas manquer de se trouver dans les canaux, font quelquefois sentir de très mauvaises odeurs. Quoique l'on puisse aller par eau presque par toutes les maisons, il n'y en a point où l'on ne puisse aller par terre, mais les rues sont prodigieusement étroites et Venise est une espèce de labyrinthe. Il est même dangereux d'y marcher le soir à cause des ponts, des canaux et des quais qui sont sans garde-fous (51).

Toutes les maisons sont donc sur pilotis. J'avoue que leur solidité m'étonne. Il y a des rues si étroites en quelques endroits, que deux hommes sans se tourner ne peuvent passer de front. Toute maison de gentilhomme porte le nom de palais, mais il y en a peu qui, selon moi, en méritent le nom. L'on reconnoit aux maisons le goût des Italiens qui est de ne vouloir de beau que ce qui paroit. Ainsi le mur qui fait la façade est ordinairement de pierre ornée et qui coûte beaucoup, et ce qui ne se voit pas est de boue et de crachat[1]. Celles dont les façades me plaisent sont : les deux maisons des Grimani[2], celle de Cornaro[3], celle de Pisano, toutes sur

1. C. exagère, car il y avait le long du *Canal Grande* des palais somptueux et riches. Toutefois, la plupart n'avaient que de merveilleuses façades. Montesquieu et De Brosses partagent la même opinion tout en se servant de termes plus doux. « Les maisons de Venise ne sont que des pavillons; une façade étroite, mais la façade est belle.... » (Montesq., t. I., p. 41 » Tout se surmarche ; il n'y a pas un seul cabinet ni un fauteuil où l'on puisse s'asseoir. » De Br., t. I, p. 203. « Au marbre près, il y a des Palais aussi magnifiques ailleurs, auxquels on ne donne que le nom de maison. » Poellnitz, t. I, p. 121.

2. « La maison des *Grimani* est une des plus belles de Venise. » Montesq., t. I, p. 55.

3. Palazzo *Cornaro*, de l'apogée de la Renaissance, bâti en 1532 par Jac. Sansovino.

le Grand Canal; — celle Foscarini sur le canal Reggio. — Celle du signor Labia[1] aux Carmini est commode, bien bâtie dedans comme dehors, avec un beau jardin et a de la symétrie et des commodités.

Venise est longue et d'une forme irrégulière ainsi la grandeur en est difficile à limiter. Sa situation est très forte car on ne peut y arriver ni par terre ni par mer. Il y a si peu d'eau sur ce qui s'appelle « lagunes » et qui environne la ville que les différentes routes, que l'on veut prendre pour en sortir du côté de terre en bateau, à proprement parler, sont marquées avec des pieux à droite et à gauche. Si l'on s'écartoit du canal qui vous la marque, l'on s'embourberoit très certainement. Quant au côté de la mer, ce qui peut en porter le nom est éloigné de sept milles : des canaux connus et profonds y conduisent, ainsi est-il aisé de garder ces passages contre une entreprise par mer. Ainsi Venise n'est, d'une certaine façon, ni sur terre ni sur mer, quoyque les coquillages soient attachés aux maisons. Les huîtres de l'Arsenal sont forts renommées : on les apporte dans le lieu, elles y grossissent et puis on les repêche.

Venise est extrême en tout. Le mercredi des Cendres, lendemain de toutes les folies imaginables, l'on ne voit que sainteté et retraite dans les rues[2].

A un mille de Venise, l'on trouve une isle assez grande, bâtie avec des canaux comme la ville. Plusieurs maisons en composent une petite nommée *Murano*. C'est un évêché : la République y tient un gouverneur ainsi que dans toutes les villes ou postes qui peuvent estre importans. Il y a en tout treize ou quatorze églises. La principale est pavée de mosaïque dans le goût de celle de St-Marc[3]

1. Sur les *Labia* V. De Brosses, t. I, p. 203 et 204.

2. Peu de personnes observent mieux l'extérieur de la religion que les Vénitiens en particulier; on peut dire d'eux qu'ils passent une partie de leur vie à mal faire et l'autre à en demander pardon à Dieu. » Pollnitz, II, p. 108.

3. *S. Maria e Donato.*

et soutenue par plusieurs colonnes antiques où, à dire la vérité, il n'y a pas grand'chose à voir. Le petit couvent de filles, nommé des Anges[1], a une église qui n'est pas grande. Le grand-autel avec deux petits aux côtés, sont de bon goût, le tout est de marbre. Le particulier n'est pas beau, mais le tout ensemble me plait. Sur l'autel il y a une « Annonciation » que je crois du Pordenone[2] qui est fraîche et conservée à merveille. J'ai vu dans ce lieu plusieurs tableaux de la vieille école qui m'ont parus bons. Le chœur de ses religieuses est d'une propreté et d'un goût infinis. Ce qui rend Murano recommandable, ce sont les verreries. On y fait aussi des glaces mais elles doivent à présent céder aux nôtres[3], soit pour la grandeur, [soit] pour la netteté et la façon dont elles rendent les objets. L'on faisoit, il n'y a pas encore longtemps, publiquement dans les verreries des jouets ou hochets pour les religieuses ou jeunes filles. A présent, on le leur a défendu sous peine d'excommunication. Ce qui ne les a pas empêché d'en faire un devant moi et de m'en fournir une douzaine pour le service de mes amies. Murano sert encore de guinguette l'esté et dans le canal qui le traverse le jour de l'Ascension, toute la ville y vient faire le cours. On le tient tout l'esté depuis le pont de Rialto jusques au port (52). Entre Venise et Murano, l'on trouve deux petites isles, l'une de *St-Christophe* où il n'y a rien à voir, et celle de *St-Michel*, habitée par des Camaldules au nombre de trente. Leur autel quoyque de marbre, n'a pas plus de goût que les trois statues qui sont dessus. On y voit plusieurs peintures modernes et mauvaises. Sur la porte il y a un tombeau d'un Delfino, deux statues de marbre de chaque côté; celle de la Religion est du cav. Bernin et elle est très belle. La petite bibliothèque n'a de beau que la vue qui est

1. *S. Maria degli Angeli.*
2. Ce tableau d'autel est, en effet, de Pordenone, sous l'influence du Titien.
3. Celles de *Saint-Gobain*

enchantée. Les lagunes, la terre, dans l'éloignement Murano et Venise, les montagnes dans une distance qui retient agréablement la vue, voilà une chose qui m'a plu.

Voici une épitaphe que j'ai trouvée dans cette église : *Lector parumper siste, rem miram leges, Hic Eusebii Hispani a Monachi corpus situs est : vir undequaque qui fuit doctissimus*[1] *Morbo laborans, sexdecim totos dies edens bibens nihil prorsus, et usque suos manens, Deum abiit. Hoc te scire volebam. ABI et Vale. Anno D. M. D. I. X feb. Aet. suæ II. Sacræ militiæ XVII nostræ. Que vitæ exemplar admirabile.* J'ai beau mourir, on ne pourra pas mettre un pareil jeûne dans mon épitaphe.

Sur le chemin qui conduit à Fusina on trouve une petite isle habitée à présent par des Jésuites blancs ou Carmes deschaus, dans laquelle il n'y a qu'un tableau, dans le réfectoire, du Sansovino[2], qui soit beau. Quelques morceaux, d'un peintre ancien, inconnu, ont cependant leur beauté.

Venise est entourée de plusieurs petites isles presque toutes habitées par des moines. La seule utilité que le pays en retire c'est que l'on a fait, dans plusieurs, des tours carrées couvertes de plomb qui servent de magasins à poudre.

Avant que d'arriver à la sortie du canal qui aboutit au port, l'on trouve St-Georges-Majeur, le couvent des Grâces[3], St-Clément, le St-Esprit, où par parenthèse il n'y a rien à voir. Ensuite l'on passe par devant *Poveglia*[4] où il n'y a plus aujourd'hui qu'un cabaret et une église pleine d'enseignes. L'on voit encore au fond de l'eau les restes des maisons de ce lieu qui en avoit, m'a-t-on dit, autrefois, sept ou huit cents. Dans la guerre contre les Génois, la fidélité des habitants de cette petite ville fut suspecte. Le Sénat les fit mourir en partie et fit submerger leurs maisons. Ensuite

1. L'épitaphe est fautivement transcrite; il manque ces mots « nostræ quoque vitæ exemplar admirabile. »
2. *Jacopo* Tatti *Sansovino*, art. et sculp., élève d'Andrea (1486-1570).
3. Auj. hôpital pour tuberculeux.
4. L'anc. *Popilia*.

l'on arrive à *Pellestrina*, petit bourg autrefois plus recommandable puisque l'on m'a dit que deux ou trois doges y avoient, au commencement de l'establissement de ces insulaires, fait leur résidence, mais ce n'estoit pas dans celui que l'on voit aujourd'hui. L'ancienne Pellestrina a esté plus avant dans ce qui est à présent la mer. Quand il fait beau, des pêcheurs et des gens du lieu m'ont dit qu'on en voit encore les ruines au fond de l'eau où elle a esté submergée par un tremblement de terre. Cette petite ville ou bourg n'est recommandable pour rien. Il y a trois églises et un couvent de filles, fameux pour les bons et gros beignets. Du *Lido* dont j'ai parlé, l'on va par terre à Pellestrina : la même isle y conduit. Elle est peu large, surtout vers la fin; elle continue encore près de trois milles et va aboutir à ce que l'on appelle *le port*. Ainsi par le canal qui conduit à Venise, où il n'y a en quelques endroits que le passage d'un vaisseau, il y a sept à huit milles.

La pointe de l'isle est défendue par quelques fortifications de terre. Depuis Poveglia jusques au port, il y a trois espèces de redoutes revêtues, très mal tenues, dans lesquelles on mettroit des canons en cas de besoin mais elles sont bien distantes l'une de l'autre. Du port à Malamocco, petit fort qu'il faudroit prendre encore avant d'arriver à Venise, il y a dix-huit milles. Sur la gauche se trouvent plusieurs isles, celle de [Saint Pietro in Volta] qui est un peu distante de celle où est située Pellestrina (53).

Il y a un autre fort de terre qui défend l'entrée du canal qui conduit de l'autre côté du Lido, par lequel les gros vaisseaux et tous les bâtimens qui sortent du port sont obligés de passer, ne pouvant gagner le large à cause d'un grand banc de sable toujours caché sous l'eau qui laisse simplement un passage le long de l'isle et qui défend encore Venise de ce côté. Les vaisseaux rentrent dans ce que l'on appelle le port, et, passant par *Chioggia*, vont gagner la haute mer. De ce côté l'isle est entretenue de pieux, avec peur que la mer n'emporte cette isle qui est d'une grande importance pour Venise pour la conserver dans sa situation amphibie.

Ce que des gens m'ont dit de la quantité des canaux de Venise me paroit invraisemblable : ils sont au nombre de cent quarante formant trois cents et tant d'isles petites ou grandes, soixante et dix paroisses, près de trente couvens d'hommes, environ vingt-cinq de femmes, seize ou dix-sept hôpitaux, plus de deux [cents] écoles ou confréries[1].

Il y a deux cent vingt-quatre familles vénitiennes. Comme les biens vont toujours à l'aîné, quand il se trouve trop riche, de peur qu'un homme ne se rende trop puissant, par ordre du Sénat il partage son bien avec ses frères ou ses neveux. Quand la République a besoin d'argent on ouvre le *Livre d'or* sur lequel sont écrits tous les noms des nobles. Les marchands ordinairement achètent la noblesse; pour lors, leurs crimes sont, ou peu s'en faut, impunis. La vanité se joint à leur ignorance : revêtus d'une grande robe, les voilà nobles et traités d'Excellence comme les autres[2].

Le grand conseil est composé de deux mille sénateurs. Tout s'y fait par élection avec des balles d'or ou d'argent. Il faut avoir vingt-cinq ans pour posséder des charges qui ne sont jamais pour la vie. Il n'y a que le doge et les procureurs de St-Marc qui soient pour leur vie. Ce sont [les procureurs] les premières charges; ils sont au nombre de vingt-quatre et vêtus de bleu. Le pauvre malheureux doge me fait une pitié très grande[3], il n'oseroit dire une parole de plus que celle qu'on lui a prescrite dans les réponses qu'il doit faire. Il ne peut expédier seul ni parler à aucun

1. « Venise est composée de 150 îles; chacune de ces îles compose un grand nombre de rues. Elle est divisée en six quartiers qui contiennent 72 paroisses, 25 églises de moines, 36 de religieuses, sans compter plusieurs hôpitaux, oratoires, écoles. Il y a sur ces îles 500 ponts. Venise est grande et pourtant il n'y a ni remise, ni écurie, ni cour, ni presque de jardins. » Montesq. I, page 56.

2. « La noblesse se vend 100.000 ducats d'argent. » Montesq., p. 53. « Moyennant cette somme peut acquérir la noblesse qui veut ». Pollnitz, II, p. 121.

3. « Le doge n'est autre chose qu'une figure de prince, une statue animée, un fantôme sans grandeur.... » Misson, I, 300-302.

ambassadeur, enfin il ne peut rien faire qu'accompagné de six conseillers, quarante des sages du Conseil, et de plusieurs autres nobles. Celui du temps que j'y estois, s'appeloit Cornaro. On ne peut entrer dans le Conseil qu'à trente-cinq ans. N'en déplaise à Messieurs les nobles, mais n'envoyer commander que les plus pauvres d'entre eux dans les lieux de leur domination, est une erreur bien grande. Car ces Messieurs partant gueux ne pensent qu'à revenir riches et à faire leur maison aussi grande que celle de leur voisin. Pour cela ils se servent de toutes sortes de moyens, ruinent le pays et se font haïr, eux et la domination. Venise, à la vérité, en est plus riche, aussi y a-t-il des puits d'or et une quantité très grande de pierreries, mais qu'est-ce qu'une ville seule avec des pays ruinés ? C'est ce qui leur arrive à présent ; il y a de l'argent mais ce n'est pas dans les coffres publics, aussi ont-ils une frayeur bien fondée.

Avec bien de la peine ils arment contre les Turcs vingt-deux galères, trente-deux galéasses, qui sont entretenues continuellement autour de Corfou, dix-huit vaisseaux de 40 à 70 pièces de canon, quatre du Pape, deux qu'ils ont acheté à Livourne, le secours de Malte. Ils en négocioient aussi auprès des Hollandois. Ils avoient retiré les troupes dans leurs garnisons de Morée et fait leur place d'arme à Corfou et en Dalmatie au-dessus de cette place. Ils n'avoient en tout sur pied. soit pour garnison, soit pour former des corps à Corfou et en Dalmatie, que 117.000 hommes. Ils négocioient en Allemagne pour en acheter. Ils avoient très peu de cavalerie. L'Empereur, sur lequel ils avoient beaucoup compté, ne leur a donné que des paroles.

Pas un homme du pays ne se veut engager ni comme soldat ni comme matelot : aussi la prudence pantalone est-elle fort embarrassée et le mérite bien. Les nobles ne se commercent (*sic*) point entre eux, cela leur est défendu. Les étrangers ont peine à les voir, généralement parlant ils n'ont point de commerce. Un ambassadeur ou quelqu'un qui a rapport (avec lui) est évité plus qu'un serpent, ainsi, le nom spécieux de liberté, pour laquelle ils travaillent toute leur vie, est une chimère plus grande que celle qui ordinairement conduit les hommes, car pour l'avoir ils se l'ostent et tous les plaisirs de la vie, d'abord que le commerce et la société en sont ostés. Les gentilhommes de terre ferme qui sont sous leur domination sont traités comme des esclaves quand ils les vont solliciter pour leurs affaires. Ils ne leur font nulle honnêteté, au contraire, ils les traitent durement, non seulement pour leur faire sentir leur prééminence, mais aussi du côté de l'intérêt. Sitôt qu'à ces pauvres gentishommes il est arrivé la moindre affaire, loin de la diminuer, ils l'augmentent, et font confisquer ou vendre leurs terres qui sont aussitôt achetées par des nobles qui possèdent presque tous les biens de terre ferme, vont l'esté à des maisons de campagne et ne commercent plus comme ils faisaient autrefois. Je conviens que sur ce dernier article leur situation est bien changée et Venise bien diminuée. Il ne lui reste plus que le commerce d'Allemagne et un peu (de commerce) avec les Anglois; mais c'est bien peu de chose[1] (54).

Le seul cimetière que j'ai vu à Venise est au couvent des Cordeliers, à la Giudecca. Rien d'extraordinaire dans leur église; je n'y ai trouvé qu'un tombeau d'un : « La Voyer d'Argenson » envoyé du Roi, mort il n'y a pas longtemps. Toute la vanité du monde y est, soit dans l'attestation de la grande et longue pancarte de l'épitaphe, soit dans le furieux volume des armes qui sont au-dessus. Un homme dépaysé est ordinairement gascon. On peut juger ce que c'est qu'un mort qui a changé de pays et d'une épitaphe faite par sa

1. « Le commerce d'Angleterre à Venise n'est pas grand'chose.... A présent, les marchands ne s'assemblent à la Place que pour parler des petites nouvelles de la ville, ou pour emprunter à usure quelque homme à argent. » MONTESQ., I, 71.

« Depuis que les Anglois et les Hollandois se sont rendus les maîtres du commerce, celui de Venise est autant déchu que sa puissance. Ses manufactures sont extrêmement tombées. » POLLNITZ, II, p. 106.

famille, qui doit estre lue en lieu où l'on ne peut guère avoir le démenti. Aussi tout ce qu'il y a de plus grand et de plus illustre en France est enterré dans ce tombeau : notre pays n'y suffit pas, la Grèce a esté témoin des actions de ses ancêtres. Le tout se lit en caractères affectés et style énergique sur un tombeau qui n'a pas grand goût.

La vue du clocher de St-Marc est magnifique. L'on monte aisément par une rampe fort douce jusques au lieu où sont les cloches. Il a en tout un peu plus de trois cents pieds de haut [1].

La paroisse de *Ste-Sophie* est un petit trou où l'on voit un beau tableau de Véronèse, un du Bassan sur le maître-autel et un du même sur l'orgue qui est magnifique et que l'on a coupé pour mettre dans un cadre. C'est grand dommage et cela fait voir l'imbécillité de certaines gens.

Les cabinets de Rezzonico [2] et de Corner [3], avec plusieurs autres, méritent d'estre vus : Je n'ai pu le faire.

Par un malentendu de nos banquiers, nous nous trouvâmes sans argent, nos lettres ayant estés suspendues, et sans mon ami, M. de Journay, qui nous rendit la liberté avec une de ses lettres, nous aurions estés obligés de faire un plus long séjour à Venise, ce qui m'auroit infiniment déplu. J'arrangeai toutes mes affaires et ne put cependant partir que la nuit du 18 au 19 de mars. Mon camarade [4] n'en fit pas de même, amoureux de sa (beauté). Je fus obligé de m'en séparer sur la parole qu'il me donna de nous rejoindre à Lorette. Levailler demeura avec lui et moi je partis avec Belleville et Biart. Nous avions envoyé Privat et Soissons quelques jours devant, par la barque d'Ancône, nous attendre à Lorette.

1. « Il n'y a rien de si beau que de voir Venise du haut du clocher de St-Marc, on voit les dispositions du Lido et de toute la lagune. » Montes., t. I, p. 64.

2. Palazzo *Rezzonico* maintenant Hirschel, construit par Bald. Longhena en (1680).

3. Palappo *Corner* du commencement de la Renaissance.

4. De Toureil.

Venise n'est, à mon sens, fameuse que par sa situation et sa thériaque connue par toute l'Europe. Celui (sic) de la Madone et du Paradis est le meilleur; le premier est le plus fameux. Il ne coûte que six livres cinq sols du pays, puis il faut payer les petites boîtes de plomb dans lesquelles on le met. On le fait à la fin d'avril et à celle de septembre avec une attention très grande. Le magistrat de la Santé y assiste avec plusieurs médecins et un homme de la part du prince qui cachette et enferme les drogues dans le temps de son absence.

L'Inquisition de l'Estat est beaucoup plus sérieuse et plus difficile à vivre que celle de la religion dont on entend parler. Les asiles des églises sont aussi très peu de chose; le patriarche permet d'y prendre ceux que l'Estat ou la justice lui demandent. Le Pape, en faveur de la guerre, a permis aux Vénitiens de séculariser quelques biens des moines. Plût à Dieu que cette permission fut donnée pour les trois quarts de ceux de France!

Ce fut dans une [barque de] pêche que je m'embarquai pour aller à Ferrare. Elle estoit de retour et ne me coûta que six philippes. J'avois quatre hommes pour ramer. Le vent contraire m'empêcha de partir le soir du 18, je ne pus le faire qu'à huit heures de la nuit. Je passai devant Malamocco et Pellestrina qui est entre celui-ci et *Chioggia*, où j'arrivai à la pointe du jour. Elle est située dans une isle qui est à la droite du Canal qui y conduit; vis-à-vis et à la gauche est un fort revêtu qui m'a paru assez grand, fortifié à la moderne, mais si fort que j'avoue n'avoir pas eu assez de connoissances pour y rien comprendre. C'est auprès de ce même fort dont les environs dans la mer font, je crois, toute la force, que les vaisseaux prennent leur route pour aller au Levant. Le jour de St-Joseph, celui de mon départ, est recommandable dans ce golfe par une tempête qui arrive ordinairement devant et après, ce qui n'est pas estonnant car dans ce temps-là il y a les grandes marées de mars. Nos mariniers voulurent donc entendre la messe et j'en profitai pour voir Chioggia où je trouvai une rue longue, fort droite et assez large. J'appris que c'estoit un évêché et que la République y tenoit un podestat (55). J'y vis la principale église. Elle est assez grande mais d'une mauvaise fabrique. Elle n'est pas laide : ses autels sont presque tous de marbre; le premier est au milieu de la nef et j'ai remarqué pour la première fois, la chaise de l'évêque derrière l'autel et au milieu de celles des chanoines. La chaire du prédicateur est de marbre, et les fonts baptismaux, dans le détail, sont vilains, dans l'ensemble ils sont nobles et agréables. Une inscription qui est au haut apprend qu'un évêque les a fait faire, désirant que ce qui donne la vie aux autres lui servit de tombeau. Ce lieu m'a paru habité seulement par des pêcheurs.

Nos matelots munis de messe, nous continuâmes notre route tout droit, et après avoir fait deux milles nous arrivâmes à *Brondolo* où l'on passe une écluse. Nous fîmes deux autres milles toujours par un canal pour arriver à la *Madonna di Marina*, et pour lors nous nous trouvâmes sur la pleine mer qui fut la moitié du chemin assez grosse. Biart et Belleville payèrent le tribut; pour moi je ne fus point incommodé. Après dix milles de roulis, nous entrâmes dans une des bouches du Pô. Le maître de la barque me dit qu'il en avoit sept. Ce fleuve est assez mauvais; pour entrer dedans, le trajet de mer que nous fîmes est ordinairement dangereux! C'est ce qui fait qu'à Brondolo l'on prend par un canal qui traverse dans les terres et qui, raccourcissant de 23 milles, mène les barques en sûreté de Venise au Pô. Mais nous ne pûmes nous servir de cette commodité parcequ'on y travailloit. Ce canal me fait souvenir de mettre ici que d'Istrie l'on arrive à Venise toujours par de semblables ouvrages sans passer, ou bien peu, par la mer. Après avoir passé par un très petit canal, nous entrâmes dans le Pô dont la largeur est magnifique. Tout le côté de la droite en le remontant appartient aux Vénitiens jusques au village de *Polesella* qui est à dix milles de

Pontelagoscuro. A 25 milles de ce même lieu, l'on passe par le lieu où le canal dont j'ai parlé entre dans le Pô. Nous fûmes à Pontelagoscuro vers les dix-huit heures après avoir marché toute la nuit par le plus beau clair de lune. Ce que les pêches ont de commode c'est que, ayant porté des matelas, on y dort comme dans sa chambre. Je pris un autre bateau à Lagoscuro qui pour six paules, qui sont comme les livres de Venise, me mena avec tout mon équipage à Ferrara.

LES ÉTATS DE L'ÉGLISE

ROME — NAPLES

FERRARE. — Un canal de trois milles y conduit. J'arrivai de bonne heure au cabaret de « Saint-Marc » qui est assez bon, et ayant pris un guide, j'eus le temps de voir ce que je vais dire.

Je partis de Venise avec le regret de n'avoir pu aller en Aquilée, premier siège de l'Eglise, quoyque je sache bien qu'il n'y a pas beaucoup à voir. Ma curiosité estoit tentée par une ville aussi ancienne qui n'estoit distante de Venise que d'environ cent milles, mais les Allemands en estoient possesseurs et j'eusse esté obligé de faire quarantaine. C'est ce qui m'en empêcha.

Ferrare est une grande ville, autrefois duché gouverné par ses ducs particuliers[1]; à présent il est gouverné et sous

1. Les ducs de la maison d'*Este*, famille noble et antique descendant

la domination du Pape qui y tient un cardinal pour gouverner en son nom. Cette ville est un évêché ; elle est grande mais mal bâtie. Ses rues sont belles, bien alignées, mais en tout elle est misérable et mal peuplée[1] quoiqu'il m'y ait paru beaucoup de noblesse ; mais ce n'est point ce qui fait la richesse d'un pays, au contraire. Le pays des environs, quoyque bon, est mal cultivé. La ville est entourée de fortifications tant bonnes que mauvaises, mais mal tenues et sans aucun dehors ; les fossés sont pleins d'eau ; l'on passe dedans pour arriver par le canal qui m'y a conduit jusques dedans la ville. Il y a une citadelle que l'on m'a dit estre un hexagone ; ce que j'en ai vu a bon air et me paroit bien tenu. Il y a dedans quatre compagnies d'un régiment rouge, paremens bleus, boutons de cuivre. A chacune des trois portes de la ville, il y a une compagnie de blanc, doublé de rouge, boutons de cuivre : elles sont toutes de cent hommes. Dans un château antique mais bon qui est au milieu de la viile, orné de quatre tours carrées et de quatre murs qui les communiquent (*sic*), le tout garni de mâchicoulis, se tient le vice-légat du Pape. C'estoit la demeure des anciens ducs ; mon guide m'y mena. L'appartement principal est assez beau : quatre fresques en petits des quatre élémens sont tout ce que j'y ai vu de remarquable. Ce château est entouré de fossés pleins d'eau. Auprès de ce lieu est une rue fort large, à laquelle libéralement on a donné le nom de place, où la noblesse vient fainéanter ; car ainsi qu'en plusieurs pays, elle y sait très peu s'occuper. Sur cette même place est le *Dôme*. La façade est à la grecque et n'est pas désa-

des ducs de Toscane, Gui et Lambert, fils d'Adalbert II. Parmi les plus illustres membres de cette famille, il faut compter : *Alphonse Ier*, qui épousa en 1502 la célèbre Lucrèce Borgia, protecteur des lettres et de l'Arioste ; le cardinal *Hippolyte*, père d'Alphonse, ami de l'Arioste ; *Alphonse II*, petit-fils d'Alphonse Ier, qui tint à Ferrare une cour nombreuse et brillante, où Le Tasse fut successivement le plus heureux et le plus malheureux des hommes. Son successeur, *César*, se laissa enlever Ferrare par le pape Clément VIII en 1597.

1. MONTESQUIEU, t. II, p. 32. « J'ai ouï dire d'assez bon lieu qu'il y avoit 28.000 âmes à Ferrare. On y vit à très grand marché. »

gréable; un côté qui règne le long de la place est orné de deux rangs de colonnes qui ne sont point mal. Une grosse tour où sont les cloches est commencée, elle est d'un assez beau dessin; quoique point finie, elle est assez haute, et l'œil, de là-haut, est passablement satisfait. Le dedans de l'église est depuis peu refait à moitié : on ne pourroit encore juger de ce que ce sera. C'est toujours un assez grand vaisseau et clair, le vieux comme le neuf (56).

Les églises de deux *Saint-François* et des *Théatins*, dont deux neuves, sont ce que l'on m'a fait voir.

La *Chartreuse*[1], la première que j'aie vue dans une ville, occupe un grand terrain : vingt-huit moines y sont logés au large et fort joliment. Leur église est simple, grande, propre et me plaît assez. Un tableau d'un Scarsellino[2] du « Jugement » ne me déplaît pas; un autre dans le réfectoire de Bonone[3] de Ferrare, n'est pas laid, mais en tout ce n'est pas grand'chose.

J'oubliois de dire que sur la place devant le Dôme il y a deux statues sur des colonnes, toutes deux assez vilaines, l'une équestre et l'autre assise. Cette dernière est du duc Borso, qui estoit un bon homme et qui fut fait duc de Ferrare par le pape Paul II; il paroit par l'inscription que son pays l'aimoit fort. L'autre est du marquis d'Este[4] dont on parle comme ayant donné trois fois la paix à l'Italie. Les maisons, qui cachent d'un côté et qui soutiennent presque les colonnes, appartiennent, ainsi que celles d'un petit quartier de la ville, au duc de Modène. Il jouit même de certaines entrées d'une porte : c'est du moins ce que l'on me dit.

Du côté de la Chartreuse, l'on trouve une grande place, belle non par la régularité des bâtimens qui la forment, mais par sa grandeur et sa libéralité. Au milieu est une très belle colonne de pierre ornée de feuillages, sur laquelle est

1. S. *Paolo*.
2. Ippolito Scarsella, dit *Scarsellino*, peintre ferr., 1551-1620.
3. Carlo *Bonone*, peintre ferr., 1569-1632.
4. Le marquis Nicolas III : « Ter pacis auctor. »

en bronze dans un fauteuil le pape Alexandre VII[1]. L'on m'a dit que les environs de cette colonne servoient d'asile.

L'église des *Bénédictins* n'est rien en elle-même, le seul tombeau d'Arioste[2], si fameux par ses ouvrages, est ce qui peut la rendre recommandable. J'aime les épitaphes courtes et qui ont quelque chose d'extraordinaire, aussi je n'eusse point écrit [celle d'Arioste], si Misson[3] n'en rapportoit une absolument différente; ce qui me fait croire qu'ainsi que de Ferrare, cet auteur a parlé de plusieurs endroits sur le rapport d'autrui, sans les avoir vus. Cette épitaphe est, du moins selon moi, un grand préjugé de ce que je viens d'avancer. Le tombeau qui la soutient n'est ni beau ni laid et n'a rien de merveilleux. Il est de marbre, le buste est au-dessus de l'écriture conçue en ces termes :

D. O. M. Ludovico Areosto ter illi max. atque ore omnium celeberr., vati a Carolo V caes. coronato nobilitate generis atq. animi claro, in rei (*sic*) pub. administran. in regen. populis, in graviss. ad summ. pont. legationis, prudentia, consilio, eloquentia, prestrantiss. Vixit ann. LIX. Obiit ann. sal. CIↃIↃXXXIII VIII IDIIS (*sic*) iuni.

Entre l'année et l'épitaphe il y a encore trois ou quatre lignes d'écriture qui apprennent qu'un de ses petits-fils lui a fait faire ce tombeau et cette épitaphe. Il y a trois cloîtres dans le couvent de cette église. Il y en a deux joints par trois rangs de colonnes à jour qui font un très bel effet. Quoyque je sois peu porté à croire ce que mon guide m'a dit du nombre des Juifs de Ferrare qu'il fait monter à vingt-trois mille, je ne puis m'empêcher de dire qu'il y en a un très grand nombre. Ils ont trois ou quatre sinagogues et

1. Cette colonne a porté la statue du pape Alexandre VII jusqu'en 1796, puis une statue de la liberté ; de 1810 à 1814, une statue de Napoléon Ier. Aujourd'hui, on y voit une statue de l'Arioste érigée en 1833.

2. Lodovico *Ariosto* (1474-1533), auteur du célèbre poème : « Orlando furioso, » le plus grand poète italien du XVIe siècle.

3. Cf. l'épitaphe de Misson, op. cit., t. I, p. 342. Cette double épitaphe s'explique aisément : celle rapportée par Misson appartenait au modeste monument que Agostino Mosti érigea en 1573 au grand poète; l'épitaphe citée par de Caylus, est du monument somptueux que l'arrière-petit-fils

portent un ruban rouge en guise de laisse à leur chapeau. Je ne puis m'empêcher de dire que la façade du palais de M. Devilla, dont les pierres sont à pointe de diamant, n'est pas laide : elle est fort estimée dans la ville. Arrivé le 19, je partis le 20, au matin, par la cambiatura, pour aller à Bologne. Naturellement il n'y a que trente-cinq milles de Ferrare à Bologne, mais je fus obligé d'en faire quarante, à cause de la rivière du Reno qui passe auprès de la ville où j'allois et qui ayant crevé une chaussée, me fit faire un détour de cinq milles de chemin très mauvais. L'on passe cette rivière à la traille auprès de *Cento*, gros bourg où il y a un château occupé par les Allemands, à ce que l'on m'a dit. La dernière poste est très belle; le pays que l'on traverse est gras et fertile, planté d'arbres en quantité. Les haies qui environnent les champs sont toutes taillées à hauteur d'appui et font un aimable coup d'œil : leur symétrie m'a plu. Les paysans s'amusent aussi à donner à des arbres la forme ou de vases ou de berceaux, etc. (57).

BOLOGNE est située précisément au pied de collines agréables qui sont des dépendances des Appenins. Cette ville — de figure un peu longue[1] — n'est pas aussi grande que Ferrare, mais plus peuplée et beaucoup plus remplie de maisons et de palais. L'on trouve dans les rues presque partout des portiques comme à Modène ou à Padoue, mais plus exhaussés et plus beaux. La ville est entourée d'une simple muraille et n'a aucune citadelle ni garnison du Pape. C'est à ces conditions, et à plusieurs autres, que cette ville, autrefois libre, s'est donnée au Pape[2] qui y tient un légat et un vice-légat qui ne peuvent rien faire sans au moins le con-

de l'Arioste lui fit élever plus tard et qui, lorsque l'église de S. Benedetto fut désaffectée au début du XIXe siècle, fut transféré à la Bibliothèque de l'Université (1801) qui le possède présentement. De Brosses, op. cit., t. I, p. 229, cite aussi l'épitaphe en entier.

1. « Longue et pointue par les deux bouts, en navette.... » De Brosses, lettre XIX.

2. Jules II incorpora Bologne aux Etats de l'Eglise, en 1506.

seil apparent du gonfalonier et de ses six conseillers qui logent tous dans le même palais. — Sur la façade de l'entrée, il y a une autre statue de bronze en pied de Boniface VIII; comme le pape a l'air jeune, il est pris par bien des gens pour la papesse Jeanne. — Le gonfalonier doit commander dans la ville en défaut des deux prêtres mandés par le pontife, mais il n'est jamais à cette peine. On y prend garde et cette charge, ainsi que celles des quarante gentilshommes qui composent le Sénat, n'est plus qu'*ad honorem*. Le même n'est que pour deux mois gonfalonier ou le premier qui devroit commander. Cette charge suit à tour de rôle jusques à ce que le nombre des quarante soit fini, et puis il recommence.

Bologne est un archevêché : sa principale église est grande, bâtie à la moderne, un peu obscure, sans portail, point finie de ce côté. Je n'y ai rien vu de merveilleux.

Le *château* dans lequel demeure le légat est ancien mais rajusté au mois de novembre en plusieurs endroits — au dehors où les mâchicoulis et les tours carrées se voyent cependant encore. — Il est spacieux et grand. Sur la porte il y a une grande statue de bronze de Grégoire XIII; elle est très belle. Entre les deux[1] on lit une grande inscription — qui dit que l'an 1529 le pape Clément VII et Charles V donnèrent la paix à l'Italie, après quoi le pape couronna l'empereur roi de Lombardie, et qu'ils passèrent à Bologne le reste de l'hiver; ensuite l'un retourna en Allemagne et l'autre à Rome. — Devant le château il y a une place qui n'est pas trop belle, sur laquelle il y a une fontaine qui représente un Neptune[2] en pied et quatre petits Tritons de bronze qui sont beaux : le tout est soutenu par un piédestal de pierre et aux quatre coins l'on voit quatre figures de Sirènes aussi de pierre, qui jettent un petit filet d'eau par chaque teton, ce qui ne répond pas à la magnificence du reste[3].

1. C'est-à-dire celle de Grégoire XIII et de Boniface VIII.

2. Du dessin de Jean de Bologne.

3. « Mais les jets d'eau sont si petits et si menus que cette belle fontaine est toute défigurée.... » De Brosses, l. XX.

L'église de *Saint-Pétrone*, évêque de la ville, est des plus grandes que j'aie vues; son élévation est proportionnée. C'est en tout un très beau vaisseau; les voûtes et les piliers en sont légers. Quoyque le portail ne soit que commencé[1], cette église a la grandeur de ce côté mais non du côte de la nef. Quand elle sera finie, ce sera un prodigieux vaisseau qui est gothique. L'on y voit l'observation de Cassini sur la ligne méridienne[2].

L'on voit au *Corpus Domini*, petite église ornée de peintures modernes depuis le haut jusques en bas et d'une petite « Résurrection » de Louis Carrache, un corps sec, noir et épouvantable assis dans une chaise et paré comme une fille de quinze ans, que l'on regarde comme une sainte et à laquelle, dit-on, les ongles et les cheveux croissent. J'en doute. — Elle est effectivement canonisée; elle se nomme Catherine[3], elle estoit religieuse dans ce même couvent. Elle a sur la bouche quelque chose de blanc. L'on dit que c'est un baiser que Notre-Seigneur lui donna en mourant : cela ne me paraît pas fort canonique. —

L'église des *Dominicains*, pères inquisiteurs, est très longue. Le bâtiment en est vilain. Ils gardent, dans une chapelle qui n'a rien d'extraordinaire pour l'Italie, le corps du bienheureux Dominique[4]. Il est dans une châsse de marbre ornée de bas-reliefs qui ont leur beauté. Ce que dit Misson de l'épitaphe d'Enzio, roi, est vrai[5]. Il y a plusieurs tableaux dans cette église qui sont beaux; à cause du Carême ils estoient couverts de rideaux, et je n'en ai pu juger.

Hors de l'église, sur une grande colonne de marbre rouge,

1. Est achevé seulement dans le bas : à l'intérieur, on n'a achevé que la partie antérieure de la nef jusqu'au transept.

2. La ligne du méridien fut tracée en 1656 par l'astronome Giov. Dom. *Cassini* et retracée en 1776.

3. Sainte Catherine, *Vigri* (m. 1463), qui construisit l'église en 1456.

4. *Dominique* né en Castille en 1170 et mort à Bologne en 1221. « Il faut bien d'autres mystères pour voir le bon père jacobin qui dort là-dedans !... » DE BROSSES, *idem*.

5. Entre la 1re et la 2e chap. à g. du chœur, se trouve le monument du roi *Enzio* « Hencius Rex », restauré à plusieurs reprises. Bologne retint

est, je crois, saint Dominique : la figure est de bronze plus grande que nature regardant une Madone du Rosaire de même métal qui est sur une autre de pierre avec des cercles dorés. Toutes deux sont dorées. Les cloîtres et les deux dortoirs sont magnifiques pour environ soixante pères qui y font leur résidence.

Dans cette maison, une colonnade de pierre, en détail assez vilaine, conduit à la bibliothèque. On y entre par une belle grille de fer dorée, on y monte par six degrés. Le vaisseau en est beau; la boiserie est noble et pas trop chargée. Elle m'a paru pleine de livres. Quand elle seroit deux fois plus [pleine], elle ne le sera jamais à proportion de la cave des bons pères. Il y a plus de cent soixante « botti » de vins, toutes rangées sur des tréteaux blancs et propres ainsi que tout le reste. Une étiquette sur chaque pièce enseigne le pays et le temps où l'on doit le boire. Les pièces sont cerclées de fer : une propreté et une justesse dans les morceaux de bois qui les composent, font juger de l'attention et de la solidité du jugement de ceux qui les ont faites, puisque une de ces « botti » tient au moins six à sept muids de notre pays (59[1]).

Dans l'église des Barnabites de l'ordre de *Saint-Paul*, je n'ai remarqué que le maître-autel fort grand et élevé où il y a une grande quantité de marbre. Les colonnes qui le soutiennent sont d'une belle grosseur et d'une belle hauteur. Saint Paul et son bourreau sont de marbre blanc au milieu de la colonnade; ils ne me plaisent pas trop. On montre aussi dans une des chaires du chœur, qui est de noyer, les veines du bois qui naturellement ont la forme [d'] une teste de polichinelle.

Au milieu de la cour il y a une tour nommée *Asinelli*[2].

prisonnier pendant 22 ans, jusqu'à sa mort, le roi Enzio, fils naturel de l'empereur Frédéric II, pris dans le sanglant combat de Fossalta, le 26 mai 1249.

1. Ce devrait être page 58, mais C. à ce point, saute un numéro et donne 59.

2. Construite vers 1109 par les *Asinelli*, à côté de leur château seigneurial, elle est inclinée de 1 m. 20 à l'ouest. « Elle est droite et menue comme un cierge.... Sa voisine, la *Garisenda*, moins haute de deux tiers, s'avise

J'ai monté au haut : elle est carrée et fort estroite. L'on y monte par des degrés de bois qui suivent en dedans les quatre côtés de la tour. Son peu de volume contribue à la rendre plus extraordinaire à l'œil et en effet plus estonnante. Elle a quatre cent soixante-seize degrés. Au haut, dans un petit donjon, se trouve une cloche assez grosse surtout pour estre si haut élevée, qui ne sonne qu'au tocsin, au feu et tous les soirs pour marquer aux marchands l'heure de finir l'ouvrage. L'on peut juger si la vue de cet endroit est belle! Un des côtés endommagé par le tonnerre a esté depuis peu réparé. Auprès de celle-là, il y en a une autre qui n'est pas si large que l'autre et qui n'a pas un quart de son élévation, qui penche prodigieusement. Cela étonne à voir : elle se nomme *la Garisenda*, et a un autre nom en bolonois[1]. Je ne regarde point cela comme un projet d'architecte quoyque ce ne soit pas une chose impossible, mais mon conducteur m'assura que dans les archives de la ville on voyoit que, ayant dessein de faire cette tour comme on voit en plusieurs lieux, peut-être pour faire des signaux, il avoit commencé par celle qui penche sans vouloir la faire comme cela. Voyant son ouvrage de cette façon, il avoit commencé et refait l'autre en lui donnant plus de pied et de largeur.

Jusques vers le quart l'une et l'autre sont de brique. Un savetier a le gouvernement de la grande. Pour deux baïoques on a la plus belle vue du monde et toute la latitude que l'on peut imaginer.

Au pied de ces tours est une statue de marbre de saint Pétrone sur un piédestal avec une petite loge, dans laquelle on garde la tribune où le saint prêchoit au peuple.

J'ai oublié de mettre dans l'article de saint Pétrone, que l'on prétend que saint Augustin a prêché dans cette chaire;

de se donner des petits airs penchés! Je ne sais si cela a été fait par malice pour effrayer les passants qui croient qu'elle va leur faire calotte, ou si, comme d'autres le prétendent, ce sont les restes d'une tour jadis fort élevée, qui, ayant eu de méchants fondements, s'écroula par le haut.... » De Brosses, *idem*.

1. Torre Mozza.

il ne peut y monter que ceux qui ont parlé devant le Pontife. *Le Sauveur* est une des [plus] jolies églises que l'on puisse voir : toutes les colonnes en sont cannelées. Les ornemens qui la remplissent sont mis avec goût. Il y a quelques tableaux qui ne sont ni bons ni mauvais; un de Guido d'Arena au milieu du chœur est beau. Il n'y a aucun autel de marbre ni bien décoré.

Saint-François est une grande et longue église, vieille et sans goût. J'y ai vu une « Ascension » de la Vierge, d'Annibal Carrache, qui est belle. Un vendredi de mars, qui estoit justement celui où j'y fus, l'on montre à découvert un crucifix en peinture, très mal proportionné, qui a parlé. Mais ce n'est qu'à un moine de ce même couvent; ainsi, avec raison, je doute du miracle. Le peuple cependant y court en foule et je ne le vis qu'avec peine. La maison des moines de ce lieu est grande et assez belle : ils ont une belle bibliothèque commencée depuis peu.

L'église de *S. Giovanni in Monte* n'est ni belle ni laide. Elle a deux parties; la principale, consiste en une grande galerie qui y conduit par une rampe douce qui ne ressemble encore à rien de ce que j'ai vu. Ce sont des prêtres de Sainte-Geneviève [qui la desservent]. Ils ont plusieurs tableaux : un du Domenichino qui n'est pas laid, mais rien n'est plus beau qu'une « sainte Catherine[1] » de Raphaël; il faut se mettre à genoux devant! C'est un morceau rare et bien conservé. Ils ont encore quelque petit frétin de tableaux dans la sacristie.

L'église des *Mendicanti* ou de la Piété, où l'on met les enfans trouvés, est très vilaine, mais un tableau de Louis Carrache, celui du maître-autel de Guido Reni, plusieurs morceaux du Cavedone[2], la rendent préférable à toutes les autres.

1. L'auteur veut parler de la *Sainte Cécile*, chef-d'œuvre célèbre qui resta à S. Giovanni in Monte jusqu'en 1796 et que l'on admire auj. à la *Galerie de peinture* (R. Pinacoteca), dans la salle D ou salle de Raphaël. « C'est à force de voir ce tableau et de l'étudier, que les Carrache et leurs disciples sont devenus de si grands maîtres. » De Brosses, lettre XXII, p. 265 et 66.

2. Giac. *Cavedone*, p. bol. 1577-1660.

Il y a encore des morceaux passables de l'école de Bologne.

A *Sainte-Agnès*, petit couvent de filles, j'ai vu un grand tableau du Domenichino[1]. Le bas est bien plus beau que le haut, ainsi que de celui qui est à S. Giovanni in Monte (60).

En sortant par la porte [S. Mamolo], par laquelle il est défendu à aucun estranger d'entrer, environ à une portée de canon de la ville, sur une hauteur qui la commande, se trouve le couvent de *S. Michel in Bosco*. Les Olivétains l'habitent et font honneur à leur foi : leur maison est grande, belle, bien bâtie. Ils ont trois cloîtres et un dortoir long de deux cent trente-trois de mes pas. Outre cela, ils ont une espèce de petit cloître isolé, qui est la plus superbe chose que l'on puisse voir. Les miracles de saint Benoît et de sainte Cécile y sont représentés à l'huile sur le mur : il n'y en a qu'un morceau à fresque. Le tout est peint par l'école des Carrache. Les morceaux de Louis excitent l'admiration de la part de ceux qui les regardent. Le temps en a gâté quelques-uns[2], des polissons ou des peintres envieux, en ont gâté quelques endroits que l'on ne peut trop regretter. L'église n'est pas grande, son bâtiment n'a rien de merveilleux. Le premier canton est peint partout à fresque; les tableaux des autels, quatre médaillons sur des portes et une descente de croix représentée la nuit, à l'huile, sur le mur, tout cela, dis-je, est peint par les meilleurs de l'école nouvelle et ancienne de Bologne[3]. Le tableau du maître-autel n'est pas laid ainsi que les chaises du chœur en marqueterie. La sacristie est pleine de fresques qui sont aussi très belles.

La bibliothèque est peinte il n'y a pas longtemps; quoyqu'il n'y ait pas grande proportion dans de certaines figures, le tout ensemble et quelques morceaux particuliers sont bons. Il n'y a ni grands manuscrits ni rien de superflu

1. « Martyre de sainte Agnès. »

2. « Le temps et l'humidité ruinent presque entièrement ces beaux ouvrages dont on ne peut trop regretter la perte. » De Brosses, *idem*, p. 260.

3. Il ne subsiste, hélas, que de fort maigres restes de ces superbes fresques.

dans cette bibliothèque où, je crois, il n'y a que le nécessaire.

En tout c'est une très belle maison; outre les agrémens qu'elle a par elle-même, celui de la vue en entier de la ville et fort loin par delà dans la plaine, avec les aimables côteaux qui l'environnent et sur un desquels le couvent est situé, tout cela, dis-je, compose une aimable retraite. Il y a dans le réfectoire et dans les logemens destinés aux estrangers, encore de beaux tableaux. Je ne les ai pu voir, le père qui en avoit la clef estant dehors. Je n'avois pas besoin de la vue de ces deux endroits pour partir content de cette maison.

Sur une autre colline voisine de celle où Saint-Michel est situé, réside un couvent de capucins. Il a la même vue que l'autre, mais il est véritablement capucinade. On n'iroit point le voir sans trois ou quatre tableaux assez bons et sans le magnifique crucifix de Guido Reni[1]; on ne peut rien voir de plus beau : j'ai esté bien satisfait de ce tableau. Le lieu où ils enterrent leurs capucins et ceux qui veulent estre portés chez eux, est un des [plus] jolis et des [plus] propres cimetières que j'aie vu. Pour revenir comme pour aller à ces couvens, l'on passe le long du bout d'aqueduc moderne qui porte de l'eau aux fontaines. Il passe par-dessus un ruisseau nommé Savena, qui fait souvent de grands désordres. A un bon mille de la ville, en sortant par la porte Saragozza, l'on va à une hauteur sur laquelle est une Vierge nommée la *Madone de saint Luc*. L'on fait cent contes bleus de son arrivée sur cette hauteur et de l'amitié qu'elle a pour cette hauteur puisque ayant, dit-on, esté volée par les Vénitiens, elle revint toute seule à son gîte. On le lui laissa toute seule occuper en ostant celle que l'on avoit mise à sa place, que l'on montre dans un coin de l'église où elle est fort abandonnée. Les Vénitiens, en arrivant chez eux, ne trouvèrent que le nid. L'église, où l'on voit et

1. Auj. à la salle Reni (A) de la *Galerie de peinture* à l'Académie des Beaux-Arts.

apprend tout cela, est petite et n'a rien d'extraordinaire. Un grand autel, qui n'est pas encore fini, tout de marbre et de porphyre, je crois ne sera pas laid. L'histoire des miracles n'est pas si belle à remarquer que l'esprit et le talent des Dominicains qui, au nombre de huit, habitent cette petite maison. Ils savent mettre l'image à profit le mieux du monde et ils ont fait faire à toute la ville un ouvrage véritablement magnifique et rare à voir. Ce sont de grands et larges portiques qui le long du chemin conduisent, depuis la ville jusques à l'église, les pèlerins toujours à couvert. En sortant de la ville jusques au pied de la montagne, on en trouve deux cent quatre vingt-dix et six grands qui se trouvent de distance en distance, soit aux commencemens, soit pour laisser des passages. Leur architecture est simple; le passage peut avoir dix pieds de large, vingt-cinq de haut. Chaque portique peut avoir quatorze de large, et les deux colonnes carrées qui le soutiennent, peuvent en avoir six (61).

Les nouveaux portiques ont la même largeur et la même élévation, mais ils sont plus estroits et soutenus par un mur plus large que les deux piliers ensemble. Après tout, ils paroissent uniformes, le tout estant de brique et couvert de tuiles. Chaque portique a les armes ou le nom de celui ou des confréries et métiers qui les ont fait faire. Il y en a quatre des valets et servantes de la ville. Chaque portique coûte cent écus romains. Il y en a cent quatre-vingts nouveaux et seize grands dans lesquels sont peints à fresque différens mystères de la vie de Notre-Seigneur. Il y en avoit une quarantaine des derniers qui n'estoient qu'à moitié finis, mais ils estoient payés. Il n'en faut pas cinquante pour couvrir le degré qui conduit jusques à la porte de l'église, et cela sera bientôt fait. Les portiques ne sont ouverts que d'un côté et murés de l'autre. Le tout ensemble fait de cela un très bel ouvrage. Il ne faut pas moins que des moines pour en faire autant. Les armes et le nom[1] ont bien autant con-

1. « Les particuliers achètent des arcs pour y mettre leurs armes :

tribués à ce bâtiment que les indulgences accordées à ceux qui, pour la perfection de l'ouvrage, se chargent le col de briques et les portent jusques au haut, plus ou moins, chacun selon ses forces ou sa dévotion ; ce qui leur épargne de grandes dépenses.

Dans la plaine, en sortant par la porte Saint-Félix, du côté du Reno, on trouve une *Chartreuse* environ à un mille de la ville. Les maisons de ces moines sont grandes et jolies ; ils ont un très grand terrain. On trouve trois ou quatre petits cloîtres, dont un d'une très grande estendue, simple et assez beau. Leur réfectoire n'a rien de beau. Le lieu où ils logent les estrangers n'est pas laid. Leur église est toute de guingois, on ne comprend rien à sa forme. Chaque père a sa chapelle et son armoire qui lui sert de sacristie. Les marqueteries des chaises du chœur ne sont pas laides. Ils ont trois tableaux de Louis Carrache : deux temps de la Passion de Notre-Seigneur qui sont beaux, et un « saint Jean dans le désert » grand et superbe[1] ; un autre d'Antoine Carrache. Du reste, on trouve encore d'autres peintures qui ne sont pas laides, entr'autres un grand tableau fort composé, fait par une femme qui est fort bien pour l'auteur. Le clocher n'est pas fort élevé ; les ordres, l'un sur l'autre, en font la beauté et il est fait avec grâce.

L'église de *S. Giacomo Maggiore* est pleine de tableaux et de fresques très bons et qui font grand plaisir à voir. Il y en a du Cavedone et de très bons peintres de l'école des Carrache[2]. Ce sont des Augustins qui habitent le couvent, et leur église est grande et belle.

marchandise que l'on vend beaucoup plus cher qu'elle ne vaut. » MONTESQUIEU, t. II, p. 91.

1. « Prédication de saint Jean-Baptiste au bord du Jourdain » de Louis Carrache. « De tous ceux de Louis Carrache, c'est le tableau qui m'a causé le plus d'admiration. La hardiesse et la facilité du pinceau, la beauté du coloris, la composition du paysage, tout enfin y est excellent. » DE BROSSES, let. XXII, p. 261.

2. Tel celui de Innoc. da *Imola* « les fiançailles de sainte Catherine. » « saint Jean a une figure tout à fait raphaélique. » DE BROSSES, *idem*. p. 259.

Le *Palais* public, qui est celui dont j'ai parlé, est fort grand. Les tours sont vilaines et le degré par où l'on monte chez le légat est une très vilaine rampe. L'on trouve sur la première porte du légat une figure de bronze d'Urbain VIII qui est assis sur la porte. L'on entre ensuite dans une salle fort grande, tout entière peinte à fresque en tableaux bien conservés et beaux, représentant plusieurs histoires, entr'autres : « François Ier, non pas touchant, mais guérissant des écrouelles. » Je parle comme l'inscription et je vois par là bien clairement que nul n'est prophète en son pays[1]. Plusieurs autres histoires sont représentées dans le reste, comme : « Le couronnement de Charles V par Clément VII, » etc. L'on entre de là dans une autre salle nue et longue où pour tout bien j'ai rembourré ma vue d'une autre statue de bronze assise d'Alexandre VII. C'est tout ce que j'ai vu de l'appartement du légat; l'on m'a dit qu'il n'estoit pas raccommodé depuis le désordre que les bals y avoient laissé. Il demeure au second, le gonfalonier au premier, et le vice-légat au rez-de-chaussée (62).

Dans une salle de l'appartement du second, j'y ai vu un plancher peint à fresque de bon goût mais moderne. L'on tient dans ce même Palais un *cabinet* donné au public par Ulisse Aldcandri[2] et par le marquis de Cospi. Il appartient au public. Les noms de chaque pièce sont écrits au-dessous ; en tout, on ne voit rien de merveilleux. L'on y voit aussi quelques livres et en très grande quantité de [ceux] écrits de la main d'Aldoandri. L'on y trouve des armes, des effets de la nature, des minéraux, des coquillages, etc. J'y ai remarqué un couteau des sacrifices romains, quelques bas-reliefs et inscriptions antiques, des idoles, des urnes et ce

1. Allusion à la coutume traditionnelle des rois de France qui, le jour du sacre, touchaient les écrouelles des malades.

2. *Ulisse Aldrovandi*, 1527-1605, professeur à Bologne, célèbre naturaliste, voyagea par toute l'Europe et consuma presque toute sa vie et sa fortune à recueillir les matériaux de sa grande *Histoire naturelle* (pub. à Bologne, 13 vol. in-fol., de 1599 à 1668), dont il ne donna lui-même que 4 vol. Au jugement de Buffon et de Cuvier, ce travail n'est trop souvent qu'une compilation indigeste.

que l'on trouve ordinairement dans les cabinets. Celui-là n'a rien d'extraordinaire.

Sur le mur du Palais, du côté des prisons, l'on voit peint un homme pendu par les pieds, avec ces paroles : *Ugone Statugliero traditore alla patria.* Sans aller chercher si loin que Misson, ce que j'en ai appris dans la ville me paroît plausible. Cet Ugone estoit un ouvrier en soie; Bologne faisoit un grand négoce de cette marchandise et avoit seule le secret des moulins qui servent à présent partout. Cet homme sortit et l'apprit à d'autres. L'on fit ce que l'on put pour le prendre; on n'en vint point à bout, et l'on tira cette faible vengeance.

Le général Marsili[1] bolonois s'estant retiré du service de l'Empereur et estant fort curieux, avoit fait dans les différens pays où il avoit passé un amas considérable de raretés soit naturelles soit antiques. Avant de mourir il a voulu jouir du plaisir d'une aussi belle fondation que celle qu'il a faite; il a tout donné à la ville qui a acheté un palais[2] où elle a establi des chambres pour tous les beaux-arts. Cela n'est encore que commencé. On bâtit une espèce de tour pour l'observation [astronomique], l'on arrange les chambres pour la chimie; celles de la physique sont disposées. L'on a laissé un grand terrain pour la bibliothèque et l'on a disposé un autre endroit pour une académie de peinture, architecture et sculpture. Chacune des sciences a son professeur payé par la ville. Les estrangers seront reçus. Outre la vérité, l'inscription de dessus la porte l'apprend. C'est avec grand plaisir, je l'avoue, que j'ai vu une si belle institution. Il seroit à désirer, pour la perfection des arts, que partout l'on en fît autant.

1. *Marsigli* (Ferdinand, comte), 1658-1730, servit Léopold Ier en qualité d'ingénieur militaire et diplomate, ensuite dégradé sans raison, il quitta l'Allemagne, fit de nombreux voyages et le 11 janvier 1712 fonda, par acte authentique, l'*Institut* ou l'Académie des sciences dont C. parle, et que MONTESQUIEU (op. cit., t. II, p. 86 à 90) s'est plu à décrire ainsi que DE BROSSES (op. cit., t. I, lettre XX, p. 244 à 268).

2. Le palais Celesi, bâti par Pell. Tibaldi. Affecté à l'Université dep. 1803, le bâtiment contient aussi la *Bibliothèque*, riche d'env. 200.000 vol. et 5.000 man., et dans la tour, bâtie en 1725, l'*Observatoire*.

Toute la maison dans laquelle ces assemblées doivent se tenir et même sont commencées, est peinte en plusieurs endroits par Pellegrino Tibaldi[1], maître des Carrache. Il y a de très belles choses, toute l'histoire d'Ulysse et plusieurs sujets de la fable. Un abbé et un autre ont peint à fresque de belles choses. Entre les choses que j'ai remarquées dans cette maison dont la structure n'est pas laide et la situation convenable, sont différens poids romains avec des balances; une tête de faune grec de marbre blanc magnifique, et plusieurs morceaux de bas-reliefs, têtes, bouts de corps qui ont leur beauté; avec ça des hiéroglyphes égyptiens sur marbre, ce qui est une chose bien rare. Il y a aussi une salle pleine de plans de bois en reliefs de différentes places avec les attaques. Les murs de cet endroit sont ornés de saïques, flèches, queues de cheval, etc., prises sur les Turcs, apparemment sous les ordres de M. de Marsili que je verrai avec grand plaisir à Rome.

Le palais *Foscherari* autrefois, appartient à présent aux sieurs *Scarani-Boschi* citadins. — La maison n'est pas belle. — Ils ont une récolte (*sic*) très considérable de dessins; entre ceux qui m'ont plu davantage, il y a trois originaux de Jules le Romain, entre lesquels « la bataille de Constantin. » Ils ont aussi plusieurs chambres pleines de beaux tableaux.

Le palais *Ranuzzi*[2]*-Quaranta* est très beau, bien bâti et a grand air; il y a un degré magnifique. Les plafonds du principal appartement sont à fresque, mais de dessins aimables et gracieux. On peut nommer cela une grande et belle maison de quelque côté qu'on la regarde. Il y a un appartement en bas plein de tableaux, mais ce n'est pas grand'chose. En haut j'y ai vu une très belle tête de Raphaël et trois beaux Carraches.

La maison du marquis *Monti*[3] est vilaine, mais on y voit

1. Pellegrino *Tibaldi*, A. et P. bol. et lomb. 1527-1596.

2. « ... Sans parler du palais *Ranuzzi* qui vante son escalier. » De Brosses, idem.

3. Avant palais Caprara. « Cette maison est éteinte; ce sont les Monte-

un appartement plein de beaux et bons tableaux, une petite galerie et un cabinet assez jolis, deux beaux tableaux de Salvator Rosa. Le maître de cette maison est celui qui a mis toute la ville en train pour bâtir les portiques de Saint-Luc.

Dans un appartement de la maison du marquis *Sampieri*[1] dont les plafonds et les cheminées sont peints par les Carrache, l'on voit de beaux tableaux en grand nombre. Le plus rare est un saint Pierre de Guido Reni. Il y a plusieurs Carraches et autres bonnes peintures (63).

La façade de la maison ou palais *Pepoli*[2] a grande apparence; elle appartient à gens de bonne maison. Elle est bien meublée, mais je n'y trouvai rien de beau à voir ou du moins de rare. Le maître est Quaranta. A tout prendre, le palais a assez bonne apparence, belle même.

Le palais *Caprara-Quaranta*[3] a assez bonne façon au dehors, les dedans m'en ont beaucoup plu. Outre plusieurs chambres meublées, d'assez bons tableaux parmi lesquels il y a de beaux morceaux, une galerie meublée richement et de bon goût, pleine de trophées, d'armes turques, prises sous les ordres du général Caprara qui servoit pour l'Empereur.

Dans toutes ces maisons j'ai vu des morceaux charmants de l'Albane. Bologne renferme des trésors de peinture; dans toutes les églises et les principales maisons, qui s'y trouvent en quantité, l'on voit toujours quelque chose de bon.

J'aurais voulu pouvoir y demeurer plus longtemps, mais

cuculli qui en portent le nom. Elle est à présent possédée par Mgr Monti. » Montesquieu, idem. « ... Le palais de Monti qui montre le cordon bleu de son oncle. » De Brosses, idem.

1. Le palais ou galerie *Sampieri* a de belles fresques des Carrache et du Guerchin, représentant l'histoire d'Hercule.

2. Le palais *Pepoli*, de 1344, appartenant à la famille Pepoli, qui, au XIVe s., fut la plus puissante de la ville; il a de riches arcades et une cour imposante, entourée d'une galerie d'un côté et de corridors voûtés en saillie des trois autres.

3. « Le Palais du général Caprara est un des plus beaux de la ville: on nous a fait voir quantité de riches dépouilles que ce général a prises sur les Turcs. » Misson, op. cit., t. II, p. 379.

il ne m'auroit pas resté suffisamment de temps pour exécuter mon projet de voyage, mais dans le temps que j'y ai demeuré je peux dire avoir vu le principal et le meilleur. La ville de Bologne est de toutes les villes d'Italie que j'ai vu, celle qui me plairoit plus pour y faire mon séjour[1]. L'on y vit à très grand marché[2]; l'on y mange, dit-on, dans la saison des fruits excellens; l'on en conserve, surtout des raisins, d'une année à l'autre. Je puis dire en avoir vu au 27 mars d'aussi frais et d'aussi beaux que si on les venoit de cueillir. L'on y commerce de soie, de saucissons, de chiens[3] et de savonnettes. La ville est inégale et mal pavée. Le Reno passe, comme j'ai dit, aux environs d'un mille, mais un canal tiré de cette rivière traverse la ville dans laquelle les bateaux n'entrent point. Le canal va jusques à Ferrare et par conséquent jusques au Pô. Il y a douze portes dans cette ville; il est défendu très sérieusement aux étrangers d'entrer par d'autres que celles par où passe la poste. Cette défense ne leur est en rien incommode. On ne trouve nulle antiquité à Bologne. Il n'y a qu'une inscription ou épitaphe que personne ne peut entendre, à trois milles de la ville en sortant par la porte Mascarella. Comme elle est connue de tout le monde et que j'ai peu envie de faire une dissertation sur cette bagatelle, je n'ai pas jugé à propos d'y aller.

Je logeai « Au Pèlerin » qui est assez bon et j'en repartis le 23 au matin pour me rendre à Ravenne, toujours en cambiature. L'on paye à Bologne poste royale, apparemment parce que c'est la seconde ville du pape. Je ne dois point

1. De Brosses est, à son tour, enchanté de Bologne, de ses femmes, de ses érudits, de la bonne chère que l'on y fait, des conversations du cardinal Lambertini, de l'Opéra. « Enfin, il a fallu quitter cette bienheureuse Bologne; j'ai laissé, en partant, mon cœur et mes pensées à la marquise G.... » *Ibid.*, p. 256.

2. « On m'apportait tous les jours, à Bologne, pour déjeuner, la valeur de quinze ou vingt bouteilles de vin. » Montesquieu, ibid., p. 83.

3. « Vous ne sauriez vous figurer combien les chiens sont communs ici; on ne trouve autre chose par les rues.... Je mange prodigieusement de ses bons saucissons. » De Brosses, lettre XXI, p. 249.

oublier que c'est aussi la pépinière de tous les opéras d'Italie qui y envoient les recrues dans le temps de carnaval; elles vont faire leurs récoltes et retournent toujours à leur patrie. C'est un des divertissemens de la ville d'aller chez elles les entendre chanter[1].

Je partis le 25, je passai par *Imola*, petite ville assez jolie, bien pavée et évêché. Je fis pour y arriver vingt milles de beau chemin uni, j'en fis dix autres d'un terrain plus montueux pour arriver à *Faenza*, autre évêché. La ville est plus grande, on y fait de la faïence et c'est elle qui, je crois, a donné son nom à cette terre cuite. Ces deux villes sont fermées d'une simple enceinte ayant chacune un château mais antique. Mon plus court chemin pour aller à Ravenne estoit d'y aller droit de Faenza, mais ce coquin de maître de poste me conseilla d'aller par *Forli*, autre petite [ville] qui n'est pas grand'chose. Quand j'y fus arrivé, j'appris qu'il estoit impossible d'aller de là à Ravenne; aussi avec les mêmes chevaux je revins sur mes pas coucher à moitié chemin de Faenza, dans une chaumine de paysan, mais chez de bonnes gens, et j'envoyai le postillon me chercher des chevaux. Ces derniers dix milles estoient de chemin épouvantable et j'éprouvai la vérité du proverbe : *bon terrain, méchant chemin* (64).

De Bologne à Faenza le pays est beau et bon, coupé de plusieurs rivières. On ne passe que le Santerno au gué au sortir d'Imola; toutes les autres ont leurs ponts. Le lendemain matin il me vint des chevaux au point du jour, je quittai sans regret ma paille et m'embarquai dans le plus vilain chemin du monde. Il dura quatre milles; les seize autres furent beaux. J'avois déjà vu le Montone à Forli, je le suivis et le côtoyai jusques à Ravenne.

RAVENNE. — Pour y entrer je le passai sur un pont de brique. Ravenne est un archevêché; la ville est assez grande,

1. V. à ce sujet DE BROSSES, lettre XXI, p. 251-254.

pauvre, déserte, pas bien bâtie : il y a cependant quelques maisons qui portent le nom de palais. Elle est entourée d'une simple muraille délabrée en quelques endroits. On y trouve quelques pans de murs dont l'épaisseur et la construction m'ont fait croire qu'ils estoient des Romains. Il y a un vieux château qui ne vaut guère mieux que ruine. Le Montone et le Ronco environnent la ville et se rejoignent au-dessous. On passe les deux rivières sur deux ponts de pierre. Elles ne portent pas bateau, elles deviennent quelquefois très grosses. Il y a un canal qui part de la ville et qui va joindre la mer.

Le *Dôme*[1] ressemble à ces halles de nos villages de France. Un pavé de mosaïque tout rompu, deux rangs de colonnes antiques de chaque côté d'inégale grandeur, la porte de bois dont les planches hautes de quatorze à quinze pieds, larges de six à huit pouces et épaisses de deux, un chœur dont le plafond est d'ancienne mosaïque, voilà le Dôme de Ravenne. Ce que j'y ai trouvé d'extraordinaire c'est la façon dont le prêtre disoit la messe sur le grand'autel qui est entre chœur et nef comme plusieurs autres. Il sacrifioit, le dos vers le chœur, la nez vers la porte, sans qu'il y eût de place entre la balustrade et l'autel pour en faire autant du côté ordinaire.

Les Bénédictins ont une très grande maison; leurs cloîtres ne sont pas laids; leur église est consacrée à *Saint Vital*[2]. Elle est disposée d'une manière assez extraordinaire. Ils ont un chœur qui est plein de mosaïque, le reste de l'église est une espèce de salon hexagone avec un double rang de colonnes pour les chapelles, dessus lesquelles sont des espèces de tribunes ou galeries qui donnent de la maison sur l'église. Il y a plusieurs autels modernes de marbre et sans goût. J'y ai trouvé un tableau de Barocci[3]

1. Il s'agit de l'église fondée par l'évêque saint Ours (m. 396) qui fut remplacée par la cathédrale (le Dôme actuel) bâtie dans le style baroque, de 1734 à 1744, commencée donc vingt ans après la visite de C. à Ravenne.

2. S. *Vitale* est le premier édifice de pur style byzantin, en Italie : commencé du temps de Théodoric, il est dépourvu d'ornements à l'extérieur; l'intérieur, surtout l'abside et les chapiteaux des colonnes, est superbe.

3. Federigo *Barocci* (le Baroche) P. rom. 1528-1612.

qui n'est pas laid. C'est le seul que j'ai vu dans cette ville. Toutes les colonnes de cette église sont encore antiques.

Dans un petit réduit dans l'enclos de cette maison, l'on me montra une espèce de chapelle voûtée[1] dont tout le haut est plein de mosaïque qui m'a paru plus belle, plus fine qu'aucune que j'aie encore vue. A droite et à gauche en entrant, je vis dans le mur deux tombeaux comme on les faisoit dans l'ancien temps; un petit autel est au milieu de ce lieu. A droite et à gauche sont deux autres tombeaux de marbre, assez simples mais pourtant travaillés. Derrière ce même autel il y en a un autre plus grand et tout uni; de tout côté on en peut faire le tour. Voilà ce que j'appris par une pancarte qu'on donne à lire aux estrangers : dans celui du milieu estoit Galla Placidia, fille de Théodose César et sœur de deux empereurs, Arcadius d'Orient et Onorius d'Occident; dans le tombeau à droite, estoit Honorius et à sa gauche Constance son épouse et son fils Valentinien empereur. Mon guide ajouta que dans les deux auprès de la porte estoient des gens de leur suite[2].

La tour de la ville, qui est auprès de la place, penche de plus de trois pieds. L'on voit aisément que ce sont les fondemens qui ont manqué. Elle n'est ni si haute ni si penchée, à beaucoup près, que celle de Bologne.

Sur la place, qui n'est pas fort belle, il y a une statue de bronze d'un pape qui n'est pas laide. Il n'y a nulle inscription : un homme de bonne façon qui passoit me dit qu'elle estoit d'Alexandre VII. Sur ce même lieu il y a deux colonnes qui servoient autrefois à porter les armes des Pantalons quand ils estoient en possession de la ville[3].

1. Le Mausolée de *Galla Placidia* est une chapelle fondée vers 440 par l'impératrice de ce nom, sœur d'Honorius, veuve successivement d'Ataulphe, roi des Visigoths, et de Constance III; mère de Valentinien III.

2. Des trois sarcophages auj. vides, le grand en marbre au mur du fond, vidé par le feu en 1577, passe pour celui de Galla Placidia (m. 450), le sarcophage où se voient les trois agneaux dans le jardin du Paradis, passe pour celui de l'empereur Constance III; le troisième pour celui de l'emper. Honorius ou de Valentinien III.

3. Colonnes érigées en 1483, sous les Vénitiens, par Pietro Lombardi.

A présent, elles portent les saints Apollinaire et Vital protecteurs de l'exarchat. A des portiques qui sont sur la place sont pendus huit morceaux de bronze que l'on m'a dit avoir servi aux portes de Pavie autrefois, et apportés comme dépouilles d'ennemis à Ravenne.

En sortant par la porte Serrata, passant le Montone et faisant environ le chemin de trois portées de fusil, l'on trouve un bâtiment nommé la *Rotonda*[1] qu'Amalasunta a fait bâtir en DXXVI pour servir de tombeau à son père Théodoric. Dans le xve siècle, un éclat de bombe renversa le tombeau qui estant tombé fut placé en 1558 dans le mur de S. Apollinare habité par les Observantins. J'appris cela par une autre pancarte que l'on donne à lire, ainsi que la grandeur de la pierre dont je vais parler. Ce lieu est rond et a trente et un à trente-deux pieds de diamètre, bâti simplement de pierre de taille; le dessous en est voûté. L'on prétend qu'il y a trois autels et un lieu aussi grand que celui où l'on a mis la Madone. A présent il y a de l'eau par la transpiration de la rivière, et l'on m'a dit qu'on vouloit la nettoyer afin de le voir dans son premier estat. Le tombeau n'a rien d'extraordinaire, mais la pierre qui couvre le tout est d'une seule pièce[2]. Voilà sa grandeur comme je l'ai lu, qui m'a paru vraisemblable : quatre pieds géométriques d'épaisseur, cent quatorze pieds de circonférence, trente et un pieds, deux pouces de diamètre. Sur le haut estoit le tombeau, et tout au haut de la pierre qui est concave il y a douze petits pieds, détails de la même pièce, qui sont troués, et par lesquels on a apparemment élevé le tout, sur lesquels estoient les douze apôtres. Il est aisé d'en juger puisqu'on lit le nom de chaque apôtre sur chacun. La pierre est fendue d'un côté, l'on dit que c'est d'un coup de tonnerre ou peut-être de la bombe

1. *S. Maria della Rotonda* (*tombeau de Théodoric*) appelée ainsi après que Bélisaire en eut rejeté les cendres du roi hérétique pour consacrer l'édifice au culte catholique, fut érigé probablement par Théodoric lui-même vers 520.

2. La coupole surbaissée de onze mètres de diamètre est faite d'un seul bloc de roche d'Istrie.

dont il est parlé; quoy qu'il en soit cela est extraordinaire (65).

S. Apollinare, église très ancienne, est ornée de très ancienne mosaïque et entr'autres d'un carré de même fabrique, où est écrit le nom de Justinianus ayant tous ses ornemens d'empereur. Cela est assez vilain[1]. Il y a un assez joli tombeau de marbre, fait depuis très peu, d'un cardinal. Dans le mur de cette maison, du côté de la rue, est le tombeau de Théodoric qui estoit sur cette grande pierre. C'est une espèce de cuve de porphyre ayant un muffle en bas et deux anneaux ou ornemens. Il y a une inscription au bas pour instruire les curieux.

Il y a six portes à la ville. Je logeai « A la Couronne, » très mauvais. L'ennui me prit à Ravenne; ayant vu tout ce qu'il y estoit à voir, j'en partis après dîner. Les commencemens de la première poste marécageuse me firent juger, outre les autres certitudes que l'on en a, de la vérité de ceux qui disent que Ravenne estoit un port de mer. A présent, elle en est à quatre milles. A environ une lieue je passai des bois de sapin[2], autrefois le séjour des bandits, mais ils ont été exterminés. A la seconde poste, je passai la rivière de Cervia sur un pont de bois. Je rentrai dans un autre bois qui me conduisit à la petite ville de *Cervia*, rebâtie en entier pour y faire des salines : bâtie avec symétrie, elle est carrée; qui voit une rue voit tout. On n'a pas encore commencé à y travailler. C'est un évêché. Elle est sur le bord de la mer. Je la suivis toujours dans des sables, espèce de dunes, jusques à *Cesenatico*, petit port et vilain trou où l'on fait un grand commerce de sel et de soufre. Je logeai « A l'Aigle noir, » pas des plus infâmes. Ce bourg estoit aussi autrefois aux Vénitiens : le lion a décampé de dessus la colonne pour y laisser les clefs.

1. Ce travail byzantin est fort ancien; la plupart des mosaïques remontent à l'époque de Théodoric, mais elles ont été souvent restaurées dans la suite.

2. La fameuse *Pineta* de Classe célébrée par Dante, Boccace, Dryden et Byron, a été gravement endommagée par le froid et plusieurs incendies.

Aux environs d'un mille de la couchée, nous avons passé le Pisatello au gué. A deux pas de là, un pont de bois nous a fait traverser le *Rubicon*, fameux chez les anciens et qui porte encore son nom. Nous avons toujours suivi les dunes ou précisément les bords de la mer, et au bout de vingt milles nous sommes arrivés à Rimini.

RIMINI. — J'y dînai « A l'aigle, » pas des plus mauvais; je parcourus la ville et j'y vis ce que je vais décrire. Rimini, autrefois Ariminum comme je l'ai vu par plusieurs monumens, est une petite ville ayant l'air pauvre et je crois l'estant en effet, mal bâtie et encore plus mal pavée. Un vieux mur tombant en lambeaux en fait l'enceinte. Un château gothique délabré et soutenant mal le titre pompeux de fotreresse qu'on lui donne dans la ville, fait la force de ce lieu.

Auprès de ce redoutable château est le *Dôme*, sans façade; ce bâtiment moderne n'a de remarquable que son autel à l'envers, comme celui de Ravenne. Rimini est un évêché.

L'église de *S. Francesco* bâtie par Sigismond Malatesta[1] en 1450 a le commencement d'un portail élevé jusques au premier ordre de bon goût et riche. Le dedans de l'église peut estre fini jusques un peu plus de la moitié : ce qu'il y a de fait n'est pas laid; le tout eut esté beau. Les côtés extérieurs sont extraordinaires : ce sont sept grands portiques dont la base est élevée aux environs de deux toises de terre. Dans chacun il y a un tombeau de pierre d'égale construction, ce qui fait un coup d'œil pas commun. — Auprès de ces tombeaux il y a une grande inscription grecque. — Le côté de la maison des moines a les sept portiques, mais point de tombeau[2]. *S. Gerolamo* est une petite école

1. Sigismond Pandolfo *Malatesta* de la noble famille qui régna en souveraine sur Rimini et sur une partie de la Romagne du XIIIe au XVe siècles. Depuis 1528, Rimini resta définitivement aux papes.

2. Cette église en style classique fut érigée d'après le plan de Léon Battista Alberti.

de noblesse assez joliment décorée dont le plafond n'est pas mal peint (66).

Sur la *place de la Communauté,* car quoyque Rimini soit absolument gouvernée par le pape et par ceux qu'il envoie, ils (*sic*) ont encore quelques restes apparens de leur ancien gouvernement, sur cette place est une statue du pape Paul V, de bronze, avec une très vilaine fontaine. Derrière, sur le mur de la maison du gouverneur, on lit cette inscription :

« C. Caesar. August. F. Cos. Vias omnes Arimini ster »

Sur une autre place, on lit sur un piédestal bien distinctement ces paroles :

« Caio Caesar dict., Rubicone superato, civili bello commilitones suos hic, in foro Ar. adlocut »

et derrière, messieurs de Rimini ont écrit l'année où ils ont un peu réparé le monument.

Il y en a d'autres dans cette ville dont je vais parler. Sur la Marecchia, petite rivière qui arrose la ville, est un pont de cinq arches de marbre ou plutôt de pierre dure. Il m'a paru que l'on a un peu travaillé à la première en entrant dans la ville. Il paroît par deux inscriptions bien écrites, une surtout, que ce pont a esté construit par Auguste et Tibère[1].

A l'autre bout de la ville il y a un *Arc de triomphe*[2] n'ayant qu'une porte et deux colonnes de chaque côté, d'ordre corinthien ainsi que tout le bâtiment. Le côté de la campagne est plus entier que celui de la ville; les colonnes y ayant leur chapiteau on y lit distinctement des mots entiers, mais les commencemens estant détruits, je n'y ai rien pu comprendre. Au milieu et de chaque côté est une tête de taureau et dans deux médaillons une teste de jeune homme et une de vieillard, ce dernier toujours à droite. Le haut de

1. Une des inscriptions est en l'honneur d'Auguste, l'autre en l'honneur de Tibère : ce pont joint le faubourg à la ville et la voie Emilienne à la Flaminienne; il est sur le fleuve Marecchia autrefois appelé *Ariminus*, qui a donné son nom à la ville.

2. (Auj. Porta Romana) élevé à l'honneur d'Auguste, parce qu'il avait fait réparer cinq chemins publics, surtout la voie Flaminienne, qui allait de Rimini à Rome.

cet édifice est couvert de brique et forme une espèce de tour avec des créneaux pour le conserver. On passe dessous pour sortir de la ville.

Je fus aux *Capucins,* conduit par l'espérance d'y trouver un amphithéâtre, mais à peine en vis-je l'ombre. Dans les murs de la ville je vis deux portiques et une colonne soutenant un ceintre, le tout de brique et renouvelé, avec cette inscription :

« Amphiteatri Olimp. Sempronio Cos. excitati reliquias indigitat. sen. Ar. »

avec un bas-relief en bas. Il n'est pas estonnant qu'il ne reste plus rien de ce monument, les murs de la ville s'estant trouvés passer dedans le terrain qu'il occupoit dans le temps des fortifications gothiques.

Il y avoit autrefois un port, il n'en reste plus nul vestige : la mer s'est retirée d'environ un demi-mille. Le terrain qu'elle occupoit est fertile, plein de jardins. Une tour que l'on montre et que plusieurs ont écrit estre le phare, n'a nulle apparence; celle qui reste est de peu d'élévation, mince, de brique, ayant encore des créneaux. Enfin elle a esté bâtie dans le temps de l'ignorance de tout : il se peut qu'elle soit à la place de l'ancienne.

Il y a peu de belles maisons dans la ville; celle du comte Gambalunga est, m'a-t-on dit, la plus belle et a même bonne apparence. L'on dit qu'il y a une bibliothèque[1]. Je fus pour la voir, mais je ne pus, le maître estant à la campagne.

Le mauvais temps que j'avois me faisoit voir avec plaisir que j'avois tout visité, et je me préparois à retourner au gîte, mais le savetier, mon antiquaire, jaloux apparemment de mon bonheur, me pressa tant d'aller voir saint Gaudens, il m'en dit tant de bien que je ne pus refuser à ces empressemens et à ma curiosité d'aller voir ce saint dont je n'a-

1. La Bibliothèque de la ville, fondée en 1617 par le jurisconsulte *Gambalunga,* se compose de 23.000 vol. parmi lesquels on remarque plusieurs manuscrits.

vois jamais entendu parler. Les plus nouveaux sont les meilleurs en Italie. Ainsi, plein d'espérance, je traversai la ville qui est longue et après avoir fait un demi-mille dehors, j'arrivai mouillé et las à mourir chez le saint le plus mal meublé et le plus piètre que j'aie encore vu. Il fait son séjour dans une cave vide fort grande ; un vilain autel sur lequel on dit la messe, une chaise de pierre sans dossier, sont tous les meubles de ce bienheureux. J'eus de la peine à retenir ma colère, je le fis cependant, et je louai infiniment et remerciai mon guide, afin que d'autres que moi y fussent attrapés. Enfin le dîner me remit des fatigues de Saint-Gaudens (67).

Comme il estoit de bonne heure, je partis, et pour arriver à *Cattolica*, je fis sur le bord de la mer quinze milles, suivant de temps en temps un chemin ferré fait en chaussée que je crois avoir esté fait par les Romains. Le chemin de Cattolica à Pesaro n'est pas trop beau : quelques montagnes se détachent de l'Apennin que jusques-là nous avions toujours vu sur notre droite. Les montagnes qui vont jusques à la mer empêchent d'en suivre le bord, et l'on est obligé de les traverser. Le chemin cependant y est large et les montagnes sont cultivées agréablement. Il y a dix milles de Cattolica à Pesaro.

PESARO. — La singularité de la petite République de Saint-Marin qui est à dix milles de Rimini, m'avoit donné une très grande envie d'y aller, mais les chaises n'y pouvant aller et ne pouvant monter à cheval, joint au mauvais temps qu'il faisoit, tout cela m'empêcha de me satisfaire. Je me contentai de voir de loin ce petit estat qui n'a guère que la ville pour domaine.

Pesaro est sur le bord de la mer, environné des plus aimables vallons du monde et situé sur une petite hauteur. Ses figues sont vantées. Sa fortification n'est ni antique, ni moderne et en tout c'est peu de chose : il y a aussi un vieux château dans le goût ordinaire. Depuis Bologne je n'ai pas vu un soldat. Cette petite ville est riante, assez bien bâtie, bien percée et bien pavée de brique. Elle m'a paru un peu plus peuplée que les autres de la Romagne que j'ai vues, et il faut qu'elle soit plus riche puisqu'il y a des Juifs establis. Ils portent tous du rouge sur le dessus de leur chapeau. C'est encore un évêché. Le *Dôme* n'a rien de merveilleux; son autel estoit de bon genre; j'y ai trouvé un très beau tableau de Guido Reni. De plusieurs églises que j'ai vues, je n'en ai pas vu une qui vaille.

A *Saint-André,* sur la placette du marché, j'ai trouvé un très beau tableau de Barocci. C'est un Notre-Seigneur qui appelle saint Pierre et saint André. Sur la place, qui n'est pas grand'chose, il y a une fontaine et une statue de marbre blanc du pape Urbain VIII[1], sous le règne duquel cette ville se donna au Saint-Siège, comme il paroît par une inscription. Au coin de cette place il y a une petite église devant laquelle il y a sept ou huit piédestaux ou morceaux de marbre et de pierre. J'en ai lu toutes les inscriptions, je n'ai rien vu de rare.

Je logeai « A l'Aigle », poste dont la maison a bonne façon et est le meilleur et le plus beau [cabaret] que j'aie trouvé sur cette route. J'en partis le lendemain matin, et suivant précisément la côte de la mer, j'arrivai à Fano.

FANO. — On compte une poste, mais elle est des plus petites. Fano est un petit évêché; la ville est petite, assez mal bâtie, pavée de même. Elle est environnée de simples [murs] et d'un château à la mode du pays. Le côté de la mer est un peu mieux fortifié; j'y ai vu une espèce de bastion et des canons.

Le *Dôme* a très mauvaise mine et tient ce qu'il promet. La petite église de *S. Pietro* est joliment décorée et ornée de peintures et de dorures. Un reste d'arc de triomphe de pierre est tout ce qu'il y a de digne de la curiosité. Il est peu

1. C'est sous son pontificat que cette ville, et tout le duché d'Urbin, fut réunie à l'Etat de l'Eglise.

épais, assez simple, ayant trois portes; les deux petites en sont bouchées. On lit assez aisément les inscriptions et l'on apprend qu'il a esté fait sous le règne d'Auguste[1]. Il y avoit un ordre de colonnes en portique dessus le ceintre de la voûte, on en voit encore quelques restes et l'on voit avec plaisir ce qu'estoit l'édifice en entier, par un bas-relief en petit fait sur le mur de la petite église de Saint-Michel qui touche le bâtiment. Les proportions m'ont paru observées dans cette jolie copie; on y lit aussi les inscriptions dont il n'en reste plus que deux sur l'original.

De Fano nous avons fait quinze milles toujours sur le rivage et nous avons passé sur deux ponts de bois le Métaure[2] et le Cesano, deux rivières assez larges et que l'on voit par leur rives ravinées n'estre pas quelquefois bonnes pour leur voisins. J'arrivai à Sinigaglia où je dînai.

SINIGAGLIA. — Cette ville est fortifiée de six bons bastions bien revêtus et bien flanqués; il y a fort peu de fossé, on va jusques au pied. Un château à l'antique mais bon, domine sur la ville et en même temps sur le rivage. Les remparts m'ont paru suffisamment pourvu de canons. Le pape paye trente hommes de garnison soit ville et château : à la vérité les milices sont nommées et prêtes à marcher en cas d'alarmes. La ville est petite, les rues sont assez larges, les maisons serrées et assez remplies. La place est vilaine. il n'y a dessus nulle statue (68).

Au *Dôme* et *alla Croce* j'ai vu dans chacune un tableau du Baroche. Ce que j'ai vu d'églises est vilain. La petite rivière de l'Esino traverse [la ville] : ses deux bords sont revêtus de briques et ce fleuve sert de refuge aux barques de pêcheurs. Pour assurer leur retraite, on a fait un avance ou môle qui peut estre loin de terre d'une médiocre portée de

1. Arc de triomphe d'Auguste, restauré, agrandi et décoré par Constantin. Federigo da Montefeltro, duc d'Urbin, mettant le siège à la ville par les ordres de Pie II (1463), endommagea affreusement l'Arc d'Auguste.

2. Célèbre par la défaite d'Asdrubal, 207 av. J.-C.

fusil. Il paroît par une espèce de pan de muraille décoré que cela s'est fait sous le pontificat d'Alexandre VIII. On m'a dit qu'on le vouloit continuer plus avant : c'est une jolie promenade ; quand on est las de la vue de la mer, les coteaux aimables et fertiles qui environnent Sinigaglia et la vue de la côte fournissent de la diversité. Ce lieu est un évêché. Il faut qu'il ne soit pas pauvre puisqu'il y a des Juifs.

De Sinigaglia à Ancône il y a vingt milles. L'on fait la première poste toujours sur le sable de la mer. La terre qui est entre la montagne et la mer n'est pas inculte, mais elle n'est pas pleine d'arbres comme les autres côtes, aussi le chemin est assez triste et ennuyeux, d'autant que tout le rivage n'a nul coquillage, ce qui quelquefois amuse le voyageur. A la sortie de la dernière poste pour arriver à Ancône, environ à un mille, je passai une espèce de torrent sur le bord duquel est un vieux château où l'on tient pendant l'esté garnison. Cette côte a plusieurs fois esté pillée par les Turcs, ainsi l'on prend des précautions contre leur descente. De Ravenne jusques à Ancône, de distance en distance, la côte est pleine de tours faites pour donner des signaux et la milice peut aisément s'assembler. L'on voit de loin Ancône, mais comme il est sur une espèce de cap et que la mer par conséquent forme un petit golphe, on est obligé de faire un assez long détour et de passer des collines un peu roides pour y arriver.

ANCONE. — En y entrant, l'on passe au pied d'une citadelle qui commande la ville et la mer. Elle n'est pas mal fortifiée, elle se trouve entre cette hauteur et celle de Saint-Ciriaque. Elle est petite ; les rues vilaines, estroites, et son terrain montueux, m'en déplaisent. Il n'y a point de place ou du moins ce qui porte ce nom ne le mérite pas Cette ville est encore un évêché, cela m'ennuye prodigieusement de ne pouvoir dîner ou coucher que dans de pareils presbytères. L'évêque fait sa résidence sur cette hauteur de

Saint-Ciriaque qui donne sur la pleine mer et qui est bien fortifiée. Ce mont tire son nom de ce saint, autrefois évêque du lieu et qui est patron du Dôme qui est sur cette hauteur[1]. La vue en est belle et l'église infâme : toutes celles de cette ville sont dans le même goût. Au pied de la citadelle, aux *Zoccolanti,* autrement Saint-François, il y a un magnifique tableau du grand autel de Titien.

La *Loge des marchands* est une assez belle salle avec un portique assez beau pour le temps dans lequel il a esté fait.

L'on dit qu'il y a un *port*[2] à Ancône, mais je ne l'ai pu trouver : [je n'ai vu] qu'une jetée ou mur assez mince qui va dans la mer en faisant un demi-cercle au bout duquel est un fortin ou redoute dans le goût gothique. Les barques, même les trois-mâts, s'y croyent à l'abri, mais elles y sentent et le vent et la mer fort honnêtement. Cependant, depuis Venise jusques à Otrante, c'est le seul port de cette côte d'Italie.

C'est en cet endroit que se trouve une des plus belles antiquités que l'on puisse voir. Au commencement du môle dont j'ai parlé qui forme le port et qui s'élève peut estre de vingt-cinq à trente pieds, l'on trouve un *Arc de triomphe* bien conservé, tout entier de marbre blanc. Il n'y a qu'une seule voûte et les deux côtés sont égaux : deux colonnes de chaque côté s'y voyent ; toutes les moulures sont conservées. L'on voit les marques où dans l'entre-deux des colonnes estoient attachés des ornemens fait en festons ou guirlandes de bronze. Le côté de la mer est le plus parfait, celui de la ville est un peu plus usé ; c'est celui qui a les inscriptions [suivantes] :

Imp. Caes. divi Nervae F. Nervae Traiano optimo Aug. Germanic. Dacio Pont. Max. Tr. Pot. XVIII. Imp. XI

1. Là où est la Cathédrale ou Dôme, était jadis un temple de Vénus mentionné par Catulle et Juvénal : « Ante Domum Veneris quem Dorica sustinet Ancon » (IV, 40).

2. Ce port tout artificiel fut fait par Adrien. Le nouveau môle fut construit par Clément XII (Corsini, 1730 à 1740), bienfaiteur de la ville.

Cos. VII. P. P.. Providentissimo Principi S. P. Q. R. Quod adcessum Italiæ hoc etiam addito ex pecunia sua portum tutiorem navigantibus reddiderit.

Au-dessus des colonnes :

A droite :	*A gauche :*
PLOTINAE AUGUST.	DIVAE MARCIANAE AUG.
CONJUGI AUGUST.	SORORI AUG.

J'ai mesuré un des morceaux de marbre que j'ai trouvé. Il fait l'épaisseur du portique et la hauteur du piédestal avec les ornemens en dehors de chaque côté. Il a douze pieds et demi et un pouce de long sur cinq et demi de hauteur et trois pieds et demi et deux pouces d'épaisseur (69).

L'on dit que sur le haut estoient une statue équestre de Trajan et deux en pied, apparemment des deux femmes mentionnées dans l'inscription, que le tout estoit de bronze et que cela a demeuré jusqu'au temps où les François ont pillé Ancône et brisé par avarice les précieuses antiques. Si cela est, j'en veux grand mal à ma nation[1] ! En dedans la voûte, j'ai remarqué cinq entailles faites dans le marbre, à la hauteur d'un homme, de différentes grandeurs, dans lesquelles apparemment estoient des lames de bronze qui servoient de mesures. On voit encore les morceaux de fer qui les attachoient au marbre. Tout ce qui s'élève depuis le bas du portique jusques au haut est de marbre fin et blanc comme s'il venoit d'estre travaillé. Le fondement, qui est appuyé par les murs de brique qui forment le môle, est de marbre moins fin mais beau. Enfin c'est un beau monument et bien conservé ; on y voit jusques à la plus petite moulure.

Du côté de la mer la ville est bien forte, mais jamais une

1. Ce fut pendant l'invasion des Sarrasins, en 839, que ce superbe arc de triomphe fut dépouillé de ses ornements de bronze doré et des statues de Trajan, Plotine et Marcia. Les Français n'occupèrent Ancône, qu'en 1797, pendant deux ans. De 1832 à 1837 la France l'occupa pour contrebalancer l'influence de l'Autriche qui tenait Bologne et les Marches.

place n'est prise par là. Les mêmes hauteurs qui en font la force de ce côté, sont commandées du côté de terre. Il y a quantité de canons. La ville est en amphithéâtre. Il peut y avoir mille Juifs ou environ qui sont tous riches; il n'en est pas de même des autres habitants de la ville où le pape tient un gouverneur ainsi qu'à Pesaro, Fano et Sinigaglia, et les places où il n'a pas de légat.

Le sang est assez beau à Ancône; les filles, dit-on, le savent et mettent leur beauté et [leur] âge à profit[1]. J'ai vu le magistrat dans une grande salle où [l'on voit] un pied et un bout de jambe du cheval qui estoit sur l'arc de Trajan; une inscription au-dessous l'apprend. Chez le sieur Camille Pichi, gentilhomme de la ville, j'ai vu un cabinet où il a rassemblé tout ce qu'il a pu de tableaux, dessins, causes naturelles, coquillages et animaux. Il y a quelques petits morceaux antiques en bronze qui sont assez jolis : des lampes, des petits vases, des outils pour les sacrifices. Ce que j'y ai remarqué de plus extraordinaire c'est le haut d'un casque de fer trouvé depuis quelques années sur la côte d'Ancône. Il s'y est attaché sur la partie extérieure des petits cailloux qui le conservent entièrement; il y en a l'épaisseur d'un pouce; on ne peut les détacher tant ils tiennent : dans la partie intérieure il n'y a rien du tout et l'on voit le fer. C'est un effet de la nature extraordinaire.

Je logeai « A la couleuvre d'or » où l'on est assez bien et partis d'Ancône après dîner du lendemain que j'y fus arrivé. Le chemin de la première poste est rude; l'on trouve des hauts et bas très considérables, mais le chemin est pavé et assez bien accommodé. Cependant j'y versai et ma chaise en fut un peu endommagée. De la seconde poste on voit Lorette et l'on y arrive par un chemin très beau, très doux et très bien accommodé! Il est sur une hauteur très

1. Montaigne déjà constatait la beauté des femmes ancônitaines. « Les femmes sont ici communément belles ». D'Ancona « L'Italia alla fine del sec. XVI, giornale del viaggio di Michele di Montaigne in Italia, » 1895, p. 363.

rude à monter. Le pays d'Ancône à Lorette est cultivé, mais n'est pas des meilleurs ; il change un peu en bien aux environs de la Madone de Lorette.

LORETTE. — Il y a tant de descriptions de ce lieu que je pourrai toujours trouver, que je n'entrerai pas dans un grand détail. Lorette est sur une hauteur distante de la mer d'environ deux milles, cependant on la distingue et nulle hauteur ne se trouve entre deux. La petite ville a quelques fortifications et des canons ; tout cela est plus pour s'opposer à une course et à une descente de Turcs, que contre un siège. La petite ville ne commerce qu'en chapelets, rosaires et images de la miraculeuse Madone ; même, les marchands sont fort importuns. Cette petite ville est un évêché. Dans la cathédrale est renfermée la « Santa Casa. » Le bâtiment du Dôme n'a rien de beau, le portail n'est pas extraordinaire : il n'y a de peintures que quelques fresques et une « Annonciation » du Baroche ; sur les gradins qui conduisent à l'église il y a une très belle statue de bronze du pape Sixte V ; le piédestal est plein d'ornemens de bronze qui ne sont guère beaux. Les trois portes de l'église et les fonts baptismaux, qui sont de la même estoffe, sont bien travaillés et m'ont plu.

Les murs de la *Santa Casa*[1] sont revêtus de marbre blanc, les reliefs qui en font les ornemens sont généralement parlant très beaux : ceux de la façade du côté de la porte et les statues qui sont de ce même côté m'ont plu davantage. Le dedans est plein de lampes d'or et d'argent, il y en a cent dix qui brûlent toujours, dont trente-six d'or. La Vierge de cèdre est, dit-on, faite par Saint Luc. Elle est couverte de diamants et d'émeraudes surtout magnifiques.

1. V. sur Lorette et son sanctuaire, MONTAIGNE, qui, dans l'ouvrage ci-dessus cité, lui consacre une minutieuse description (p. 346 à 354). Le grand philosophe, très embarrassé par le nombre d'ex-voto ornant la chapelle de la Madone, trouva « à toute peine place pour y loger un tableau dans lequel il y a quatre figures d'arjant attachées : cele de Notre-Dame, la miene, cele de ma fame, cele de ma fille. »

La petite séparation de la maison dans laquelle elle est n'est lambrissée que d'argent. Les anges d'or y sont communs. On voit les présens de toutes les testes couronnées (70).

La sacristie renferme quelques beaux tableaux et conduit au *Trésor* qui mérite véritablement ce nom. Il y a dedans une quantité innombrable de diamans et de choses très recommandables[1]. Il n'y entre que les présens de choses rares ou de communes qui passent quarante à cinquante louis. De tous les ex-voto de vingt sols ou environ que les bonnes gens donnent, comme : un bras, une oreille, un teton, etc., ils en ont fait fondre un devant d'autel très massif et considérable pour son poids. L'on peut juger de la quantité qu'il a fallu de ces petits présens ! Les troncs où les pèlerins font l'aumône ne s'ouvrent que deux fois l'an toujours par une bulle du pape, le gouverneur, l'évêque et le chapitre présens, qui mettent de côté soit l'argent, soit les bijoux dignes d'estre unis au « Trésor » où l'on voit un très beau tableau d'Annibal Carrache, et le plan en argent de plusieurs villes pour des protections accordées par la Madone. [La Santa Casa] est gouvernée par des chanoines très intéressés, dignes d'estre moines; les Jésuites tiennent les confessionaux, toujours occupés par la foule des pèlerins. La quantité de messes que l'on y dit par jour est grande; la « Santa Casa » ne discontinue pas d'en avoir tant que dure le matin.

Un assez mauvais arsenal et une cave, dit-on, bien meublée, sont deux choses que je n'ai pas vues. Sur la façade [de] l'église il y a une espèce de place formée, d'un côté, par de vilaines maisons, de l'autre par un bâtiment régulier en portique qui n'est pas fini et qui ne sera pas

1. « Ce trésor monte à plusieurs millions d'écus..., outre les pierreries, il y a des diamants inestimables. Il y a une roche où les émeraudes au nombre de plus de vingt et grosses sont attachées depuis la minière, et cela semble inestimable. Il y a encore une perle sur laquelle on a gravé un portrait. » MONTESQUIEU, t. II, p. 71. Napoléon se rendit coupable de plusieurs spoliations du sanctuaire de Lorette.

grand'chose. Sur cette place l'apothicairerie où il y a quantité de pots de faïence, peints, dit-on, par Raphaël. Il y en a quelques-uns de beaux, mais j'en ai vu beaucoup qui ne sont pas de cette hauteur[1].

Près de Lorette, il y a sur une hauteur un crucifix. Il est venu de Galilée la joindre (*sic*) à un lieu nommé Sirolo, pouvant estre éloigné de quelques milles de la maison de la mer. Mais sa cour n'est pas nombreuse, il est, dit-on, assez mal logé; je ne l'ai pas vu et ne m'en repens pas. Il y a des hôpitaux à Lorette où l'on héberge trois jours les pèlerins. Je logeai « Au lion d'or » où l'on n'est ni bien ni mal; j'y trouvai Lonski, avec lequel je partis pour Rome le 31, doutant de l'arrivée de mon camarade[2].

Le chemin de la première poste est beau autant qu'il peut estre, seulement un peu pierreux. Les collines considérables qu'on y trouve ne permettent guères qu'il soit autrement. A trois milles ou environ de Lorette, on trouve un aqueduc de brique, moderne, que je crois fait sous Paul V[3]. Il y a une cinquantaine d'arches qui par les deux bouts entrent et sortent dans (*sic*) les collines et portent de l'eau à Lorette. Assez près de là, on passe le village de Recanati.

RECANATI, assez gros lieu mais délabré. A environ un mille le chemin s'aplanit et devient magnifique jusques à la rivière, ou pour mieux dire torrent, que l'on passe sur un pont de bois. Avant de le passer, on voit sur la droite du chemin quelques ruines anciennes, mais peu de chose[4], et sur la gauche les restes considérables d'un amphithéâtre de brique.

1. « Les vases de faïence sont (dit-on) du dessin de Raphaël, mais qui ne m'ont pas paru bien merveilleux, » idem, p. 70.
2. C. fait allusion à du Toureil, qui s'était engagé à le rejoindre à Lorette.
3. *Paul V*, Camille Borghèse, pape de 1605 à 1621.
4. Ruines de la ville autrefois appelée *Helvia Ricina*, colonie romaine située sur la rive gauche de la Potenza.

MACERATA [est] à vingt milles d'où nous estions partis et l'on y relaye. Cette petite ville est dans une situation assez belle sur une hauteur qui ne m'a point paru commandée : ce seroit une bonne place. C'est un évêché. La petite ville est assez pauvre. Il n'y a nulle antiquité, je ne la crois recommandable que parce qu'elle a esté le lieu de la naissance du grand Sixte V[1]. Avant d'arriver dans ce lieu je rencontrai les premiers buffles, plus forts et moins coûteux à nourrir que les bœufs. De Macerata, par un assez beau chemin, j'arrivai à Tolentino.

TOLENTINO, petit bourg assez vilain où cependant j'ai vu d'assez jolies filles : je me doutai que saint Nicolas[2] pouvoit y faire son séjour. Je fus dans une église assez commune, à une chapelle qui n'est pas laide. Les deux bras de ce saint y font leur séjour et la dévotion. L'autel et la châsse sont ornés d'argent ; il y a, du même métal, plusieurs preuves de ses miracles. Son antichambre est tapissée dans le goût d'une boutique de fripier ; un assemblage de vieilles hardes, de bras, de jambes, de pendus, enfin un arsenal d'épouvantails de chenevières ! Un Augustin, de ceux qui possèdent ce trésor, m'a dit que le corps [du saint] estoit dans une muraille sans qu'on sut positivement où il estoit ; aussi je n'ai pu le voir et apprendre de l'original sa grimace si vantée, ce qui seul m'avoit engagé à lui rendre visite (71).

A Tolentino, les montagnes commencent à se faire sentir. Petit à petit les montagnes se découvrent, deviennent sèches ; les vallons en bas se conservent fertiles en remontant toujours le Chienti. Les chemins sont beaux, larges pour des montagnes qui véritablement ne sont pas grand'chose. Nous couchâmes au « Ponte della Trava, » assez mauvais gîte ; de là, en aval, le chemin s'élargit un peu et est doux, hors la descente qui conduit dans ce lieu. De

1. *Sixte V*, Felice Peretti, 1521-1590.
2. Ermite Augustin qui y séjourna et y mourut au XIIIe s.

là on relaye à « Case nuove, » autre poste et mauvais gîte. Le chemin en est magnifique, et toujours en descendant avec la plus belle vue du monde[1] l'on arrive à Foligno.

FOLIGNO, situé à un mille du pied des montagnes, n'est recommandable par rien. Ses bâtimens sont peu de chose ; ses dragées sont renommées. C'est un évêché. Le Dôme n'est pas laid, le grand autel est bâti sur le goût de celui de Saint-Pierre de Rome mais il n'est qu'en bois. Au couvent des filles nommées « les Comtesses » il y a un magnifique tableau de Raphaël[2]. A l'église de *Saint-Francois*, j'ai vu ce bienheureux habillé en Père Eternel sur le maître-autel. La plaine fertile et agréable qui m'a donné l'idée de la vallée de Tempé fait l'ornement de ce pays, et le contentement des yeux tout à la fois. L'on y trouve des champs semés, des vignes et des bois. On ne peut rien [imaginer] de plus agréable car plusieurs ruisseaux arrosent cette plaine où les arbres, tenus à une certaine hauteur, conservent encore la vue. Un chemin uni comme un jeu de boule vous conduit le long de cette plaine fertile au pied de la montagne jusqu'à *Pesignano* où la poste se trouve. Quelques moments avant d'y arriver, on trouve à droite du grand chemin un petit temple nommé *S. Salvatore*. Ses colonnes de marbre blanc, son architecture corinthienne et la façon dont il est bâti m'ont fait voir qu'il a été construit du temps des Romains avant que le monde fut tombé dans l'ignorance, et en même temps du temps du christianisme. Les croix qui sont dans les ornemens et cette inscription qui se lit facilement sur la première façade, me le prouvent assez : « Deus Angelorum qui fecit Resurrectionem. » Ce qui rend ce

1. De Brosses, enjoué et enthousiaste partout ailleurs, se plaint ici de la route, du paysage, de la température, etc., et se montre indifférent aux beautés variées de cette route à travers les Apennins, conf. t. II, p. 445 à 447.

2. La célèbre *Madonna di Foligno*, qui est actuellement au Vatican.

monument recommandable et d'autant plus rare, c'est qu'il est le seul dans ce goût-là[1].

Aux environs d'un demi-mille au-dessus de la poste, quatre fontaines d'une eau vive pure sortent d'un rocher et forment une jolie petite rivière[2] ou gros ruisseau qui, coulant vers Foligno, passe auprès du joli petit temple et forme un aimable objet dans la plaine en la rendant fertile. Le chemin de Pesignano à

SPOLETE est aussi magnifique. L'on arrive à cette ville qui se trouve au pied de la montagne qui termine cette aimable plaine. En entrant dans la ville on passe à sec le torrent du Velino[3], la ville est assez déserte ayant l'air pauvre, mal bâtie et incommode par sa situation haute et basse, qui par conséquent la fait voir de loin en amphithéâtre. Je la fus cependant parcourir, et peut-estre ayant fait une cinquantaine de pas dans quelques rues, je fus arrêté par la vue d'une porte rebâtie depuis peu, mais dans le goût ancien. Cette porte se nomme encore Porta Fuga[4]. Une inscription peinte et non gravée sur la pierre, preuve du peu de temps qu'elle est faite, m'en apprit les raisons. Elle estoit telle mot pour mot : *Annibal caesis ad Trasimenum Romanis Urbem Romam infenso agmine petens, Spoleto magna suorum clade repulsus insigni fuga portae nomen.* De là, je fus à l'église des prêtres Philippins, moderne en dedans, et n'ayant rien d'extraordinaire ; du reste assez jolie. Spolete est encore un évêché.

Le *Dôme* est moderne en dedans, le portail ancien, avec

1. Ce petit temple, ordinairement considéré comme celui du *Clitumnus*, dont parle Pline (Epîtres 8, 8) mais probablement de l'époque de Constantin-le-Grand, est auj. transformé en église.

2. Vallée du *Clitumne*, célébrée par les anciens auteurs (Virgile « Géorgiques, » II), et sujet d'une ode superbe du grand poète italien contemporain, G. *Carducci*.

3. Le Velino ne baigne pas Spolete, mais la Maroggia.

4. Porta Fuga ou d'Annibal, en souvenir de l'effort vigoureux de la colonie romaine qui repoussa l'attaque d'Annibal en 217 lors de sa marche sur Picenum, après la bataille du lac Trasimène.

un peu de mosaïque au milieu. Pour l'époque où une fresque qui remplit la calotte est faite, elle n'est pas absolument mauvaise. La chapelle de la Vierge a un autel de marbre orné de quelques statues; le revêtement est tout entier de marbre blanc : celle du saint sacrement figure avec celle-là, elle a bien les mêmes ornemens, mais ils ne sont que de pierre ainsi que la grille [qui est] de bois pendant que l'autre est de fer.

Nous montâmes au haut de la ville et nous passâmes au pied d'un vieux et vilain château où le malheureux gouverneur fait sa résidance, et nous fûmes voir l'aqueduc[1] qui porte les eaux dans la ville. Il a trois cent cinquante pas de long et, dit-on, six cent trente pieds de haut ; ce que je sais c'est qu'il est fort élevé. Il est de pierre; ses voûtes longues, estroites et pointues et la façon dont il est construit, prouvent qu'il est gothique. Il a toujours servi. Il joint à la ville la montagne de Saint-François et passe au-dessus de ce même torrent dont j'ai parlé. En entrant dans la ville cet aqueduc apporte les eaux sur une petite place qui est au pied du château, par une fontaine qui la distribue dans la ville. Au bas d'une inscription qui apprend qu'on a eu soin d'entretenir cet ouvrage, on lit :

BIBE VIATOR

J'ai trouvé plusieurs inscriptions mais tronquées et qui ne disent rien; elles sont çà et là par la ville (72).

Les religieuses « della Trinità » ou « del Palazzo » ont dans leurs cloîtres les restes d'un Arc de triomphe et d'un amphitéâtre[2], mais leur clôture observée prive de la vue de ces monumens.

L'on m'a dit que la ville est pleine de souterrains antiques, mais on y entre par des maisons particulières [dont

1. Aqueduc delle Torri, reliant en même temps la ville au Monte Luco : on en attribue la construction à Théodélapius, 3e duc de Spolete (604).
2. Ces débris informes ont un intérêt secondaire.

on] ne veut pas permettre l'entrée. Les assassinats, communs autrefois en Italie, faisoient trouver ces caves commodes, soit pour enterrer les corps, [soit] pour donner retraite aux assassins.

Dom Antonio Luparini a une galerie dont on dit du bien ; je ne la pus voir car il estoit trop tard.

Je couchai à Spolete dans un gîte assez bon : « A l'ange, » et je partis le lendemain pour continuer mon voyage. Pesignano et la poste avant d'arriver dans cette vilaine ville est, dit-on, la moitié du chemin de Lorette à Rome. De Spolete à Somma le chemin n'est pas mauvais et c'est là que l'on trouve la plus haute montagne[1] de l'Apennin de cette route qui est peu de chose. L'on part de Somma où l'on change de chevaux, et par un chemin entre des montagnes qui s'élargissent toujours et dans lesquelles on descend toujours, mais doucement, l'on arrive à Terni.

TERNI. — L'on passe presque toujours dans des montagnes couvertes d'arbres qui conservent leurs feuilles pendant l'hiver; cet objet est beau mais triste et bon pour les idées des amans absens de ce qu'ils aiment ! Terni est dans un vallon cultivé et assez beau; c'est encore un évêché. Je n'y ai rien vu; c'est seulement une petite ville passable, habitée comme à l'ordinaire de la Romagne[2], arrosée par le Nera, petite rivière. L'on m'a dit qu'il n'y a rien à voir et je l'ai cru aisément sur les apparences. J'ai pris des chevaux de poste pour aller voir la fameuse *cascade de Terni*. Elle est aux environs de quatre milles dans la montagne : les chaises ne peuvent aller à ce chemin qui n'est point laid à cheval. Par un cours précipité et rapide, la rivière de la Nera, déjà considérable, se prépare à faire voir un des plus beaux objets naturels que j'aie vu, puis elle se précipite à plus de trois cents pieds de profondeur au point que l'eau

1. Mont *Somma*, 1.172 m.
2. Par Romagne C. veut signifier les Etats de Rome ou de l'Eglise, et non pas la Romagne pr. dite.

remonte en poussière beaucoup plus haut que le lieu duquel elle tombe. C'est une chose magnifique[1]. Cette chute se faisoit autrefois un tant soit peu plus sur la gauche[2]; l'on voit le lit et lieu où cette rivière se précipitoit qui estoit moins profond que celui d'aujourd'hui. La crainte que l'on a eu que la rapidité n'emportât des terres que l'on a voulu conserver, a fait faire[3] aux gens du pays une autre ouverture, un peu plus sur la droite, qui n'en est que plus belle. Je n'eusse jamais cru que dans l'affreux bouillon qui se trouve au-dessous, les truites eussent pu résider! Cependant dans une fosse tranquille j'en ai vu plusieurs qui ne pouvoient estre venues que par le plus rapide. L'on ne peut imaginer ni faire concevoir la beauté de cette chute où le soleil ne gâte rien!

Cette rivière[4] estant en bas se joint un moment après au Velino qui venoit tranquillement par une jolie vallée et qui se trouve agité par les flots de la Nera quoyqu'elle perde son nom. Le Velino entre après cela dans la vallée et passe sur le bord du jardin d'une maison[5] plein d'orangers en pleine terre. C'est un aimable objet; plusieurs sont en buissons, formant ou une espèce de bois ou des allées : j'en ai vu deux en arbres gros et beaux. Toujours par une plaine, pas si belle que celle de Foligno mais dans le même goût, et pleine d'oliviers ainsi que presque tout le pays, le Velino arrive à Terni toujours rapide et assez gros. Je partis de cette ville pour me rendre par un chemin de plaine assez beau, à la première poste, à Narni.

1. MISSON PÖLNITZ, DE BROSSES, décrivent la célèbre *Cascata delle Marmore*: De Brosses est le seul que ce spectacle n'enchante pas. Aujourd'hui on en jouit à son aise du pavillon « la Specola, » élevé par Pie VI en 1781.

2. Marcus Civilus Dentatus creusa le canal encore aujourd'hui en usage bien que modifié depuis.

3. Deux canaux furent établis, en 1417 et en 1546. Enfin Clément VIII rétablit en 1598 l'ancien canal de Dentatus, après que l'insuffisance des deux autres eut été constatée.

4. La Nera.

5. Villa Graziani.

NARNI. — On ne monte que peu auprès de ce trou. Sa situation sur le penchant d'une montagne promet quelque chose, mais dans le fonds elle est épouvantable, mal bâtie, pas un pas sans monter. C'est cependant un évêché, chose dont j'estois bien ennuyé. Je fus voir un ancien pont qui est au bas de la hauteur sur laquelle cette ville est située. Il est sur le Velino[1] qui est assez rapide après avoir traversé la plaine de Narni. Le pont[2] est de pierre taillée en espèce de pointe de diamants : de quatre arches il n'en reste qu'une entière, les autres sont entières mais toutes ont esté d'inégale grandeur (73).

On en juge par les piliers qui subsistent qui montrent encore que le pont estoit plus haut et alloit en pente de la ville à l'autre côté. C'est ce qui m'a surpris dans un ouvrage romain ; l'on m'a dit même qu'il avoit été bâti sous Auguste. Ce qui m'a surpris, dis-je, a esté d'y trouver tant d'irrégularité ; du reste, la hauteur de l'arche qui subsiste est belle ainsi que la largeur de celle qui estoit la plus grande : le pont joignoit les deux montagnes.

Le mauvais temps et le peu de jour m'obligèrent de coucher « A la Cloche. » La poste est infâme. De Narni à Otricoli, c'est un des plus mauvais chemins que l'on puisse voir : les hauteurs que l'on y trouve n'en font pas tant l'incommodité que les pierres roulantes qui le remplissent. Il y a une poste.

Otricoli est un assez vilain village ; c'est le premier lieu que l'on trouve de la campagne de Rome : il est sur une hauteur. L'on m'a dit qu'au même lieu estoit l'ancienne ville d'Otriculum. A quelques pas de ce trou, où les montagnes diminuent et la vallée devient plus [large], l'on voit sur le bord du Tibre les ruines d'une ville ancienne nommée Otriculum. Il ne reste rien de considérable ; on

1. Non pas sur le Velino mais sur la Nera, autrefois *Nar*, d'où le nom de la ville.

2. Le *Pont d'Auguste* : une seule arche est encore debout, haute de 20 m. ; les autres sont détruites, il n'en existe plus que les piles.

en juge aisément parce qu'elles sont sur le bord du chemin.

Aux environs de cinq milles, on passe le Tibre sur un assez beau pont de trois arches, auquel Sixte V, Clément VIII et Urbain VIII ont travaillé. Quelques pas au sortir du pont, on commence à trouver quelques morceaux de la *Via Flaminia*[1]. Elle venoit depuis Ancône; j'y avois toujours eu attention depuis ce lieu, et je n'en découvris qu'auprès du petit hameau de Regnano. Il en reste des idées qui conduisent jusques à *Citta Castellana*, à une poste et demie. Pour arriver à Regnano l'on trouve une mauvaise et difficile montagne; l'on y trouve plus fréquemment des morceaux de ce pavé. De Regnano à Castelnuovo, l'on est continuellement dessus. Il est estroit; à peine deux chaises peuvent y passer; les grandes pierres plates qui le forment le rendent très glissant pour les chevaux. Dans quelques endroits il est un peu rompu et fort rude, aussi on l'évite autant que l'on peut.

A Castelnuovo j'ai lu sur le mur de la porte une inscription qui apprend que ce chemin [fut] longtemps couvert par des épines et des terres. Grégoire XIII, en 1630, le découvrit et mit en usage une si belle antiquité sur laquelle on va encore de Castelnuovo à Prima Porta. L'on trouve sur ce dernier chemin, à gauche, plusieurs ruines qui ne disent rien, mais qui prouvent que cette plaine déserte et aujourd'hui inculte et presque inhabitée à cause de son mauvais air[1], estoit autrefois fertile, agréable et ornée d'aimables bâtimens[2]. J'avois aussi toujours cru que la campagne de Rome estoit plate; elle est montueuse et pleine de collines. De

1. « On a l'honneur d'être roué tout le long par la via Flaminia, qui est une des plus dures antiquités que je connaisse. » DE BROSSES, lettre LIII, p. 142.

2. « La fameuse campagne de Rome est une quantité prodigieuse et continue de petites collines stériles, incultes, absolument désertes, tristes et horribles au dernier point. Il fallait que Romulus fût ivre quand il songea à bâtir une ville dans un terrain aussi laid.... » IBID., lettre XXVII, p. 343. « La campagne de Rome est une mosaïque. » MONTESQUIEU, t. II, p. 59.

Prima Porta on passe une poste et demie quoiqu'il n'y ait pas plus de sept milles. Le chemin n'est pas mauvais, il est assez uni ; on traverse quelques ruisseaux sur des ponts, ensuite on arrive au ponte Molle, où l'on passe le Tibre que nous avions quitté aux environs du pont des Papes dont j'ai parlé. L'on y paye un péage et par un chemin pavé l'on arrive au milieu de jardins et de maisons formant un faubourg, à la porte du [Popolo] où l'on paye l'entrée. De là, fut-ce un prince, on vous conduit à la douane qui est presque au milieu de la ville. On fouille tout et encore l'on est obligé de payer à l'hôpital un paul pour l'offre ou l'aide que le pape libéral a donné en pension à l'hôpital.

ROME. — Je vins loger « Al Monte d'oro, » en place d'Espagne. Je pris le lendemain un appartement séparé joignant à cette maison, à onze écus par mois. Le cabaret nous y apportoit à manger : c'estoit chez M. Duval, François, aussi maistre de l'hostellerie.

Je débutai par voir le *Palais Borghese*. Deux papes[1] de cette maison l'ont empli de tableaux : le détail seroit trop long ; l'on y en voit de tous les grands et bons auteurs[2]. Il y a plus de trois cents originaux, quelques beaux dessins et des ouvrages de mosaïque rares, une aimable galerie et un salon riche et agréable. Le palais est grand et beau, irrégulier sans le paroître ; un jardin petit mais orné de figures et de reliefs dont il y en beaucoup d'antiques, sur lesquelles on crache ; aussi je ne parlerai que des superbes.

Dans la maison d'un homme de rien, mais marquis pour son argent ainsi qu'il arrive chez nous, nommé *Pallavicini*, j'ai vu un assez grand assemblage de bons tableaux modernes et un meuble de velours cramoisi brodé d'or, digne d'un roi. Il (sic) estoit mort, sa succession se disputoit.

1. Paul V (Camille Borghèse).

2. « J'y ai vu un très grand nombre de tableaux des premiers maitres, surtout du Titien, de Perugin, de Raphaël, du Guide. » MONTESQUIEU, t. I, p. 206.

Chez un nommé *Scilla*, mauvais peintre, j'ai vu une récolte de dessins grande et nombreuse (73).

Je n'entreprendrai point de faire la description de Rome. Elle a esté si souvent écrite que je la retrouverai toujours, mais j'irai toujours écrivant pour ma mémoire ce que j'aurai vu. Je commencerai par les antiquités. L'ancien Capitole fut mon premier dessin. Il se nomme à présent *il Campidoglio;* on y monte par un grand degré. Deux sphynx, de marbre, hautes antiques, jettent de l'eau. Les autres monuments de marbre qui sont sur le haut me déplaisent; il n'y a que le premier mille que j'aime. L'on arrive sur une petite place. La magnifique statue équestre de l'empereur Marc-Aurèle, surtout le cheval, me plaît infiniment; elle est au milieu de cette place formée de trois bâtimens modernes mais de bon goût, du dessin de Michel-Ange Buonarroti. Celui du milieu sert à l'espèce de Consul et de Sénat toujours conservé dans Rome. Les deux autres servent à ceux qui sont les curateurs de la ville. Dans celui qui est à gauche, l'on voit grand nombre de statues romaines et grecques de marbre, un jeune Hercule de bronze, des bustes, une loi romaine. Le plus beau morceau est une Agrippine. On y a apporté depuis très peu des idoles égyptiennes de granit, rares pour leur hauteur. Dans l'autre qui est à [droite] il y a quatre superbes bas-reliefs et bien conservés de Marc-Aurèle et de L. Vérus. L'on y voit aussi plusieurs statues; un buste magnifique; le Coureur en bronze qui ne s'arracha son épine qu'après estre arrivé, et la Louve antique avec le coup de tonnerre; un très beau tableau de Raphaël et plusieurs pièces de marbre sur lesquelles on lit les triomphes et les noms de ceux qui ont commandé dans les différentes guerres de la République; l'on voit aussi des membres de colosse prodigieux.

En descendant par derrière l'on trouve l'*arc de Septime-Sévère*, assez entier mais enterré[1], sur la droite duquel on

1. Il ne fut déterré qu'en 1803 par Pie VII.

voit deux restes d'autre temples entr'autres un qui a de belles colonnes de granit sur pied[1]. L'autre n'en a que trois[2].

Continuant toujours sur la droite, j'ai vu *le temple de Janus* ouvert par quatre côtés. Il est entier, le bâtiment n'est pas grand'chose. Tout auprès est un petit portique bâti par les bouchers et les orfèvres de Rome, à l'honneur de — Septime-Sévère, Pertinax et Antonin. — Ce petit passage est assez joli, il est appuyé sur une église qui estoit la maison de Scipion l'Africain.

Le *Forum* romain commençoit à l'arc de Septime dont j'ai parlé. A droite l'on voit une colonne, la seule qui subsiste, de la route qui conduisoit au Capitole depuis le palais de Néron qui est voisin de cet endroit. Par les ruines qui subsistent l'on peut juger, à peu près, de la grandeur de l'édifice, mais non de sa magnificence, car on ne voit que de la brique.

A gauche, l'on voit les restes de deux autres temples : celui de *Faustine* et d'*Antonin* ; les colonnes qui subsistent et les frises en prouvent la magnificence. — On en a fait une église dédiée à Saint-Laurent. A côté est un [temple] plus entier dont les portes de bronze subsistent encore : elles estoient belles. A côté et du même côté, subsistent trois voûtes de brique du *temple* de la *Paix*, où furent mises les dépouilles de celui de Jérusalem. A l'église de Sainte-Françoise romaine, qui n'est pas grand'chose, on voit dans le jardin des moines qui l'habitent, les deux voûtes des temples du Soleil et de la Lune. Le reste de l'*Arc de Tite* et *de Vespasien* est très beau. C'estoit le meilleur temps de la perfection des arts des Romains. Ce monument est moins conservé que celui de Septime dont j'ai parlé, et que celui de *Constantin* qui est à deux petites portées de fusil de celui de Tite. Il est à trois portes ainsi que le premier et quoyqu'il y ait de belles choses, surtout les bas-reliefs les plus élevés,

1. Temple de Saturne.

2. Provenant du temple de Vespasien construit par Titus et restauré sous Septime-Sévère.

on y voit cependant des morceaux approchant le goût gothique; ce qui prouve que l'ignorance commençoit déjà.

Après avoir vu les restes de la grandeur romaine, l'on trouve tout auprès le fameux *Colysée* bâti par l'empereur Tite — et Vespasien. — Il est de brique en dedans : la partie extérieure est de pierre de taille qui subsisteroit encore sans l'infamie d'un pape qui pour bâtir le palais Farnèse, en fit démolir la moitié du plus beau et de la partie la plus élevée. Les quatre ordres s'y voyent l'un sur l'autre.

Vers la *Porte* aujourd'hui nommée *Majeure*, et bâtie par Claudius ainsi que plusieurs branches d'aqueducs de brique qui l'environnent, est un reste de *temple de Diane* qui n'a jamais esté grand'chose. Il est au milieu des jardins ainsi que les *bains de Tite* et de *Vespasien*, qui ne sont pas quelque chose de fort magnifique. Il subsiste sept grandes salles un peu souterraines, qui communiquent l'une à l'autre par des portes. Le tout a toujours esté très simple, et c'est dans ces salles que l'eau entroit et que l'on se baignoit. (74)

En sortant par la Porta Pia, faisant environ un mille, j'ai esté à *Sainte-Agnès*, couvent de chanoines blancs. On y voit un reste de *temple de Bacchus;* ce qui subsiste n'est pas magnifique, d'autant mieux qu'il a été réparé pour en faire une chapelle, mais l'on juge de la magnificence, par la quantité de marbre blanc que les moines en ont osté pour faire un degré commun, et par les petites colonnes de porphyre et les grosses (dont il y en a entr'autres quatre que je baptise de mille fleurs) pour orner une très médiocre église[1]. Dans le temple dont j'ai parlé, l'on voit un porphyre, fait en tombeau d'à présent, tout entier et bien conservé, orné tout autour des attributs de la vigne. L'ouvrage est beau pour la pierre sur laquelle il est, sans cela il me déplairoit. L'on appelle ce morceau « le tombeau de Bacchus[2]. »

1. S. Agnese a conservé en partie le caractère d'une ancienne basilique chrétienne. Constantin fonda une église sur le tombeau de sainte Agnès ; Honoré Ier la reconstruisit; Innocent VIII la transforma et Pie IX l'a restaurée.

2. Auj. au Musée du Vatican.

Les Romains, magnifiques dans tous leurs ouvrages publics, ne l'estoient guère dans la structure et la forme de leurs temples. Tous ceux dont on voit les restes sont petits et de forme circulaire, et nos églises sont fort au-dessus de cette espèce de bâtiment. Cependant s'ils estoient tous comme la *Rotonde* ou le *Panthéon*, je ne déciderais pas si hardiment. Je n'en décrirai ni la grandeur ni la hauteur : je les trouverai en tant d'endroits que cela n'en vaut pas la peine. Le vestibule [est] soutenu par quinze colonnes de granit d'une seule pièce et d'une grosseur magnifique, qui font, en entrant, grand plaisir à la vue. Le dedans est de forme circulaire. Les colonnes qui soutiennent la voûte sont aussi d'une pièce et de marbre jaune. Le pape les faisoit repolir. C'est, en vérité, une belle chose ; ce bâtiment est tout entier et renferme sept autels. Le tout est consacré aux saints martyrs.

En passant sous l'arc de Constantin, à quatre ou cinq cents pas, j'ai esté voir les *Thermes* ou bains de *Caracalla*. La grandeur et l'élévation des ruines prouvent aisément l'estendue de ce bâtiment. Ce qui reste est de brique. L'on voit que cela estoit autrefois mieux revêtu et l'on en juge par les colonnes magnifiques et les marbres dont MM. les Jésuites se sont servis, qu'ils ont enlevés ou déterrés de ce bâtiment qui leur sert à jouer au ballon. Ce que l'on en voit n'est pas grand'chose ; j'ai monté au plus haut.

Pas loin du temple de Janus et toujours en prenant sur la droite, on trouve une petite église ancienne[1], de vilaine structure mais dont le pavé de mosaïque est joli. Dans une espèce de parvis de cette église est un muffle de marbre rond qui a les yeux et la bouche ouverts ; ce qui portoit le nom de *bouche de Vérité* et servoit aux Romains quand ils faisoient faire serment à quelqu'un. On conte aussi que l'on

1. S. *Maria in Cosmedin* ou *Bocca della Verità*, ainsi nommée d'une bouche de fontaine qui se trouve dans son vestibule à gauche et dans l'ouverture de laquelle les Romains auraient placé la main lorsqu'ils prêtaient un serment.

s'en servoit pour les pucelages. Si cela estoit vrai, que de filles en France seroient mordues!

Vis-à-vis cette église qui porte le nom de cette tête, est un grenier à foin qui estoit jadis le *Temple du soleil*[1]. Il n'estoit pas grand, il n'est resté que les colonnes arrangées en rond.

Auprès de la *porte*, aujourd'hui *Saint-Paul*, on voit une hauteur sous laquelle sont les caves les plus fraîches de Rome. Elle se nomme *Testaccio* et est, dit-on, composée de tous les vieux pots cassés des Romains. Il y a apparence que cela est vrai par la quantité de débris que l'on voit.

Joignant cette même porte, l'on voit une pyramide de marbre blanc laissée même un peu en dehors de la ville par les murs qui sont appuyés dessus. Ce bâtiment peut avoir soixante-dix ou quatre-vingts pieds de haut et environ trente de base. Il y a une porte qui communique dedans, il y a même une fenêtre. Depuis quelques années l'on n'y entre plus et le Sénat en a la clef. Ceux qui ont vu la chambre prétendent que l'on y voit des grotesques peints qui sont beaux. L'on appelle communément ce lieu le *tombeau* de *Marcus-Cestius*. Il y a des deux còtés des inscriptions dessus bien conservées, mais de maudites pierres m'ont empêché de les lire[2]. Aux deux angles de la pyramide, du côté qui est en dedans de la ville, il y a sur deux piédestaux deux colonnes cannelées de marbre sans inscriptions ni statues.

Aux environs d'un mille, se trouve la basilique de *Saint-Paul*. L'église n'a nulle beauté; elle est grande et ancienne; après Saint-Pierre c'est la plus estendue de Rome. Sa structure est vilaine et sans aucun ornement. Une vilaine couverture de bois, vingt grosses colonnes de marbre blanc cannelées soutiennent de chaque côté la nef; vingt

1. Aujourd'hui S. Maria del Sole, autrefois appelé *Temple de Vesta*.

2. L'inscription qui se trouve sur les faces Est et Ouest du monument est la suivante : « C. Cestius L. F. Pob. Epulo. Pr. Tr. Pl. VII vir Epulonum. » L'autre rapporte que ce monument fut érigé en 330 jours sous la surveillance de L. Pontius Mela et de l'affranchi Pothus.

autres unies soutiennent les bas-côtés qui sont au nombre de quatre. L'on m'a dit que ces colonnes estoient autrefois autour de la Tour qui subsiste aujourd'hui et qui forme en partie le château Saint-Ange qui, jadis, estoit le tombeau d'Adrien. Un crucifix qui a parlé à sainte Brigitte est l'ornement de cette église. Elle est habitée par des Bénédictins dont la maison n'a rien de trop beau. Des tableaux du Lanfranco qui se voyent dans le réfectoire, sont tout ce que j'ai vu.

Un mille par delà cette église, au milieu de deux collines, est une très vilaine église ancienne dans laquelle une espèce de Bernardins traitant très mal, [desservent] trois églises ou chapelles. Cette première, une autre moderne, dans laquelle l'on voit trois autels posés chacun sur une des sources nées aux endroits où la tête de saint Paul sauta, après la séparation de son corps. Plusieurs gens trouvent de la différence dans le goût de ces eaux; pour moi je n'en ai pas trouvé. Le martyre de saint Pierre, peint par Guido Reni, se voit dans cette chapelle, et est beau. Dans une autre petite église[1], aussi moderne, j'ai vu un très beau morceau de mosaïque, c'est le plus parfait que j'aie encore trouvé[2]. Cette chapelle est bâtie en l'honneur de dix mille martyrs enterrés dans les catacombes de cet endroit. C'est aussi dans ce lieu que l'on dit que saint Bernard a eu la vision des anges (75).

En sortant par la *Porta Pinciana*, à quelques pas de la ville, l'on trouve la fameuse *vigne Borghèse*[3]. Son grand parc rempli de chevreuils, ses volières, ses bosquets agréables, sont de beaucoup au-dessous du bâtiment dont les quatre façades sont ornées, depuis le haut jusques en bas, de bas-reliefs antiques magnifiques. Les jardins sont

1. S. *Maria Scala Cœli*, parce que saint Bernard, auquel Innocent III avait confié ce couvent, eut un jour la vision d'une échelle céleste sur laquelle des anges conduisaient au ciel des âmes délivrées par ses prières.

2. Ces bonnes mosaïques sont de J. Zuccaro.

3. « La ville Borghese fourmille de statues antiques et modernes, au dedans et au dehors. » De Brosses, t. I, p. 51.

pleins de figures antiques; mais le dedans de la maison possède des trésors. Entre le grand nombre, j'ai été enchanté du « Silène, » du « Gladiateur, » d'un « vase, » du « Centaure, » d'une « Junon » de porphyre, du « Sénèque » de marbre noir, qui sont des morceaux achevés. Je marque l' « Hermaphrodite[1] » plus pour sa réputation que pour le plaisir qu'elle m'a fait. Dans le grand nombre de bustes, il y en a de superbes, mais ce qui est indifférent dans cette maison seroit bien beau ailleurs. La « Daphné » et le « David » du cavalier Bernin s'admirent encore, après la vue de ces beaux morceaux dont les copies font l'ornement des jardins d'un roi aussi magnifique que le nôtre.

Du côté de Saint-Pancrace, aux environs d'un demi-mille de Rome, l'on trouve *la vigne Pamphili*. Quelques moments avant d'y arriver, on passe une espèce de porte sur laquelle est une inscription qui apprend que l'aqueduc qui y est attaché, ayant autrefois esté bâti par César Auguste, fut réparé en 1609 par Paul V. Cette vigne a un bâtiment assez riant, aussi orné en bas-reliefs mais en plus petit nombre. Hors quelques tableaux, surtout une grisaille de Jules le Romain[2], un Sénèque, et encore un ou deux autres morceaux, il n'y a rien de curieux à voir dedans. Les ornemens en stuc qui remplissent le plafond d'un appartement d'esté méritent d'être regardés. Le haut de la maison est en terrasse et l'on découvre de là la plus belle vue que l'on puisse imaginer. Les jardins, soit ceux qui sont peignés soit ceux moins remplis d'art, rendent cette maison recommandable et fort agréable. Elle est ornée d'un grand parc où l'on tient de la faune. De grands pins fort droits et fort élevés, plantés sur de beaux tapis, forment des promenades bien agréables, et des échappées de vue que de temps en temps l'on trouve, les diversifient d'une manière bien touchante.

1. Du cav. Bernin, ainsi que la Daphné qui se change en laurier et David frondant Goliath.
2. La Bacchanale.

Dans le *Palais Barberini* j'ai vu un salon peint par Pierre de Cortone qui est beau. L'appartement du cardinal est orné de tableaux dont il y en a nombre de très beaux. L'on y voit aussi plusieurs statues et bustes antiques. Ce que j'y ai vu de plus rare est une statue haute comme nature en bronze de Septimus Severus.

Les *bains* de *Dioclétien* estoient un des grands et des beaux bâtimens de Rome. Les chrétiens l'ont bâti. Il n'estoit que de brique mais orné de marbre et de statues. L'élévation du bâtiment qui reste, l'estendue des ruines, font juger aisément de ce que le tout estoit dans sa magnificence. L'on a donné ce qui reste aux Chartreux qui ont fait une très vaste église dans le salon des bains[1]. Son élévation est grande et les voûtes sont soutenues de huit belles colonnes de granit; mais cette église n'est que commencée pour les ornemens. J'ai trouvé dedans les épitaphes suivantes : celle-ci est du cardinal Alciani :

VIRTVTE VIXIT MEMORIA VIVIT GLORIA VIVET

L'autre est du cardinal Paul Parvio.

CORPVS HVMO TEGITVR FAMA PERORA VOLAT SPIRITVS ASTRA TENET

En voici encore une dont la simplicité m'a plu :

PETRVS SERVIVS MEDICVS VIR PROBVS

Cela est apparemment rare aux médecins en Italie comme en France! L'on voit dans cette église un bassin de fontaine antique de porphyre d'une seule pièce, et que le père qui nous menoit m'a dit avoir mesuré et avoir soixante-dix palmes de circonférence : c'est un beau morceau. Le grand cloître des Chartreux[2] est simple, grand, beau et bien tenu.

1. L'église de S. *Maria degli Angeli*, construite par ordre de Pie IV, sous la direction de Michel-Ange.

2. La cour du cloître, construite d'après les plans de M.-A. est entourée de 100 colonnes.

Les cérémonies de la Semaine Sainte sont prodigieusement vantées et attirent à Rome les estrangers. Cependant ce n'est pas grand'chose. Le jeudi, le Pape sur la tribune de Saint-Pierre, excommunie tous les hérétiques en jetant une bougie allumée. Il lave les pieds à douze pauvres prêtres. Les *Miserere*[1] chantés aux ténèbres sans instrument, ont leur beauté ; cela m'a paru mériter de l'estime mais au-dessous de leur réputation (76).

L'on va le Vendredi Saint en pèlerinage à Saint-Paul qui, lui tout seul, n'auroit pas le plus galeux des pèlerins, sans l'hospice qu'il a donné au crucifix de Sainte-Brigitte. De là on revient à Saint-Sébastien, autre basilique qui est assez loin hors les murs de la ville. Il n'y a rien de beau dans ce temple qui est petit. L'on prétend y avoir le corps de ce patron : il y a aussi des catacombes. En rentrant par la porte de Saint-Sébastien d'Appius, l'on trouve et passe dessous un reste d'arc qui n'a plus nulle beauté ni inscriptions.

A la maison d'un nommé *Chigi*, aux Quatre-Fontaines, il y a une espèce de galerie où l'on voit des armes, des raretés naturelles et quelques petits bronzes antiques. J'y ai remarqué une balance entière avec ses poids, une bulle *aurea* que les Romains portoient au col ; celle-là estoit d'un nommé Catulus, chevalier romain, elle est belle et bien conservée. J'y ai vu aussi un buste d'Antonin, de jaspe, et une sonnette d'argent moderne.

Le Samedi Saint, le Pape doit baptiser à *Saint-Jean-de-Latran* [des convertis de] plusieurs sortes de nations. Cette année le vice-gérant ne baptisa qu'un Turc et un Juif. La cérémonie n'eut rien de trop beau et se fit dans le baptistère, qui est voisin mais séparé de l'église, soutenu par de belles colonnes de porphire. La porte, du côté de l'église, est antique ; l'on y voit deux colonnes aussi de porphire, avec

1. « Ce qui m'a fait le plus de plaisir, c'est un *Miserere* si singulier qu'il parolt que les voix des châtrés sont des orgues. » MONTESQUIEU, t. I, p. 275.

une belle frise, mais les chapiteaux et les bases, quoyqu'antiques, sont ridicules.

L'église de Saint-Jean-de-Latran est une des anciennes de Rome, et est une basilique. La nef est belle, ornée de grandes statues de marbre blanc dans de belles niches : au-dessous de beaux bas-reliefs qui doivent estre surmontés de médaillons de bronze. Le grand autel est gothique, l'on y garde, dit-on, les têtes de saint Pierre et de saint Paul. L'on trouve aussi dans ce lieu plusieurs sortes de marbres antiques, quelques tombeaux de bon goût et un autel fort élevé tout de bronze et très beau, fait par le pape [Clément VIII]. L'on garde dans ce lieu la verge de Moïse qui est un assez gros fil d'archal couvert entièrement d'espèce d'anneaux d'yvoire et de corne ; le bâton pastoral d'Aaron, de la même fabrique, court, et ayant au bout une espèce de crosse de bronze. L'on montre une partie du bois de l'arche d'alliance et un bout de la table sur laquelle Notre-Seigneur a fait la Cène. La sacristie a quelques tableaux et deux très belles, mais pas de grande taille, colonnes de granit noir et poli. L'on y voit aussi des lames antiques de bronze, sur lequel est écrit le nom de « Lateran, » trouvées auprès de l'église. Le nom estoit, m'a dit un prêtre, porté par une famille de Rome qui demeuroit au lieu où est aujourd'hui l'église qui en a toujours porté le nom.

Le cloître est gothique. L'on y voit deux de ces chaises de marbre d'Egypte qui, estant percées, ont donné lieu à les faire regarder comme ayant esté faites pour visiter, depuis la prétendue papesse Jeanne, les génitoires du vicaire de Jésus-Christ, mais cela n'est pas vrai. Il est plus naturel que c'estoit des chaises percées romaines, ou qu'elles servoient aux bains. L'on voit dans ce même lieu un miracle d'une hostie qui, en tombant sur un autel de marbre, le perça de part en part et s'est attachée à soutien de l'autel où elle a fait son empreinte. [On voit encore] : la juste taille de Notre-Seigneur que l'on prétend que nul homme n'a juste ; une colonne de porphire assez vilaine sur laquelle on prétend que le coq de saint Pierre a chanté, il y en a un assez beau de bronze antique; deux colonnes du degré de Pilate; une autre colonne qui, au moment de la mort du sauveur, s'est fendue en long; une pièce de porphire sur laquelle la robe du même a esté jouée aux dés; un gros tombeau de porphire dont les ornemens sont tous tronqués, que l'on dit estre celui de sainte Hélène, mère de Constantin, quoyqu'il y ait dessus deux figures de Priape.

La façade de l'Eglise est telle qu'elle estoit il y a cinq cents ans ou environ, c'est-à-dire très vilaine[1]. Ce pape[2] a joignant un palais qui a une belle façade mais il ne s'en sert pas et il n'y a rien à voir dedans. Il est habité par des pauvres filles que l'on y retire. Sur une espèce de place est l'obélisque de granit orné d'emblèmes égyptiens et fait venir par Constantin sur un bâtiment fait exprès sur lequel il y avoit trois cents rames, et mis au lieu où on le voit et raccommodé par ce pape.

Auprès de cette place, c'est-à-dire à un des bouts, est un petit bâtiment fait par Sixte V où l'on monte les vingt-huit degrés de la maison de Pilate que Notre-Seigneur monta. On ne peut y aller qu'à genoux, en quoi faisant l'on gagne nombre d'indulgences. Les dits degrés sont fort nus, au haut desquels est une petite chapelle grillée où, sur une inscription, on lit qu'il y a la plus parfaite relique de l'univers; c'est un portrait de Notre-Seigneur peint par les Anges.

Dans la maison du marquis *Correa*, Portugais, est un temple dont on a fait un jardin que l'on dit avoir esté celui de César[3]. Sa grandeur est de peu différente de celle du Panthéon. L'épaisseur de ces murs, les galeries qui se suivoient font preuve de sa grandeur passée. Il en reste peu

1. La belle façade actuelle remonte seulement à l'an 1734, elle est l'œuvre de Alessandro *Galilei*.

2. *Clément* XI (Jean-François Albani), pape de 1700 à 1721. Il donna la célèbre constitution « Unigenitus. »

3. Auj. l'*Augustaeum*, destiné aux auditions musicales.

de preuves. Le tout estoit de pierre petite et coupée en carreaux carrés.

La *Vigne Malta* est mal tenue; les jardins sont grands, malgré ce désordre, il y a d'assez beaux endroits. Le tout est orné de statues et autres antiquités. Dans la maison les plus beaux morceaux sont : un cheval de bronze de moyenne stature, antique, et fait pour l'estude des nerfs car il est écorché; il y a aussi quelques bustes, un petit Satyre, une belle table de vert antique, un Apollon et Marsyas, beau morceau du cav. Bernin. Il y a une autre Vénus que je crois du même. Devant la porte de cette maison il y a un petit vaisseau de marbre blanc antique qui a sa singularité (77).

Pas loin de cet endroit l'on voit aussi un temple, à ce que l'on m'a dit, dédié jadis à Janus ou à l'empereur Claudius. La disposition des colonnes demeure tout entière et donne une assez belle idée de ce que le bâtiment a pu estre. Il est à deux rangs de colonnes. L'on en a fait l'église de Saint-Estienne qui, en cette qualité, n'a nulle beauté.

Je partis le 23 d'avril pour aller à Naples avec Toureil, Levaillier, Belleville, Privat et Soissons. Nous laissâmes Biart et Thiery à Rome. La première poste jusques à la Torre [di Mezza-via], beau chemin entre des ruines de grands aqueducs, est un pays inculte. De là, jusques à la petite ville ou bourg de *Marino*, le chemin est très beau, uni, excepté aux approches de la ville de Marino. A *Velletri* autre poste : le chemin est bien différent, il a de grosses pierres, des hauteurs et surtout des descentes. En approchant de Velletri, un grand bois mauvais pour les voleurs, dont le postillon nous entretint, nous fit peur. Je versai, ma chaise se rompit, nous n'en avions qu'une : tout cela se répara[1]. Aux environs de la moitié de cette poste, nous trouvâmes un assez petit *lac* nommé de *Castel Gandolfo*. Le maître du

1. « ... Nous avons de grands bois à traverser pendant l'obscurité. Nous avons imaginé de faire monter à cheval quatre domestiques avec des flambeaux pour courir devant nos chaises. La nuit, l'épaisseur des forêts, l'air diabolique de nos postillons..., tout cela mis ensemble formait un spectacle très singulier » De Brosses, lettre XXVIII, p. 330.

logis de Velletri m'en apprit les choses suivantes : 1° qu'il n'y entre n'y n'en sort aucune eau, du moins que l'on voie, et cela m'a paru vraisemblable par sa situation, estant positivement entouré de montagnes ; 2° que ses eaux ne diminuent ni n'augmentent jamais ; 3° que quelque poids qu'ait une barque elle n'enfonce jamais d'un demi-pied, ce qui fait que les petites dont se servent les pêcheurs sont absolument plates, sans quoi elles se culbutent. Ce seroit une preuve du poids de ses eaux qu'il ne m'a point su dire estre bonnes ou mauvaise à boire, mais [il m'a dit] que l'on ne trouvoit pas de fond au milieu et que l'on y prenoit du poisson, entr'autres des anguilles mortelles à ceux qui en mangeroient, et que de son temps l'on en avoit pris une d'une grandeur et d'une grosseur énormes et un autre poisson fort gros et d'une figure extraordinaire. Je cite mon auteur.

VELLETRI. — Je fis faire à Velletri un essieu plus large pour éviter les culbutes. Cette petite ville est assez grande. L'on y fait des eaux-de-vie et du tabac. Il y a sur la place une très belle statue de bronze du pape Urbain VIII ; je la crois du cav. Bernini. Sur cette même place est une grande maison qui fait l'ornement de ce lieu et qui brilleroit peu dans une autre : elle appartient au marquis Ginetti[1] ; les jardins sont ruinés, la maison est assez belle du moins ce que j'en ai vu, c'est-à-dire : un degré dont les marches sont de marbre ainsi que les pilastres qui terminent les coins et les balustres, une espèce de corridor qui est au premier étage assez bien disposé. La vue en est belle ainsi que de la cour. L'on dit qu'il y a un assez beau cabinet d'antiquités ; le degré, la cour et plusieurs endroits du jardin ainsi que la façade sont ornés de statues dont quelques-unes sont antiques, mais je n'ai rien vu de beau. En partant de Velletri le che-

1. « On nous a conduits à la maison du marquis Ginetti : la situation en est fort agréable, et les appartements sont remplis d'un grand nombre d'antiques. » MISSON, t. II, p. 4.

min est rude et mauvais : l'on y trouve un bout très court de la via Appia qui s'étend sur la droite et que l'on ne retrouve de longtemps. Le reste du chemin pour arriver à la Cisterna est beau : dans une plaine l'on trouve un bois de [lièges]. La Cisterna est peu de chose, il y a seulement un bel écho. De cet endroit à la petite ville de *Sermoneta*, le chemin est uni et beau. L'on passe un bois dans lequel on élève des buffles[1]. Un mauvais pavé moderne est la seule incommodité du chemin. La plaine est assez bien cultivée, surtout aux approches de la ville où l'on ne va point et qui ne paroît rien. Quelque temps avant d'y arriver, l'on passe un petit ruisseau nommé La « Ninfa » et l'on voit sur la gauche des ruines d'un reste de village. Elles sont assez loin et je ne sais trop si elles sont antiques. De Sermoneta à *Casenuove*, l'on voit la plaine mais sans en tâter et le chemin est long et fort vilain pour les pierres dont il est plein. Auprès de Casenuove l'on voit des orangers en pleine terre : toujours en avançant dans le pays on les trouve plus communs. C'est aussi en ce lieu que j'ai vu les premières chaussures des paysans qui sont absolument comme celles des Romains. Auprès de ce même endroit, sur la droite, est un grand marais. En en sortant, l'on suit un chemin, en un sens uni mais rude, dans une vallée aride et entre deux montagnes sèches, et on arrive à *Piperno*[2] par une hauteur très mauvaise; cet endroit est petit et vilain. Je n'y ai rien vu qui mérite remarque (88).

De Piperno à *Terracina* il y a une poste et demie, mais c'est je crois la plus longue d'Italie. Au commencement le chemin est mauvais, ensuite il devient assez bon. L'on suit quelque temps les bords de la rivière nommée *Badina*, et l'on trouve aux environs de deux milles, la *Via Appia* qui, sortant d'un marais[3] impraticable, conduit jusques à la

1. « Le pays est si détestable qu'il n'y a pas jusqu'aux sorciers qui ne veulent plus l'habiter. » De Brosses, ibid., p. 351.

2. Piperno est bâti près de l'ancien *Privernum*, capitale des Volsques.

3. Palus Pontina.

ville. L'on voit des ruines à droite et à gauche et dans les endroits où il paroît qu'il y a toujours eu de l'eau, l'on voit encore soit à droite soit à gauche, de grandes pierres servant aux gens de pied. De dessus le chemin l'on voit plus distinctement le *mont Circeo* ou *Circello*, espèce de promontoire que les gens du pays disent avoir esté une isle, ce qu'il n'est plus à présent. Je ne sais si c'est la vraisemblance du nom, mais on dit que c'est sur cette montagne que jadis cette Circé, femme si aimable, enchanta par les plaisirs les compagnons d'Ulysse. Il y a devant deux ou trois isles incultes et inhabitées[1].

TERRACINA est au pied d'une montagne quoyqu'un peu sur la hauteur. Cette ville est petite et n'a nulle beauté de quelque façon qu'on la regarde. Elle est ceinte de vieilles murailles. Le *Dôme*, pavé de mosaïque assez belle, est fait dans un vieux bâtiment que je crois avoir esté un temple et même des beaux[2]. Il n'en subsiste qu'une partie dans laquelle on voit encore le nom de l'architecte : C. Sempronius Pollis architectus. Devant le Dôme, sur ce qui s'appelle « la place, » il y a une ancienne inscription entière et bien conservée que je crois estre véritablement faite du temps de la République. Je ne sais pas trop lire sans ponctuation, mais il m'a paru qu'elle était faite pour la sûreté des chemins. Il y a aussi un mille bien conservé fait sous Trajan. Le chiffre de X en haut et celui de LIII en bas me fait croire que selon le côté dont on venoit, on lisoit la distance que l'on avoit encore à faire. Sur la hauteur il reste des ruines de l'ancienne ville d'Anxur; j'ai vu une douzaine de voûtes; je n'ai pu aller voir ce que c'est, à cause de la nuit, ni juger de la mosaïque que l'on m'a dit y estre. — J'y ai vu un palmier en pleine terre. —

Terracina est sur le bord de la mer et sans aucune sorte de port. Sixte V avoit fait tracer les murs pour en faire un,

1. Isole Ponzie.
2. Un temple de Jupiter axuron.

mais le roi d'Espagne de son temps[1] l'empêcha d'exécuter son dessein. Quelques momens après estre sorti de cette ville, on voit un reste superbe des ouvrages des Romains. C'est un rocher[2] haut de six-vingts pieds, coupé dans la largeur de trente, pour laisser le passage par le bord de la mer à la via Appia. Il y a des chiffres romains de dix en dix et CXX est en bas. Après celui-là il y a plusieurs autres rochers de coupés, mais c'est peu de chose. La poste en partant de cette ville est vilaine. L'on trouve la via Appia à la tour qui appartient au pape qui n'est pas gardée et qui fait la séparation des estats du Saint Père avec ceux du royaume de Naples. Tout contre l'on voit une espèce de petit bâtiment sur lequel on lit l'inscription suivante :

Phil. II Cath. regnante, per al. alcalae (*sic*) *dux, pro rege hospes hic sunt fines regni neapol., si amicus adveneris, pacata omnia invenies et malis moribus pulsis bonas leges M.D.LVIII.*

Tout contre, on trouve le lac de Pantano et le pavé conduit jusques à Fondi qui est aux environs de cinq milles. A gauche du chemin, peu loin de cette inscription, il reste un monument simple, carré, un peu long et antique que je crois un tombeau. Il y a plusieurs antiquités le long du chemin, c'est-à-dire de ruines.

Fondi m'a paru assez jolie et peuplée. Jolie situation, la variété des verts composée d'orangers, d'oliviers, cyprès et autres, m'a plu infiniment. Il y a une très petite plaine que l'on quitte pour entrer dans des montagnes incultes et où le chemin rude, presque toujours sur la via Appia, n'en est pas moins difficile. L'on arrive à *Itri*, trou très vilain. Toujours sur la via Appia l'on trouve encore des ruines[3] avant d'arriver à *Mola*, espèce de petite ville vilaine sur le bord de la mer et sans port. Quoique serrée par la montagne, le

1. Philippe II.
2. « Pisca Marina. »
3. Ruines de *Formiae*, bâtie en ce même lieu par Antiphates, roi des Lestrigons.

peu de vallée qu'il y a est fertile. L'air en est bon; presque tout est orangers et arbres fruitiers. L'on y va voir ce que l'on appelle la maison de Cicéron. L'on va dans des espèces de caves qui sont sous un jardin. L'on juge par les ruines et les fondemens qui subsistent sur le bord de la mer, de la grandeur dont estoit le bâtiment. Deux cents pas au-dessus et sur le bord de l'eau il y a encore d'autres ruines, mais tout cela dit peu.

GAËTE. — Quoyque l'on puisse aller par terre à Gaëte puisqu'il est sur un cap, ce seroit le plus long et le trajet de mer n'est que de quatre petits milles, ainsi nous prîmes une barque pour faire le voyage. Malgré notre passeport, à cause de notre nation[1], le commandant ne voulut pas nous permettre d'aller voir le tombeau du connestable de Bourbon[2] qui est dans le château, ni le rocher fendu[3] qui est à la Trinité, ni le reste du tombeau de L. Munatius[4], nommé dans la ville *la tour de Roland*, je ne sais pourquoi. Nous eûmes même un soldat pour nous accompagner dans le Dôme où nous vîmes le vase grec antique qui sert de fonts baptismaux : il est magnifique, mais les lions qui le soutiennent au nombre de quatre, le déparent[5]. Une chapelle souterraine et son degré méritent d'estre vus. Dans cette église des colonnes antiques et assez belles soutiennent une très vilaine voûte. Il n'y avoit qu'un régiment en garnison. Le petit port de la ville est assez bon pour ce qu'il peut faire. Le cap le plus avancé forme avec une enceinte le château qui

1. Les démêlés de la France avec le Pape étaient la cause de cette rigueur, relatée aussi par MISSON, t. V, p. 24 du IIe vol.

2. Charles de *Bourbon*, connétable de France, tué le 6 mai 1525 au sac de Rome.

3. La *Spaccata*, grand rocher sur la côte, ouvert du haut en bas.

4. Munatius Plancus qui, d'après Suétone, conseilla à Octavius César de préférer le surnom d'Auguste à celui de Romulus qu'on voulait lui donner comme au restaurateur de la ville de Rome. Ce mausolée fut longtemps appelé la tour de Roland.

5. « C'est un ouvrage parfaitement beau ; il est fait en forme de clocher et orné de beaux bas-reliefs..., il est d'une même pièce de marbre avec les quatre lions qui le soutiennent. » MISSON, t. II, p. 24.

est commandé par une haute montagne fortifiée du côté de la terre. Autant que j'en ai pu juger, c'est au haut de celle-ci qu'est cette tour de Roland. Je l'ai vue de loin, presque tous ses côtés sont battus de la mer et revêtus de bastions ou flanqués et le poste même n'est formé que par la fortification. Officiers et soldats de la garnison, ne pouvant sortir, m'ont dit qu'ils s'ennuyaient : je les ai crus sans peine (79). Le faubourg de Gaëte est plus grand et plus beau que la ville. On montre les passeports entre Fondi et la tour du pape dont j'ai parlé, on les rencontre à Mola, dont le chemin jusques à *Garigliano* est assez uni, mais la via Appia, soutenue de pierres roulantes et autres agrémens, rendent (*sic*) le chemin épouvantable ! L'on marche dans tous les cahots imaginables jusques à cette poste où l'on perd absolument la via Appia. Auprès de cet endroit l'on voit les restes de la ville de *Minturne* consistant en un reste de très petit amphithéâtre et un aqueduc de plus de deux cents arches, continu, sans interruption. De là on passe à la traille la rivière de Garigliano, mauvaise, dit-on, et par un beau chemin bien uni et charmant par la douceur et l'objet d'une grande plaine fertile, l'on arrive à *Sainte-Agathe.* Je ne sais trop si l'hiver ce chemin est aussi agréable. De Sainte-Agathe à Francolino le chemin est beau : l'on passe quelques montagnes qui quoyque de pierre sont coupées avec un soin, une dépense et une largeur qui me persuadent que c'est un ouvrage des Romains. Quelques bouts que l'on trouve en sortant de Sainte-Agathe me font croire que c'estoit ou un reste de la via Appia, ou un chemin consulaire pour aller à Capove.

CAPOVE. — De Francolino à cette ville, jadis si débauchée, l'on arrive par un beau chemin ; celle qui porte ce nom aujourd'hui ne mérite que les épithètes de vilaine de malpropre et de mal pavée et il n'y a nulle sensualité dans le cabaret où nous avons dîné[1]. Elle a une espèce de cita-

1. «... Mon estomac faisait des hypothèses charmantes sur les auberges

delle; je n'ai pu juger de sa force. La ville est peu ou point fortifiée. L'on y trouve des ruines, des vieux tombeaux, mais tout cela peu considérable, ainsi que des bouts de statues. L'église de l'*Annonciade* n'est pas laide; les dehors sont bâtis de débris d'antiques[1].

A deux milles sur la gauche en approchant de la montagne et en nous détournant du grand chemin, nous avons esté voir les restes infortunés de l'écueil d'Annibal. Ils consistent en une porte, un reste d'amphithéâtre assez conservé, tout au plus grand comme celui de Vérone. Il y a d'autres ruines aux environs mais qui n'ont pas grande beauté. Le Volturne, assez vilaine rivière, arrosoit Capove; il passe encore à la nouvelle, on le traverse sur un beau pont moderne. Le village de *Sainte-Marie* est auprès de ces ruines; il en est bâti et l'on y voit plusieurs pierres, colonnes, tombeaux, etc., composant sans ordre de vilaines maisons. Le village est grand; il y avoit en quartier un régiment de dragons de l'Empereur, veste rouge, habits blancs. Enfin il n'y a de délicieux en cet endroit que l'air et le terrain dont la fertilité charmante fait une aimable décoration. Un chemin large à passer huit chaises de front, tiré au cordeau et ferré, conduit délicieusement à *Aversa*, joli et riant village. Les dragons de Vaubonne, veste rouge, habits jaunes, boutons de cuivre et mal en ordre, y estoient en quartier. Quelques petits cabarets que l'on trouve çà et là dans ces dernières postes sont décorés à merveille et plaisamment.

D'Aversa l'on part et toujours par le même beau chemin qui traverse s'il est possible un terrain encore plus agréable, l'on arrive par une belle descente à Naples, sans cepen-

de Capoue; mais, ne vous en déplaise, en ramassant en un tas toutes les provisions de la ville et des faubourgs, nous ne pûmes mettre ensemble que deux os de jambon rance; après quoi, m'armant d'une généreuse fermeté, je m'arrachai moi-même aux délices de Capoue, et remontai dans ma chaise plein de dédain pour Annibal. » De Brosses, lettre XXVIII, p. 360.

1. « Il n'y a aucune beauté à Capoue : les églises et les bâtimens sont assez communs. » Montesquieu, t. II, p. 6.

dant la découvrir à cause de sa situation de ce côté, que quand on est dedans.

NAPLES. — L'on y entre librement sans que personne nous dit (*sic*) rien. Nous vînmes loger « Aux trois rois, » mauvais mais bon pour le pays. Nous y arrivâmes le 27 d'avril.

Nous fûmes à la *maison* professe *des Jésuites :* elle a une façade plate en pointe de diamant et vilaine. La coupole culbutée par le dernier tremblement de terre[1] n'est pas encore rebâtie ni sa structure absolument finie. Des pilastres de marbre rapporté la remplissent et elle est pleine de dorures. Il y a quelques fresques du Lanfranc.

Sainte-Claire, vilaine, ancienne église, couvent de filles de condition. Il n'y a que le tombeau du roi Robert[2]. Elles entretiennent des moines mendiants pour desservir leur église (80).

Saint-Dominique Majeur, où estoit il y a vingt-trois ans l'Inquisition. Depuis ce temps elle n'est plus et les Napolitains ont bien fait. L'église est vieille et nue. Le grand autel est beau, de marqueterie belle et bien faite. Un tableau « l'Anonciation » du Titien, conservé, est tout ce que j'ai vu dans l'église. La sacristie a un très bel autel, de bon goût, aussi de pièces de rapport. Il y a des grisailles modernes qui ne sont pas laides ainsi que la peinture du plafond. Il y a dans des coffres de bois recouverts de bronze, plusieurs rois et reines de Naples[3]. L'on y montre un manuscrit de saint Thomas d'Aquin qui a demeuré longtemps dans cette maison. L'on a fait une chapelle de la chambre où il demeuroit; l'on montre aussi l'école où il enseignoit. Il y a une petite bibliothèque assez mal tenue. Le réfectoire est fort grand;

1. Le tremblement de terre du 5 juin 1688.
2. Robert d'Anjou, qui en fut le fondateur, et qui fut surnommé le Bon et le Sage, a sur son tombeau un panégyrique plutôt court, mais il n'en est que meilleur. « Cernite Rubertum Regem virtute refertum. »
3. Le roi Ferdinand II, Isabelle d'Aragon, Jeanne I, etc.

les cloîtres ne sont pas laids. Ils sont cent trente-sept dans cette maison. Ils ont treize maisons dans Naples et sont huit cents Dominicains : au moins c'est un de leurs pères qui me l'a dit.

Saint-Paul est une église bâtie sur les ruines et les débris du temple de Castor et Pollux, bâti par un affranchi d'Auguste. Le tremblement de terre renversa six des huit colonnes qui restoient à la façade. Il n'en restoit que deux que même l'on alloit abattre. Cette église n'est pas encore parfaite ; la façade n'est pas finie ; le dessin en est beau. Les peintures du plafond sont de Massimo et du Belisaire[1]. A la chapelle de la Vierge il y a deux tombeaux qui ne sont pas laids et une statue de la Vierge d'une autre main qui est bonne estant du cav. Cosma. Sa sacristie est belle, ornée des peintures de Solimena[2], peintre vivant et habile homme. Sa statue de bronze de St-Gaétan est auprès de cette église : elle est vilaine, sur un assez beau piédestal de marbre.

S. Filippo Neri a une très belle façade de marbre et de bon goût. Les douze colonnes de granit fin sont antiques mais elles sont toutes égales et soutiennent avec grâce le bâtiment. Toutes les chapelles ont leur beauté, ainsi que les autres des églises dont j'ai parlé, surtout le grand autel de marbre derrière un autel qui n'est pas laid, orné de marqueterie à l'ordinaire. L'autel de derrière est rempli d'ornemens de bronze. Les chapelles de Sainte-Thérèse et de Saint-Philippe sont admirables, soit pour le pavé, soit pour le marbre rapporté dont les murs sont revêtus. Les petites calottes des bas-côtés de ce dôme sont dorées avec goût. Un tableau de Guido Reni n'est pas laid. Celui qui est en dedans, au-dessus de la porte, d'un Christ chassant les marchands du Temple, est très beau : il est du Giordano[3].

La *Chartreuse*[4] de cette ville, avec raison fameuse, ren-

1. Elèves de l'Espagnolet.
2. Francesco *Solimena* (1657-1747).
3. *Luca Giordano* P. nap. (1632-1705).
4. Ou église de Saint-Martin.

ferme environ cent religieux et possède de grands revenus : il y paroît par l'emploi de leur argent. Leur cloître est grand, soutenu par des colonnes en marbre blanc; les portes qui sont dans les angles du nombre de chacun d'eux, sont ornées de statues de même matière fabriquées par le cav. Cosma. Le pavé de ce cloître est très beau, la nef de l'église et les chapelles sont finies et revêtues de marbre de rapport magnifique. Le chœur ne l'est pas encore. Le modèle du maître-autel sera magnifique quand il sera exécuté. Il y a cinq beaux tableaux : un de Guido Reni qui n'est pas fini[1], un autre, des élèves de Paul Véronèse, un du Massimo, un autre de Carrache et le dernier de l'Espagnolet[2]. La sacristie est assez simple : un tableau de « saint Pierre reniant [le Christ] » de l'Espagnolet, est magnifique. Il y a dans un petit endroit à côté, un « Christ au pilier » de Michel-Ange qui m'a bien plu. Il y a une chapelle au bout dont le plafond est assez bien ordonné, du Giordano. Le tableau de l'Espagnolet « une descente de Croix, » le plus beau que j'aie vu de lui, est superbe. Ce lieu renferme de grandes armoires simples remplies d'argenterie de la dernière magnificence et plus belles par leur goût que par leur matière, quoyqu'il y ait un poids extraordinaire d'argent. Il y des fleurs travaillées avec un goût et une exécution étonnants; une grande croix d'argent travaillée à merveille est ce qu'il y a de plus beau. Les moines sont très bien logés et fort au large. L'appartement du prieur est grand et beau. Il est plein de tableaux : un « saint Laurent » du Titien, l'Espagnolet[3] qui s'est peint avec sa jolie femme et ses enfants est un morceau que j'aime. La vue de cette maison est au-dessus de l'imagination et sa magnificence l'égale !

Le Dôme de Naples est une vieille église sans façade. La

1. « La Nativité, » morceau de peinture inestimable.
2. Ces quatre fameux peintres ont tous peint le même sujet : « La Cène. »
3. Giuseppe *Ribera* (dit l'Espagnolet) (1588-1656).

nef est remodernée et ornée de petits tableaux ronds et ovales du Giordano. La chapelle de Saint-Janvier est ce qu'il y a de plus beau. Elle est toute revêtue de marbre mais sans travail dessus : sa porte de cuivre est belle. J'ai compté dedans trente-quatre grands bustes d'argent et trente-deux grandes statues en pied, de bronze. Le pavé est beau et les peintures qui ornent et la voûte et la coupe ne sont pas mauvaises. Le grand autel est vilain, mais il est orné de deux colonnes de diaspre superbes, la plus belle chose que j'aie vu. Elles sont hautes d'environ neuf pieds et servent de chandelier : elles sont sur un piédestal de vert antique. Les fonts baptismaux sont sur une espèce de pied de porphyre et sont formés par un vase de pierre de touche très grand et orné de bas-reliefs antiques. Sur une aiguille de marbre assez extraordinaire par sa forme, l'on voit auprès de l'église la statue de bronze de saint Janvier, protecteur de la ville. L'église des *Santi-Apostoli* appartient aux Théatins. Ils n'ont point de façade, leurs chapelles sont revêtues en dedans de marbre et ornées de peintures modernes qui sont ornées de dorures avec goût. Le haut de la nef, peint par le Lanfranco[1], est beau : la coupe est vilaine. Il y a dans cette église l'autel de « l'Annonciation, » de marbre, d'un goût et d'une richesse immenses. Quoyqu'il soit blanc et tout uni, un bas-relief de huit enfants du Fiammingo[2] s'y voit et est magnifique. Cet autel est orné de huit tableaux de mosaïque remarquables. Le grand autel ou tabernacle est d'un grand goût et également riche par les pierres fines dont il est composé. La maison est grande, belle et bien bâtie. Le dortoir est d'une belle proportion. La bibliothèque est petite et

1. «... Tous ces morceaux de Lanfranco sont composés avec une hardiesse, un feu et un génie admirables ; la manière en est fière et terrible ; la couleur belle et fraîche ; le dessin, du plus grand caractère, mais quelquefois incorrect et outré. » COCHIN, op. cit., t. I, p. 160.

2. «... Le plus bel ornement de cette chapelle est un bas-relief de marbre blanc, de François Flamand qui représente un concert d'enfans ; il a toutes les vérités naïves que ce sculpteur a si bien rendues dans les enfans, en quoi il surpasse tous ceux qui en ont faits. » *Ibid.*, p. 161.

mal ornée : dans les archives, ils montrent plusieurs manuscrits, et l'original du Tasse. (81)

L'église de *S. Maria Nova* est habitée par des Zoccolanti; elle n'est pas comme les autres, dont j'ai ci-devant parlé, ornée de marbre, mais elle est dorée et assez mal quoyqu'en quantité. Elle est aussi pleine de tableaux : deux qui sont dans la chapelle de la Vierge m'ont paru les meilleurs. Il y a cependant quelques fresques encore qui ne sont pas laides. Auprès du grand autel, sous un tombeau sur lequel on marche, est le lieu où gît Jeanne, fille de Jean d'Aragon, seconde femme de Ferdinand Ier, roi de Jérusalem et de Sicile, morte en 1614.

Les frères Valata ont une bibliothèque assez bien choisie et quelque petit amas d'antiquités ou autres bagatelles pour un cabinet.

Les moines deschaus de *Sainte-Thérèse*, autrement dit les Carmes, ont un jardin aimable par les figuiers et les orangers et deux petits cloîtres assez jolis. Leur église n'a, pour ainsi dire, point de façade. Le pavé de marbre sera beau quand il sera fini. L'église est simple, toute blanche et d'une belle architecture. Il y a dedans deux chapelles : une « Visitation » de Domenico Passignano qui est beau et dans l'autre une « Sainte-Anne instruisant la Vierge » qui m'a bien plu. La chapelle de sainte Thérèse, à laquelle cette église est dédiée, est belle et de marbre de rapport comme celle dont j'ai déjà parlé. Il y a aussi deux grands tableaux de Giacomo del Po, qui ont leur beauté. Les grisailles à fresque sont belles et c'est en ce genre de peintures qu'excelle ce peintre moderne. Le grand autel est au-dessus de toute expression et la plus belle chose que j'aie vu de ma vie, soit pour la richesse et la beauté des pierres dont il est fabriqué, soit pour le goût dont elles sont arrangées et les ornemens de bronze doré et la perspective sur ces précieuses matières; enfin mon imagination ne me fait concevoir rien d'au-dessus de cet objet !

Saint Janvier est patron de la ville de Naples après en avoir été évêque. Tous les 4 de mai on célèbre sa feste et en présentant une fiole de son sang devant la relique de son chef, ce sang, que j'ai vu dur effectivement, se liquéfie mais d'une façon à n'en pouvoir douter[1].

De plus, cela se passe devant tant de témoins et d'une manière si publique que l'on n'y peut faire de supercherie. Je vais écrire ce que j'en ai vu. Il y a sept sièges de la noblesse dans l'un desquels on célèbre tous les ans cette feste. Cette année elle se fit auprès de Saint-Dominique. Ce lieu estoit superbement tapissé jusques à toute la voûte. Sur un autel orné d'argenterie comme on les voit communément à Naples, on apporta le chef du saint. La veille on chanta les vêpres par une belle et nombreuse musique : le lendemain sur les vingt-deux heures, la procession fut devancée par quatre des principales musiques des églises de la ville. Le vice-roi et la vice-reine, par parenthèse tous deux de très vilaine figure, assistent à tout, sous un dais préparé en face de l'autel. Au son de la magnifique musique défilèrent tous les moines de la ville, et c'est en vérité beaucoup dire, leur marche dura deux heures quoyqu'ils ne fissent que défiler, entrant par une porte et sortant par l'autre. Les trente-trois autres patrons ou patronnes de Naples, tous d'argent, qui d'ordinaire ornent la chapelle de Saint-Janvier mais non pas ordinairement chargés des diamans dont ce jour on les voit remplis, s'arrêtent un moment devant le saint qui est sur l'autel. Un de ces saints ambulans avec une sainte femelle ont le droit d'envoyer chacun un bouquet au vice-roi et à sa femme. Quand tout est passé, le sang porté dans une châsse arrive, et après deux oraisons assez courtes en s'approchant de la tête, ce sang devient liquide. Je l'ai vu et

1. Montesquieu est intrigué par le miracle qui s'opère le 4 mai dans l'église-cathédrale de Naples : il en parle en deux endroits de ses *Voyages*, surtout longuement à p. 18-20 du t. II. Dans ses *Pensées manuscrites* (p. 535) il revient sur la question et développe cette idée que « les hommes sont plus aisément dupés qu'imposteurs. » DE BROSSES, après avoir déclaré « que les miracles ne sont pas marchandises bien rares à Naples, » le définit « un assez joli morceau de chimie, » p. 374.

cela est extraordinaire. [Le miracle] se fit cette année moins vite que les autres, à ce que l'on dit; l'on en estoit même déjà alarmé car on prétend, par de dures expériences, avoir éprouvé des calamités soit du Vésuve, soit des tremblemens de terre, quand le miracle ne se fait pas [c'est-à-dire] quand le sang demeure dur (82).

POVZZOLES est à quatre milles de Naples. Pour y aller l'on passe dessous le fameux *Pausilippe* dont je parlerai à mon retour de Malte. A droite en allant, environ à deux milles de Naples, est cette *grotte du chien* qui est un fort petit trou qui n'a pas plus de quatre pieds de profondeur et où tout animal mouriroit en recevant, à la hauteur de trois pouces, l'exhalaison qui sort de la terre. On fait expérience sur un chien[1] qui en un instant [est] comme à la mort qui lui arriveroit certainement si on ne le retiroit de ce lieu. On le porte ordinairement sur le bord du petit lac d'Agnano: sur-le-champ il revient dans son état ordinaire. Ce n'est point une propriété des eaux de ce lac; une autre eau, ou même la fraîcheur de l'herbe, feroit le même effet mais seroit plus longtemps à agir. Auprès de cette grotte sont des bains bâtis modernement et fort mal, où la chaleur qui sort de la terre avec l'odeur de soufre, guérit de plusieurs maladies. Le lac d'Agnano est entouré de montagnes; celle qui le ferme du côté de Pouzzoles renferme le vallon nommé *la vallée de Vulcain*[2], ou communément *la Solfatara*. Cet endroit est véritablement singulier; de plusieurs endroits il sort par des trous une fumée assez épaisse et le bruit qu'elle fait est comme celui d'une forge de maréchal, mais sans aucun feu. Ce n'est pas que cette exhalaison ne soit chaude, mais elle n'allume rien, pas même le papier. Un terrain assez grand du vallon et de la montagne en partie est

1. «... M. le barbet qu'on a coutume de mettre en expérience est fait à cela, comme un valet de charlatan à boire du jus de crapaud: dès qu'il voit arriver des étrangers il sait que cela veux dire : Couchez-vous et faites le mort. » DE BROSSES, ibid., p. 405, lettre XXXII.

2. *Olla Vulcani*, marmite de Vulcain.

positivement tout soufre et s'en est une mine dans le terrain uni, sur lequel il ne croît rien. On ne peut donner un coup de pic ou d'autre chose qui fasse un petit trou, que sur-le-champ il n'en sorte de la fumée ; même en jetant de la hauteur d'un homme une grosse pierre, on entend le bruit de la cavité qui existe dessous. Des hommes du pays nous ont dit qu'il y a de l'eau dessous, ce qui est vraisemblable ; et que quand on creuse un peu la chaleur va toujours en augmentant et vient à un tel point que l'on ne peut aller jusques à l'eau que, à vue de pays, l'on croit estre à quatre ou cinq pieds. Quelques tremblemens de terre feront un de ces jours de cette vallée un lac d'eau chaude.

En regagnant le grand chemin à la droite duquel est cette vallée, il y a un petit couvent de je ne sais quelle espèce[1] où, par parenthèse, on prétend que saint Janvier a esté décollé et que je ne marque qu'à cause de la belle vue dont on jouit de cet endroit. Il est sur une hauteur au pied de laquelle est Pouzzoles, petite ville aujourd'hui vilaine mais jadis considérable. Il ne reste pour preuve de son ancienne grandeur qu'un amphithéâtre de pierre et de brique ; il estoit assez grand. Il n'en reste qu'un côté assez conservé mais un peu enterré. On prétend que saint Janvier imposa dans cet endroit aux bêtes auxquelles il fut exposé et l'on fait une chapelle dans le lieu où l'on croit qu'il a esté mis en prison[2].

Pas loin de cet endroit, et du côté de la mer, deux temples : celui de *Diane* est le plus petit et en est le plus éloigné, il est rond ; celui de *Neptune*[3] estoit plus près de son empire et avoit esté grand, considérable et carré. On y trouve plusieurs ruines, entr'autres, dans la ville, une masse assez informe d'un grand bâtiment que l'on dit avoir esté à Cicéron. Sur la grande place il y a deux figures au milieu des-

1. Les Capucins de Saint-Jacques.
2. Sur l'église, dédiée à saint Janvier, on lit ces mots : « Locus decollationis S. Januarii, Sociorum ejus. »
3. De *Jupiter*, auj. Saint-Procule.

quelles est une fontaine assez commune. L'une est la statue de saint Janvier de marbre, pas laide, il estoit Napolitain et évêque de Benevento, aujourd'hui des terres du pape, et fut martyrisé sous Dioclétien. L'autre est une statue antique restaurée du Consulat de Q. Flavius Mavortius. Au bout de la place est un piédestal antique de marbre orné de 14 figures de marbre au pied desquelles on lit les noms d'autant de villes de Grèce. L'inscription apprend que cela a esté fait sous Tibère[1]. Pouzzoles est un évêché. La ville est petite, assez pauvre, mal bâtie et inégale. Elle est située sur une espèce de golfe large et beau. L'on voit auprès de la ville treize piliers de brique. dont les voûtes ne subsistent plus, au bout desquelles Titus Caligula fit un pont de bateaux[2] qui conduisoit à Bayes quoyqu'il en soit distant de trois milles[3]. Nous nous embarquâmes à Pouzzoles, traversâmes le golphe et fîmes quatre milles pour arriver à *Misène* où il y a une espèce de promontoire et un port magnifique naturel qui avoit esté rendu sûr et ferme du côté de la mer par un môle bâtie par M. Agrippa[4]. Des passages de voûtes coupés dans le rocher pour accourcir le chemin aux barques, d'autres voûtes naturelles des ruines font juger que cette ville estoit belle. Le promontoire dont j'ai parlé est formé par une petite montagne fertile et agréable sous laquelle il y a une grotte nommée aujourd'hui du « Dragon » à cause, dit-on, d'un animal extraordinaire trouvé dans ce lieu, qui n'est autre chose qu'une grande piscine faite par Néron pour conserver des eaux pour les armées navales. De ce lieu la vue, soit du côté de Pouzzoles, soit de celui des isles de Procida et d'Ischia, [est superbe](83).

1. Le buste colossal de Tibère, sur le piédestal de Pouzzoles, décoré des figures en relief de quatorze villes de l'Asie-Mineure que Tibère reconstruisit après un tremblement de terre, se voit auj. au Musée de Naples.

2. Cet ouvrage, faussement attribué pendant longtemps à Caligula, d'après une citation erronnée de Suétone, est d'Antonin le Pieux.

3. Ni Caylus ni aucun des voyageurs de cette époque ne parlent du *Temple de Sérapis* parce que, quoique son existence fût connue dès 1538, cette intéressante ruine ne fut exhumée qu'en 1750.

4. Le port de Misène fut établi par Auguste, d'après les plans d'Agrippa.

La mer morte, nommée par les Anciens le fleuve *Lethé*, est une espèce de petit lac qui communique au port. Ce lieu est environné de coteaux fertiles qui portaient le nom, et à juste titre de *Champs-Elysées*[1]. On voit auprès grand nombre de tombeaux anciens dont la structure est assez uniforme. Les ornemens que l'on ne voit plus les distinguoient apparemment. J'ai vu dans deux ou trois quelques restes de peintures. C'est dans cet endroit que l'on tenoit le marché qui répondoit à notre samedi et où l'on achetoit les larmes pour les enterremens. Joignant cet endroit on va voir le fameux réservoir dit en latin *piscina mirabilis* et bâti par Agrippa. Ce bâtiment est en entier conservé, clair et superbe, soit pour son architecture, soit [par ce] qui le construit. Il a quatre-vingt mètres de long et vingt-six de large; chaque jonction de l'un à l'autre [pilier] est carrée. Sur des couches de grande pierre pour les piliers, est posé un lit de ciment épais et très fort sur lequel est un autre aussi dur et aussi fin que le marbre. Non seulement la dépense, mais le temps qu'il a fallu employer rendent cet ouvrage recommandable. On le voit dans son entier. Les eaux y venoient de la rivière de Sarno : il y a une ville du même nom qui est à vingt milles par delà Naples. Les conduits s'en trouvent dans différens endroits de la montagne : ils abreuveoient Pouzzoles, Bayes et Misène, villes dans ce temps remarquables et habitées par ce qu'il y avoit de plus recommandable dans l'Empire romain.

L'on voit au-dessus de cette Piscine des masures enterrées; leur forme fait imaginer que c'est un reste de cirque. En suivant les ruines, l'on arrive à des portiques sur le bord de la mer, en dedans du golphe qui couvrent un degré par lequel on descend dans ce que l'on appelle dans le pays les *Cento camerelle*. Ce n'est autre chose que les prisons de Néron[2].

1. « Il serait bon d'y entretenir quelques jardiniers pour en avoir soin, et pour y semer au moins de l'asphodèle.... » De Brosses, lettre XXXII, p. 410.

2. « Les Cento Camere sont une espèce de réservoir d'eau plutôt que les prisons de Néron. » Montesquieu, ibid., p. 14.

L'obscurité a toujours régné dans ces galeries étroites et où les passages bas et étroits suffisent à peine pour un homme. Le stuc qui recouvroit le bâtiment est dans tout son entier et est très beau. Au sortir de là, en suivant le golphe, vers Bayes, nous avons trouvé un hameau nommé *Bacoli*. L'on prétend que c'est un reste de Bauli[1] où véritablement Agrippine fut assassinée par les ordres cruels de son fils : soit à cause des noms ou de la situation, l'on prétend que ce Bacoli fut le théâtre de la plus affreuse action de Néron et l'on montre dans une vieille masure [le tombeau d'Agrippine]. On descend dans un trou où il faut se traîner sur le ventre, dans un lieu carré un peu long, assez petit, et où jamais le jour n'est venu, à présent enterré et orné de jolis ornemens de stuc bien conservés, et l'on prétend que ce lieu estoit le tombeau de cette mère infortunée.

De cet endroit, nous nous rembarquâmes dans notre barque pour aller à la chose la plus extraordinaire d'Italie, qui est le *monte Nuovo*. En 1538, à deux heures de nuit, un grand tremblement de terre survint, elle (sic) vomit des pierres, du feu avec un bruit épouvantable[2]. La terre ouverte engloutit la ville de Tripergora qui possédoit, dit-on, des bains fameux et antiques. A la place de cette pauvre petite ville dont il ne reste aucun vestige, naquit la montagne d'aujourd'hui. Elle a trois milles ou environ de circuit, elle n'est pas fort haute et formée en pain de sucre un peu écrasé pour sa tête. Au haut sur la pointe il y a un petit fond, reste des feux que quelques mois elle a jeté. Elle est à présent couverte de quelque verdure ; il y a même quelques grands arbres et, avec le temps, elle pourra estre cultivée.

La pauvreté fut avec raison grande dans le pays [par] un évènement pareil à celui-là. La ville de Pouzzoles fut deux

1. L'ancienne Bauli dont on attribuait la fondation à Hercule.

2. « La terre en trembla, la mer s'en recula : le lac Lucrin en fut presque comblé ; des églises et des maisons furent embrasées et englouties ; plusieurs hommes périrent et quantité de bestes : il se fit un bouleversement effroyable dans tous les environs. » MISSON, t. II, p. 86.

ans sans estre habitée. Le lac *Lucrin*, autrefois si fameux par ses poissons et ses huîtres, fut en partie comblé par cette production de la terre. Le reste du côté de Bayes s'est comblé. Il ne reste aujourd'hui que la place, quelques roseaux et une très petite mare d'eau[1]. Nous avions loué des bourriques qui nous attendirent au pied du monte Nuovo, nous nous en servîmes pour aller environ un demi-mille, et rentrant dans terre, nous nous trouvâmes sur le bord de l'*Averno*. Il n'a plus nulle mauvaise odeur; son eau m'a paru fade[2]. Au pied de la montagne et sur le bord du lac, subsiste un reste de temple de je ne sais quel dieu[3], mais auquel, par la situation du terrain, je ne crois pas qu'ait jamais communiqué la sortie de ce fameux antre de la Sibylle que l'on prétend avoir communiqué pendant trois milles à l'autre entrée que l'on voit à Cumes. Mais de l'entrée de cette grotte jusques au lac, il y a assez de place pour qu'il y ait eu un temple. Nous entrâmes dedans et nous trouvâmes un passage taillé dans le roc, large de deux toises ou environ, et qui, élevé en voûte, peut en avoir trois de hauteur. Nous fîmes cent pas ou environ dans ce sombre chemin, nous trouvâmes la terre élevée, à ce que l'on nous a dit, par un tremblement de terre et qui ainsi a bouché la communication. Nous retournâmes sur nos pas et après avoir marché environ vingt pas, nous entrâmes par un passage étroit, suffisant pour un homme seul, et toujours en descendant [nous vînmes] à une chambre carrée où l'on voit des caves et d'autres pierres taillées qui ont servi à des bains. Dans une autre chambre à côté, nous vîmes de la mosaïque; nous vîmes un autre endroit par lequel l'eau venoit dans ces bains. Ces tristes chambres

1. « Combien la misère dans laquelle est tombé le lac Lucrin vous causera de douleur? Ce n'est plus qu'un mauvais étang bourbeux; ces huîtres précieuses sont métamorphosées en malheureuses anguilles qui sentent la vase. » De Brosses, lettre XXXII, p. 412.

2. « Le lac d'Averne, tout rond, beau, clair et vermeil, au-dessus duquel les oiseaux volent maintenant tant qu'il leur plaît. » *Ibid.*

3. Temple d'Apollon, ou de Pluton, ou de Mercure, etc.

communiquoient à un grand degré sur lequel on ne peut monter que la distance d'une vingtaine de marches. Ce degré estoit large mais il est bouché et l'on ne sait plus où il alloit. Le tout estoit taillé dans le roc (84).

Nous remontâmes sur nos bourriques et revenant en partie sur nos pas, passant même par ce qui estoit jadis le lac Lucrin, nous arrivâmes à une montagne de roc sur le haut de laquelle estoit la maison de Néron[1]. Les « bains » de ce lieu subsistent environ au milieu de la hauteur et taillés dans le roc. Par un passage étroit et presque toujours en descendant, l'on arrive avec une chaleur excessive et que peu de gens peuvent soutenir, à une fontaine[2] dans laquelle à grand'peine peut-on faire entrer le doigt un instant. L'on peut juger de la chaleur qu'on y éprouve puisque les varioleux du pays ne prennent d'autre remède que la sueur que cette étuve leur cause à plus de cinquante pas de la fontaine. On ne voit rien autre de ce palais. La montagne est pleine du côté de la mer de ruines sans forme, ainsi que le vallon habité autrefois par l'ancienne Bayes, agréable par sa situation. Parmi celles qui sont les plus entières, est un *temple de Vénus*, auquel il ne manque que la voûte. Il estoit exhaussé, bâti de brique, rond en dedans, octogone au dehors. Sur le bord de la mer, à quelques pas de là, on va voir une ruine que l'on dit estre une chambre de Vénus. La première est carrée, longue, ayant le plafond orné de magnifiques bas-reliefs de stuc tous entiers, bien conservés, les corniches et les ornemens de bon goût. Par une très petite porte basse et étroite, l'on entre dans une espèce de cabinet rond, la calotte ornée de quelques ornemens de même goût mais moins entiers. Ce cabinet, autrefois apparemment menaçant ruine, a esté soutenu par une voûte de brique qui en gâte un peu l'économie. L'on voit dans ce lieu un amas de la coulure de

1. Célèbre villa de Lucullus qui appartint plus tard à Tibère, qui y mourut, et puis à Néron.

2. Therma Neroniana, ou stufe di Nerone, encore auj. fréquentées par des malades.

l'eau dans les pierres qui forme effectivement la figure d'un arbre, ce que bien des gens ont pris pour un tronc pétrifié. Ces deux chambres ont toujours esté obscures et n'ont jamais esté éclairées que chacune par une très petite fenêtre carrée, aujourd'hui bouchées par les terres qui ont comblé le haut du bâtiment. Le peu de jour que l'on recevoit dans ces endroits convient assez aux aimables mystères de Vénus et de son fils. Ces dieux adorés dans ce lieu avoient leur fidèle compagnon Mercure[1], adoré dans un temple qui devoit estre très beau et très grand si tout ce que l'on m'a montré lui appartenoit. Il subsiste une grande voûte et plusieurs très grandes chapelles. On montre assez près de là une autre grande voûte et reste de temple que l'on donne à Diane.

Toutes les ruines qui sont en grand nombre et les bâtimens qui subsistent, sont tous de brique. J'ai oublié de dire, quand j'ai parlé des estuves de Néron, qu'au bas du rocher sur lequel elles sont bâties, en enfonçant le bras environ un pied dans le sable de la mer, nos bateliers nous tirèrent du sable chaud et brûlant. C'est apparemment l'égout de la fontaine dont j'ai parlé.

Nous reprîmes nos bourriques pour aller à *Cumes*, autre superbe ville dès le temps des Grecs qui ont laissé les principaux bâtimens, surtout cette grotte dont j'ai parlé. Il y a trois milles de Bayes à Cumes : environ à la moitié du chemin nous passâmes sur les bords d'un lac qui communique à la mer, aujourd'hui nommé *Fusaro*, autrefois l'*Achéron*. Il en exhale en tout temps une odeur très forte surtout l'été. Sur les bords de ces eaux corrompues l'on voit des ruines que l'on croit estre celles de temples dédiés aux divinités infernales. Le mauvais air qui sort de ce lac incommode fort le peu d'habitants qu'il y a à Bayes, surtout la garnison de deux cents hommes que l'Empereur tient dans un fort que

1. « Le temple de Mercure, que nous avons trouvé plein d'eau, est comme le Panthéon de Rome : une ouverture au sommet; il a vingt-cinq pas de diamètre. » MONTESQUIEU, t. II, p. 15.

l'on voit sur une bonne hauteur, bâti par Charles V. Sa situation m'a paru bonne d'en bas. Il y a dans la mer un petit fort bâti en dernier lieu par les François. L'estendue de la ville de Cumes estoit autrefois considérable, aujourd'hui la charrue passe dans tout le terrain qu'elle occupoit. Il subsiste seulement, sur une hauteur qui domine la mer, un reste de mur qui environnoit le fameux temple d'Apollon où estoit le trépied dont on ne voit plus de restes; le mur estoit bâti par les Grecs (85).

Sur le bord de la mer l'on voit l'entrée de l'*antre* de la fameuse *Sibylle* de Cumes[1]. Quoyque ces superbes voûtes soient enterrées de beaucoup, on juge par la largeur des ceintres des voûtes, de quelle beauté devoit estre un ouvrage comme celui-là et taillé dans le roc. On juge pendant peu de temps de la beauté de ces lugubres voûtes, la terre en ferme au bout de trente pas les issues. Le général Veisser, Allemand, dans l'espérance de trouver des antiquités, faisoit travailler dedans. Il y avoit cinquante-deux marches de dégagées du degré qui conduisoit la prêtresse au temple.

Dans cette même montagne, du côté de la terre, nous sommes entrés dans un de ces résorvoirs pour conserver l'eau. Celui-là est beau par l'élévation et la largeur dont sont les voûtes taillées dans le roc. Le ciment ou l'enduit qui recouvre la pierre mérite d'estre remarqué[2].

En reprenant le chemin de Pouzzoles nous avons vu au bas de la hauteur un petit temple de brique, encore assez orné, de Jupiter. On voit une statue[3] qui a esté trouvée dedans, dans le palais du vice-roi de Naples. Au haut de l'autre montagne, l'on passe sous la principale porte qui fut à Cumes, autrement dite l'*Arco Felice*. Elle est de brique, n'a qu'une porte : son élévation est magnifique et joint

1. La Grotte de la Sibylle qui « avait cent entrées et cent sorties d'où s'échappaient autant de voix, réponses de la devineresse » (Enéide VI. 41.

2. C. ne pouvait parler des autres superbes ruines des temples de *Sérapis* et de *Diane*, exhumés respectivement en 1830 et en 1852, et les dépouilles desquels ornent le Musée de Naples.

3. La statue de Jupiter Stator.

deux montagnes, sur chacune desquelles on voit, m'a-t-on dit, les restes de deux tours qui défendoient la ville de ce côté[1]. L'on trouve dans cet endroit quelques petits restes de la via Appia ainsi qu'à Pouzzoles.

Nous retournâmes sur nos ânes par le dessus du lac d'Averne où nous arrivâmes très fatigués. Cette journée est longue et pénible. La fatigue du corps et de l'esprit y est grande : le plaisir de la curiosité satisfaite empêche de penser dans le temps aux peines que l'on a à souffrir, et l'habileté du cicerone de Pouzzoles engage à voir et à souffrir pour le retour[2].

1. L'*Arco Felice* servait à l'aqueduc dont on remarque les restes, ou bien il faisait passer la route sur les hauteurs.

2. « J'abandonnerai ce pays avec les regrets de Pyrrhus quand il fut contraint d'abandonner la Sicile. » BARTHÉLEMY, Voyage en Italie, sur ses lettres originales écrites au Comte de Caylus. Paris, chez Buisson, an 1801, p. 60.

EN FELOUQUE

VOYAGE DE MALTE. — L'envie de satisfaire notre curiosité, la belle saison et l'idée de la situation de l'isle de Malte, nous firent prendre la résolution d'y aller. M. Giona nous facilita les difficultés qui se présentoient à nous, soit par l'achat de nos provisions et meubles nécessaires, soit par l'accord qu'il fit avec une bonne felouque napolitaine montée de douze beaux hommes, dont sept frères et le reste, parens. Nous nous embarquâmes le 6 au soir. Le vent estoit contraire et la mer un peu agitée, ainsi au lieu de prendre à gauche du golphe de Naples en sortant, nous prîmes à droite et fûmes, à quatre milles de cette ville, coucher à l'abri de la petite isle de *Nisida* qui se trouve voisine de la côte plus proche de Pouzzoles que de Naples. Il y a auprès de cet endroit, sur une autre petite isle, un petit lazaret où des bâtimens de trente pièces de canons pouvoient faire quarantaine. Le vent contraire et même le mauvais temps continuèrent tout le 7 que nous fûmes obligés de passer dans ce séjour. Nous visitâmes l'isle chantée et célébrée par le cavalier Marin[1]. C'est un rocher de tous côtés dont le haut est agréablement cultivé. La chasse y est, m'a-t-on dit, agréable. Le 8, nous traversâmes le golphe et vînmes chercher un vent de terre qui nous servit utilement. Sitôt que nous eûmes doublé le cap de Campanella, autrefois consacré à Minerve, nous le traversâmes laissant sur notre droite l'isle de Caprée ne comptant la voir qu'à notre retour ainsi que la ville de Salerne que nous laissâmes fort loin sur notre gauche sans pouvoir distinguer le pays. Nous passâmes encore au large le petit lac de la Cava, et vînmes, après avoir fait cette journée cent vingt milles, nous retirer dans l'abri de *Palinuro* formé par le cap de ce nom que l'un et l'autre portent d'un village que l'on voit sur la hauteur. Aux environs d'un mille avant que d'arriver, la mer fut forte et l'entrée de notre refuge nous causa dans notre petit bâtiment une peur fondée avec assez de justice. Le temps grossit pendant la nuit, le vent se renforça et rendit la mer, surtout le passage du golphe, si mauvais, que nous séjournâmes le 9 dans ce lieu borné de montagnes incultes et désertes et peu habitées ainsi que ce que nous pûmes distinguer des côtes que nous avions suivies pendant la veille. Le lieu de notre vilain séjour est de Calabre et ne peut servir qu'à la retraite de barques, tartanes et batimens de pareille espèce (86).

Le 10, avant le jour, nous quittâmes ce vilain gîte, nous doublâmes le cap de Palinuro et après quelques milles, nous nous trouvâmes à hauteur de *Policastro* dont nous passâmes le golphe faisant canal, sans distinguer la terre. Nous trouvâmes un vent qui soulagea nos rameurs et nous repoussa à terre, où nous vînmes passer la nuit à l'escale *S. Maria*. C'est un petit vallon bien arrosé d'un ruisseau

1. *Marino* (J.-B.), 1569-1625, dit *le cavalier Marin*, poète napolitain. Il fut appelé en France par la reine Marie de Médicis, qui lui fit une pension. Il publia à Paris l'*Adonis*, poème qui eut un grand succès.

qui coule avec un doux murmure sur du gravier formé de marbre de toutes couleurs ainsi que le sable de cette mer qui [ne] rapporte aucune sorte de coquillages. Les montagnes dont descend ce ruisseau sont agréables : le bas est orné d'orangers, de rosiers, de figuiers, et le tout ensemble fait une aimable retraite.

A six milles avant d'y arriver, nous passâmes devant et vîmes de près la petite ville de *Belvedere* qui nous parut assez jolie. Le pays qui l'environne est le meilleur de la Calabre.

A six autres milles au-dessus encore, nous passâmes à la vue d'une côte et d'un lieu nommé *Diamante*, où croît de fort bon vin.

Nous partîmes le 11, au matin, avant le jour, et vînmes, par un très beau temps très doux avec lequel nous fîmes quatorze milles, arriver à la ville de Paola.

PAOLA. — Nous mouillâmes à la grève et nous montâmes, car la ville de ce nom est assez haut vers le milieu de la montagne sur laquelle elle est appuyée. Elle est vilaine, pauvre, inégale et cependant une des jolies de la Calabre : l'on peut juger de la beauté des autres ! Ses églises sont petites et assez vilaines. Il y a un château qui appartient à un marquis, je crois de ce nom, qui possède beaucoup de terres aux environs de ce château qui estoit bon avant l'usage des canons.

A deux portées de canon de la ville, sur la gauche, nous fûmes au couvent fondé par *saint François de Paule*[1] en 1465. Le couvent est dans un emplacement désert, beau pour la vue et pour la situation. Il y a un portique avant d'entrer dans le couvent dont l'architecture n'est pas laide. Leur église est petite et vilaine; dans une chapelle cepen-

1. *Saint François de Paule* (1416-1507), fondateur de l'Ordre des *Minimes* dont les membres faisoient vœu de s'abstenir de viande et de vivre d'aumônes. Il avait la réputation de faire des guérisons miraculeuses, aussi Louis XI le fit-il venir en France espérant être guéri par ses prières. François resta en France et fut protégé par Charles VIII et Louis XII. Il mourut à Plessis-lès-Tours.

dant ornée tant bien que mal et revêtue de marbre, nous vîmes entr'autres reliques, les sandales de saint François de Paule, le manteau sur lequel il passa le phare de Messine et le scapulaire qui lui fut apporté par l'ange Gabriel. Dans la sacristie nous vîmes quelques ornemens et quelque argenterie. Dans l'enclos de la maison, qui entre parenthèse n'est pas belle, l'on nous montra le lieu de plusieurs résurrections, entr'autre celle, dans un four à chaux, d'un agneau nommé Martin qui après avoir esté mangé par des ouvriers qui en jetèrent la peau et les os dans ce petit four, fut ressuscité au seul appel qu'en fit le saint. Dans une fontaine qui naquit du jonc du bâton du fondateur, on nous dit que ce même nourrissoit une truite. Un prêtre la vola, la mangea. Le saint, qui la nommoit Antoinette, la ressuscita et elle vécut dans cette eau jusques au jour de la mort du martyr, qui fut tué par les hérétiques en France.

Nous fûmes ensuite voir un pont fort élevé au-dessus d'un ravin que le saint, apparemment peu savant en maçonnerie, avoit voulu construire. Il le fit mal, le tout s'abattit et tua plusieurs ouvriers qu'il eut la peine de ressusciter. Puis, désespérant de réussir, il ordonna au diable de le bâtir. Il le fit. Les moines d'aujourd'hui sont meilleurs architectes que cet ange maudit, car, au-dessous de ce pont qu'on lui attribue, l'on en voit un autre plus large, mieux bâti et bâti depuis peu (87).

Auprès de ce pont, l'on montre une grotte dans laquelle saint François passa six ans de sa vie, commençant à treize ans. Ce fut dans cet endroit que l'ange Gabriel apporta le scapulaire. La maison n'est pas belle ni riche ; elle est cependant habitée par cinquante moines et leur habitation est capable d'inspirer la dévotion. Au bas de la montagne l'on montre encore un gros rocher, arrêté par la main dudit saint. Ce qu'il y a de beau, c'est que l'on conte tout sérieusement.

Nous dînâmes en ce lieu sur la grève et nous repartîmes par un calme et [par une] grande chaleur. A quatre milles avant d'arriver à Paola, nous vîmes une montagne assez agréable nommée « les cent fontaines » à cause d'autant de ruisseaux qui en coulent. En partant de ce lieu nous passâmes devant *San Lucido*, avec un château qui n'est pas de grande défense.

Treize milles après, nous trouvâmes la petite ville de *Amantea*, qui appartient aux domaines du maître de Naples où il y a quelque garnison. Nous vînmes coucher à la plage de Sambiase, il n'y a point de port; ce pays est un peu plus uni.

Nous partîmes à minuit, passâmes le golphe de *S. Eufemia* et vînmes, après quarante milles, à Tropea. Nous avions esté auparavant au petit village de Briatico, le 12, entendre la messe et prendre du pain et du biscuit.

Tropea est un assez vilain trou, fort par sa situation qui est sur un rocher très escarpé surtout du côté de la mer. Il y avoit cent trente hommes de l'Empereur. Cette ville est ramassée et assez peuplée de vilaines gens. Nous découvrimes de là cinq des isles aujourd'hui *Lipari*, jadis de Vulcain[1]; nous vîmes la fumée des deux qui jettent du feu[2], dont une est une montagne assez élevée et l'autre plus basse. Nous découvrîmes aussi la Sicile. Nous passâmes avec assez de peine le golphe de *Gioia* à cause du courant et du vent contraire: cependant nous arrivâmes à deux heures à Scylla, petite ville si fameuse autrefois par son ancien nom de *Scylla*, soit dans la fable[3], soit dans les poètes romains. La situation de cette ville est extraordinaire. Au pied de grandes montagnes sèches s'avance dans la mer une arête qui, quoy-

1. *Lipari*, *Aeoliae* ou *Vulcaniae*, offrent toutes des traces volcaniques, ce qui leur a fait donner le nom de Vulcaniae; le nom d'Aeoliae est dû aux vents dont elles semblent être le séjour. La Fable faisait de ces îles « la demeure d'Eole » dieu des vents.

2. Stromboli et Salina. Stromboli auj. fume encore mais ne vomit plus de flammes.

3. Scylla, cap célèbre sur la mer Tyrrhénienne, faisait jadis l'effroi des navigateurs. Le nom dériva de *Scylla*, nymphe sicilienne aimée de Glaucus, et que Ciré, sa rivale, changea en un rocher qui avait la forme d'une femme, dont le buste et la tête s'élevaient au-dessus des eaux, et dont les hanches étaient couvertes par les têtes de six chiens horribles ouvrant de larges gueules et aboyant sans cesse. L'onde, tourbillonnant autour du rocher, formait un gouffre plus redoutable que celui de Charybde. Homère dépeint dans son Odyssée le rocher de Scylla comme un monstre marin rugissant et dévorant sa proie.

que fort roide, est habitée de l'un et de l'autre côté; ce qui fait une vue extraordinaire ainsi que la situation qui est incommode puisque l'on ne peut faire un pas le pied à plat.

Sur le haut de cette arête est l'église principale qui, pour la Calabre, a un autel assez joli de marbre. Ce lieu est pauvre; les maisons qui de loin paroissent quelque chose ne tiennent rien de leur promesse. Au bout de l'arête des deux côtés de laquelle se répand la ville, sort un rocher vif, escarpé, absolument vilain pour la vue et qui, s'avançant dans la mer, forme l'écueil fameux dans les livres anciens. Sur ce rocher est un château assez bien bâti et bon; il n'est pas grand. Il y avoit une garnison de quelques Allemands.

La pauvre Scylla avoit un vilain et pesant couvrechef: pour nous autres, plus hardis que les héros romains, nous passâmes sur l'écueil. Quoyque dans la nuit et quoyque le vent fut contraire et que nous eussions contre nous le courant si fameux du phare de Messine qui va six heures d'une façon et six heures de l'autre, nous fîmes ce jour en tout quatre vingt milles et nous passâmes la nuit dans un abri voisin et formé par l'écueil même et qui n'est pas bon. L'on voit de Scylla le phare de Messine, qui est à cette pointe de la Sicile distant de la ville de douze milles et à quatre milles de notre couchée. C'est une tour seule et carrée, sans nulle beauté (88).

Le lendemain 13, à une heure de jour, nous partîmes et ayant le courant favorable et même un peu de vent, nous entrâmes dans le canal. Les deux côtes fertiles qui le forment, la mer, les poissons qui sautoient autour de notre barque, le beau point de vue de Messine, avec un temps serein, tout cela nous paya de nos peines passées. Nous prîmes à la gauche du canal pour aller à Reggio que je voulois voir. Comme la mer estoit unie et douce (quand les courants sont contraires et le vent [violent], des bâtimens légers comme estoit le nôtre se font tirer par des buffles) nous n'eûmes point cette peine et après dix-huit milles de chemin, nous arrivâmes à Reggio.

REGGIO. — Cette ville est la capitale de la Calabre et un archevêché. Le prêtre qui le possède a l'entrée dans le Conseil de l'Estat. La ville est sans port, située sur le bord de la mer en se relevant un peu sur la terre, ce qui la rend inégale dans les rues qui sont estroites, vilaines et assez mal bâties. Elle est ceinte d'une simple et vieille muraille et commandée par un château carré, petit, point flanqué et composé de quatre tours, commandé du côté de la terre et défendu de ce côté par un bout de vieux château qui n'est pas ce qu'il y a de plus mauvais. Les bords de la mer sont revêtus de murailles bordées d'assez beaux canons de fonte. L'état-major et la principale partie du régiment de Veissel y estoient en garnison; le reste, répandu dans Tropea, Scilla, etc. Il estoit vêtu de blanc, sans paremens, boutons de cuivre des deux côtés, vestes bleues. Ce que j'ai vu des hommes estoit le plus beau que j'aie rencontré des Allemands.

Le *Dôme* est une assez grande église: les commencemens de la chapelle du Saint-Sacrement, un lieu beau pour la magnificence du tout ensemble de marbre incrusté, mais sans goût[1]. Les deux campagnes qui sont à droite et à gauche de la ville de Reggio en font l'ornement par leur fertilité et la quantité de bastides qui les remplissent. Celle qui regarde Messine est la plus petite, toutes sont terminées par des montagnes assez hautes[2] qui m'ont paru incultes. Les jardins produisent des fruits admirables. L'on m'a dit, car ce n'estoit pas la saison d'en juger, que l'on en trouvoit de doux et d'aigre tout ensemble, quelquefois même jusques à trois sortes de goûts!

Celui qui nous conduisoit nous exalta la beauté d'un autel nommé « Santo Cristo » que l'on voit à deux portées de carabine de la ville. Sa belle relation m'engagea au chemin malgré la chaleur. Plusieurs figures de bois, mal

1. Le Dôme dont parle C., comme d'ailleurs la ville entière, furent presque totalement détruits par le tremblement de terre de 1783.
2. Telles que : Aspromonte, Montalto.

faites et encore plus mal peintes ne me satisfirent pas et m'empêchèrent d'aller voir le bout de colonne que l'on garde dans une autre église, sur laquelle brûloit la chandelle de saint François de Paule pendant ses sermons. Au moins c'est ainsi qu'on me l'a conté. L'air est pur à Reggio; les vents qui règnent dans le détroit, amenés par le courant, raréfient l'air et la rafraîchissent d'une façon agréable pour cette ville.

Nous remontâmes en barque sur le midi pour regagner Messine. Comme le vent estoit contraire, nous suivîmes la terre onze milles avec des bœufs et fîmes le trajet du canal, long de quatre, et nous arrivâmes à Messine.

MESSINE. — Cette ville est grande, longue, fameuse par son beau port où l'art n'a travaillé que pour en défendre les approches et en embellir le coup d'œil par le bel effet que forment l'uniformité des beaux bâtimens qui, du côté de terre, suivent un des bras du port en faisant une large distance pour le quai[1]. De l'autre côté de son entrée qui est fort large, il est défendu par un ouvrage formé de quatre bastions et d'une espèce de langue de terre [qui] séparant le détroit d'avec le port, conduit à la citadelle belle, neuve, grande, bien flanquée, percée de tous côtés d'embrasures en grand nombre, surtout du côté de la ville qui a besoin d'estre tenue en respect. Les Piémontois y estoient; ce que j'en ai vu estoit superbe! La justice s'observe de leur côté sur ces insulaires avec grande rigueur, ne pardonnant rien aux habitans qui me parurent surchargés de leur joug[2]. J'arrivai à Messine le 13. Le 14 estoit la

1. « La Palazzata » reconstruite après le tremblement de terre de 1783, et détruite par le tremblement et le raz-de-marée de 1908.

2. Le duc de Savoie, ayant par le traité d'Utrecht (1713) obtenu la Sicile et le titre de roi, occupa l'île qu'il tint fort peu d'années, puisque en 1720, il fut forcé d'échanger avec l'Autriche la Sicile, contre la Sardaigne. La brièveté de l'occupation piémontaise empêche de formuler un jugement sur le mode de gouvernement de la maison de Savoie en Sicile. D'ailleurs, toute nouvelle domination pèse sur les peuples puisqu'elle est obligée de lever des impôts. Il est inutile de faire remarquer qu'à cette époque les sentiments d'unité nationale étaient ignorés des populations, et

feste du roi de Sicile et dans ses pays la coutume a toujours esté de célébrer ce jour par les danses et les divertissemens du peuple. Les Piémontois eurent beau [les] ordonner, le canon, la mousqueterie tirèrent; personne ne dansa. Quelques gens des plus apparens, par politique, firent des festins chez eux, mais tout cela ne battit que d'une aile (89).

Les fortifications du côté de terre sont peu de chose, une assez vieille enceinte en est le fondement. Cependant, sur la hauteur du côté de terre, le fort de Metagrifone carré, assez à l'antique, bon, escarpé, défendu encore par son pied du côté de la montagne dont (sic) il y a une élévation qui le commande. Je crois qu'il seroit difficile d'y mettre du canon pour l'attaquer. La ville de Messine est assez bien bâtie, et quoyque dans une situation inégale, les principales rues suivant l'alignement du port sont droites, et il ne se trouve que des traverses qui les joignent où l'on ait la fatigue de monter. Je vis plusieurs églises.

Le couvent de *S. Maria à Scala*, sans extérieur; cependant le dedans ne m'en déplut pas. Les fresques du plafond modernes, ornées de dorures et de marbre de rapport me firent plaisir à voir.

Les religieuses du *Monte Vergine* ont une petite vilaine église et une belle maison.

Les Révérends Pères Jésuites à l'église de l'*Annunziata* ont une belle maison et une très belle façade. Le temple est beau, proportionné, assez grand, uni, à l'exception des peintures du plafond qui ne sont pas laides. Ces bons messieurs en ont une autre nommée *Saint-Nicolas*, qui n'a point de façade, mais leur maison a un bel extérieur. Le dedans de l'église est encore imparfait; si elle se finit comme elle a esté commencée, elle sera magnifique, plusieurs chapelles estant déjà en entier ornées de marbre rapporté

partant la maison de Savoie ne représentait qu'un nouveau joug, rendu plus pénible encore par l'interdit ou la menace de l'interdit du pape Clément XI.

avec beaucoup de dorures. Mais après tout, cela est en bonne main; la nef est soutenue de colonnes de marbre assez belles, mais la double croix sans proportion ne me plaît pas.

Sur la hauteur, par un degré assez élevé fait en fer de cheval, j'arrivai au couvent de filles nommé dans la ville *S. Gorio*. Cette petite église est un bijou! Le lieu est en entier travaillé de marbre de rapport : l'ouvrage ne va cependant encore qu'à la corniche. Un paysage et un tableau d'un pape m'y plurent aussi. La vue de ce lieu est belle.

S. Basilio[1], petit couvent de filles assez bien troussé. Une « adoration des mages » de l'école antique me fit grand plaisir à voir. Je m'essoufflai inutilement pour aller voir le petit couvent du Monte Alto.

L'Eglise de *Saint-Augustin* ne satisfit ma curiosité qu'en deux tableaux de l'école antique, dont un grand et un petit.

Messine est un archevêché. Les chanoines, quand le prélat officie pontificalement, ont le droit d'aller au chœur la mitre en teste et les chaussures de soie. Quand l'évêque marche dans la ville, allant au service ou dans l'église même, on porte devant lui une grande et menue baguette noire.

Le *Dôme*, autrement dit la mère église[2], a une façade gothique assez vilaine. La nef est soutenue par des colonnes vilaines, les unes de marbre, les autres revêtues, en tout c'est un assez grand vaisseau mais uni. Pour l'orner on a commencé à le revêtir de pilastres et de saints dans des niches. Quand ce sera fini, cela sera beau. Le chœur des chanoines est à l'ancienne mode, c'est-à-dire une calotte de mosayque antique sous laquelle on voit aussi un maître-autel de pièces de marbre de rapport orné de tous côtés

1. *S. Basilio* ou *Salvatore dei Greci*, fondé par Roger Ier.

2. *Matrice*, date de l'époque normande; commencée en 1098, achevée sous Roger II, brûlée en partie, saccagée plusieurs fois, renversée par le tremblement de terre de 1783, elle a eu son coup de grâce par le dernier tremblement.

d'ornemens de bronze doré. Le tout, à une certaine distance, ne paroît que de bois, cependant c'est un bel ornement.

Joignant cette église on voit la petite paroisse de *Saint-Laurent*, qui n'est rien en dedans, mais dont l'architecture est jolie et de très bon goût. Ces deux églises font face à ce qui porte le nom de place, terrain irrégulier sur lequel on trouve une fontaine assez grande. Ces pièces de marbre en détail ne sont pas parfaites, mais en général c'est un morceau de goût et qui plaît à la vue. Il y en a plusieurs de même espèce dans Messine; celle-ci est la plus belle[1] et la ville ne manque point d'eau ni d'air pour la rafraîchir. Sur cette même place l'on voit la statue équestre de Charles II[2], la figure est petite pour le cheval que j'ai trouvé vilain. Le piédestal de marbre orné de quelques figures n'est pas laid.

Je fus au *Collège* des *Jésuites*. La façade de l'église commencée et celle de leur maison finie est et sera un des beaux morceaux de la ville. Le dedans de la maison en portique proportionné et de belle élévation mérite d'estre vu. De là je fus à un assez grand Hôpital d'hommes et de femmes; c'est un bâtiment carré (90).

Je montai ensuite fort haut pour aller au *Noviciat* des *Jésuites* où je trouvai une assez grande maison en dedans, dont on ne voit nulle apparence au dehors, mais où l'on peut dire que l'on jouit d'une vue parfaite, ce lieu commandant sur toute la ville et le canal de Messine, le port, le quai qui le suit et les maisons de leurs Révérences. Le reste est peu de chose.

Je sortis de la ville par la porte de terre, du côté du phare, et après avoir fait un grand demi-mille, j'arrivai aux *Capucins* qui sont au moins cent dans ce lieu. Ils sont logés fort à l'estroit et convenablement à leur estat. Leur église

1. La *fontaine de Montorsoli.*
2. Charles II d'Anjou, dit le Boiteux, fils de Charles I, gouverna ses peuples avec douceur; il mourut en 1309, laissant le trône à son fils Robert.

est petite, il y a dedans deux très beaux tableaux et dans leur maison on en voit quelques autres qui ne sont pas laids. Ce qui fait la beauté de ce lieu c'est la vue différente, cependant moins belle que celle du Noviciat, et l'air embaumé et parfumé que l'on y respire; ce qui surprend d'autant plus que les bonnes odeurs et les Capucins ne vont guère ensemble!

Les promenades sur les hauteurs que je fis ce jour-là, me firent voir que l'enceinte estoit formée de bons bastions se flanquant, ayant pour ouvrages avancés plusieurs forts ou châteaux élevés et bons, quoyque la plupart peu commandés. La citadelle a quatre bastions rasans avec un double fossé dont la contrescarpe forme un autre corps de place qui, du côté du port est presque à fleur d'eau, et de l'autre cache absolument, par son égale élévation, le véritable corps de la place. Tout est de pierre ainsi que les banquettes du chemin couvert, ce qui seroit bien incommode pour les bombes.

J'appris que *Carybde* estoit à hauteur de *Scilla*, dont j'ai parlé et que ce n'estoit qu'un tournant et gouffre, même aujourd'hui dangereux[1], mais le pilotage et la conduite des batimens d'aujourd'hui, rend le danger peu considérable. Il y a devant la lanterne de Messine un gouffre pareil mais moins considérable[2].

Nous partîmes sur le midi et par un bon vent et avec le courant favorable, nous passâmes devant la petite ville de Taormine qui est sur une hauteur assez inculte, et nous couchâmes, après vingt-cinq milles de Messine, dans un abri formé au milieu des rochers brûlés et calcinés[3] tombés du

1. Le gouffre de *Charybde* n'est rien autre que le tourbillon occasionné par le changement du courant qui a lieu toutes les six heures, alternativement du sud au nord et du nord au sud.

2. Ce gouffre est à l'endroit appelé Garofalo (œillet) d'après sa forme : c'est là que se précipita, sous le règne du roi Frédéric II, le plongeur Cola Pesce de Catane, comme le raconte Schiller dans sa célèbre ballade du « Plongeur. »

3. Scogli dei Ciclopi ou Faraglioni, près d'Aci Castello, rochers que la fa le attribue à Polyphème aveugle qui les lança sur les talons d'Ulysse.

Mont Gibel, dont la bouche est à plus de quinze milles de là. Ce lieu est un des plus affreux que j'aie encore vus.

Le dix-huit nous arrivâmes à la petite ville de *Catania*, évêché. Nous y arrivâmes de bonne heure, nous y vîmes les commencemens de la plus jolie petite ville et la plus riante que l'on puisse voir, qui s'élève peu à peu formant de belles rues droites, larges, bien alignées mais à la vérité peu élevées. Des bouts de colonnes de granit, quelques frises et architraves antiques[1], prouvent que cette ville du temps des Romains estoit belle. Les ouvrages que l'on a trouvés sous terre, sous le Dôme, sont, à ce que l'on m'a dit, les restes d'un beau temple.

Le *Dôme* que j'ai vu est rebâti depuis peu aux dépens de l'évêque, il est peu resté de l'ancien[2]. La nef est ornée et faite avec goût, elle est seulement un peu longue. Il y a une petite porte de marbre blanc, avec des ornemens, qui a résisté aux secousses du tremblement, et qui est belle et de bon goût[3].

Le vice-consul, bon homme et serviable, nous facilita les moyens de voir le *Mont Gibel.* Nous estions arrivés de bonne heure à Catania le matin, et en avions examiné la situation et les fortifications qui sont peu de chose et ont résisté au tremblement; elles ne sont que du coté de la mer. Cette ville est libre; le duc de Savoye y avoit, à cause de l'interdit[4], envoyé une compagnie de dragons de Piédmont (rouge doublé de blanc) et dans un château, assez à l'antique, y tenoit une trentaine d'Espagnols du régiment de Philippe V, commandés par un Piedmontois (91).

Nous partîmes de la ville après dîner et fûmes à une

1. Restes du *Théâtre* gréco-romain, de l'*Amphithéâtre*, des *Thermes*, des *Sépultures romaines*.

2. Il fut commencé en 1091 par Roger Ier.

3. Elle est de style gréco-normand et l'on veut reconnaître l'empereur Frédéric II dans la petite statue de marbre assise. Auj. cette porte forme le portail de l'église *Santo Carcere*.

4. Le pape Clément XI avait lancé l'interdit à la suite de différends entre le Saint-Siège et Victor-Amédée, au sujet du tribunal ecclésiastique « Monarchia » en Sicile.

ferme des Bénédictins[1], distante de la ville de 10 milles. Nous y prîmes le frère receveur qui nous conduisit dans des bois de chênes. Nous y fîmes six milles et couchâmes à la fin du bois, à la belle estoile, avec assez de froid. Nous y reçûmes nos provisions et nous repartîmes de ce mauvais gîte avant le jour, et montâmes fort roide environ un mille, après lequel nous trouvâmes la neige assez commune pendant un autre mille. Après [celui-ci], les deux autres furent absolument neigeux et très difficiles à monter. Nous ne pûmes aller jusqu'à la bouche; nous nous contentâmes d'en voir sortir une épaisse fumée. A la distance d'un très petit mille et en un lieu aussi élevé que ce lieu redouté, nous nous arrêtames à un reste de maçonnerie que l'on dit avoir fait partie d'une tour[2] et avoir esté habitée par un Ph. Borghese qui vouloit examiner de près ce lieu fameux, et avoit fait bâtir un petit asile là qui ne laisse pas d'estre extraordinaire, quoyque ce qui reste soit très peu de chose.

La bouche de ce trou a de circuit aux environs de 4 milles, à ce que m'ont assuré ceux qui me conduisirent : ce que j'en ai vu répond assez à ce discours. Ce trou a toujours esté fixe et n'a jamais causé de désordre, mais la grande montagne sur laquelle il est situé est entourée de petites qui de temps en temps s'ouvrent, jettent des feux et des flammes pendant quelque temps, qui plus qui moins, et font des désordres horribles. En 1693[3], celui nommé de Nicolosi qui est voisin de l'abbaye, fit couler des pierres enflammées jusques dans Catane où il combla une partie du port et dévasta beaucoup de terrain. La forme de toutes ces petites montagnes prouve que le mont ne fait du mal que par ambassadeurs. Ces hauteurs après avoir brûlé un temps, referment leur trou peu à peu ; la cendre retourne en terre qui produit

1. *San Nicola*.

2. *Torre del Filosofo*, que la tradition considère comme l'observatoire d'Empédocle qui y trouva aussi, dit-on, la mort.

3. L'éruption de 1693 détruisit, en tout ou en partie, 40 villes et ensevelit de 50 à 100.000 personnes sous ses décombres.

et des bois et des vignes. Ces lieux sont habités et les hommes s'establissent sans crainte au pied de ces mêmes lieux qui leur viennent de ruiner toutes les terres. Les pierres du haut du grand mont m'ont paru moins calcinées que les autres.

En redescendant nous éprouvâmes, plus agréablement que nous l'avions fait en montant, la différence des saisons. En haut la neige et les frimas s'y trouvent en abondance[1]; un peu plus bas en entrant dans les bois, l'on voit les premiers chênes à peine bourgeonnés. Un [peu] plus loin l'on ne distingue que des feuilles[2], et toujours en augmentant jusques à dix milles de Catane, où l'on trouve un pays fertile en fruits et où l'on faisoit la moisson[3]. — Ce fut sur les bords de la mer que l'on prétend que Proserpine, cueillant des fleurs dans cette fertile plaine, fut enlevée par Pluton et descendit par le mont Gibel. —

Ordinairement, [ni] dans le mois de mai ni dans aucun autre de l'année on ne monte si haut que nous le fûmes. Les mois de juillet et d'aoust sont les seuls qui permettent avec plus de facilité et moins de danger d'aller jusques à la bouche. Dans cette saison la neige, pour lors diminuée, permet de monter à cheval presque jusques au haut. La vue que l'on a de cet endroit est une chose estonnante!

Les fortifications de la ville qui ne sont que du côté de la mer résistèrent seules au tremblement de terre. C'est très peu de chose que le vieux château (92).

Après avoir séjourné un jour franc, nous partîmes la nuit de Catania, et par un beau temps, suivant des côtes sèches, nous arrivâmes après trente milles à la ville d'*Augusta* située dans une isle longue, et, par une de ces pointes peu distantes de la terre et fortifiée d'un bon ouvrage, l'on entre dans le golphe qui est entre la ville et

1. Région déserte.
2. Région giboyeuse : 1° hêtres, bouleaux ; 2° chênes et châtaigniers. Forêts de la *Cerrila*, de *Linguaglossa*, etc.
3. Région cultivée.

la terre dans lequel les bâtimens sont comme dans une espèce de port. La ville a aussi esté endommagée du grand tremblement; on la répare et quoyque déjà assez fortifiée, le duc, nouveau roi, y faisoit travailler à force. La situation de ce lieu est belle et bonne. Je n'eus pas le temps de la considérer longtemps, ayant trouvé dans ce lieu les cinq galères de la religion qui estoient prêtes à partir, commandées par le général [Chaberg], Allemand et fort poli.

Nous laissâmes faire eau et autres provisions aux galères, et fûmes trente milles par un très beau temps pour venir devant Siracusa.

Siracusa. Je remets la description de la ville, de sa situation, et de ses ports, à mon retour. Je sortis des murs pour aller promptement voir les antiquités que je vais dire.

Je fus d'abord à l'ancienne église de *Saint-Jean*, une des premières de la Chrétienté[1] et dite « fora dei muri. » Saint Grégoire de Nazianze y a esté plusieurs fois. On y montre l'autel sur lequel saint Marcien, le premier évêque du monde, a dit la messe. L'église haute et la basse sont toutes deux vilaines et pauvres; il y a dans ce lieu un [grand] nombre de martyrs enterrés. De ce même endroit l'on descend dans des *Catacombes* taillées dans le roc et superbes, soit par leur largeur et leur élévation, soit par les grandes voûtes que l'on trouve. Dans les carrefours elles sont de fort grande estendue. A droite et à gauche l'on voit dans des petites niches les tombeaux séparés et profonds selon la quantité de corps que les familles ont fourni, et des places [pour] les petits enfans. Les parties extérieures sont ornées; elles sont magnifiques. La magnificence de l'ouvrage et [son] espèce, me font croire que ce lieu a esté fabriqué par les Grecs[2]. Pour des chrétiens je ne crois pas

1. Elle fut fondée en 1182, mais il ne reste que le portail occidental, tout le reste est de date moderne.

2. L'hypothèse de C. est fort juste. Cette vaste nécropole, d'après les récentes découvertes de cellules sépulcrales phéniciennes, remonte même à l'époque antérieure à la colonisation grecque.

qu'il y en ait jamais eu. Je n'y ai trouvé aucune marque de croix ni autre caractère[1].

A sept ou huit cents pas de là, nous fûmes dans des carrières ou rochers coupés et qui laissent au milieu une espèce de bassin. Ce terrain est cultivé avec bien de l'agrément. Une chute d'eau naturelle, rafraîchie par l'ombre des arbres les plus aimables, forme le lieu le plus délicieux que j'aie encore vu. Au milieu de ce terrain subsiste un rocher dont le tremblement de terre a abattu le plus considérable. L'on prétend que c'estoit sur ce lieu que dormoit le cruel Denis[2]. Sur ce qui subsiste du rocher l'on voit encore aujourd'hui un reste de bâtiment. Un prêtre fort honnête homme nous dit avoir, avant que ce lieu fut détruit, avec une échelle haute de vingt pieds, monté jusques au degré qui, taillé dans le roc et à peine suffisant pour un homme, conduisoit jusques au haut de l'habitation du tyran, qui retirant l'échelle, dormoit en sûreté contre les conspirations mais ne jouissoit pas pour cela de repos intérieur.

Dans un des coins les plus élevés du rocher, se voit cette *oreille* à juste titre renommée, et taillée soit en dehors soit en dedans dans la forme de cette partie du corps. Elle est haute de soixante-dix pieds ou environ, longue de quatre-vingt-huit de mes pas et large de seize ; la longueur est en S. Ce lieu reçoit et multiplie l'impression du plus petit bruit : un pistolet que j'ai tiré, y rend le bruit d'un canon ; un papier plié s'y fait entendre au bout, enfin, la plus petite chose [résonnoit]. C'est dans ce lieu que le cruel Denis enfermoit ceux dont il se méfioit, et selon leurs discours, qu'il entendoit d'au-dessus, les condamnoit au supplice ou leur rendoit la vie. Son palais de jour estoit au-

1. Les premiers chrétiens y enterrèrent toutefois leurs morts comme le prouvent des inscriptions et des peintures murales.

2. *Denys*, surnommé l'*Ancien* ou le *Tyran*, se signala par ses exploits dans les guerres des Syracusains contre les Carthaginois, et se fit proclamer souverain dans Syracuse par l'armée, 405 av. J.-C. Comme tel il devint inquiet, soupçonneux, cruel et se rendit odieux à ses sujets.

dessus de la montagne; l'on en voit de faibles débris (93).

Sur la gauche de cet endroit, en montant la montagne, l'on trouve la moitié d'un amphithéâtre taillé dans le roc et qui durera éternellement. Cet amphithéâtre n'estoit pas grand. Comme le terrain s'abaisse, le reste, qui apparemment estoit bâti de pierre, ne subsiste plus. Au-dessus, en montant tout à fait sur la hauteur, l'on trouve un chemin taillé dans le roc qui conduisoit à la plaine qui se trouve en haut. Des deux côtés sont de petites loges pratiquées de distance en distance et qui ressemblent, selon moi, à un « forum lachrimatorium. » Ces curiosités se voyant à un très grand mille de la ville et dans les cantons où règnent les rochers, l'on voit de tous côtés des grottes ou naturelles ou artificielles et plusieurs passages souterrains[1].

En revenant à la ville, nous vînmes à l'église de *Sainte-Lucie*, patronne de la ville dont elle estoit native. Le tremblement a renversé son église et a laissé sur pied la chapelle ronde et jolie où l'on montre le gîte où l'on tenoit son corps que les Vénitiens autrefois ont volé. A présent ils ne feroient plus de pareils vols! La chapelle est distante de quelques pas de l'église; une voûte taillée dans le roc communique de l'une à l'autre et passe aussi dans les Catacombes.

A peine fûmes-nous retournés au port, que nous vîmes passer les galères. Nous les joignîmes, honnêtement nous fûmes remorqués dans notre felouque par le capitaine — ce général estoit allemand et se nommoit Chaberg — et après avoir marché toute la nuit et le jour suivant, nous arrivâmes à deux heures de nuit à

Malte, après avoir fait six-vingt milles quoyqu'obligés de forcer presque toujours le vent. Cette isle peut avoir vingt milles de tour. La ville est assez grande, séparée en deux

1. Les *Latomies* sont de vastes carrières régulièrement excavées : on y faisait travailler les prisonniers de guerre auxquels elles servaient en même temps de prison. Dans ce que Caylus dit ressembler à des « forum lachrimatorium, » on veut reconnaître les traces des cabanes des gardiens.

cantons par le port qui est magnifique. La mer forme par une assez petite entrée deux golphes qui, au milieu des rochers, s'élargissent et forment plusieurs ports où entrent les plus gros vaisseaux. Je n'entrerai point dans le détail des fortifications soit du côté de mer soit de celui de terre. Ce ne sont au monde qu'ouvrages sur ouvrages excellents, presque tous entiers dans le roc, et ce qui est de maçonnerie est magnifique. De quelque côté que l'on se tourne, l'on ne voit qu'embrasures, et si je trouvois un défaut; ce seroit le grand nombre d'hommes qu'il faudroit pour la défendre. Toutes les maisons sont bien bâties, l'on n'en voit aucune mauvaise. Les rues sont très bien alignées mais pleines de haut et de bas et d'escaliers. Les façades des églises sont généralement hautes et gracieuses.

L'on regarde l'isle de Malte[1] comme n'estant pas d'Europe mais d'Afrique ; le langage du pays qui tient de l'Arabe en est, dit-on, une preuve. Il peut y avoir cent mille habitants dans l'isle, mais tous vifs et laborieux. Le rocher vif se trouve par toute l'isle, cependant par tous leurs soins et leur travail, ils trouvent moyen de semer et de recueillir, ce qu'ils font jusques à trois fois au mois de mai. La première moisson estoit faite; aussi les chaleurs sont-elles grandes. Les maisons de campagne et les jardins environnent la ville et en augmentent l'agrément. Ce pays ne ressemble à rien et mérite la curiosité en tout temps, surtout dans celui où j'y fus.

Les chevaliers de tous les pays où l'ordre a du bien s'y trouvoient à cause de la situation faite par les mouvemens des Turcs; aussi la compagnie estoit-elle bonne, brillante et bien nombreuse, surtout les François dont la jeunesse estoit brillante et au nombre d'environ huit cents (94).

L'église de *Saint-Jean* est ornée de dorures; elle est

1. Rattachée à la Sicile par les Normands sous Roger, *Malte* partagea dès lors ses destinées, jusqu'à ce que, en 1530, l'empereur Charles-Quint en fit don aux chevaliers de saint Jean, chassés de Rhodes par les Turcs. Cet ordre prit depuis lors le nom de chevaliers de Malte, et défendit l'île vaillamment contre les attaques répétées des Turcs.

petite. Ce qui en fait la beauté ce sont les fresques d'un nommé Preti qui fut fait chevalier de Malte. Quelques [tableaux] sont beaux, surtout dans la chapelle de Saint-Jean, « la décollation du même saint », par [M. A. Caravage].

A six milles de la ville, l'on va voir, au bourg de Rabat, une grotte dans le roc où l'on dit que saint Paul a demeuré un mois et demi en s'en allant à Rome, et où il conjura les serpents qui effectivement ne font point de mal. L'on donne abondamment de la pierre de ce rocher pour les fièvres, etc., et l'on prétend que l'on a beau en donner, que pour cela l'on ne voit point le trou s'augmenter. L'église qui est auprès est petite, une statue de marbre de saint Paul m'y a plu. En ce même [lieu], le G. Me Vignacourt est enterré. Dans ce même village, à quelques pas de cette église, l'on va voir des catacombes dont les tombeaux sont comme ceux de l'ancienne Siracuse, mais ils ne sont pas si beaux, les passages estant très estroits et vilains. J'y ai trouvé un *pro christo* taillé dans le roc en relief et d'autres sur la voûte, lesquels estoient [sur] de la peinture bleue. Ce village est auprès de la Cité Vieille; sa situation est bonne, ses fortifications ne sont pas un grand objet, ainsi que la ville qui [néanmoins] dans le passé a esté belle, si l'on en juge par les restes de colonnes çà et là répandus et par les catacombes. Elle est distante de la mer d'environ un mille. L'église cathédrale est consacrée à *saint Paul* et sa construction est belle et neuve.

La bâtisse de l'église de *Saint-Jean* n'a rien d'extraordinaire, mais ses peintures sontma gnifiques; comme je l'ai déjà dit, c'est une très belle chapelle ornée de dorures, pavée presqu'en entier des tombes, ornées de marbre de rapport, des chevaliers ou grands-croix morts dans Malte. Les tombeaux des Grands Maîtres font aussi la décoration des chapelles, surtout ceux du Coloner et du Grand Maître vivant, Espagnol, nommé [de Vilhena], homme d'esprit, vieux et de petite mine. Je le fus voir. Il ne voulut pas que je lui baisasse la main à l'usage des chevaliers, il me fit couvrir et envoya chez moi me visiter. Sur les doutes où l'on estoit des projets des Turcs, [il] avoit fait convoquer tout l'Ordre. L'on avoit mis sur pied sept régimens de milices, et de tous ceux qui estoient en estat de porter les armes, tous portant le nom des sept langues qui sont de l'Ordre : Espagne, France, Italie, Castille, Allemagne, Angleterre[1], commandés par les chevaliers qui n'avoient pas fait leurs caravanes.

L'on prétend que l'isle de Malte est d'Afrique : le parler des Maltois est presque tout arabe. Ce petit peuple est actif, vigilant, laborieux : une des plus grandes preuves c'est de voir produire le terrain de l'isle qui quoyque rocher et tout pierre, par des terrasses ménagées à de très petites distances, produit et ne laisse pas d'avoir sa fertilité. Le sang est joli, mais les femmes sont absolument couvertes de mantes avec une espèce de pointe. Il y a aux environs de la ville plusieurs jolies et agréables maisons de campagne. Celles de la ville sont toutes bonnes, mais les rues estroites et basses. La débauche estoit grande à ce que j'en ai pu juger et Malte, dans le temps de cette citation, auroit pu mériter l'épithète de Sodome ou Gomorrhe la cadette. Les maisons des auberges des chevaliers ont toutes belle apparence. Je logeai chez mon ami le commandant de Beringh, en ayant cependant un lit « A la Tête noire » chez Lacroix, bon homme, où l'on estoit bien. Il y a une belle apothicairerie mais pas des mieux tenues. L'Hôpital est assez bien servi ; les chevaliers y vont à tour de rôle y servir les malades : eux-mêmes y sont soignés dans leurs maladies. La maison du Grand Maître est sans aucun dehors apparent ; les dedans sont assez grands et simples. Il y a une rue qui y touche que l'on nomme « la place » où l'oisiveté attire

1. L'ordre de Malte se partageait en huit langues ou nations : Provence, Auvergne, France, Italie, Aragon, Allemagne, Castille, Anglo-Bavière : cette dernière remplaça, au XVIIIe s., la langue d'Angleterre (la 6e de l'ordre), qui n'existait plus depuis la Réforme.

soir et matin tout ce qui se trouve dans Malte. La médisance, la méchanceté, l'indiscrétion, le mensonge, et les faux airs y tiennent leur chapitre, ce qui naturellement ne devroit point [se] trouver parmi les gens qui composent ce beau corps. Les duels sont défendus. Il n'est permis de se battre que dans la petite rue où, d'abord qu'un chevalier arrive, disant : « De part saint Jean, justice, » ils sont obligés de se séparer (95).

Le Trésor de Saint-Jean est très beau ; je ne l'ai pu voir. Il y a au milieu de l'église un très beau chandelier d'argent. Le saint Jean et le Christ de marbre qui sont sur le maître-autel ne me plaisent pas ; du reste l'autel est bien décoré.

Estant arrivés le 21 de mai, nous repartîmes de ce lieu dans notre même felouque avec Privat et mes gens. Toureil demeura avec Levailler et Soissons sous le prétexte de la peur et voulant chercher un bâtiment plus considérable.

Le 29, après-midi, nous nous mîmes en chemin et par un quart de vent qui de cette façon nous conduisoit en Sicile, nous fîmes environ vingt milles. A cette hauteur, nous aperçûmes un bâtiment de cinquante pièces de canon, qui ayant le vent en poupe, nous approcha beaucoup. La frayeur prit aux mariniers que ce ne fût un [vaisseau] turc. Que c'en fut un ou non, nous quittâmes notre route et mettant trois voiles, le vent en poupe, et toutes nos rames, nous prîmes le large, le vaisseau nous suivant toujours. Enfin, après trois heures de navigation plus prompte qu'on ne peut l'imaginer, nous nous trouvâmes en pleine mer sans voir terre d'aucun côté, et ayant le vaisseau à plus de trente milles de nous. Pour lors nous ne reprîmes que demi-vent, pour tâcher, pendant la nuit, de regagner la Sicile ; ce que nous fîmes le lendemain matin, non sans avoir eu la frayeur d'un vaisseau à la croisée duquel nous nous trouvions. Nous baissâmes nos voiles, tout le monde se tut, et sans estre vus, nous le laissâmes heureusement passer. L'on nous confirma sur la côte l'avis de nos gens, qui estoit que c'estoient des Turcs. On peut juger si nous fîmes bon sang pendant ce jour et cette nuit! Enfin nous arrivâmes le 30 au matin, à *Siracusa*, sur les neuf heures, le jour de l'Ascension, favorisés par le vent et nous trouvant à cent vingts milles de Malte. Quoyqu'en ayant fait plus de cent cinquante de Gozzo, petite isle voisine et dépendante de Malte, l'on ne compte que soixante-dix mille de Malte au premier terrain du cap Passero; on en compte autant de là à Siracuse. J'y demeurai le reste du jour pour examiner sa situation. La mer, par une entrée d'un demi-mille, avance dans les terres derrière la ville, et y forme un port bon pour les plus grands vaisseaux. L'ancienne ville occupoit en partie les bords du fond du golphe jusques au fleuve Anapo qui coule, s'approche de la ville et se jette dans le même golphe. Pas loin de son embouchure l'on m'a montré trois colonnes qui restent encore en pied et que l'on attribue à un temple de Bacchus. La ville d'aujourd'hui qui ferme le golfe d'aujourd'hui, est dans une espèce d'isle qui faisoit une très petite partie de l'ancienne. Elle est fortifiée assez bien du côté de la mer; du côté de la citadelle il y a un château qui commande de tous côtés. Les fortifications du côté de la terre sont belles, bien tenues et bonnes. Le roi de Sicile faisoit travailler à force au château, et à réparer ce qui pouvoit rester d'endommagé par le grand tremblement de terre qui s'estoit fait sentir dans cette ville dont les rues et les maisons ne sont ni trop belles ni trop bien tenues. La maison du Sénat est la plus belle de la ville; elle est jointe à l'église cathédrale qui n'a rien de beau qu'une très grande statue d'argent de sainte Lucia que l'on ne voit pas facilement.

Les bas-côtés de l'église sont soutenus par de très grosses, très courtes et très vilaines colonnes de pierre, que l'on dit avoir esté posées en ce lieu pour le temple de Minerve[1]. A en juger par les restes, c'estoit un vilain lieu pour l'architecture.

1. On ne sait à qui ce temple était consacré : son voisinage de la source d'Aréthuse ferait supposer qu'il l'était à Diane plutôt qu'à Minerve.

Presque sur le bord de la mer, du côté du port et au delà de la ville, est la *fontaine d'Aréthuse*, jadis fameuse[1]. Elle sort assez grosse de dessous un rocher et ne sert aujourd'hui qu'à de vieilles blanchisseuses. Ses eaux sont fades et ne m'ont pas plu à boire (96).

Celui qui commandoit les Piedmontois au nombre de huit cents, est d'humeur difficile et fort sévère avec les habitants, accordant avec peine l'entrée aux estrangers, craignant surtout que l'interdit n'arrivât dans cette ville comme dans presque toutes les autres villes de Sicile, ce que le peuple et tout le monde craignoit aussi. Les femmes de cette ville sont tenues fort réservées et sont vêtues comme les ombres des Champs-Elysées, et à tout venant s'emploient [à] agacer les estrangers, du côté où dans mon premier récit j'ai dit qu'estoit Santa Lucia.

Je fus aux *Capucins*, couvent assez bien bâti et en bonne vue : le jardin est situé au fond de carrières très hautes et dont le terrain est très fertile et très agréable. Il y a un bois de lauriers, d'autres d'orangers, le tout sans ordre mais plein d'agrémens. Le grand tremblement a renversé plusieurs rochers et rompu un endroit figuré de la même façon de l'oreille dont j'ai parlé, je ne sais si elle a eu la même singularité.

Nous fîmes venir notre même felouque auprès des Capucins et nous couchâmes à un ou deux milles de là dans des rochers dont nous partîmes avant le jour. Nous passâmes à la rame le petit golphe d'*Augusta;* ayant trouvé le vent au bout de ce petit trajet, nous mîmes à la voile, prîmes le large et nous trouvâmes le soir au fond du golphe de *S. Teresa*, à quelques milles au-dessus de *Taormine*, et nous passâmes la nuit dans une très belle plage, au pied du mont Gibel d'où l'on est plus près que de Catane. L'on fait dans ce village, bâti presque tout de cannes comme les maisons de nos premiers pères qui servent de retraite à des pêcheurs,

1. La mythologie raconte qu'Aréthuse, poursuivie par le fleuve Alphée, fut changée ici en source par Diane.

beaucoup de soie. Nous fîmes ce jour quatre-vingts milles. Nous quittâmes ce lieu avant le jour et toujours absolument terre à terre, nous eûmes suffisamment de vent pour ne pas nous faire tirer par des bœufs. Nous arrivâmes à *Messine* sur le midi le 1er de juin, après avoir fait trente milles. Nous trouvâmes cette ville ornée à merveille, ayant toutes ses façades ornées de tapis de damas, de banderoles et de bannières de pareille étoffe : les boutiques ornées et tapissées toutes comme autant de chapelles, pleines de bougies, de tableaux et de ce que les marchands ont de plus beau. Ces parures que l'on joint à des illuminations générales qui sont surtout magnifiques sur la façade du port, tout cela, dis-je, se voit à Messine pendant trois jours consécutifs jusqu'au 3 de juin que l'on célèbre la fête de ce qu'ils nomment la *Sainte Lettre*. Ils prétendent qu'en 42, neuf ans après la mort de Notre-Seigneur, saint Paul venant prêcher en Italie et ayant passé dans cette ville, ils envoyèrent en ambassade deux des leurs qui rapportèrent une lettre de la Vierge qu'elle renoua de ses cheveux que l'on a encore et que l'on porte à la procession. Pour la lettre[1], elle est perdue ; ils disent qu'elle est au Vatican ; je m'en informerai. C'est à la mère église que l'on gardoit cette belle relique qui, le jour qu'on en solennise la feste, est, depuis le haut jusques en bas, éclairée d'un nombre infini de lumières qui parent ce temple d'une façon très belle et à ne le pas reconnaître. Les environs du maître-autel [sont] ornés de vingt mille bougies dont la beauté, en elle-même magnifique, est de beaucoup augmentée par une grande décoration dans le même goût trompe-l'œil, d'une façon bien riche et agréable.

Il y a plusieurs feux d'artifice dans la ville, surtout un qui est dans la place S. Jean, sur la longue fontaine sur laquelle on fait une représentation de galères fort au naturel et fort jolie et qui est préparée pour un feu d'artifice. L'on

1. Cette lettre est un des nombreux faux du fameux Constantin Lascaris, † en 1501.

voit de plus dans l'église tous les hommes et toutes les femmes, mises depuis peu à la françoise par les ordres de leur nouveau roi, ce qui fait un spectacle comique. Le sang du bas peuple est très joli dans cette ville (97).

J'eus le temps d'y trouver aux « Crociferi, » un tableau du Caravage qui est une piscine qui a du beau.

A *Sainte-Thérèse*, qui appartient aux Carmes et qui est auprès de la citadelle à Terre neuve, j'ai vu un assez beau morceau du Trevisani : « Sainte Lucie ».

Chez un nommé M. de Concher, jadis capitaine et ingénieur du roi d'Espagne, j'ai vu un grand amas de beaux dessins, de belles estampes et de ses ouvrages à lui-même, représentant toutes sortes d'oiseaux surtout de ceux de Sicile, dans laquelle il y en a nombre d'extraordinaires. Il a rassemblé aussi des animaux et va travailler aux fleurs. Cet homme est de Tournay. J'y ai trouvé aussi un peintre Irlandois qui avoit de très beaux morceaux, surtout une tête du Corrège et une de Van Dyk.

Devant la mère église, au terrain qu'occupe aujourd'hui la statue de Charles II, estoit l'hôtel de ville ancien que les Espagnols ont abattu la dernière fois que les François les abandonnèrent en leur ostant aussi leur monnoie que l'on transporta à Palerme. Cette ville a ses chanoines mitrés ainsi que ceux de Reggio[1].

Le roi de Sicile n'avoit dans tout ce royaume que cinq à six cent mille hommes, y compris un régiment de dragons, et c'estoit bien peu pour contenir une nation comme celle-là, déjà mécontente du gouvernement par la sévérité avec laquelle ils estoient contenus, ce qui estoit une action de prudence du duc de Savoie, capable d'en avoir beaucoup de semblables, et sachant tirer son profit de ce pays ainsi que ses officiers. Cependant tout cela ne peut subsister et n'auroit pas duré jusques à présent sans l'espérance qu'ont les Siciliens dans les événemens dont leur imagination les

1. Le mss. donne Messine, ce qui est évidemment une distraction du voyageur.

peut flatter. Malgré les précautions prises par les Piémontois, je ne sais ce qui en pourroit arriver si j'en crois les discours de quelques gens qui m'ont parlé bien franchement, surtout dans la conjoncture de l'interdit du Pape qui ne s'est encore estendu, à cause de la monarchie, que dans les évêchés de Catania et de Marsala. Les autres endroits n'ont point esté excommuniés, mais la crainte de l'estre a contribué à aliéner les esprits et à leur faire tenir des discours qui ne sont point avantageux ni au prince ni à la nation qui les gouvernent. Pour moi, m'en embarrassant fort peu, j'en augure très mal et dans peu, de façon ou d'autre, il est nécessaire et même je crois impossible qu'il n'arrive des changemens dans ce pays fertile et ayant bien des agrémens et des commodités.

Enfin nous partîmes au sortir de table de chez M. de l'Espinard, le consul, le 3 de juin, sans nous soucier de voir la procession ni les feux d'artifice. Ayant un peu de vent et le courant favorable, nous vînmes en une heure et demie à la plage de la *Tour du Phare* dans laquelle j'entrai. C'est une tour carrée de simple construction, ayant des deux côtés de la mer une plate-forme sur laquelle il y a cinq pièces de canon. On y tient dix-huit hommes relevés de la ville et auprès l'on tient une grande garde de cinquante dragons à cheval. La tour est située à la pointe de la terre, dans une petite plaine assez fertile. Elle est distante de douze milles de la ville, et à deux cents pas avant d'y arriver, nous passâmes le fameux Carybde qui n'est qu'un grand et très fort courant d'eau, autrefois si fameux et si redouté. Nous partîmes de cet endroit le lendemain matin. et toujours par un calme [plat], obligés de ramer pour venir à la Rocchetta passer la nuit dans le même endroit où en venant nous avions pris du pain et du biscuit et qui est le terrain de la terre ferme d'Italie le plus estroit. Les montagnes de la Calabre et de cette côte d'Italie sont fort hautes et empêchent les vents de passer. Il y règne des calmes fort incommodes qui se joignent à un soleil qui darde à son aise et brûle la côte au point que le sable et les pierres de la plage brûlent les pieds (98).

De la Rocchetta, où avant d'arriver nous échouâmes sur des écueils, heureux que la mer fut calme, nous vînmes coucher, après avoir fait quatre-vingt-dix milles, auprès de Fiumefreddo, petite ville à quatre milles au-dessus de Paola. Le lendemain, toujours à la rame, sans une haleine de vent. nous arrivâmes après soixante-dix-sept milles de chemin à Scalea.

SCALEA, petite ville, dernier lieu de la Calabre, appartient à un prince de ce nom. Il y a dans ce lieu des franchises qui de loin paraissent quelque chose, mais c'est en infamie, en saleté, en tout ce que l'on peut imaginer de plus vilain, la plus parfaite ville que j'aie vue. La grande porte ne serviroit pas à une autre de guichet. Ses habitants répondent à la structure des bâtimens. Je crois que l'on a feint que Judas Iscariote y estoit venu demeurer dans une masure que l'on m'a montré, comme dans le lieu le plus infâme qu'il y eût. L'on m'a dit cependant que *Belvedere* et *Diamante*, devant lesquels nous passâmes ce jour-là, estoient aussi vilains en dedans quoyque ayant de l'apparence au dehors. Diamante est renommé pour ses vins.

Le jour suivant nous passâmes le golphe de *Policastro* et toujours à rames nous arrivâmes, ayant fait soixante-douze milles, à Palinuro où nous avons couché en arrivant, fameux par son cap et par l'étymologie de son nom qui vient de Palinurus, pilote d'Enée, qui s'y noya s'estant endormi la nuit. Le rocher qui forme ce cap est absolument escarpé et fort élevé. De Palinuro nous eûmes un peu de calme et puis un bon vent qui nous porta auprès de Salerne. Ce golphe est grand, fertile en poissons : nous en vîmes et en mangeâmes de ceux qui volent. Nous prîmes aussi une tortue. Quand elles ont sous le cul un petit crabe ou chancre, il les chatouille si fort qu'elles s'endorment, et se laissant aller au gré de l'eau, on les prend facilement. C'est dans le canal de Malte que l'on en trouve en quantité et de très grosses. Elles ont un bec comme un aigle dont la morsure seroit très forte.

SALERNE est au pied de montagnes fertiles surtout celles du côté de Caprée. Le coup d'œil de cette ville élevée précisément sur le bord de la mer est beau. La vue des maisons bien tenues, environnées de verdures et d'arbres, forme un petit amphithéâtre fort joli. Les mois de juillet et d'août ne sont pas bons à passer dans ce lieu à cause du mauvais air. Dans celui de septembre on y tient une foire fameuse qui dure huit jours. La ville est bien pavée, c'est-à-dire le quartier d'en bas. Nous fûmes voir un crucifix fameux qui a baissé la teste et que je trouve fort apocryphe. L'on réparoît *l'église-cathédrale*[1] qui est un archevêché. La nef et le maître-autel sont ornés de mosaïque de marbre qui a sa beauté mais le goût en est vilain. Le vaisseau est grand : dans une chapelle souterraine, grande, soutenue de pilastres revêtus de marbre, on dit qu'on garde le corps de l'évangéliste saint Matthieu, mais comme celui de saint Marc on n'en voit point le corps. L'autel sous lequel on dit qu'il est, est d'argent et la statue du saint est de bronze. A l'ancienne mode des églises il y a devant l'église un parvis où se tenoient les catéchumènes. Ce bâtiment menace ruine, [il est] soutenu par un assez grand nombre de colonnes de marbre antique. Au milieu de ce parvis est une fontaine qui coule dans une coupe de granit antique qui peut avoir treize à quatorze pieds de diamètre et qui est beau[2]. L'on y voit aussi dans l'église quelques bas-reliefs qui n'ont jamais esté faits pour des chrétiens[3] et dans lesquels j'ai vu de belles choses. Il y a aussi à plusieurs coins de rue plusieurs restes de colonnes, preuves de l'ancienne magnificence de la

1. Cathédrale de *Saint-Matthieu*, construite en 1084 par Robert Guiscard.
2. La bassin de granit décore auj. la villa Reale à Naples.
3. Tel le bas-relief du tombeau de l'archevêque Carafa, provenant de Paestum et représentant l'enlèvement de Proserpine.

ville, ceinte d'un simple mur pour empêcher aux loups d'y entrer. Il y a cependant un vieux château ruiné sur la hauteur. Nous vinmes visiter Salerne dans un petit bateau, la felouque n'estant venue qu'à un bourg nommé Vietri, distant de deux milles de la ville sur la branche du golphe qui nous approchoit de notre route, d'autant mieux qu'à la ville notre bâtiment auroit payé trop de mouillage (99).

Le petit village de *Vietri* est joli, dans un vallon fertile où l'air est pur. Nous en partîmes le soir et, après avoir passé environ deux milles le long des montagnes vertes et fort hautes, nous passâmes devant le petit village de La Cava dont la situation, environnée absolument de montagnes vertes, me plut infiniment. Nous passâmes deux terres[1] auprès de cet endroit, puis nous voguâmes toute la nuit et nous arrivâmes de bonne heure à l'isle de Caprée.

CAPRÉE est distante du cap de la Minerve[2] de trois milles. Cette isle de loin et même de près, hors du côté qui regarde Naples, ne paroît qu'un rocher aride et de tous côtés escarpé. Elle peut avoir huit à neuf milles de tour. Du côté du midi s'élève une montagne et une autre de celui du nord, le milieu est plus bas et devenant vallée, par ce contraste, seroit une montagne ailleurs. Ce milieu est roide à monter mais très fertile. La petite ville de Caprée est peu de chose, il faut monter un grand mille pour y arriver. Son église épiscopale, où nous entendîmes la messe, est assez ornée. Nous prîmes là des bourriques qui nous portèrent au haut de la montagne dès midi. Là nous trouvâmes trois grandes voûtes bâties en réservoir pour l'eau qui en tient même encore, mais le ciment n'est pas si beau que ceux que nous avons vu. C'est une assez belle citerne. Au-dessus estoit un des palais des quatre saisons de Tibère : des fenêtres de cette maison l'on pouvoit perpendiculairement laisser tomber quelque chose dans la mer, tant le rocher qui

1. Amalfi et Positano.
2. Appelée auj. *Punta della Campanella*.

est très élevé est escarpé. Aujourd'hui il y a là un petit ermitage qui est joli et d'où l'on a une très belle vue[1]. Au-dessus de la citerne l'on entre, en descendant quelques pas, dans des souterrains de brique bien bâtis dont il est difficile de comprendre l'ancien usage. Ceux qui nous menèrent nous dirent que c'estoit autrefois un passage par où Tibère descendoit à la ville : effectivement la terre a coupé ce chemin. Auprès de l'ermitage, j'ai vu quelque mosaïque unie et qui servoit de pavé.

Sur l'autre montagne aride et sèche qui est du côté du septentrion, il y avoit plusieurs restes considérables de ruines[2], mais ou on les a abattues, ou des rochers se boutant, les ont avec eux emportés dans la mer. C'est du moins ce que l'on m'a dit.

N'ayant plus rien à voir dans cette isle fameuse par ses voluptés, joint à l'envie qui estoit naturelle d'arriver et de finir ce voyage de mer, nous en partîmes après avoir éprouvé, quoyque le matin, une grande chaleur. En sortant de la grève, il nous vint un bon vent qui nous fit faire en une heure et demie les huit milles qui sont de Caprée à Sorrente.

SORRENTE. — La mer forme en cet endroit un bassin qui peut être large de trois milles et qui est peu profond. Des rochers escarpés de la hauteur de cinquante pieds et presque tous au même niveau, arrêtent la mer au fond de ce bassin. Une pente douce de terrain, le plus fertile des environs de Naples, s'élève en montagne peu élevée pleine d'arbres et de maisons çà et là jetées, qui font une belle variété. La petite ville de Sorrente n'est pas grand'chose mais elle a un air frais et humide qui fait grand plaisir. Les bosquets d'orangers dont elle est pleine contribuent à sa fraîcheur. Devant la maison de l'évêque j'ai vu des débris d'inscriptions et de bas-reliefs[3]. Le sang est beau dans cette ville,

1. Il *Salto*.
2. Le castel de Barberousse.
3. Débris isolés auxquels on a donné des noms imposants, tels que « Temple de Neptune, » « Amphithéâtre, » etc.

et par plusieurs autres endroits, le séjour m'en plairoit. Il n'y a qu'un abri pour les tartanes et les petits bâtimens. L'espèce de faubourg de la ville qui est de ce côté est sur un rocher plein de belles grottes naturelles et faites par l'art. Le faubourg qui est de l'autre côté est séparé de la ville par une ravine faite dans le rocher qui est d'une très grande profondeur et qui est un magnifique fossé.

Le vent estant bon, nous fîmes voile pour arriver à Naples, distant de vingt milles de cet endroit. Ainsi, le jour de la Pentecôte nous nous trouvâmes au bout de cette course, assez contens de nous retrouver à terre (100).

LES ÉTAPES DU RETOUR

NAPLES. — Le viçe-roi fut à la messe la seconde feste, au couvent des filles du Saint-Esprit. Après une messe en musique, il entra dans le couvent et presque tous ceux qui s'y présentèrent [y furent admis]. J'y entrai aussi. Ces filles lui donnèrent un assez mauvais concert, exécuté dans leur cloître d'orangers, bien décoré.

La ville de Naples est, à ma fantaisie, une très belle et très agréable ville. Le golphe au fond duquel elle est située est un des plus fertiles en îles et en lieux bien agréables[1]. Cette ville est grande, très peuplée, surtout en femmes qui

1. « Rien n'est plus beau que la situation de Naples dans le golfe; elle est en amphithéâtre sur la mer. » MONTESQUIEU, p. 13. « Entre Gênes et Naples, Naples mérite la préférence; sa baie est si bien ramassée qu'on en voit tout le tour d'un coup d'œil. » DE BROSSES, p. 367.

sont, généralement parlant, belles. Il y en a, dit-on, huit mille qui font plaisir au premier venu, sans celles dont on ne parle point[1]. Les rues sont alignées et pavées de grandes et belles pierres. Les maisons, en général, sont belles. Il y a quelques palais, et moins d'apparence qu'à Rome. Toutes les maisons sont plates au haut, l'on s'en sert de terrasse; les embrasemens du Vésuve, les pierres et le feu que ce voisin détache quelquefois, font, je crois, que l'on diminue par là beaucoup de désordres[2]. Il n'y a pour ainsi dire de place que celle qui est devant le palais du vice-roi qui a une belle et longue façade. Comme Naples est bâti sur le penchant d'une montagne, cette maison se trouve commander sur le port. De la place on voit le palais; au travers des portiques d'une fontaine qui est assez jolie, on voit la mer et la côte de Sorrente, ce qui est fort beau[3]. Par des rampes douces, ornées sur les appuis de jets d'eau dans l'ensemble assez beaux mais qui ne vont plus, les Allemands n'aimant pas l'eau, l'on descend, dis-je, au port.

Il y en a un fort estroit et fermé comme une souricière, où il y avoit cinq belles galères et je crois autant de vaisseaux bien tenus. Passé cela, il n'y a plus de ports. Les barques, les bâtimens légers se rangent le long du môle au bout duquel est la Lanterne. Il en périt souvent à la vue de la ville. La rade, où les gros vaisseaux se mettent, ne laisse pas d'avoir ses incommodités.

Le *Palais* du vice-roi est beau au dedans. La cour est à deux étages de portiques; le haut de l'ouvrage n'est pas terminé.

On monte par un degré un peu nu mais dont la grandeur

1. « Les courtisanes sont ici, à ce que l'on prétend, en plus grand nombre qu'à Venise. Ce n'est pas la faute des filles, c'est le climat qui y porte de toute ancienneté. » De Brosses, p. 387.

2. « ... Tous les combles des maisons sont en terrasses, pavées de dalles. Franchement cela ne me plait point de voir ainsi toutes les maisons sans toit; il me semble toujours qu'on vient de leur couper la tête. » De Brosses, p. 368.

3. « M. le Vice-Roi a un salon où il voit la mer de tous côtés, le mont Vésuve; ce qui fait un spectacle charmant! » Montesquieu, p. 13.

et la simplicité ne laissent pas d'avoir de la beauté[1]. Les pièces de l'appartement du vice-roi sont grandes avec des plafonds peints à fresque dans lesquels il y a de bonnes choses. Dans les tableaux qui ornent trois salles j'en ai vu quelques-uns de beaux et qui m'ont plu. L'appartement de la vice-reine est aussi assez beau. Les chambres dorées et accommodées pour Philippe V quand il est venu à Naples, sont les plus belles de la maison[2]. Le jardin en terrasse qui y communique, avec la belle vue dont on jouit de là, rendent ces appartemens fort beaux. La chapelle est assez grande, bien décorée, les peintures du plafond ont du goût; celles de la calotte qui est sur l'autel et les grisailles de Giacomo del Po, qui a excellé dans ce genre, en font l'ornement. Il y a sur l'autel une assez belle madone de marbre du cav. Cosma. Il y a dans la maison un théâtre assez vilain[3] (101). En sortant de la ville, du côté de Pouzzoles, l'on trouve ce qui je crois n'est dans aucune ville du monde. C'est une grève sur laquelle sont placés des arbres avec des fontaines de distance en distance; des maisons bien bâties forment l'autre côté de l'allée. C'est là que se tient le cours. Cet endroit se nomme Ghiaia[4] et peut avoir près d'un mille de long, et aboutit à ce fameux passage du *Pausilippe*. On en ignore l'auteur; je n'ai trouvé personne qui m'en ait pu instruire[5]. Je ne sais s'il est grec ou romain;

1. « Le cavalier Bernin disoit que le palais passeroit par l'escalier; cependant le palais est très grand, mais il n'est pas achevé. » MONTESQUIEU, p. 11.

2. Toute la riche collection de la maison Farnèse qui fait les délices de De Brosses et Cochin fut transportée de Parme à Naples et déposée au Palais Royal en 1735, aussi ni Caylus ni Montesquieu ne peuvent en parler.

3. Il ne s'agit point du théâtre *S. Carlo*, réuni au Palais, qui a été construit en 1737 d'après les plans de Medrano par l'architecte napolitain A. Carasale.

4. « Du môle du château de l'Œuf au Pausilippe, règne une espèce de large rue appelée Ghiaja (la Plage), ouverte sur la mer : c'est véritablement un des beaux aspects qu'il y ait; aussi le vante-t-on beaucoup et on a raison. » DE BROSSES, p. 367.

5. « L'ouvrage est si ancien que quelques-uns l'attribuent aux premiers habitants du pays. Quoique le travail soit immense, il étonne un peu

quoyqu'il en soit les grands hommes voulant pour la communication de Naples à Bayes éviter le passage de la montagne du Pausilippe, ont coupé la montagne dans le roc vif et ont fait un passage en ligne directe à passer plus de deux chariots de front. Ce passage est d'un demi-mille de longueur; les deux issues sont au moins de soixante à soixante-dix pieds, à mesure qu'elles avancent, la voûte se trouve moins élevée, hors vers le milieu qu'elle reçoit un jour d'en haut qui est de peu d'utilité. A moins qu'il ne fasse grand jour, l'on prend des flambeaux pour passer sous ce superbe monument. Il y a au milieu une chapelle. Le passage est bien pavé et c'est par là, à un mille, que l'on va à « la grotte du chien, » Pouzzoles, etc. La montagne de Pausilippe qui a donné son nom à ce beau passage, se trouve au bout de Ghiaia, ayant le pied dans la mer. Sa fertilité, les beaux endroits qu'elle montre sont dignes d'estre vus. J'en ai suivi la côte avec un plaisir infini. En la suivant, à trois milles de la ville, l'on arrive à une espèce de petit cap formé par une isle détachée de la terre d'une quarantaine de pas. Là on trouve une masure bâtie comme un temple au niveau de l'eau, où l'on voit des niches et des passages qui servoient pour la communication intérieure : au-dessus, l'on voit des restes de chambres et de réduits. L'on nomme cela l'*école de Virgile*[1]. Le côté de terre et celui de l'isle qui se font face, sont pleins de restes de maçonnerie qui prouvent que cela estoit autrefois bâti; dire de quelle façon seroit difficile; tout ce que j'imagine c'est que le lieu estoit aimable pour l'estude soit par sa solitude et sa fraîcheur, [soit] par la beauté de la vue, le temple et la maison faisant face au fond du golphe. De là on voit une petite partie de la ville, on découvre à peine Somma ou le Vésuve. En vous

moins si l'on fait attention que le sol de cette caverne est plus souvent sablonneux que pierreux. Sénèque en pense fort mal (Epitre LVII). » De Brosses, p. 404. En 1442 le passage fut élargi, en 1754, Charles III fit poser un pavé.

1. Ou plutôt le *Scoglio* (rocher) de Virgile, peut-être un ancien temple de la Fortune, et les ruines de la villa Pausilypon du cruel Vedius.

promenant quelques pas sur des rochers au niveau de l'eau coupés en terrasse, vous voyez Nisida qui n'est qu'à un mille, Ischia qui forme un autre point de vue, Caprée un autre, et plusieurs autres îles qui, avec les avances de la côte, font voir [comme] des rues formées par la mer au milieu de ces isles vertes et fertiles.

Tout auprès de cette masure est un gouffre nommé « du tonnerre » à cause du bruit que les flots de la mer y font. C'est une grotte[1] dans laquelle on va en bateau environ un mille avec des flambeaux ; c'est un divertissement de dame nature qui a sa beauté[2].

Au-dessus de la voûte du passage taillé dans le roc dont j'ai parlé, on voit une masure bâtie en petite voûte dans laquelle on entre que l'on dit estre le *tombeau de Virgile*[3]. Il reste dedans de petites niches. Il estoit bâti en espèce de pyramides. Plusieurs broussailles sont venues dessus et entr'autres l'on remarque qu'il y a toujours eu un laurier. Effectivement il paroît que cet arbre se plaît sur la cime de ce bâtiment. Joignant le tombeau il y a un marbre enchâssé dans le roc et presqu'enterré, sur lequel ces paroles sont écrites :

> Qui cineres? tumuli haec vestigia : conditur olim
> Ille hic qui cecinit pascua, rura, duces.

Le haut de cette montagne du Pausilippe est la plus agréable chose du monde (102).

Le savon est renommé à Naples : le meilleur est au mont Oliveto qui est un grand couvent très beau. Il y a quatre ou cinq cloistres, et entr'autres un qui est magnifique par

1. Impr. dite *Grotte de Séjan*, puisque c'est le même passage dont Strabon attribue la construction à Coccejus Nerva (37 av. J.-C.).

2. Nous supprimons une période de 4 lignes intercalée ici, et qui reproduit mot pour mot celle qui commence ce chapitre, à savoir : Le vice-roi fut à la messe au couvent..., etc., et quelques traits de plume en marge, censés donner une idée de l'école et du tombeau de Virgile.

3. « Il est tout solitaire dans un coin, au milieu d'une broussaille de lauriers dont le Pausilippe est farci. » De Brosses, lettre XXXII, p. 403.

son exhaussement et sa proportion. Les estrangers louent quand ils veulent des chambres dans ce couvent. L'église n'est pas magnifique; j'y ai remarqué des fresques qui sont dans une ancienne chapelle. La sacristie m'a plu, elle est assez belle ainsi qu'un tableau que l'on y voit. J'ai remarqué quelques sculptures et ornemens du temps où l'ignorance a commencé à estre bannie du monde.

Le *tombeau de Sannazzaro*[1] est au bas du Pausilippe, dans un couvent sur le bord de la mer.

Il y avoit dans le royaume de Naples six régimens d'infanterie de deux mille hommes chacun; deux de dragons de la moitié, Vaubonne, jaune doublé de rouge, bon, et celui de Rome, rouge doublé de bleu, italien et vilain, et un régiment de cuirassiers nommé, je crois, Panatta. C'estoit M. D'Ataun qui estoit vice-roi.

Le mont *Vésuve*[2], autrement dit *Somma*, est distant de la ville de six à sept milles, c'est-à-dire la bouche. La chaleur qu'il commençoit à faire, la fatigue à laquelle il falloit s'exposer pour monter environ deux milles à pied, m'empêchèrent de monter au haut pour n'aller voir qu'un trou, dont la forme à tout moment peut changer. Quoyque cette montagne ne soit pas fort eslevée, elle a cependant fait

1. Jacopo *Sannazzaro*, 1458-1520, poète napolitain, a été surnommé le *Virgile chrétien*. Sa production latine comprend des chants, des églogues marines; celle en italien compte l'*Arcadia* (1504), des sonnets, des canzoni, des lettres. Frédéric II d'Aragon, chaud admirateur du poète, lui donna une villa près de la grotte du Pausilippe; les Français la pillèrent en 1529 et le poète y fit construire une église par les Servites. On y voit son riche tombeau. Le buste de Sannazzaro se dresse au-dessus des statues d'Apollon et Minerve transformés de noms en David et Judith et d'un bas-relief où Neptune et Pan regardent danser des Faunes, des Satyres et des Nymphes, allusion au poème « l'Arcadia. »

2. Montesquieu en fit l'ascension : v. op. cit., t. II, p. 23 à 26. De Brosses s'y rendit, pestant et jurant contre cette « chienne de montagne, apanage du diable, soupirail de Lucifer! Je reviendrais bien mille fois à Naples, que jamais tu ne me serais rien; et plutôt que de retourner voir ton gouffre infect, j'aimerai mieux

> Devenir cruche, chou, lanterne, loup garou,
> Et que monsieur Satan m'y vint rompre le cou! »

v. lettre XXXI, p. 390 à 403.

des désordres très grands. Tous les auteurs en font foi. Les endroits sur la hauteur où l'on voit que le soufre et le bitume ont coulé prouvent tout ce que l'on en a dit. Les pierres calcinées que l'on trouve sur le chemin et aux environs font foi des désordres de ce trou duquel je n'ai vu sortir que de la fumée. Ces cendres sont ainsi que [celles] du Gibel, c'est-à-dire, de pierre calcinée, pulvérisée et noire. A trois ou quatre milles de la ville il y a une inscription qui conseille aux estrangers de ne se point trop laisser emporter par leur curiosité en s'exposant de trop près de ce trou.

Dans un petit village sur le bord de la mer, à une lieue de Naples, et presqu'au pied du Vésuve, le prince Emmanuel d'Elbœuf[1] qui s'est marié à Naples, a fait bâtir une petite maison assez jolie. La vue et la situation en font l'agrément. Pas loin de cette maison le dit prince d'Elbœuf s'estant mis en teste de faire creuser, l'a fait faire dans le puits d'un paysan au fond duquel il a trouvé des marbres, des murs, un degré, des statues très belles qu'il a envoyées au prince Eugène. Il a très peu creusé, cependant il a beaucoup tiré. Les antiquaires ont baptisé cela les *ruines* de l'ancienne ville d'*Herculanum* qui, devant la venue de Notre-Seigneur, fut engloutie par un tremblement de terre auquel se joignit l'embrasement du Vésuve. Effectivement j'ai vu plusieurs des pierres que l'on a tirées qui sont brûlées. Les échafauds estant défaits, j'avois eu l'idée de faire la dépense pour les remettre, mais je me contentois de l'envie sur ce qu'il me fut dit du peu de satisfaction que j'en retirerois.

1. Le prince E. d'Elbœuf de la maison de Lorraine, général des galères de Naples. Les fouilles auxquelles Caylus, tout jeune homme, avait eu l'intention de contribuer, furent reprises 50 ans plus tard. En 1755 « l'*Accademia Ercolanese* » fut fondée pour l'étude des antiquités. Winkelmann (1717-1768), se plaça au premier rang et produisit le plus grand effet parmi les savants par ses remarquables ouvrages, surtout son *Histoire de l'Art chez les anciens* (Dresde, 1764) et *Monumenti antichi inediti* (Rome, 1767). La plupart des lettres adressées par Barthélémy au comte de Caylus, de Rome et de Naples, en 1756, regardent les fouilles d'Herculanum, qui ne pouvaient épuiser l'intérêt curieux de l'archéologue français.

Enfin, estant arrivé à Naples le 9 de juin, j'en repartis le 13 et j'arrivai à Rome le 16, non sans avoir éprouvé la barbarie des postillons de la route qui est meilleure pour exercer la patience d'un saint que tout ce que l'on voit dans le livre des mensonges.

ROME. — La feste-Dieu fut ce que je vis pour commencer à mener ma même vie. L'on va voir la veille les tapisseries du Vatican, [d'après] des dessins de Raphaël. Il y a sept des cartons à Hampton-Court en Angleterre[1]. L'église de Saint-Pierre est tapissée de damas cramoisi avec des galons d'or, ce qui est magnifique.

Le lendemain, le pape, de fort bon matin, fit la procession pour éviter la chaleur. Il estoit porté par douze hommes et quoyque assis paroissoit à genoux dans une fort belle attitude, portant le Saint Sacrement. Les cardinaux marchoient avant un peu plus décemment, c'est-à-dire sans cortège; les cuirassiers du pape suivoient, estant précédés des chevau-légers dont les casques ornés de plumes à l'ancienne mode, faisoient quelque chose de comique, mais moins encore que l'équipage de six ou sept gentilshommes romains, à cheval, à l'ancienne mode, d'une façon riche par leur vêtement mais pauvre par leurs mines (103).

Le Palais Farnèse[2], bâti des débris du Colysée[3], est du dessin de Michel-Ange. La façade est fort simple, il n'a rien d'extraordinaire. Sur la place qui est devant la maison, il y a deux fontaines assez jolies. La cour carrée, bâtie en

1. Raphaël dessina ces tapisseries, tissées à Arras de 1515 à 1516, sur des sujets tirés de l'histoire du Christ et des apôtres. Charles Ier d'Angleterre acheta sept cartons en Flandre. On les voit actuellement au musée de South Kensington à Londres.

2. « Il semble jeté au moule, tant il est uni : c'est un dé. » Montesquieu. t. I, p. 252.

3. « On a toujours une dent contre le palais Farnèse lorsqu'on se souvient que, pour le construire, ces insensés Farneses détruisirent une partie du Colisée.... Ne faut-il pas être possédé du démon pour commettre une pareille action? » De Brosses, t. II, p. 143.

portique, est belle ; entre les statues dont elle est ornée, « l'Hercule » est fameux et avec grande raison. Dans une basse-cour, dans une mauvaise maison, l'on voit plusieurs bustes, statues ou débris de toutes espèces et c'est dans ce même endroit qu'est le « taureau » antique, plus beau selon moi par la grandeur de l'ouvrage et la façon dont il est conservé, que par la correction du dessin et la justesse des expressions des figures[1]. C'est dans ce même palais que l'on voit la superbe galerie des Carrache, ouvrage vraiment digne d'admiration ainsi que le petit cabinet. Aussi rarement voit-on ce beau lieu sans y rencontrer peintres ou admirateurs[2].

Il y aussi auprès une chambre où l'on voit de bons tableaux : c'est celle où est la petite Vénus aux belles fesses, un Mercure de bronze, et d'autres antiques. Au bout de l'appartement où l'on voit les fresques de Salviati qui ont leur beauté, il y a un cabinet où l'on voit plusieurs antiques, entr'autres le buste de Caracalla, un beau bas-relief et un buste moderne de Paul III Farnèse[3], que j'ai trouvé magnifique.

A la *Madone de Lorette*, petite église appartenant aux boulangers, de six statues de marbre il y en a cinq vilaines et une très belle, digne de l'antique[4]. Elle est de Francesco Fiammingo. Le bâtiment du milieu des trois que j'ai dit estre au *Capitole*, est bâti sur les ruines de ce fameux temple de Jupiter le très bon et le très grand, qui estoit plein des offrandes ou des dépouilles des ennemis de la République. Il reste encore de grands morceaux de murs qui sont liés avec le bâtiment moderne, et de portiques desquels on fait des remises de carrosses.

1. Ces deux antiques sont actuellement au Musée de Naples.
2. « Quels éloges pourrais-je aussi vous faire de la galerie peinte par Annibal Carrache, qui ne fussent tout à fait au-dessus de ce que l'on en doit dire ?... Tout mis en balance, cette galerie va de pair avec les grands ouvrages de Raphaël ! » (ibid., p. 146).
3. Paul III (Alex. Farnèse), 1534 à 1545.
4. La statue de sainte Suzanne.

Dans la cour du prince de Carafella (*sic*)[1] on va voir la *Roche Tarpeïa* où l'on précipitoit les criminels, et par laquelle Rome pensa estre surprise. Quoyque le fond en soit exhaussé comme le reste de la ville, elle a encore environ vingt pieds de haut. A quelque pas de là on voit un reste de bâtiment que l'on regarde comme l'ancien château et cela est apparent. Ce qui reste n'est fait que d'une pierre de sable comme le terrain dans lequel sont les catacombes.

Les trois colonnes de marbre cannelées qui sont vis-à-vis le derrière du bâtiment du milieu du Capitole, sont le reste du *temple de Giove Tonante*, bâti par Auguste après que le tonnerre eut tué un de ses esclaves dans sa litière. Les sept ou huit colonnes de granit qui sont à la droite et fort près de celui-ci, sont les ruines du *temple de la Concorde* en mémoire de la paix faite après les troubles qui arrivèrent dans Rome du temps de la République, pour les tribuns du peuple. Les trois colonnes de marbre qui subsistent de ce même côté sont du *temple de Giove Statore*[2]. Celle qui n'en est pas loin et qui est seule[3] est de *Giove Custode*, temple bâti par Domitien en mémoire du danger qu'il courut par les soldats de Vitellius. La fontaine qui coule en cet endroit est regardée comme le lieu à peu près où Q. Curtius[4] se dévoua, parce que l'on a trouvé auprès sa statue que l'on voit à la Vigne Borghèse.

Au pied du Capitole, du côté gauche, pas loin de l'arc de Septime Sévère, à l'église Saint-Joseph ou de *Saint-Pierre in Carcere* il y a une assez belle nativité de Carlo Maratta.

1. Palais *Caffarelli*, construit au XVIe s. par Ascanio Caffarelli, ancien page de Charles Quint.

2. « Ces trois colonnes sont pareilles, portant une frise chargée d'ornements en bas-reliefs d'une beauté exquise : parmi les antiques, il n'y a rien au-dessus de ceci. » DE BROSSES, t. II, lettre XLV, p. 244.

3. Cette colonne isolée qui se dresse près du temple de Giove Statore, est la colonne de *Phocas*, érigée en 608 par l'exarque Smaragdus en l'honneur de Phocas, tyran de l'empire d'Orient.

4. Un large gouffre s'étant ouvert au milieu du Forum et l'oracle ayant déclaré qu'il ne se refermerait que lorsque Rome y aurait jeté ce qu'elle avait de plus précieux, Curtius, déjà célèbre par ses exploits, se précipita tout armé dans l'abîme, et le gouffre se ferma aussitôt (360 av. J.-C.).

C'est, dis-je, sous cette église que sont certainement les prisons[1] du Capitole, prisons dès le temps des Rois, mais celles que l'on voit ont esté remodernées du temps des Empereurs. Ce sont deux chambres l'une sur l'autre qui ne sont certainement pas claires et qui l'estoient encore moins puisqu'elles n'avoient ni portes ni fenestres. On descendoit les prisonniers par un trou qui estoit à chaque voûte. L'on y a fabriqué des portes et des degrés pour aller visiter la chambre la plus basse dans laquelle on prétend que saint Pierre a esté et où l'on voit une fontaine que le saint y fit jaillir pour baptiser dans ce lieu des Romains (**104**).

L'on voit sur une maison de particuliers une inscription moderne qui apprend que ce fut auprès que l'on trouva la statue du Rhin que par corruption on a nommé *Marforio*[2] qui vient de *Martis forum*.

Tout contre cette église est celle de *Saint-Luc* et de Saint-Martin, bâtie sur les desseins de Carlo Maratta. La façade et le dedans sont asse.. beaux pour l'architecture. Le tableau de saint Luc peignant la Vierge est de Raphaël; c'est assez dire! Sous l'église il y a une chapelle souterraine qui est de belle proportion ornée des marbres et des colonnes qui servoient au temple de Giove Ultore qu'Auguste fit bâtir pour venger la mort de Jules César. Il estoit bâti en ce même endroit; en creusant l'on a trouvé les débris ainsi que le corps de Sainte Martine avec une inscription qui la disoit martyr. C'est dans cette même chapelle qu'est enterré Carlo Maratta; on y voit son buste et une inscription qui apprend qu'il a donné son bien pour fonder une Académie de peinture et de sculpture qui s'assemble tous les dimanches et festes dans une salle dépendante de cette église,

1. Carcer Mamertinus.
2. Actuellement sur la fontaine du milieu de la cour du Musée Capitolin. « .... Vous trouverez d'abord, à gauche, votre ami Marforio, dès longtemps séparé de son cher Pasquin, c'est un gros fleuve qui avait fait sa première habitation dans le *Forum martis*, d'où il est venu Marforio de Nil qu'il était auparavant. » De Brosses, *idem*, p. 237.

où les modèles de sculpture sont plus beaux que les tableaux qui ont esté donnés.

Contre cette église estoit le *temple de Saturne* dont il ne reste qu'une vieille façade de brique que l'on croit avoir esté recouverte de stuc. C'est aujourd'hui l'église de S. Adriano. Précisément devant le temple de Saturne, estoit posé *le mille* de bronze doré sur lequel estoient écrites les distances des lieux principaux et c'estoit de celui-là que l'on comptoit, pour ainsi dire, jusques aux colonnes d'Hercule. Du même côté et tout contre on trouve la façade, ornée de grandes et belles colonnes ainsi que d'une belle frise et de quelques restes de murs, du *temple* que le Sénat éleva *à Faustine et à Antonin*. C'est aujourd'hui l'église de [S. Lorenzo in Miranda]. Une rue sépare le temple de Faustine de celui qui jadis estoit celui de *Romulus*. Le portique avec la frise et les colonnes de porphyre que l'on y voit aujourd'hui avec les portes de bronze, sont bien les mêmes qui servoient au temple, mais on les a relevés pour en faire l'église de *Saint-Cosme et Damian* dans laquelle il n'y a d'antique que cette voûte ronde par laquelle on entre et qui estoit la calotte du dôme du temple dont les portiques se voient aujourd'hui sous terre.

Le temple dédié à Venere Genitrice ou à César[1] dont il ne reste qu'un morceau de mur et une espèce de portique transplanté, sert de maison aux moines, joignant laquelle ou du moins à peu de distance près, l'on voit les trois grandes voûtes du *temple de la Paix*[2], fameux par ses richesses surtout celles de Jérusalem. C'est de ce temple que l'on a tiré la *colonne* cannelée qui se nomme aujourd'hui *Trajane*.

Dans le couvent de *S. Francesca romana* l'on voit les temples du Soleil et de la Lune.

De l'Arc de Tite jusques au Capitole, chemin que sui-

1. *Temple de Vénus et Roma.*

2. Ces trois arcades colossales longtemps prises à tort comme appartenant au Temple de la Paix, sont les ruines de la *Basilique de Constantin*.

voient ceux auquels on avoit décerné les honneurs du triomphe, cela se nommoit la *Via Sacra*. Les façades de ces temples devoient faire quelque chose de beau!

En entrant par l'Arc de Tite, le *mont Palatin* se trouve sur la gauche. Auguste le premier fit son palais en entier [de] ce qui n'estoit que le terrain de la première Rome. Par les voûtes que l'on voit et qui soutenoient les appartemens, l'on juge de la magnificence du bâtiment dont la façade ornoit encore la Via Sacra; depuis l'arc jusques à hauteur de la fontaine, ce palais alloit faire le tour de la montagne. Un mur qui en est détaché et qui est aux environs de l'angle est regardé comme *le prerostra*, où l'on voit encore une fenestre que l'on croit estre la tribune aux harangues, et l'on place la maison de Cicéron entre la montagne et le mur (105).

Ce mont appartient aujourd'hui au duc de Parme[1], et est un jardin bâti sur les voûtes des anciens portiques. Il y a un bosquet destiné pour l'Académie des poètes. Ils tenoient leurs assemblées dans un bosquet assez champêtre, et cela dureroit encore sans des hommes et des femmes qui, échauffés par les idées que leur avoient données les pièces amoureuses des poètes, n'avoient par la brutalité gâté ce que les

construite par Constantin sur le même emplacement où son rival Maxence avait élevé une basilique à l'endroit où se dressait le Temple de la Paix construit par Vespasien.

1. « Presque tout le Palatin où était le palais des Césars est occupé par la vigne Farnèse, assez négligée elle-même.... Il n'y a point de doute que ce mont Palatin ne soit le meilleur endroit de Rome pour y fouiller la terre et faire quelques belles découvertes. Les Farnèse le pensaient aussi; mais, de crainte d'essuyer quelque tracasserie de la part du souverain et de ne pouvoir emporter à Parme ce qu'ils pourraient découvrir, ils voulaient attendre pour fouiller, qu'ils eussent un pape de leur maison. Au lieu d'un pape Farnèse, ils ont un roi de la maison de France, ce qui vaut encore mieux.... » De Brosses, lettre XLVII, p. 290.

Les fouilles commencées sous Pie VII, continuées par ordre de l'empereur Napoléon III auquel François II avait vendu en 1861 les *Jardins Farnèse*, ont été reprises avec une persévérance intrépide et une inlassable activité par le gouvernement italien. Le Palatin est une mine précieuse; tous les ans de nouveaux trésors enfouis dans les entrailles du mont sont exhumés. Le comm. Boni, auquel la direction scientifique des fouilles est confiée, archéologue de premier ordre, voit s'enrichir et se peupler jour pour jour le Forum et le Palatin.

sentiments auroient fait tolérer. Auprès de ce lieu est une tour bâtie en Belveder par un cardinal de la maison Farnèse ; les peintures du degré sont à fresque de Purino del Vago ; elles sont belles, gracieuses, mais bien obscènes pour un cardinal ! Le jardin où cela se voit est agréable ; le bas est rempli de statues antiques, les plus belles sont dans une grotte et celle qui mérite d'estre remarquée c'est la *Venere victrice* (Histoire des deux sœurs de l'ancienne Syracuse[1]).

Le terrain du mont Palatin n'a jamais esté creusé. Le duc de Parme ne peut obtenir des papes la permission d'emporter ce qu'il trouveroit, il ne veut pas y faire creuser. Cependant tout le mont n'est pas à lui ; le Séminaire anglois en possède une partie.

Les colonnes de l'*Arc* de *Tite* sont de forme antique ainsi que celles de l'Arc de Constantin, fait des débris de celui de Trajan qui estoit où l'on voit aujourd'hui la colonne. Les colonnes et les beaux bas-reliefs, les statues, tout vient de cet autre monument. L'on peut juger de quelle façon l'ignorance commençoit à régner dans le temps où l'on a élevé celui-ci à Constantin.

Pas loin de ce dernier arc l'on trouve l'ancien *Monte Celio* sur lequel est aujourd'hui l'église de *Saint-Georges* dont la petite façade est assez jolie. Son pavé de mosaïque de marbre est beau et d'un ancien temple de Bacchus. Il y a un magnifique tableau d'Annibal Carrache qui représente un « Saint Georges en oraison ; » on garde là aussi l'image de la Vierge que le pape portoit en procession lorsque l'on vit sur le tombeau d'Adrien un ange qui (*sic*) depuis qu'on en a fait un château a esté nommé « Château Saint-Ange. » Tout change, tout a une période dans le monde, et il faut de la nouveauté jusques dans les choses

1. Deux sœurs s'étant disputé le prix de la beauté furent examinées d'un bout à l'autre ; l'aînée se trouva avoir la fesse plate, ce qui décida l'affaire en faveur de l'autre, en l'honneur de laquelle on érigea une statue. Cette statue est maintenant au Musée de Naples.

saintes : cette pauvre image jadis illuminée, portée en procession, ornée d'ex-voto, est à présent dans un coin sans nul hommage, presque point regardée ! Dans une chapelle séparée de l'église il y a une Musique à fresque de Guido Reni et une statue très belle de marbre de la Sainte Mère de Saint Grégoire, commencée par Michel-Ange et finie par Scilla, Milanois. Dans une autre chapelle séparée, on voit la statue de ce pape commencée et finie. De même c'est là que l'on garde la table à laquelle Notre-Seigneur apparut. Dans une autre chapelle, j'y ai vu deux fresques magnifiques toutes deux « miracles de Saint André, » mais traitées par G. Reni et le Domenichino. Les avis sont partagés ; pour moi je tiens pour le dernier.

Entre le Palatin et l'Aventin, il y a une vallée aujourd'hui pleine de jardins, qui peut avoir deux petites portées de fusil. C'estoit là qu'estoit le grand *Cirque* des Romains[1]. L'on voit encore quelques vestiges des gradins sur lesquels le peuple s'asseyoit. Comme ceux qui subsistent sont au pied du palais des empereurs, Messaline ne se lassoit jamais. C'est dans cette même vallée que Romulus institua les jeux. Ce fut aussi dans ce même lieu que les Sabines furent enlevées. Ce cirque pouvoit avoir un demi-mille de long. Les obélisques qui sont à la porta del Popolo et à Saint-Jean de Latran servoient de limites. Il commençoit à la Bouche de la Vérité, jadis le temple de la Pudeur, et alloit jusques aux termes de Caracalla.

Pas loin de ce temple de la Pudeur l'on trouve, en retournant au Capitole, l'*Arc de Janus*[2] bâti de quatre côtés avec autant de portes, qui appartenoit aux marchands comme une loge pour s'assembler. L'architecture de ce bâtiment est tout unie et le tout est bâti de grandes pierres. Auprès l'on trouve le petit portique, de mauvais goût, fait

1. *Circus maximus* dont il ne subsiste que des restes insignifiants.
2. *Janus Quadrifons*, cet arc a tout perdu : combles, corniches, architraves, colonnes et statues.

du temps de Septime Sévère[1] où l'on voit les enseignes des légions avec les portraits des Empereurs. Il fut fait après la victoire des Parthes. Caracalla fit depuis effacer les figures de Geta qui se trouvèrent dans l'Empire. L'on voit sur cet arc qu'elles l'ont esté. Ce monument a esté bâti par les marchands de bœufs et les orfèvres et est attaché à l'église de Saint-Georges qui estoit autrefois la maison de Scipion l'Africain. Ce terrain estoit le plus bas de Rome; quatre ou cinq pas en se rapprochant du mont Palatin, l'on trouve la seule fontaine[2] qu'eussent les Romains qui sort du pied de cette montagne. C'est là que l'on croit que Rémus et Romulus furent trouvés avec la louve, d'autant mieux que l'on y a trouvé celle de bronze que l'on voit au Capitole. L'on y voit un égout qui conduit les eaux de cette fontaine au Tibre qui en est distant de trente ou quarante pas. Cet égout est bâti de grandes et belles pierres; on le croit fait par Tarquin l'ancien (106).

Sur le bord du Tibre, à vingt pas du *temple* de la Pudeur, l'on voit celui *de Vesta* où l'on gardoit le feu sacré. Il est soutenu sur vingt colonnes cannelées qui laissoient voir de tous cotés le mur de marbre que l'on y voit encore, qui renfermoit le feu sacré et où l'on n'entroit que par une porte. Il n'y manque que la couverture. C'est, aujourd'hui, une chapelle de la Madone del Sole[3].

A quelques pas de ce temple est celui de la *Fortune Virile* qui est assez conservé; il n'est que de pierre, du temps de la République. Il est bâti en carré long; aujourd'hui c'est une église arménienne[4]. Devant est une maison gothique, vilaine, mais dont le mur est assez singulier; comme les Juifs l'ont autrefois habitée, le peuple l'a nommée « la maison de Pilate. »

1. *Arc des orfèvres in Velabro*, d'ordre composite à pilastres, dédié à Septime-Sévère, à Julie sa femme, et à ses deux fils Caracalla et Geta.
2. Fontaine du Pont-Sixte.
3. « ... Redonnons un nouveau coup d'œil à la *Madonna del Sole;* rien de plus joli que ce petit temple. C'est, avec le temple de Minerva Medica, ma passion favorite en antiques. » De Brosses, ibid., p. 293.
4. Sainte-Marie-Egyptienne.

A cet endroit du Tibre, l'on voit la moitié d'un pont magnifique pas extraordinairement large, tout entier de pierre, rompu du côté du Tibre dont je viens de parler[1]. Il n'y a pas très longtemps qu'il est tombé, on a tenté mais vainement, m'a-t-on dit, de le réparer.

Au pied du *Mont Quirinal* l'on voit les restes des bains de Paul-Emile, bâtis en cercle mais de bon goût, avec des croisées et des portiques dont le dessin m'a plu. Les maisons qui remplissent les ruines empêchent de voir les portiques qui subsistent et le terrain que tout le bâtiment occupoit. Pas loin de là, on trouve un grand mur, irrégulier par son alignement rustique, sans goût mais assez élevé, dont les pierres estoient taillées en pointe de diamant. Il ne reste derrière que trois grandes et grosses colonnes[2] de marbre cannelées, ornées d'une belle frise et de beaux feuillages : c'estoit le *Forum Nervae*[3]. Ce mot de forum doit estre entendu dans une autre signification ; du temps de la République c'estoient des marchés, mais les Empereurs s'en firent bâtir où ils alloient rendre eux-mêmes et assister à la Justice (*sic*). Celui-ci estoit de cette façon.

En allant de là à la via Sacra, environ derrière le temple de Romulus, l'on voit un reste de portique sur deux colonnes avec les frises ; le tout orné de beaux ornemens en grand nombre. C'estoit un *temple de Minerve* bâti par Domitien qui se disoit descendre de cette déesse.

Ce qui est nommé la Bouche de Vérité est un assez vilain muffle. Le pavé du *temple de la Pudeur* subsiste et est beau. L'on voit aussi les anciennes colonnes à leur place.

Sur le mont *Aventin*, qui conserve encore ce nom, l'on voit l'église de Sainte-Sabine habitée par des Dominicains. C'estoit jadis le *temple de Diane* bâti par Servius Tullius.

1. Ponte Senatoriale ou Ponte Rotto.
2. *Les Colonacce.*
3. Ce forum fut fondé par Domitien et achevé par Nerva. Il s'y trouvait un temple de Minerve que Paul V démolit pour construire avec ses marbres la fontaine Pauline sur le Janicule.

Il y a vingt-quatre belles colonnes de marbre cannelées à leur même place ainsi que la porte dont le ceintre de marbre est beau. L'on voit aussi la forme et la grandeur qu'occupoit le parvis ou vestibule qui estoit devant la porte. Par les grands morceaux de porphyre qui sont encore aujourd'hui dans le pavé, l'on juge de ce que ce temple estoit dans son entier. J'ai vu dans le mur auprès de la porte, un petit bas-relief égyptien fort joli. Il y a dedans l'église, qui n'est pas belle, une chapelle revêtue de marbre blanc et de bon goût. La maison des moines située sur cette hauteur commande sur le Tibre et a la plus belle vue du monde. Il n'y a du reste rien à y voir que la chambre où a logé saint Dominique dont ils ont fait une chapelle revêtue de marbre qui est de bon goût[1]. Ils en ont fait autant de celle qu'a habitée le pape saint Pie : celle-ci est de bon goût dans toutes ses parties ; les ornemens de stuc du plafond sont admirables (107).

A quelque distance de cette maison est l'église de *Saint-Alexis*, jadis le temple de la bonne déesse. Il y reste peu de belles antiques. L'on y voit quelques colonnes dépouillées qui ne valent pas toutes ensemble une des deux colonnes de porphyre noir que l'on voit à une des portes de Sainte-Sabine dont je viens de parler. Le grand autel est assez joli. Le tombeau d'un évêque qui s'y voit est d'un goût particulier et bon. L'on garde aussi l'échelle sur laquelle saint Alexis a dormi dix-sept ans ou environ, du moins à ce que l'on dit.

Le circuit que l'on voit aujourd'hui n'est point l'ancienne *enceinte*. Celle que l'on voit a esté bâtie par *Aurelius;* elle est de brique et flanquée à la gothique de six cent soixante-six tours. A la *Porta Claudia*, on juge à peu près de ce qu'estoit l'aqueduc que l'Emp. Claudius fit faire dans Rome. Cette porte estoit un réservoir duquel les eaux se distribuoient en deux branches. Le bâtiment estoit soutenu sur

1. Cette chapelle possède le chef-d'œuvre de *Sassoferrato*, le retable de la « Madone del Rosario » et « Sainte-Catherine. »

cinq portiques, le tout de grandes pierres. Par l'inscription on lit que l'eau venoit de quarante-cinq milles. Cette porte est tout entière, mais couverte et cachée par des murs bâtis par Belisaire.

Il y a dans Rome, de compte fait, douze mille cinq cent soixante et tant de statues antiques[1] !

Le *palais Colonna*, une des premières maisons de Rome, n'a point de beautés extérieures ; son estendue est son plus grand mérite quant au dehors. Quant aux dedans [ils] sont magnifiques, et c'est à mon avis un des plus beaux palais de Rome ! Il y a dans plusieurs appartemens qui ne sont pas les principaux, un nombre infini de paysages du [Lorrain] du Poussin[2], enfin de tous les meilleurs peintres en ce genre-là. J'ai vu quatre beaux bas-reliefs de figure, presque ronde-bosse, antiques ; une colonne assez grande de marbre d'Egypte, elle est torse, ornée de bas-reliefs qui représentent le triomphe de Vespasien de la Judée ; un autre beau bas-relief fameux nommé : « l'Apothéose d'Homère, » l'on y sacrifie à ce poète. Le grand appartement est de bon goût, riche par les argenteries que l'on y voit. La galerie est digne d'un prince ! Cependant elle n'est encore un peu plus qu'à la moitié : les marbres fins, les dorures et le plafond à fresque font ensemble un effet que de belles statues antiques et des tableaux magnifiques ornent d'une façon rare à trouver. Entre les statues, une Muse et une Flore sont superbes, surtout la Flore. Pour les tableaux, quoyqu'il y en ait de tous les grands maistres, une « Vénus » du Titien et un [enlèvement d'] « Europe » de l'Albane, m'ont frappé et m'ont demeuré dans l'imagination. Un cabinet[3] sur lequel il y a des reliefs d'une délicatesse et d'un goût infini,

1. « Rome est un séjour bien agréable : tout vous y amuse. Il semble que les pierres parlent. On n'a jamais fini de voir. » MONTESQUIEU, p. 244. « ... Rome nouvelle vend pièce à pièce l'ancienne, » *ibid.*, 262.

2. A la IVe chambre, onze paysages à la détrempe, comptant au nombre de ses chefs-d'œuvre.

3. Cabinet ou grande armoire qui renferme des sculptures en ivoire (au milieu, le jugement dernier, copie d'après Michel-Ange), par François et Dominique Reinhard.

d'après les dessins de Michel-Ange, mérite que l'on en fasse mention. L'on y voit exécuté le fameux jugement. Le palais Colonna est sur le mont Quirinal, peu loin du Vatican. Dans le jardin, l'on voit les ruines des bains du grand Constantin, au-dessus desquels estoit *le temple du Soleil*, bâti par Héliogabale qui avoit estabIi dans ce lieu son sénat de femmes. Il ne reste de ce superbe bâtiment que deux morceaux de corniches dont je ne parle point. Le récit fait avec vérité passeroit toujours pour une exagération tant les morceaux sont grands !

Sur le même mont Quirinal, aujourd'hui monte Cavallo, le marquis Mancini avoit un palais. Il l'a vendu au duc de Rospigliosi. Il est d'une grande estendue, mais n'ayant rien à voir dans la maison, je n'y suis point entré mais bien dans un jardin terminé par un petit bâtiment orné avec tout le goût possible de bas-reliefs antiques, parmi lesquels il y en a de très beaux. C'est dans ce bâtiment, sous un portique, que l'on voit cette fameuse « Aurore » de Guido Reni. Elle est à fresque et mérite sa réputation[1] (108).

Il y a à droite et à gauche deux chambres dans lesquelles on voit entr'autres trois beaux et grands tableaux du Domenichino[2] et la superbe « Andromède » du Guide traitée d'une façon bien noble et bien convenable[3].

La *vigne Aldobrandini* possède un jardin fort agréable, plein de statues antiques que la dévotion a fait couvrir et gâter. A un des coins de ce jardin il y a un cabinet à café joliment décoré et c'est là que l'on voit les fameuses « Noces[4], » indubitablement peinture à fresque antique ;

1. « ... Rien de mieux inventé, de plus gracieux, de plus léger, ni de mieux dessiné ; c'est un *incanto*. » De Brosses, p. 330.

2. « Le péché originel, » « Vénus et l'Amour, » « Samson. »

3. « ... Il y a aussi une « Andromède » du Guide, mais elle paroit presque sans frayeur ; du reste, le tableau est admirable. » Montesquieu, p. 198.

4. ... J'ai vu *la Noce Aldobrandine*, le dessin en est bon ; les attitudes, belles ; mais nous peignons mieux. C'est un morceau de muraille qu'on a ransporté. On voit l'époux à terre, avec un air de résolution ; l'épouse est

ce morceau m'a fait bien du plaisir à voir. Une façade de la maison est ornée de bas-reliefs, où les figures sont presque aussi grandes que nature, fort beaux, entr'autres les deux combattants m'ont paru n'estre pas des plus mauvais. Trois petits frontons de marbre représentant des trophées méritent d'estre admirés, surtout celui qui est sur la porte; la délicatesse de l'ouvrage et la façon dont il est conservé n'en sont pas la moindre beauté.

La belle église de *S. Andrea della Valle* est une basilique située, dit une inscription, au centre de la ville. L'on y voit des fresques magnifiques du Lanfranc et du Domenichino dans la coupe et le chœur[1]. Il y a plusieurs autres tableaux dignes d'estre vus, entr'autres un d'une « Vierge » de Jules le Romain. Il y a de belles chapelles ornées et revêtues de marbre, celle des Gineti est belle, ornée d'agate, lapis-lazuli, etc. Il y a un assez beau bas-relief sur l'autel. L'autre qui appartient aux Strozzi est du dessin de Michel-Ange. Il y a des colonnes d'un marbre bien rare et de belles statues de bronze. L'architecture du dedans est belle ainsi que la façade.

L'église de *S. Maria in Portico ou in Campitelli* a une belle façade. Le dedans [est] fort orné de pilastres et de colonnes cannelées, jusques à une certaine hauteur de marbre. Je ne trouve pas grande proportion du côté de la porte avec la façon dont le bâtiment est terminé du côté de l'autel. La chapelle Altieri est belle, ornée de beaux marbres et surtout de jaune antique, mais elle la cède de beaucoup à celle qui est à côté où sont les tombeaux du duc de Montanaro et de sa femme ; sur l'un est écrit NIHIL, sur celui

assise sur une espèce de lit; et la « pronuba » est auprès d'elle qui l'instruit. Ibid.

1. «... L'admirable dôme représentant le Paradis est peint à fresque par Lanfranc, d'une hardiesse, d'une facilité et d'une « vaghezza » merveilleuse; c'est un ouvrage de la première classe.... Vous serez au moins aussi content de la coupole du chœur, peinte par le Dominiquin, d'une parfaite correction de dessin, avec une précision qui approche encore plus de l'exactitude sévère du Poussin, que des grâces adoucies de Raphaël. » DE BROSSES, lettre XLI, p. 128.

de la femme VMBRA, sans inscription et sans bronze au-dessous de leurs bustes. La façon dont les marbres et les bronzes sont ajustés m'a fait grand plaisir à voir.

Auprès de la *porte Appia* ou *Capena* est le reste de l'Arc érigé en l'honneur *de Drusus* père de Néron, pour la victoire remportée sur les Allemands. En Allemagne, même encore aujourd'hui, les mères pour faire peur aux petits enfants leur [nomment] Druse. Ce bâtiment estoit simple, il n'estoit pas mal conservé.

En sortant par cette porte qui est l'ancienne et par laquelle passoit la via Appia, l'on voit jusques à *Albane* des ruines des mausolées antiques, les uns ronds, les autres carrés. Ceux que l'on trouve le plus près et qui sont reconnus sont : celui de la sœur des Horaces, celui de Servilia et celui de Livia. Puis l'on trouve une petite chapelle nommée « Domine quo vadis, » des paroles que saint Pierre dit à Jésus-Christ qui lui apparut dans le chemin lorsqu'il s'enfuyoit de Rome. Le seigneur laissa l'empreinte de ses pieds sur la pierre ; ceux que l'on voit sont mal faits. Devant cette chapelle est le reste du tombeau de Scipion l'Africain[1] ; l'urne de porphyre que l'on voit au palais Borghèse a esté trouvée là avec une urne que l'on voit au palais du prince Savelli. Il y avoit autour de ce tombeau des niches dans lesquelles estoient les statues des hommes illustres ; celle du poète Ennius, grand ami de Scipion, y estoit. Dans la plaine à droite et à gauche du chemin jusques au Testaccio, estoient les tombeaux des Romains. La quantité de terre cuite en urnes, briques, et autres ouvrages, me font croire que cette montagne est véritablement formée de ces débris. Lorsque l'on a défriché ces terres il y en avoit deux rangs les uns sur les autres : j'ai vu un ouvrier y travailler. On trouve des urnes, des lacrimatoires, quelquefois des inscriptions et des marbres et dans les voûtes presque toujours des peintures ; je

1. Ce célèbre tombeau fut retrouvé en 1780 et Pie II en fit transporter au Vatican le sarcophage qui renfermait les restes de L. Cornelius Scipio Barbatus.

n'ai guère vu que des oiseaux et des fleurs. Les gens de condition, ou par leur naissance ou par les belles actions qui les avoient illustrés, avoient leur tombeau en grand le long du grand chemin qui servoient et d'ornement et d'instruction (109).

La basilique de *Saint-Sébastien* est tout auprès. Ce n'est ni une grande ni une belle église. On prétend y avoir le corps de ce jeune saint, dont la statue en marbre n'est pas mauvaise. Il y a une assez jolie chapelle revêtue de marbre. Dans un souterrain on a trouvé les corps des saints Pierre et Paul. Il y a sous cette église sept rangs de catacombes les uns sur les autres, mais on ne peut plus les visiter : plusieurs pèlerins s'estant perdus on en a bouché les entrées.

A trente pas, au-dessus de cette basilique, l'on voit les ruines assez conservées du palais où les ambassadeurs estrangers demeuroient trois jours pour attendre si le Sénat les vouloit recevoir. La maison dans laquelle ils habitoient estoit soutenue par une voûte circulaire, appuyée d'un pilier au milieu, ce que bien des gens admirent. Ce lieu est encore ceint de fort grands murs le long desquels régnoit des portiques. Le tombeau de Caecilia Q. Cretici filiae Metellae Crassi, sur lequel on lit cette inscription, est un des plus beaux monumens dans cette espèce que l'on puisse voir. Le bas en estoit de forme carrée et le haut se fermoit en tour terminée par une frise dont les ornemens sont beaux. On y voit des têtes de bœuf, ce qui a fait baptiser par le peuple cette tour « la tour du bœuf[1]. » Elle [est] encore revêtue de grande et belle pierre en haut, mais le bas a esté détruit pour l'église de Saint-Sébastien. L'épaisseur du mur carré est de vingt-deux pas. Du temps de la guerre des Colonna et de Boniface VIII, les premiers avoient bâti sur cette tour et y avoient une espèce de fort, ainsi que sur les fondemens d'un des Castra Pretoriana, [où] ils avoient élevé des murs pour défendre le passage.

1. *Capo di Bove.*

Au bas des murs du palais des Ambassadeurs est le commencement du *cirque de Caracalla*[1] qui est une des curiosités les plus curieuses que l'on puisse voir puisque c'est le cirque le mieux conservé qui subsiste; cependant on n'en voit que la forme. Les ambassadeurs de leurs murs en portique voyoient ce qui se faisoit dans le cirque qui commençoit sous leurs yeux. Les tours sous lesquelles estoient les portes d'où sortoient les chariots subsistent et on connoît bien leurs formes. Il ne reste que celles-là des douze qui environnoient le cirque, dans lesquelles se tenoient la noblesse. Le peuple estoit sur les gradins, on ne voit que la largeur qu'ils occupoient. Dans la voûte qui les soutenoient, on voit, dans l'épaisseur de la maçonnerie, des urnes qui ont le goulot en bas. Des savants sont en dispute pour savoir si cela a esté fait ou pour expédier l'ouvrage plus vite, ou bien pour porter les cris et les applaudissemens du peuple par toute la ville. Quoyqu'il en soit, on voit aussi la tribune où se tenoit l'Empereur. Ce cirque peut avoir cinq cents pas ou environ de longueur; l'extremité se termine en cercle au milieu duquel on voit encore dans son entier la porte par laquelle sortoit le victorieux. Cette porte donnoit et donne encore sur le chemin d'Albane; on voit encore quelques restes des peintures dont elle estoit ornée.

Peu loin du cirque, l'on voit les restes du *temple* du *dieu ridicule*, bâti au mépris d'Annibal, quand il manqua de prendre Rome[2]. L'on en voit un autre, qui est la plus grande ruine faite en l'honneur de la valeur, lorsque, du temps de Marcellus, Siracuse fut prise.

J'oubliois de dire que dans le cirque de Caracalla, on voit le lieu où estoit planté l'obélisque qui est aujourd'hui en place Navone. L'on distingue l' « espine ou arête » qui de l'obélisque alloit au but; sur cette espine on voyoit beaucoup de statues de divinités (110).

1. *Cirque de Maxence*, construit en 311.
2. Ce temple est du temps d'Adrien; il passe sans aucune raison pour le temple érigé par les Romains après la retraite d'Annibal.

Presque contre le cirque, du côté de Rome, il y a une fort petite hauteur qui forme la vallée d'Egérie. Sur la hauteur on voit le *temple des Muses* assez joli, petit et conservé. Au-dessus, dans la vallée, est le temple de la déesse Egérie dans lequel Numa Pompilius fit ses lois. On voit encore la statue de cette déesse, à la vérité tronquée, et les niches dans lesquelles estoient posées les neuf Muses[1]. Du pied de la statue qui est couchée, sort une fontaine qui, coulant par le milieu de cette belle vallée, passe auprès du *temple* de la *Fortuna Muliebre*, en honneur de Vetruria femme de Coriolan dont elle désarma la colère en ce même endroit où il estoit campé. Cette eau coule vers la via Appia et passe le long du chemin, environ un peu au-dessous du tombeau de Scipion. Elle estoit nommée *Acqua Sacra* ou le ruisseau Almo; au mois de mai on lavoit dans cette eau la statue de Cybèle.

Le palais *Panfili*[2] est d'une très grande estendue, cependant il n'est pas encore fini. Depuis quelques mois on commence à y voir un assemblage de tableaux qui ne sera pas laid : ils n'estoient pas encore arrangés. J'y ai vu de beaux paysages de Poussin, des beaux Claude Lorrain, une belle Vénus de Titien, quelques Guerchins, etc.

Le palais *Chigi* qui est en place Colonne est beaucoup plus beau pour ce que l'on a à voir en dedans. L'architecture intérieure de la cour est belle et bien ornée. Dans un appartement bas et un peu obscur, l'on ne voit que des statues entre lesquelles j'ai remarqué : le buste absolument entier et tel qu'il estoit jadis, de Marc-Aurèle ; une Magdeleine du Sansovin ; « la petite Bacchante, » morceau fini, conservé et que j'aime tout à fait ; « la Junon, » le corps d'albastre, le sceptre d'une main, la foudre de l'autre, elle est petite et a esté idole ; « la Vestale » en grand, portant l'eau du Tibre dans

1. Une fausse interprétation d'un passage de Juvénal a fait supposer la Grotte d'Egérie à cet endroit. C'est un Nymphée, sanctuaire de l'Almo, d'une époque assez moderne. « Le saint roi Numa y avait des révélations, comme en doit avoir tout bon et honnête législateur. » De Brosses, p. 255.

2. Auj. palais Panfili Doria au Corso.

un crible pour faire preuve d'innocence, statue unique; l'« Alexandre blessé; » la « Pallas » vêtue, ayant son étole ornée de combats en petits bas-reliefs. On en voit d'autres entre lesquels il y a plusieurs gladiateurs, mais voilà les morceaux que j'aime le mieux. Il y a aussi un grand nombre de beaux tableaux; je n'en ai point vu ou fort peu de médiocres. Entre le grand nombre de beaux, ceux qui m'ont le plus touché sont : un raccourci d'Annibal Carrache, une « Lucrèce » du Guide, un « Bacchus » de Rubens, des enfants du Parmegianino, un petit enfant et une teste de mort sur des coussins, du cav. Bernin.

Dans la cour du palais *Verospi* il y a plusieurs statues; celle d' « Hercule avec l'hydre »; de « Jupiter; » l' « Apollon » est le meilleur et est beau. Dans cette maison il y a une galerie de l'Albane.

Dans la maison de M. Corea, ce que j'avais pris pour un temple de Jules César est le *tombeau* d'*Auguste*, où l'on voit toutes les chambres ou du moins une partie.

Depuis le Capitole, cette partie de Rome le long du Tibre qui est aujourd'hui la principale de la ville, estoit jadis le champ de Mars.

Dans le palais du duc *Mattei* l'on ne voit que la cour et son degré orné de bas-reliefs antiques; il y en a nombre de très beaux, celui des soldats prétoriens est unique dans Rome, on voit leurs habillemens sans en pouvoir douter[1]. Le degré que l'on voit est orné de beaux stucs modernes. L'on y voit quatre chaises curules, toutes différentes dans leurs ornemens, mais ayant la forme de nos tabourets et l'on voit par l'une [d'elles] que l'usage de nos matelats piqués n'est que renouvelé[2]. J'ai remarqué, pour son extraordinaire, un sacrifice à Priape et un beau buste d'Alexandre. Auprès de cette maison il y a dans une petite vilaine place une fontaine de bronze soutenue de quatre statues; elle

1. Ces bas-reliefs furent trouvés dans le *Castrum Praetorium*.
2. Les chaises curules proviennent vraisemblablement de la *Curia Hostilia*.

mérite d'estre vue par son goût. Elle est moderne et se nomme « la fontaine de Mattei[1] » (111).

Au mont de Piété il y a une chapelle petite mais revêtue de beaux marbres de bon goût et riche ; rien n'y est épargné. Au lieu de tableaux il y a de grands et beaux bas-reliefs en marbre dont les figures sont presque en ronde-bosse. Celui du milieu est de Domenico Guidi et représente « l'ensevelissement de Notre-Seigneur » ; « l'abondance de l'Egypte » de Théodon et « l'emprunt de Tobie » de Legros : ces derniers sont François.

Dans le palais du cardinal *Spada* l'on voit une statue plus grande que le naturel de Pompée[2], morceau unique dans Rome. Dans une salle on voit plusieurs belles fresques de l'école de Daniel de Volterra. Il y a dedans de fort belles choses : une belle « Magdeleine » dont je ne connais pas l'auteur ; une « Hérodias » du Caravage ; deux beaux Bourgognons ; un « enlèvement d'Hélène » de Guido Reni ; et le superbe et magnifique tableau du Guerchin « la mort de Didon. » C'est son chef-d'œuvre, traité avec toute la noblesse et toutes les qualités que l'on peut désirer dans la peinture et le dessin[3]. Au palais du duc *Sforza*, de l'ancienne maison de Milan et dans lequel tout le monde n'entre pas, j'ai vu un « Faune » beau et de la bonne manière, les bustes de toute la famille d'Antonin le pieux, et « un philosophe. » Il y a encore d'autres statues. Le tout a esté trouvé auprès d'Albane où estoit l'ancienne Lavinie : tous ces morceaux sont blancs et bien conservés comme s'ils sortoient de chez l'ouvrier. On a trouvé sous terre toute la chambre entière où ils estoient. L'on voit aussi dans cette maison de beaux tableaux : ce qu'il y a de très curieux c'est une esquisse colorée et finie d'un morceau du « Jugement » de Michel-Ange.

1. Ou « fontaine des Tortues », ornée de 4 gracieuses statues d'adolescents que Giacomo della Porta y construisit en 1585.

2. Trouvée dans les ruines de la Curie de Pompée.

3. « On voit encore au même lieu le grand et beau tableau de « la mort de Didon » du Guerchin. » De Brosses, p. 147.

Au bas du mont Quirinal, il y a un pilier qui fait le pignon d'une maison sur lequel est écrit « suburra. » C'estoit aussi l'ancien nom de ce quartier, et le lieu où l'on voit le pilier estoit l'emplacement de la maison de J. César.

L'église de *Sainte-Marie-Majeure* est une basilique. La façade est antique, ornée de mosaïque gothique et d'anciennes colonnes. La façade du derrière de l'église est belle et de là est un des beaux aspects de Rome. La nef est soutenue de quarante colonnes de marbre du temple de Junone Regina. Derrière le chœur l'on voit de beaux restes de pavé. La chapelle de Paul V est revêtue de marbre, de statues, de bas-reliefs, mais elle ne me plaît pas. Celle de Sixte V où, par parenthèse, ce pape a par charité fait un mausolée au nouveau saint Pie, celle-là, dis-je, est du même goût ; quoyque belle elle ne me plaît pas.

Dans une chapelle petite et souterraine on garde le berceau de Notre-Seigneur ; on ne le voit que le jour de Noël[1]. Il y a beaucoup de tombeaux[2]. Auprès de la sacristie il y a une statue de bronze du pape Paul V, une autre de Philippe IV qui a laissé à cette église quatre mille louis de rente ; le portrait de Philippe V n'a jamais esté changé. Dans cette chapelle où l'on voit la fameuse « Vierge qui regarde dormir le bambin » du Guide. Devant la façade de l'église il y a une petite place sur laquelle on voit sur un piédestal, une colonne, d'une pièce cannelée et haute, du temple de la Paix[3]. L'architecte l'a mise sens dessus dessous et sur la colonne est une Madone de bronze. Sur cette même place est situé un couvent de cordeliers françois qui donnent, le jour de la feste de leur saint, la bénédiction pour de l'argent à tous les chevaux de Rome[4]. Devant leur maison on voit une colonne de granit faite en

1. *Cappella del Presepe*, où on conserve cinq planches de la crèche de l'enfant Jésus.

2. Le tombeau de Nicolas IV († 1292), de Clément IX († 1669), de Paul V († 1621), de Clément VIII († 1605).

3. De la basilique de Constantin que Paul V fit dresser devant l'église.

4. L'église de S. Antonio Abbate, le patron des animaux.

canon, donnée par Henri IV qui fut obligé d'[élever] un monument pour apprendre qu'il s'estoit converti. Depuis peu l'on a arraché l'inscription; autour de la colonne ou du canon il y a : « In hoc signo vinces[1]. »

Pas loin de là on voit un réservoir et les restes de l'aqueduc qui portoit l'Acqua Marcia : l'eau venoit de vingt milles. Ce bâtiment avoit esté fait dans une autre goût par Ancus Martius; un consul du temps de la République, nommé Philippe, le fit rebâtir de la façon dont on voit subsister les ruines.

A *S. Bibiana* on voit la plus belle statue du Bernin[2], un tombeau d'albastre oriental, et des peintures de Pierre de Cortone.

Dans les jardins joignant les murs de la ville, l'on voit un temple rond, assez conservé, autour duquel j'ai vu même des restes de peintures antiques. C'estoit le temple de *Minerva Medica*[3] où se tenoient les assemblées des médecins (112).

L'église de *Saint-Laurent* est une des sept anciennes de Rome; elle est du temps de Constantin. C'est là que l'on a trouvé le corps de ce saint et, dans son tombeau, la pierre sur laquelle il fut mis après avoir esté brûlé. Des marques jaunes et rouges que l'on voit sur ce marbre sont attribuées à la graisse et autres attouchemens de son corps; le croye qui voudra! Cette pierre est trouée et effectivement l'histoire rapporte que ce saint fut jeté sur un égout qui estoit dans la cour de Valérien Emp. Aux deux côtés de la porte sont deux tombeaux antiques[4], l'un du temps de la Répu-

1. « Ce monument fut élevé en mémoire de la conversion de Henri IV. Tous les ans, le jour de Sainte-Luce (13 décembre) l'ambassadeur de France célèbre l'anniversaire de cette conversion, par un superbe festin prodigieusement cher. » De Brosses, p. 334.

2. « J'ai trop d'impatience de vous faire voir l'exquise statue de sainte Bibiane, par le Bernin, l'une des quatre fameuses modernes, de Rome, et la plus belle des quatre! Au même lieu une grande urne d'albâtre oriental, tirée du tombeau d'Auguste ou de celui de Germanicus. » Ibid. p. 338.

3. « Petit temple sphérique en ruine, joli à manger. » Ibid. p. 339.

4. En forme de temples.

blique lorsque les arts ne faisoient que commencer à s'introduire; l'autre qui n'est pas de mauvais goût et par lequel l'on apprend plusieurs cérémonies du mariage [chez] les Romains. La femme y avoit eu sept maris et Hyménée y fait un bon usage de son flambeau. Sous la chaire de goût gothique, ornée de porphyre vert, il y a deux belles frises d'un ancien temple de Neptune. Le chœur est soutenu par quatorze belles colonnes d'une pièce bien élevée d'un ancien temple de Mars : ce pape-ci[1] a fait creuser pour voir leur élévation et on les a trouvées d'une pièce. Il y a aussi des frises de différens bâtimens antiques.

C'est à Saint-Laurent qu'on va plus ordinairement visiter les catacombes; nous y descendîmes. La fraîcheur excessive en est dangereuse. Ce qu'il y a de plus curieux ce sont les chapelles qu'avoient les premiers chrétiens. Il y avoit trop loin (*sic*) pour y pouvoir aller; du reste elles sont fort étroites. Le terrain dans lequel elles sont taillées n'est ni pierre ni sable, et elles n'approchent en rien de celles de Siracuse. On ne connoît les martyrs qu'à la petite fiole de leur sang. Ce sont des chanoines réguliers qui sont maistres de cette église. Des six tableaux que l'on y voit, il y en a cinq indubitablement de M. A. Caravage. Dans cette église se trouve, selon une inscription qui se lit, la messe pour les morts la plus célèbre du monde. Elle se paye un écu romain; c'est sa meilleure qualité sur les autres.

Saint-Laurent est dehors la ville en sortant par la *porte Tiburtine* aujourd'hui Tivoli, restaurée par l'empereur Vespasien. Auprès se voit l'aqueduc de Sixte V et l'on passe sous une espèce d'arc fait par ce même pape.

Sur la place des *Santi-Apostoli*, il y a une église qui porte ce nom. Elle est fort ancienne et a esté depuis [peu] renouvelée, elle n'est pas même encore finie. L'architecture du dedans est belle, elle est du Fontana — la façade est comme celle d'une maison. —

1. *Clément XI* (J.-F. Albani), pape de 1700 à 1721.

En face de cette église est la maison *Odescalchi*, celle où l'on voit le fameux cabinet de dom Livio. Il faudroit un petit livre entier pour nommer tous ses beaux tableaux ! Il y a de magnifiques Rubens : dix P. Veronèses des plus frais ; trois Corrèges ; un très grand nombre de beaux Titiens et un grand nombre d'autres qui ailleurs seroient admirés[1] ; grand nombre de bustes et statues antiques toutes bonnes et des morceaux rares ; entr'autres les huit Muses ; les deux Decii ; celle qui estoit amoureuse du Soleil, Clytie ; un Faune [ayant] sur le col une biche, et trente autres ; un autel avec de beaux bas-reliefs ; des médailles ; de très belles colonnes en grand nombre et des pierres gravées. C'est là [ce que] Crozat a fait la folie de refuser pour cent trente mille écus avec trente-cinq pièces de tapisserie, dessins de Raphaël et de Jules le Romain ! C'estoit le cabinet de la reine de Pologne[2] que ce dom Livio, neveu d'Innocent XII[3], dernier mort, avoit acheté.

Au palais de la duchesse Piombino on voit le fameux « gladiateur ou mirmilone mourant[4]. » Je suis un des premiers qui l'ait revu ; dom Livio l'avoit tenu enterré pendant sept ans auprès de la porta del Popolo ayant prêté mille écus sur gage, et on le croyoit perdu. Dans ce même palais j'y ai vu une petite statue de marbre qui représente un « Christ au pilier » qui est de Michel-Ange. C'est un morceau magnifique ! J'ai vu aussi deux autres bas-reliefs modernes mais très beaux, dans le goût antique. Il y a aussi quelques tableaux (113).

Le palais *Altieri*, bâti par Clément X[5], est un des grands de Rome. L'architecture du dedans de la cour me plaît

1. Le Régent acheta la plupart de ces tableaux que les Odescalchi et les Chigi avaient acquis de la reine Christine. En 1789, le duc d'Orléans vendit cette inestimable collection qui passa à l'étranger.

2. *Christine de Suède* (1626-1689) fille de Gustave-Adolphe.

3. Innocent XII, pape de 1691 à 1700 (Ant. Pignatelli).

4. Actuellement au musée du Capitole. « Le Gladiateur expirant, exquise antique du premier rang que le pape a acheté depuis quelque temps de la famille Ludovisi. »

5. Clément X, de 1670 à 1676 (Emile Altieri).

assez et le degré. Dans un grand appartement bas il y a des tableaux : quelques Guerchins ; un Pietro da Cortone ; deux beaux Claude Lorrains, mais tout ce lieu est si obscur qu'à peine on les distingue. J'ai remarqué aussi un petit vase d'albastre antique orné de petites figures ; c'est un bel ouvrage. Dans un cabinet au haut de la maison j'ai vu un beau miroir de grandeur assez raisonnable de cristal de roche[1], et dans un galetas effroyable une « Cléopâtre » du Guide, belle. Dans une salle auprès de l'appartement du cardinal on voit un plafond imparfait de Carlo Maratta : c'eût esté un de ses beaux ouvrages. Dans le cabinet de ce cardinal il y a de beaux morceaux : un petit Albane ; une grande et belle « Vénus et Mars, » une Vierge de Raphaël. La Vénus est de P. Véronèse. Dans cette même maison il y a une chambre ornée de toile, enfin accommodée en grotte et en désert qui me plaît assez.

Au-dessus du pont Senatorio dont j'ai parlé, se trouve une assez petite isle formée par le Tibre : deux ponts antiques y conduisent, l'un nommé Cestio et l'autre Fabricio. Le premier est le plus beau ; tous deux simples et de pierre. A la pointe de l'isle qui regarde le cours du Tibre estoit bâti l'ancien *temple* d'*Esculape*. Le fondement s'en voit encore et estoit bâti en vaisseau de marbre. Sur ses ruines on a élevé une église à *S. Bartolomeo;* elle est petite ; le maître-autel est soutenu de quatre belles et assez grandes colonnes de porphyre. L'autel — où est le corps du saint — est sur une urne antique de même matière. Dans une petite chapelle on y voit à fresque les actions de saint Charles peintes par Augustin Carrache.

De l'autre côté du Tibre, vis-à-vis le pont Senatorio, estoit le *temple* de la *Fortune* plébéïenne : c'est aujourd'hui [Saint-Crisogono] soutenu encore de vingt-deux belles colonnes de granit et de deux de porphyre, mais grandes. Il y en a encore

1. « Un certain précieux miroir de cristal de roche, à bordure d'or garnie de pierreries, que l'on montre aux étrangers comme la pièce à choisir. » De Brosses, lettre XLI, p. 124.

quatre à la porte. L'on y voit plusieurs restes de pavé. Le maître-autel n'est pas laid, et dans le plafond il y a un beau tableau du Guerchin.

Pas loin de là est le couvent des Franciscains nommé *Saint-Francesco à Ripa*, l'église est petite : la fameuse « beata Ludovica[1] » du Bernin s'y voit ; elle m'a fait grand plaisir : le matelas, la draperie, tout est d'une pièce. Au-dessus est une petite Madone du Baciccio ; à côté, dans une autre chapelle, est une « Piété » ou « Christ descendu » d'Annibal Carrache qui est beau. Sur le mausolée de la duchesse Maffei on voit son buste ; la légèreté dont (sic) le marbre en est travaillé, demande qu'on le regarde. On revêtoit dans cette église une chapelle de marbre ; elle sera belle. Dans le cloître des moines j'ai vu un beau tombeau antique. Dans ce même quartier est un couvent de filles consacré à *Sainte Cécile*. Il est bâti dans le lieu même ou estoit sa maison et dans laquelle elle fut martyrisée. On voit le lieu même où estoient ses bains, on y distingue encore les étuves et quelque chose des cuves antiques. Son corps est gardé là. Sa statue de marbre est gentille et belle[2]. Les environs de son tombeau sont ornés de beaux marbres. Il est éclairé de cent lampes éternelles qu'un cardinal y a fondé. Il y a aussi une petite Madone de Guido Reni. Sur la petite place devant l'église il y a un vase de marbre blanc qui a servi autrefois à mettre des cendres ; sa proportion est belle.

Le bâtiment de *Saint-Pierre* est si amplement et si correctement détaillé que je ne décrirai ni son ensemble ni son détail. Je dirai seulement que j'ai monté dans la boule du Dôme. L'on arrive à l'élévation de la façade par une rampe douce et sans avoir monté une marche. C'est dans ce degré que, par pénitence, on pile le marbre pour les mosaïques auxquelles continuellement on travaille[3]. De l'élévation de

1. Santa Ludovica Albertoni, statue couchée.
2. Par Stefano *Maderno*. « Cette statue est une des quatre célèbres modernes. » De Brosses, lettre XLIII, p. 197.
3. « C'est ici que se trouve l'escalier qui monte au dôme et les cellules

la façade à la boule, il y a trois cent soixante-deux marches de degrés qui vont toujours en diminuant. Le Bernin a fait ceux de la voûte qu'il a même fait éclater; il courut risque de la teste, et auroit mal passé son temps sans la belle fontaine de la place Navone. La vue d'en haut est d'une grande étendue; il peut tenir dix-huit à vingt personnes dans la boule : on ne peut y aller qu'au point du jour, le soleil en esté échauffe si fort le cuivre que l'on n'en pourroit soutenir la chaleur.

Le *Vatican* est aussi détaillé, aussi je n'entrerai dans aucun détail[1].

Les quatre chambres de Raphaël, les Loges, sont des objets enchantés. Il y a douze mille cinq cent et tant de chambres dans ce palais, et vingt-cinq cours. Le fameux *Torse*, l'*Apollon*, l'*Antinoüs* et le *Laocoon* sont des morceaux d'autrefois si rares et si vantés, que je n'en parlerai point[2].

La *Bibliothèque* est d'une estendue très grande, celui qui la montre m'a dit qu'il y avoit trente cinq mille manuscrits. J'en ai vu un de Virgile; il n'est que du temps des chrétiens, non des premiers tout à fait, mais des ignorans. Les livres sont dans des armoires et quoyque les vaisseaux soient exhaussés, un homme peut avec la main prendre les plus élevés. Je ne dois pas oublier la fameuse *Cléopâtre*[3] (114).

Les jardins du Vatican sont assez agréables; il y a beaucoup d'eaux. Ce qui m'en a plu davantage, c'est le bâtiment[4] fait sur le modèle et des morceaux mêmes d'une

des pénitents, pilant du marbre pour le salut de leur âme et la rémission de leurs péchés. » De Brosses, *ibid.*, p. 180.

1. V. les belles pages de Montesquieu (t. I, p. 231 à 233 et 239) et surtout celles de Brosses (lettre XLIII, p. 182-193) sur les peintures de Raphaël.

2. « Vouloir vous exalter le mérite de ces statues, ce serait vouloir répéter ce qu'en a dit tout l'univers : l'Antinoüs et l'Apollon sont les chefs-d'œuvre du goût délicat; le Torse avait par-dessus tout autre l'amitié de Michel-Ange... mais il faut, à mon sens, qu'elles viennent toutes se mettre à genoux et rendre leurs hommages très humbles au Laocoon, le monarque et le souverain du peuple statue. » De Brosses, *ibid.*, p. 195.

3. « La *Cléopâtre* est aussi un ouvrage admirable : elle est couchée, et les draperies et la chair en sont d'un naturel exquis. » Montesquieu, p. 241.

4. *Le Belvedere.*

ancienne maison de campagne des Romains qui subsistoit naguère à huit milles de Rome, entre Albane et Genzano. La cour ovale, le petit bâtiment, la salle isolée, les deux portiques, les mosaïques, les frises, les fontaines dont le tout estoit orné, m'ont fait grand plaisir, car ce qui n'a pu estre transporté de l'ancien bâtiment, a esté refait sur le modèle de l'ancien.

Auprès de l'église de Saint-Pierre, l'on voit les restes du jardin d'Acquasparta, cavalier romain, qu'il a laissé ruiner. On en a enlevé le plus beau; il n'y reste que du désordre et une statue de « Roma trionfante » avec deux statues de Parthes, de marbre noir ayant des franges à leurs habits et des chaussures à peu près comme celles des Turcs d'aujourd'hui[1].

Aux *thermes de Caracalla* j'ai décrit ce qui reste en dedans, mais je n'avois pas vu les ruines extérieures. Il subsiste des portiques souterrains, où dans l'esté on faisoit les exercices, qui reçoivent du jour par des soupiraux Ces portiques faisoient le tour de tout le bâtiment. L'on voit aussi le temple d'Isis et de Serapis qui estoit enclavé dans le bâtiment. Caracalla avoit rétabli la religion égyptienne et le temple assez entier estoit rond. Il subsiste encore un reste de galerie qui conduisoit au temple et qui environnoit ce bâtiment qui devoit estre une chose superbe, [à juger] par les marbres et les statues que l'on a trouvés, entr'autres le Taureau Farnèse.

Chez le prince *Barberini*[2] il y a quelques tableaux. Il loge avec le cardinal qui possède un appartement fort riche en peintures, la fameuse salle de Pierre de Cortone[3], plusieurs

1. Actuellement au Musée.

2. « Parmi toutes les maisons de Rome, je donnerais volontiers la préférence au palais Barberini. Il surpasse le Vatican en régularité : il égale Monte-Cavallo, le Farnèse et l'Altieri, en étendue ; il n'est inférieur ni à ceux-ci, ni au Borghèse, au Chigi, au Colonna, au Panfili, en meubles, en recueils, soit de peintures, soit de sculptures anciennes et modernes. » De Brosses, lettre XXXIX, p. 67.

3. Représentant le triomphe symbolique du pape Urbain VIII (Maffeo Barberini, pape de 1623 à 1644).

cartons de lui. Chez le prince il y a de belles fresques d'Andrea Sacchi, entr'autres la belle « Sagesse divine » en plafond. Je revis avec plaisir chez le cardinal la belle « Magdeleine » du Guide, cent autres tableaux, le Faune ou la statue qui dort, le satyre couché, et plusieurs autres statues. Le palais dans lequel on voit toutes ces choses est un des plus grands de Rome, et a une très belle façade avec de belles vues. Il commande sur Rome. Il y a un petit appartement en entresol du Prince, plein de petits tableaux, parmi lesquels il y en a de très bons, comme un Poussin[1] et un Paul Véronèse.

Le cardinal *Gualtieri*, protecteur de France, a un amas considérable de toutes sortes d'espèces de choses; l'ordre dans lequel le tout est le rend recommandable. La bibliothèque est nombreuse et assez belle. Parmi un grand nombre de dessins il y en a de beaux; parmi nombre de bronzes antiques, un aigle qui a servi d'estendard à une légion est ce que j'y ai vu de plus curieux. Il a quantité de médailles. Ses instrumens de mathématiques sont en grand nombre et bons. Entre les pierres, un camée d'Alexandre, grand et beau avec un autre petit ayant deux figures. Sa maison n'est pas belle.

Frascati est un petit village à douze milles de Rome; l'on y va par un beau chemin. La hauteur sur laquelle ce lieu est situé lui donne les agrémens d'une vue fort estendue même trop vaste, et les commodités des eaux. Le bourg est riant et les filles y sont jolies, d'un doux accès mais dangereuses. Les principales maisons sont : *Mondragone*, grand bâtiment qui appartient au Prince Borghèse, assez nu : ce qu'il y a de plus beau c'est un portique qui forme un jardin particulier où il y a quelques eaux. Les meubles de la maison sont piètres : je n'ai trouvé de bon qu'un petit Bacchus antique. *Belvedere*, qui appartient au Prince Panfili, n'est recommandable que par ses eaux qui ne sont effectivement pas laides; des orgues hydrauliques, des jets qui mouillent, un Centaure qui sonne dans un cornet, un Poli-

1. Le « Germanicus »

phème qui joue du chalumeau, un Parnasse, font l'admiration du pays[1]. La maison est simple, on ne la voit point : de la maison les jardins en terrasse font un bel effet, mais leur incommodité est grande pour la promenade. La maison *Ludovisi*, qui appartient au duc de Paule, a esté longtemps abandonnée; on la répare. Les jardins et une vue moins estendue que les autres m'en plaisent assez (115).

Avant que d'arriver à Frascati, nous nous détournâmes de deux milles pour aller à un vilain trou, nommé *Grottaferrata* où, dans une assez vilaine église possédée par un vilain couvent, nous vîmes dans une chapelle dédiée à saint Nilo, ses miracles peints à fresque et très beaux du Dominiquin[2]. En retournant à Frascati, nous passâmes par les jardins de la vigne Montana qui sont agréables et grands.

Tivoli, autrefois *Tibur* à 18 milles de Rome, se trouve aussi dans les montagnes qui bornent la plaine dans laquelle Rome est située. Le Teverone y passe et s'y précipite tout entier en formant une assez belle cascade, après quoi dans des rochers on le perd de vue, il entre sous terre et l'on est près d'un mille sans le revoir. Puis il ressort et va joindre le Tibre. Auprès de cette cascade subsiste plus de la moitié des colonnes d'un petit temple rond, soutenu et bâti de marbre blanc et travaillé. Quelques-uns disent que c'estoit le *temple de la Sibylle*, d'autres disent plus vraisemblablement que c'était celui [de Diane].

Le jardin du duc de Modène ou d'*Este* est ce qu'il y a de plus beau à voir. Il y a assez d'eaux et l'on a beaucoup dépensé dans cet endroit qui a esté magnifique, mais on laisse ruiner le tout. La maison est grande; l'on y voit des plafonds peints en grotesques qui sont beaux[3]. Au bas

1. « Le grand jet d'eau du Belvedere, à peu près égal à celui de Saint-Cloud, s'élance avec un bruit effroyable d'eau et d'air, entremêlés ensemble, par des tuyaux pratiqués exprès, qui font une continuelle pétarade. La colline est taillée à trois étages ornée de grottes et de façades, en architecture rustique, garnies de cascades d'eaux jaillissantes. » De Brosses, lettre XLVIII, p. 312.

2. Sur cette fresque est la figure remarquable de la Frascatane.

3. Les fresques sont de Federigo Zuccari et de Muziano.

de cette maison sont les ruines de la *vigne de Mécène*. Celle de Marc-Aurèle est un peu plus sur la gauche, et sur la droite estoit celle de [Catulle].

Avant d'arriver à la montagne sur laquelle est situé Tivoli, on passe sur le pont nommé Lucano[1] et l'on voit auprès le tombeau bien conservé et l'inscription de L. Plautius[2] à cause de ce qu'il avoit fait en Illyrie[3]. Au retour nous nous détournâmes de trois milles pour venir à un lieu qui est dans la plaine, nommé « la Sulfurata », petit lac dont l'eau est assez couleur de vitriol, blanchâtre, elle sent le soufre et quoyque sa superficie ne soit pas plus chaude que d'autre, on prétend que des gens qui y ont plongé, plus ils ont avancé plus ils l'ont trouvée chaude. Quoyqu'il en soit, l'on voit des petites boules d'eau qui prouvent qu'elle [est une] source[4]. Il sort un petit canal, il y a dessus une trentaine de petites isles flottantes plus ou moins grandes que l'on fait aller où l'on veut et que le vent mène du côté où il souffle. L'on va même dessus : cela mérite quelque attention[5].

Je revis avec plaisir au palais Barberini la salle commencée par Carlo Maratta, elle eut esté un des plus beaux morceaux mais il l'a laissée inachevée.... Ce palais Barberini est pour le bâtiment un des plus beaux de Rome!

1. Sur l'Aniene.

2. Tombeau de la famille Plautia, analogue à celui de Cecilia Metella, et remontant aux premiers empereurs.

3. M. Plautius, auquel le Sénat décerna les enseignes du triomphe à la suite de ses expéditions en Illyrie (De l'an II à l'an IX ap. J.-C.).

4. « C'est un petit étang d'une eau sulfureuse et bourbeuse qui, bouillonnant aisément, élève la vase du fond et l'attache aux plantes aquatiques de la surface. Il s'est ainsi formé quelques îlots flottants ou gazons légers, retenus sur la superficie par les racines des joncs, sur lesquels les paysans montent et naviguent pour le plaisir des curieux. » De Brosses, lettre XLVIII, p. 324, v. Misson, t. II, p. 199 à 201.

5. A cet endroit du brouillon, C. répète mot pour mot ce qu'il a dit au sujet du temple d'Isis et de Sérapis enclavé dans les termes de Caracalla, et il répète la description du palais Barberini. Il nous a semblé inutile de copier ces périodes; nous nous bornons à donner la dernière qui contient du nouveau.

Les Chartreux dont j'ai parlé sont logés dans les *Thermes de Dioclétien*. Je retournai pour voir le Cabinet qu'ils font avec une dépense effroyable. Ils ont un très beau camée et une superbe « Méduse »; les plus magnifiques médailles que l'on puisse voir; plusieurs bustes de bronze, entr'autres un Satyre qui est très bon. Je montai sur le haut d'une église, qui estoit l'ancienne voûte de la salle des bains, par un degré antique dont les marches sont fort hautes; il y en a 113. Je remarquai qu'aux quatre angles du bâtiment il y avoit quatre petits ronds faits en manière de temple; devant une des faces il y avoit une espèce d'arène faite en demi-cercle, dont l'enceinte se voit tout entière, qui servoit pour la lutte. De l'autre côté il y avoit un réservoir pour l'eau.

Auprès du monte Cavallo, il y a une petite église nommée *Sant Andrea del Noviziato* dont l'architecture de la façade quoyque assez simple, est admirable. Le dedans est ovale, petit, d'une admirable proportion, le tout revêtu de marbre. Le meilleur de l'antique se trouve joint avec le meilleur du moderne, aussi le Bernin venoit-il souvent voir son ouvrage, auquel on ne peut, selon moi, reprocher que le défaut des chapiteaux des pilastres du dedans de l'église. Auprès d'un tableau de Carlo Maratta qui est assez bon, il y a deux très belles colonnes d'albastre. La sacristie et la maison répondent à la beauté de ce petit temple[1] (116).

Plus haut dans la même rue, auprès d'une fontaine ornée d'un Moïse, il y a la petite église de *S. Carlino* ornée avec goût et richesse de dorures et de marbres.

A *Sainte-Bibiane*, espèce de chapelle, on voit la statue de cette sainte, le plus bel ouvrage du Bernin pour la légèreté de la draperie. Les reliques de la sainte sont dans

1. « Saint-André du Noviciat des Jésuites est un chef-d'œuvre de miniature et de bon goût. Saint-Pierre, dans le grand et dans le superbe: les Chartreux dans le simple et dans le sublime; Saint-André dans le petit et le charmant, voilà, à mon gré, « i tre capi d'opera » de ce pays-ci. » De Brosses, lettre XLIX, p. 327.

l'autel renfermées dans la grande urne d'albastre où estoient les cendres d'Auguste.

Aux *SS. Pudenti e Pudentiana* l'on a jadis bâti une église qui depuis a esté remodernée en mémoire de ce que dans cette maison saint Pierre et saint Paul furent reçus en arrivant à Rome. La chapelle des Gaëtani s'y voit revêtue de marbre et ornée surtout, à la porte, de quatre colonnes d'Olivieri. Cette église est au bas de Sainte-Marie-Majeure, du côté de la ville.

A *Saint-Pierre de Montorio*, vilaine église dans laquelle il y a cependant quelques tombeaux, l'on voit le superbe tableau de Raphaël! C'est tout dire en le nommant son chef-d'œuvre! C'est la « Transfiguration » au haut[1]; au bas, troupe qui attend; N. S. au pied de la montagne avec un possédé.

La fontaine de ce nom est au-dessus de l'église, elle est belle et jette beaucoup d'eau. La vue dont on jouit de cet endroit ne contribue pas peu à son ornement.

Au mont Esquilino, à *S. Pietro in Vincoli*, grande église ancienne, quoyque vilaine ne déplaisant pas, j'ai vu le tombeau de Jules II. On voit avec admiration le superbe « Moïse » de Michel-Ange!

Pas loin de là est l'église de *Saint-Martin-du-Mont* appartenant aux Carmes. La façade est assez jolie. Il y a plusieurs belles fresques, paysages du Poussin, et une chapelle sous l'autel, claire et revêtue de marbre qui est assez belle. L'on descend dans un souterrain de bains qu'une inscription dit estre hardiment de Domitien ou de Trajan et dans laquelle il y a encore du pavé antique de mosaïque. — Ce sont les bains de Tite Vespasien, dont son frère Domitien et Trajan se servirent aussi. — L'on révère cet endroit à cause de ce que saint Silvestre y célébroit la messe et y assembloit les fidèles. Il y a 24 belles colonnes antiques dans l'église.

1. V. sur ce tableau de Raphaël, les observations fines et justes de De Brosses, p. 199-202.

La *Vigne Madame*[1] sur le monte Mario est assez brute mais la vue et les bois la rendent enchantée.

Sainte-Marie-de-la-Minerve est bâtie sur les ruines d'un temple que le grand Pompée fit construire pour ses triomphes d'Europe, d'Asie et d'Afrique. L'église est grande mais n'est pas belle. Il y a des confréries qui marient tous les ans plusieurs filles. Il y a dans l'église nombre de tombeaux, plusieurs bons tableaux ; il y en a du Baroccio, de Carlo Maratta, etc., et l'on y voit la superbe statue du Christ en pied, tenant sa croix avec le roseau, que Michel-Ange a fait tout nu. On lui a chaussé un pied de cuivre, la superstition du pays estant de baiser et toucher des membres des représentations, ce qui les use à la longue. Dans le couvent de cette église qui n'est pas des plus beaux, il y a une bibliothèque publique grande et belle, fondée par le cardinal *Casetano* (*sic*)[2]. Sa statue de marbre est auprès de la porte.

Presque joignant cette église est le *Panthéon* dont j'ai parlé. Dans le temps que j'estois à Rome on a repoli les belles colonnes de jaune antique et l'on se préparoit à faire un bel autel. Le buste de Raphaël et une inscription à sa louange comme s'il y estoit enterré[3], se voyent à côté [de] celui d'Annibal Carrache que Carlo Maratta lui a fait faire.

1. Elle est de l'architecture de Raphaël, simple, ferme et de bon goût. Il n'y a pas autour de Rome une vue si charmante. C'est là où a été fait le « Pastor fido ». MONTESQUIEU, t. II, p. 36.

2. *Casanate* (Girol.), 1620 à 1700, reçut la barrette par Clément X et la charge de conservateur à la bibliothèque du Vatican par Clémen tXII. Il laissa aux Dominicains du couvent de la « Minerva » sa riche bibliothèque et une rente de 4.000 écus pour qu'elle fut ouverte au public. Cette bibliothèque, considérablement enrichie, se nomme d'après lui : « *Biblioteca Casanatense.* » « La plus belle bibliothèque de Rome est celle de la Minerve. Le vaisseau est grand, clair, commode, distribué à deux étages par une tribune. Elle est publique, presque toujours remplie de gens qui travaillent. On y est bien servi et de bonne grâce ». DE BROSSES, lettre XIL, p. 127.

3. Raphaël (1483-1520) y est effectivement enterré ainsi que d'autres artistes célèbres, tels que Annibal Carrache, Taddeo Zucchero, Baldassare Peruzzi, Perino del Vaga, Giovanni da Udine. L'inscription tombale de Raphaël est du cardinal Bembo « Ille hic est Raphael, timuit quo sospite vinci rerum magna parens, et moriente mori. »

— Auprès sont les restes informes des bains d'Agrippa. — Les quatre tableaux fameux de Rome sont : « La Transfiguration » de Raphaël à Saint-Pierre de Montorio; « la Communion » du Domenichino a S. Girolamo de la Carità; « la Descente de Croix » de Daniel de Volterra à la Trinità dei monti, et celui d'Andrea Sacchi à S. Romualdo, auprès des SS. Apostoli[1].

A *S. Girolamo de la Carità* où est un de ces tableaux, l'on voit la chapelle Spada où sont les bustes et les médaillons de cette famille, avec une balustrade nouvelle et de bon goût : ce sont deux anges à genoux qui tiennent un morceau de marbre coloré qui ressemble par la couleur et le travail à un morceau d'étoffe à s'y méprendre. La petite chapelle de S. Filippo Neri, nouvellement fabriquée et revêtue de marbre, est jolie. Sa statue ne déplaît pas; elle est de Legros (117).

Dans la petite église de *la Trinité* des Pellegrini, il y a un fin tableau de Guido Reni[2] avec quatre belles colonnes à l'autel.

Chez le marquis Massimi il y a la statue de Pyrrhus : elle est fameuse, il n'y a que la teste qui m'en plaise. Il y a dans cette maison un grand nombre de plans antiques et de dessins de mosaïques et de peintures trouvées dans les tombeaux.

Chez un gentilhomme nommé Peghini, demeurant auprès du palais Farnèse, il y a plusieurs figures antiques, entre autres un bout de draperie de figures tronquées des plus magnifiques, et le beau Méléagre[3] connu, auquel il ne manque que la main gauche qui je crois lui manquait du temps même des Romains[4].

1. Représente la prédication de Saint-Romuald dans une vallée délicieuse des Apennins.

2. « La Trinità ».

3. Actuellement au Musée du Vatican.

4. « Je fus voir le fameux Méléagre de marbre couleur d'ivoire, dont parle Pline. Il est manchot le pauvre diable; c'est selon le sentiment commun, un antique « del primo grido. » On ne tient guère en honneur cette

Le dedans du Palais Farnèse, dans la cour, est magnifique pour l'architecture. « L'Hercule, » la « Flore » et le bout de buste qui a un panier sur la teste l'ornent déjà infiniment avec plusieurs autres. La Galerie et le « Taureau » sont des choses qui se voyent, mais le duc de Parme, je ne sais pourquoi, ne veut pas laisser voir un nombre considérable d'autres bouts d'antiques qu'il a; entr'autres la carte de l'ancienne Rome en mosaïque trouvée dans le pavé de l'ancien temple de Romulus. Je me suis donné pour la voir de grandes peines.

Chez un seigneur nommé *Cicagnini* il y a : un superbe tableau de l'Albane, on le peut nommer son chef-d'œuvre, ce sont les bains de Diane; un jeune et petit Antinoüs; la moitié d'un faune avec un Apollon, chose superbe; un jeune Commode habillé en soldat; un superbe vase entier enrichi d'ornemens et nombre d'autres; le tout trouvé dans uue villa qu'il a auprès du cirque de Caracalla dans le lieu où estoit jadis la maison de campagne de Marc-Aurèle.

Sous l'autel de *Saint-Pierre* on a conservé l'ancien pavé de la vieille église qui n'estoit pas plus grande que la circonférence du dôme. On a porté là tous les monumens, toutes les madones adorées qui se trouvoient dans cette première église. Il n'y a là dessous rien de beau que quatre tableaux en mosaïque, dessins d'André Sacchi. L'on a même ordonné par une dernière congrégation, du temps que j'ai esté à Rome, que tous les tableaux qui ornent les chapelles seroient ostés et qu'à leur place, sur les mêmes dessins, on feroit de la mosaïque pour que la postérité jugeât mieux encore de la magnificence de Saint-Pierre[1].

Malgré mon intention de ne point parler du Vatican, je

statue célèbre, elle est couchée tout bonnement dans une petite chambre ». De Brosses, p. 143.

1. Le pape Clément XI fonda la fabrique de mosaïques (Studio del Mosaico) qui a copié pour des églises, etc., des tableaux célèbres au moyen d'émaux de couleur, dont il existe 10.000 différentes nuances. De Brosses loue cette initiative et aurait souhaité pour la magnificence du roi de France qu'il fît construire un vaste bâtiment en galerie pour y réunir

ne puis oublier les « Loges » de Raphaël, la chapelle « Pauline » avec le plafond et le beau « Jugement » de Michel-Ange!

Le château *Saint-Ange* n'est pas mal fortifié; son arsenal est vilain et mal tenu; il y en a un autre plus grand et plus considérable à Saint-Pierre. Les fondemens de la tour que l'on voit aujourd'hui estoient jadis le tombeau d'Adrien; la pomme de pin et les deux pans qui sont au jardin du Vatican estoient au haut de ladite tour. Le degré que l'on a pratiqué a esté plus difficile à faire que si on l'eût taillé dans le roc. C'est dessus cette tour que l'on tire les deux feux d'artifice et les gerbes, avec raison fameuses, la veille et le jour de Saint-Pierre, la nuit desquels l'église jusques au haut du dôme est entièrement illuminée.

La Feste-Dieu est assez belle, les troupes du pape aussi, surtout les chevau-légers avec le casque en tête. Le brere (*sic*) des chevaux est une chose comique ainsi que ces c... de chevaliers et princes romains qui, de la plus mauvaise dignité, suivent les prêtres à cheval.

Au *Palais Giustiniani* il y a un nombre considérable de bustes et de statues, mais sans ordre[1]: un bouc superbe, une Pallas entière, un buste de satyre, plusieurs autres [bustes] d'empereurs. Quant aux tableaux: une Magdeleine de Caravaggio, un Paul Véronèse[2], un Michel-Ange[3], une belle nuit d'un Flamand, et un très beau buste d'Apollon.

Les Capucins ont une petite et peu belle église. Le « Saint Michel » de G. Reni, un Pierre de Cortona, deux d'Andrea Sacchi, dont un mort ressuscité est le plus beau, la Vierge du Lanfranco et d'autres, sont de beaux tableaux (118).

les copies en mosaïque des plus fameux ouvrages à fresques d'Italie, tant en tableaux qu'en plafonds. Montesquieu, par contre, n'est pas enthousiaste de ce procédé (V. p. 233).

1. « Le tout est mélangé de bon et de mauvais, jeté sans ordre et sans grâce sur le pavé d'une grande galerie dénuée de tout ornement: c'est moins une galerie qu'un magasin.... » De Brosses, p. 128.

2. « Les marchands chassés du temple. »

3. « Groupe de Joseph d'Arimathie tenant le corps de J.-C. ». La galerie

Le *Gesù* est aux Jésuites. La façade est des plus belles; le dedans de l'église est orné de peintures et dorures, surtout au plafond, très riches. Les fresques sont du Baciccio. Il y a plusieurs beaux tableaux; je crois que dans la sacristie, qui n'est pas des plus belles, [se trouve] un Saint-Xavier du Carrache; mais tout doit céder en fait d'autel à celui, dans l'ensemble et au détail, qui compose la *chapelle Saint-Ignace*. Les colonnes sont revêtues de lapis-lazuli, et elles sont très hautes. Les bas-reliefs de marbre et de bronze sont très beaux. Les groupes de marbre aux côtés de l'autel de Théodon et de Legros, un peu plus grand que nature, sont magnifiques. Les balustrades de bon goût, la magnificence du bronze, du vert antique, du jaspe, tout cela, dis-je, est de bon goût et superbe de toutes façons. Au milieu est une niche, ordinairement couverte d'un mauvais tableau, dans laquelle est la statue du saint toute d'argent et plus grande que le naturel, ornée de beaucoup de pierreries : on ne la voit que certains jours de feste. Dans cette même église est le tombeau assez beau du fameux cardinal Bellarmin[1].

Le *Collège Romain* bâti par Grégoire XIII, *religioni ac bonis artibus*, est un des beaux bâtimens de Rome : les Jésuites en sont les maîtres. L'architecture du dedans de la cour en portique est très belle; le dedans de la maison y répond mais non le cabinet de curiosités qu'ils ont depuis peu rassemblées. Dans plus de cent armoires l'on voit nombre de colifichets et peu d'autres choses. Leur église[2] est une des belles de Rome : la façade est magnifique ainsi que l'architecture du dedans : leur sacristie est aussi très belle. Les peintures de la voûte sont bonnes mais rien n'est au-dessus, dans ce genre-là, de la perspective de

Giustiniani n'existe plus : la plupart des tableaux sont à Berlin; les sculptures au Vatican.

1. *Bellarmini* (Robert), 1542-1621, savant théologien et controversiste de l'ordre des Jésuites, neveu du pape Marcel II, employa toute sa vie à défendre la doctrine catholique contre les hérétiques et rédigea un célèbre corps de controverses. On a en outre un Catéchisme Bellarmini, très répandu.

2. *S. Ignazio.*

Stanislao Costa qui est à la place du dôme encore inachevé. La chapelle de Saint-Louis de Gonzague est revêtue de marbre antique orné de bronzes. Les quatre colonnes torses de vert antique sont très belles. Le grand bas-relief qui représente le Saint de Legros est beau. Cette chapelle revêtue entièrement de marbre, mérite que j'en fasse mention; c'est un cardinal de la maison Ludovisi qui l'a fait faire. Il n'y a pas encore la moitié des chapelles de finies, mais elles sont en bonne main, la crainte mal fondée que l'on ne l'oublie leur ayant fait écrire en gros caractères sur le grand autel : *ego vobis romae propitiar ero.* C'est assez leur devise partout.

Les « fiocchi » des cardinaux, des ambassadeurs sont embarrassans, les asiles des églises sont à craindre, les trahisons, les stylets font trembler, les moines [sont] à mépriser ainsi que les princes et les cavaliers romains pour de différens motifs : vie de l'esté du pays, fainéante et honteuse, celle de l'hiver ne l'est pas moins[1].

La *Sapienza* est un assez grand bâtiment dont l'intérieur en portique est beau et d'une belle proportion. Alexandre VII le fonda. Il y a plusieurs salles pour différentes sciences : il y a aussi des livres pour le public mais je ne les crois pas en grand nombre et ils ne sont pas en ordre. Il y a une salle pour les médecins. Le jardin des simples est derrière la

1. Lire la lettre XLIV de De Brosses « Femmes assemblées, conversations » et la XLII « Inquisition, etc. » « A présent, une simonie publique règne à Rome. On n'a jamais vu, dans le gouvernement de l'église, le crime régner si ouvertement » (p. 202). « Les peuples de l'Etat du pape que j'ai vus sont très pauvres, mais encore plus fripons : leur esprit ne les porte qu'à demander l'aumône et à friponner » (p. 204). « Ce qu'il y a de désagréable à Rome, c'est qu'on n'y voit que des gens qui y ont des prétentions » (p. 209). « Ce qu'il y a de singulier à Rome, c'est de voir une ville où les femmes ne donnent pas le ton, elles qui le donnent partout ailleurs. Ici, ce sont les prêtres » (p. 216). « La cour papale est comme toutes les puissances foibles : elle est poltronne quand on lui résiste, et elle monte lorsque l'on paroit céder » (p. 245). « Ses ordres en Italie sont tous plus relâchés, chacun dans leur espèce, qu'en France » (p. 253). J'appelois Rome un sérail, dont tout le monde avoit la clef » (p. 264). t. II. « Les curés sont au-dessous des valets dans l'Italie et surtout dans l'Etat du Pape, » t. I, p. 65.

fontaine de Montorio. La chapelle, ou petite église de la « Sapienza », est étroite et fort élevée mais c'est un morceau d'architecture beau et bien singulier du Borromini.

Chaque pape ordinairement fait une fontaine ou quelque bâtiment public, ainsi, dans peu, Rome sera tout fontaine ou couvent. La superbe fontaine de la *place Navone* du Bernin m'enchante toutes les fois que je la vois. L'autre petite qui est dans le même endroit est de bon goût aussi. On emplit la dite place, par le moyen des trois fontaines qui l'ornent, environ d'un demi-pied d'eau pendant le mois d'Août et les carrosses s'y promènent pendant l'esté (119).

Le palais des *Ursins*[1], où il y a quelques tableaux qui ne sont pas mauvais est sur cette place; entr'autres : une première pensée coloriée du Tintoret de son « Jugement; » quelques petits Paul Véronèse, etc. A un coin de cette maison est le célèbre « Pasquin »[2], bout de figure mutilée d'un soldat romain qui jadis fut très belle.

La « *place Colonne* » est carrée; [c'est] la plus régulière qui soit à Rome. Au milieu est la colonne Antonine ornée de bas-reliefs que l'on regarde parce qu'ils sont antiques. Auprès de cette place est le bâtiment que le pape y a fait faire pour la Justice. Il est grand et beau mais la façade n'est pas sur un plan parallèle. Devant, sur une petite place irrégulière, sous un abri, est la colonne de granit que le pape avoit fait remuer, mais l'avarice à laquelle il est sensible, l'a empêché de l'élever. Elle est de granit — et des plus hautes. — On m'a fort loué un piédestal antique qui est à côté mais on le voit difficilement. On monte dans la colonne Antonine par un degré antique.

1. Il y a erreur; ce n'est point le palais Orsini, mais le palais Pamfili, auj. Doria.

2. « Une statue antique fort mutilée, mais aussi célèbre que pas une autre : c'est le seigneur Pasquin. Il était grand babillard en son temps, depuis longtemps il ne dit plus un mot, n'étant pas à portée de faire des dialogues satiriques avec son ami Marforio, qui gît aujourd'hui couché dans une cour du Capitole. » De Brosses, lettre XLI, p. 137.

La « fontaine de Trevi » fournit, pour la quantité d'eau qui y vient, un beau champ à ceux qui voudront la finir.

Devant le monte Cavallo, le pape veut faire une belle fontaine aux deux côtés de laquelle sera Castor et Pollux et leurs chevaux que je n'admire pas[1]. On y a cependant écrit au bas, depuis peu : « Opus Phidiae, opus Praxitelis. » [Le pape] prendra le beau bassin de porphyre qui est aux Chartreux, et cela pourra faire un bel ensemble[2].

La « porta del Popolo » [offre] un coup d'œil qui, en entrant du côté de France, fait un bel effet. Cet obélisque au milieu, ces deux églises, avec leurs dômes en symétrie, séparées par la grande et belle rue du Cours et les deux autres rues qui se dispersent dans Rome, font un bel effet. Une [d'elles] va gagner la « place d'Espagne » séjour adopté par les estrangers pour son bon air plutôt que par aucune beauté.

La *vigne de Médicis* est auprès de la *Trinité du mont*, église de notre nation[3] dont le jardin est beau. Elle appartient au Grand-Duc. La maison n'est pas laide : la façade du côté du jardin est ornée de beaux bas-reliefs. Dans le jardin, il y a sur une petite fontaine un Mercure de bronze petit et moderne dont je suis enchanté; un beau vase antique de marbre; deux prodigieuses urnes de granit. Parmi « les Enfans de Niobé » qui sont mal arrangés, il y a quelques bons morceaux, entr'autres la mère qui veut cacher une de ses filles. Il y a aussi trois statues, dont les draperies sont de porphyre. Le jardin est négligé; la

1. « Vous ne serez pas la dupe des deux énormes chevaux de marbre de la place de Monte-Cavallo; quoique vous lisiez sur les piédestaux : opus Phidiae, opus Praxitelis; car je m'assure que ces deux palefrois dégingandés n'ont jamais été pansés de la main de ces illustres sculpteurs. » De Brosses, p. 328. Ces dompteurs de chevaux, de proportions colossales, décoraient l'entrée des Thermes de Constantin; ces groupes donc ne remontent qu'à l'Empire.

2. Le monument fut achevé en 1787, sur l'ordre de Pie VI, par l'architecte Antinori.

3. Construite en 1495 par Charles VII de France, contient le chef-d'œuvre de Daniele da Volterra : « Descente de croix. »

vue et la situation sont agréables, surtout de la terrasse[1].

Ce pape-ci a fait dans la rue du Cours un assez beau degré pour un abord nommé « Ripetta. » Il a fini plus bas à la porte de la ville nommée [Porta Portese] un grand bâtiment[2] commencé, par ses prédécesseurs, où l'on fait travailler les pauvres à toutes sortes de manufactures. Ils ont débauché des ouvriers des Gobelins. Ils ne font pas mal[3]. Le lieu où est le bâtiment se nomme « Ripa grande » ; la structure en est simple et plate, sa longueur en fait la beauté.

L'invention des « Quatre fontaines » est belle. Il n'y a qu'une des figures qui soit bonne, c'est une nymphe d'après le dessin de Michel-Ange.

Le *pont Saint-Ange* est orné de 12 figures de marbre sur des piédestaux de même ; le tout est des dessins du Bernin mais non de son exécution. Le Saint-Pierre et le Saint-Paul ne me plaisent pas ; les dix anges qui portent des attributs de la Passion me plaisent davantage.

Pas loin de ce pont, chez un gentilhomme commandeur d'un ordre de campagne nommé Cosimo Antonio del Pozzo, il y a plus de quarante Poussins originaux, entr'autres : les « sept sacremens » qui sont les premiers qu'il ait fait. Une « Sainte Famille » et un « Pirame et Tisbé » sont ceux qui m'ont plu davantage quoy qu'ils soient tous beaux. Le Poussin a logé chez le père de ce gentilhomme[4].

La *Colonne Trajane*, dans le même goût que l'Antonine, ornée de même et dans laquelle on monte aussi, se trouve

1. La *Villa Médicis* qui appartenait aux grands-ducs de Toscane, devint, en 1801, le siège de l'Académie de peinture de France, qui depuis sa fondation sous Louis XIV occupait le palais de France (jadis Mancini) dans la rue du Cours.

2. *Ospizio di S. Michele.*

3. « ... J'ai trouvé les tapisseries belles.... » Montesquieu, t. II, p. 64.

4. *Cassiano del Pozzo* (1590-1658), dit aussi *Dupuis*, riche amateur piémontais, se fixa à Rome où il forma une collection d'antiquités. Il protégea les artistes et fut très lié avec *Poussin* (1594-1665), surnommé le « peintre des gens d'esprit » à cause de son imagination et de la beauté de son expression.

auprès de cette église des Fornari[1] où est la belle statue[2] de Fr. Fiamingo[3]. Les statues de bronze de saint Pierre et de saint Paul se voyent sur ces colonnes (120).

Auprès de Sainte-Marie-Majeure est *l'arc de Galien*, simple, uni et conservé. Pas loin est le jardin d'un gentilhomme nommé Palomba, où l'on trouva la veille de mon départ un « Apollon » très beau. La tête y manquoit, mais il y avoit l'espérance de la trouver avec d'autres choses encore. Tous les jours on trouve à Rome, et sous terre il y a des trésors admirables[4].

Je ne pus parvenir à voir la belle *bibliothèque Barberini* qui est au palais de ce nom, ni le beau vase antique dont le fond d'agathe est noir orné de douze à quinze figures blanches qui y sont naturellement attachées.

Chez le marquis de Santa-Croce il y a de beaux Guides, entr'autres « la Décollation de saint Jean », les « quatre Saisons » de l'Albane et un autre du même très beau qui représente « Loth à table avec les anges. » — Dans la cour il y a de beaux bas-reliefs, surtout un sacrifice.

A *Saint-Onuphre*, le tombeau de Torquato Tasso[5]; son épitaphe est assez belle et un peu longue. C'est un couvent où la retraite est belle.

Le *Monte Cavallo*[6], lieu où le pape faisoit sa résidence ordinaire. est beau en dedans; la cour est d'une belle proportion. Je fus baiser sa mule après trois génuflexions en allant, autant en revenant. Le ladre ne donne ni chapelets, ni médailles. On y va sans chapeau et sans épée. Dans sa petite chapelle particulière, il y a une des plus belles

1. *S. Maria di Loreto.*

2. La « Sainte-Susanne. »

3. *François Duquesnoy*, dit le Fiammingo (1594-1646), ami de Poussin. a excellé surtout à représenter les enfants.

4. « Il faudroit faire une loi dans Rome, que les principales statues seroient immeubles et ne pourroient point se vendre qu'avec les maisons où elles seroient, sous peine de la confiscation de la maison. Sans cela, Rome sera toute dépouillée. » Montesquieu, p. 205.

5. *Le Tasse* mourut dans ce couvent, le 25 avril 1595. On voit la cellule qu'il habita. son buste en cire, un de ses autographes.

6. Auj. le *Palais du Quirinal.*

« Annonciations » que Guido Reni ait fait. Un grand appartement du pape estoit orne de quelques tableaux dont quelques-uns estoient passables.

Je logeai en place d'Espagne chez Vincent « Au Monte d'Oro », c'est-à-dire j'en faisois apporter à manger et logeois chez un perruquier nommé Ignace, qui demeuroit attenant et qui avoit un joli appartement, pour huit écus le mois et huit jules le jour pour le manger.

Je partis le 26 de Rome[1] et quoy qu'on dise de l'intempérie, le sommeil et le mauvais temps me firent dormir quatre heures. Dans une des postes qui est entre Viterbe et Rome il y a des restes, mais peu considérables, de la via Æmilia. L'on trouve à Viterbe, le lac Vico.

VITERBE. — L'on monte pour arriver à cette ville une montagne assez haute. Elle n'est pas grande, pas mal bâtie, je n'y ai remarqué que 7 ou 8 tours qui s'élèvent de différens endroits; elles avoient esté faites pour défenses dans les troubles d'Italie. On prétend que l'intempérie ne se fait pas sentir à Viterbe et que l'air y est bon. Cela m'a paru vrai.

A une poste de là nous avons trouvé la petite ville de *Montefiascone* où je ne sache que le vin de remarquable. On le nomme d'*Est* et l'on fait là-dessus une histoire que je n'ai pas approfondie[2]. Au sortir de cette petite ville on trouve le grand *lac* qui porte le nom *de Bolsena*, lieu de la poste suivante. Il a bien cinquante milles de tour et deux

1. « Rome est un séjour bien agréable : tout vous y amuse. Il semble que les pierres parlent. On n'a jamais fini de voir. » MONTESQUIEU, t. I, p. 244. « Rome est la plus belle ville du monde. Si les arts étoient perdus, on les retrouveroit dans Rome. » *Ibid.*, t. II, p. 7. « Il faut que vous sachiez que les gens ne sont jamais croyables quand ils disent qu'ils vont partir pour Rome. On y est si bien, si doucement; il y a tant à voir et à revoir, que ce n'est jamais fait. » DE BROSSES, p. 306.

2. C'est l'histoire connue du chanoine Jean Fugger d'Ausbourg, sur le tombeau duquel se lit l'inscription : *Est, Est, Est. Propter nimium est Joannes. de Fuc, D. meus, mortuus est.* L'épitaphe posée par son domestique fait allusion au penchant du défunt pour le vin.

isles[1]; l'on suit ses bords. Le pays après cela est mauvais et les terres du pape finissent un peu par delà *Centino*, trou à 9 postes de Rome.

En entrant sur les terres du Grand-Duc, l'on débute par une montagne des plus rudes et des plus hautes que j'aie monté en chaise, et l'on arrive à *Radicofani* où l'intempérie cesse absolument. Je ne suis point entré dans cette petite ville; elle est surmontée d'une hauteur sur laquelle est un fort qui n'est assurément pas commandé. Les chemins de la montagne sont très bien tenus. En sortant de celle-là il en faut passer plusieurs autres jusques à Sienne. On peut dire que les chemins sont beaux et entretenus [excepté] à la Scala [où notre] chaise [fut] mise à cannette[2]. A cinq postes de Radicofani est Sienne; le pays est meilleur quand on en est à quelques milles.

SIENNE est située sur une montagne en bon air et ayant de très belles eaux. Elle est jolie, bien bâtie, assez grande; le pavé et les maisons de brique; les maisons hautes rendent [les rues] assez fraîches (121).

Son église *Cathédrale* est gothique mais riante et finie; le portail dans le même goût est riche; presque tout est de marbre. Les piliers [au] dedans est (*sic*) à un rang de pierre blanc et un autre noir, ce qui fait un assez rare et bel effet. Presque tous les papes, du moins leurs bustes, soutiennent la corniche. Il n'y a que les tombeaux de Marcel II, de Paul V, de Pie II et de Pie III, ceux-là n'ont rien de beau, mais ceux d'Alexandre VII[3] et d'Alexandre III sont bons; ils sont du Bernin.

Il y a une chapelle fort riche de la Vierge où il y a un

1. *Bisentina* et *Martana*.
2. En mauvais état, comme un siège à canner. De Brosses à son tour essuya des accidents, il eut brancards et essieux cassés (v. t. I, p. 338-340).
3. *Alexandre VII* (Fabio Chigi de Sienne, pape de 1655 à 1667). « Dans la chapelle d'Alexandre VII tout est à remarquer, les belles portes et colonnes de bronze, la jolie coupole, les statues et les tableaux. » DE BROSSES, lettre XXVII, p. 333.

tableau miraculeux soutenu par deux anges de bronze doré en bas-relief sur un grand fond de lapis. Il y a quatre statues de marbre, elles sont toutes bonnes : celle de la « Magdeleine » et de « saint Jérome » sont du Bernin et la dernière est de son beau (*sic*), l'autre n'est pas de même. — Deux tableaux de Carlo Maratta [sont] bons[1]. — Le pavé de l'église est tout de marbre noir et blanc; auprès du grand autel, l'Ancien Testament, du moins en partie, s'y voit plus travaillé et de meilleur goût que le reste[2]. Depuis quelque temps on le tient couvert et l'on fait bien. Le grand autel est orné de statues de bronze; je n'y ai rien vu d'extraordinaire. Douze apostres de marbre qui sont en couronne sur les piliers sont mauvais. Il y a [un] ou deux tableaux assez bons dans les chapelles; toutes les colonnes qui les soutiennent sont de beaux marbres.

La façade simple de *l'Archevêché* est revêtue comme l'église de marbre noir et blanc. Le lieu où l'on tient les livres du chœur est orné de fresques que l'on tient estre dessinées par Raphaël; pour moi je les crois de Pietro Perugino, son maître, qui les a peintes[3]. Au milieu de cette salle il y a sur un piédestal les trois Grâces antiques assez belles et plus que nues : cela m'a paru extraordinaire pour estre dans le lieu où sont les livres du chœur et où vont tous les estrangers. Il manque une teste et un bras, je crois. Devant la grande église est un petit hôpital tenu proprement et bien servi. L'église en est médiocre, les colonnes de marbre aux quatre autels et le maistre [autel] fait en tombeau, en font l'unique beauté.

Il y a une place assez grande en rond irrégulier; l'on peut, par le moyen d'une fontaine, l'emplir d'eau. On pré-

1. « La Visitation. » « la Fuite en Egypte. »

2. « ... C'est une espèce de camaïeu fait de marbre blanc, gris et noir, où le Beccafumi a représenté les histoires de la Genèse avec un travail et un goût de dessin admirables. » De Brosses, *ibid*.

3. Ces fresques sont de Pinturicchio; Raphaël prit une faible part dans la confection des dessins. Les fresques illustrent la vie du cardinal Piccolomini, depuis pape sous le nom de Pie II (1458 à 1464). Elles ont une vivacité surprenante de coloris.

tend qu'elle est faite en coquille; je n'en suis pas persuadé. Sur cette place est un cheval de bois rond et le palais où s'assemble ce qui reste des juges de l'ancienne république. Il n'y a rien de beau que quelques fresques dans une salle[1] et le tableau d'un Napolitain : « Jugement de Salomon. » La tour de l'horloge est la plus haute d'une vingtaine qui surmontent la ville et qui font de loin un effet assez bizarre. Les armes de la ville sont une louve qui allaite Remus et Romulus; on les voit en plusieurs endroits sur des colonnes. Je ne sais d'où cela est venu[2].

La fameuse *Sainte Catherine*, surnommée de Siénne, estoit de cette ville[3]. J'ai vu l'église du Crucifix qui s'inclina devant elle et lui envoya ses cinq plaies. Ce lieu est petit, doré et trop clair pour les peintures modernes qui en remplissent la voûte. A côté est la chapelle de la Sainte, bien peinte mais obscure. Au-dessous de ces églises est le lieu où elle demeuroit. C'estoit une de ces « monache di casa » qui, pour l'ordinaire, se consacrent à Dieu en Italie, endossent [la bure] et n'en sont pas plus sages. J'ai vu sa propre chambre. L'on garde comme une relique les briques dont elle se servoit pour chevet. L'on prétend que par la fenêtre et la porte, Jésus-Christ est venu plus d'une fois la visiter avant de l'épouser. L'on apprend par une légende, pendue à côté de cette chambre pour l'instruction des étrangers, que cette sainte dans ce lieu apprit à lire par Dieu, à écrire par saint Thomas d'Aquin et que ce fut là-dedans que se firent ses noces, la Vierge, saint Jean-Baptiste, saint Dominique, le roi David jouant de la harpe, pour témoins. Il y a plusieurs choses de cette force! Cependant ce lieu de dévotion n'a pas grand' vogue et les ex-voto sont peu fréquents.

La ville est ceinte d'un bon mur crénelé; il n'y a point

1. *Sala del Concistoro*.

2. Sienne fut colonisée par les Romains; c'est pourquoi elle a dans ses armoiries la louve et les jumeaux.

3. *Catherine de Sienne* (1347-1380). A son instigation, le pape Grégoire XI revint d'Avignon à Rome en 1377. Elle fut canonisée en 1461.

de soldats dedans, ils sont dans la citadelle voisine qui commande la ville mais ne m'a pas paru valoir grand' chose.

De Sienne à Florence il y a cinq postes et trente-six milles; quatre-vingts de Sienne à Viterbe et de là à Rome, quarante. Le chemin de Sienne à Florence est plein de haut et de bas, il est aussi bon et aussi bien tenu qu'il peut l'estre. Tous les ponts sont beaux, bien fabriqués et bien entretenus; on en passe plusieurs depuis Radicofani jusques à Florence. On ne voit cette ville que quand on est pour ainsi dire dedans. Le pays n'en est bon, du côté où l'on arrive par cette route, qu'à deux milles ou environ. La ville est toute entourée de montagnes; le vallon est fertile et plein de mille bastides qui font un agréable effet. Je logeai a « Saint-Louis », bon cabaret où l'on n'est pas mal pour le manger (122).

Auprès est la grande église ou la *Cathédrale* revêtue extérieurement de marbre noir et blanc : il n'y manque que la façade qui n'est pas même commencée[1]. Les autres côtés sont finis et promettent un dedans plus beau [que l'actuel] qui est tout nu, orné de statues de marbre dans lesquelles je n'en ai point vu de bonnes.

L'autel est sous le dôme ; il est enfermé dans une colonnade qui renferme aussi le chœur. La coupe est mal peinte, mais l'architecture en est belle et de tout le bâtiment c'est, je crois, une des plus parfaites pour le goût gothique[2]. Le Père Eternel de marbre, le Christ mort à ses pieds, soutenu par un ange, sont je crois de la même main que l'Adam et Eve tous nus[3]; la dernière a un ruban sur la tête : cet ouvrage est beau.

Une inscription qui est auprès de la sacristie m'a appris que sous le pontificat d'Eugène IV se tint, en 1440, le

1. La façade actuelle a été refaite de 1875 à 1887.
2. La coupole est due au génie de *Brunelleschi* qui triompha des concurrents et des envieux.
3. De la main de Bandinelli (Baccio), S. et P. flor. (1487-1559).

concile de Florence, dans lequel l'église grecque fut réunie à la romaine, que l'empereur Paléologue y assista et un concours estonnant de monde.

Auprès de l'église, à quelques toises, est une tour carrée, fort haute, revêtue comme l'église de marbre de plusieurs couleurs, — la bigarrure est nouvelle et fait un bel effet, — je la trouve fort belle[1]. Quoyque le dessin, à ce qu'on m'a dit, soit d'y faire une aiguille[2], je l'aime mieux comme elle est. Le pavé de l'église est tout entier de marbre; il est assez simple et très beau. Tout le bâtiment est isolé; plusieurs statues ornent la tour, on dit que parmi elles il y en a de très rares[3], mais elles sont un peu hautes pour en juger.

Le *Baptistère*, ou l'église de *Saint-Jean*, est vis-à-vis du Dôme. Il n'est pas grand, octogone, pareillement isolé et revêtu. Il y a trois portes de bronze; toutes sont belles, mais celle qui est en face de l'église est superbe[4] : elle est faite par Lorenzo Ghiberti. Sur chacune de ces portes il y a trois figures; celles du milieu de marbre ne sont pas bonnes; les autres sont de bronze : il n'y a que celle de Saint-Jean qui parle avec un pharisien et un autre, qui m'ayent plu.

Le dedans du bâtiment est soutenu par des colonnes antiques et assez belles; il y en a deux de porphire enchaînées à la porte du milieu, en mémoire d'une conquête sur ceux de Pise. Il n'y a rien de beau du reste dans cette église de saint Jean, hors le pavé et le tombeau du pape Jean XXII ou XXIII[5], déposé au concile de Constance, mort en 1419. Son corps et la draperie m'ont paru de bronze; il est habillé en évêque et dans l'inscription on lit : *quondam papa*.

1. « Le campanile isolé, riche, élégant et excellent au possible; le dessin est du Giotto. »

2. La flèche qui, d'après le plan de Giotto, devait avoir 32 mètres de haut, n'a jamais été dressée.

3. Celles de Donatello.

4. Vingt-huit sujets, tirés de la vie du Christ, y sont moulés en petits cadres.

5. *Jean XXIII*. Le tombeau est l'œuvre de Donatello et de Michelozzo.

Sur la *place* nommée du *Grand-Duc*[1], il y a une fontaine qui est assez belle. Le colosse de Neptune, en marbre, groupé avec trois petits Tritons n'est pas bon, les chevaux trop petits. Le bassin est orné de huit figures grandes comme nature, même un peu plus, de satyres, de bacchantes, de nymphes, de fleuves, parmi lesquels il y en a qui me déplaisent; cependant ils sont bons et cela se peut et se doit nommer une très belle fontaine. A droite est la statue équestre de bronze de Cosme Ier duc de Toscane, élevé par Ferdinand III duc en 1594. La statue et le cheval sont grands et beaux, le piédestal de marbre est orné d'assez passables reliefs de bronze[2]. A gauche il y a deux autres colosses de marbre devant l'ancien palais de la République et sur la même place. Ils sont de marbre et ne valent rien; l'un est une figure en pied, à l'autre il y a deux figures, l'une terrassée et l'autre sur pied, la massue à la main; c'est un Hercule.

Sous la *loge*[3] il y a : une Judith de bronze qui n'est pas tout à fait si grande que nature; je ne l'aime point; le Persée[4] de bronze est plus grand que nature, il a des beautés, le corps de Méduse à ses pieds n'est pas mal, le marbre du piédestal qui le porte est bien travaillé mais les quatre petites figures de bronze qui sont autour ne me plaisent guères; le groupe de marbre de la Sabine enlevée par un soldat romain qui marche par-dessus un Sabin est fait par Jean Bologne. C'est un très beau morceau; le petit bas-relief de bronze qui est dans le piédestal est de la même main et est beau (123).

Sur la place Saint-Laurent il y a un petit bâtiment carré de marbre d'une jolie proportion : il est fait en mémoire d'une victoire de Jean de Médicis, frère de Cosme Ier.

L'église de *Saint-Laurent* est une des anciennes de Flo-

1. *Piazza della Signoria.*
2. Par Jean Bologne (1594).
3. *Loggia dei Lanzi.*
4. Le chef-d'œuvre sensationnel de *Benvenuto Cellini* (1553).

rence, non celle qui se voit aujourd'hui car elle a esté renouvelée.

Elle n'a point de façade, sa nef est soutenue sur de belles colonnes de pierre, d'une pièce. Il y a un ou deux tableaux qui ont des beautés, des fresques derrière le grand autel qui représentent une « résurrection de femmes; » on en voit dans toutes sortes d'attitudes. Dans le lieu où les chanoines chantent aujourd'hui l'office, il y a trois tombeaux ornés chacun d'autant de figures qui ne sont pas toutes finies. On y distingue toujours le grand génie de Michel-Ange[1]! Ce sont des tombeaux de la famille des Médicis. Il n'y a que sept des neuf statues qui s'y voient qui soient de ce grand homme. Dans la sacristie il y a un beau tombeau de porphyre orné de bronze bien travaillé. Le fond du derrière de l'autel se doit abattre et l'on entrera dans la fameuse chapelle faite pour les tombeaux des grands-ducs : il n'y a place que pour six, celui-ci compté.

La *chapelle* est octogone, l'autel et l'entrée tiennent chacun une face. Elle est bâtie en dôme fort élevé; le tout est incrusté de marbres de toutes espèces, d'agate, etc., et l'on y voit des incrustages de marbre admirables. Cela doit aller jusque presque au haut du dôme, après quoi se doivent estre des peintures. Les tombeaux sont de granit de différentes espèces, de deux en deux. Ce que j'ai trouvé de plus extraordinaire c'est le poli qu'ils ont donné à cette pierre. Chaque prince aura sa statue de bronze doré dans une niche qui est au-dessus. Il n'y en a qu'une, encore n'est-elle pas bonne. Sur chaque tombeau doit estre une couronne sur un oreiller, le tout orné de pierres précieuses. Il y en a seulement deux qui valent chacun douze milles écus. Ce sera

1. « La sacristie est toute de la main de M. A.; c'est en faire assez l'éloge. D'un côté est le tombeau de Julien de Médicis, sur lequel sont couchées des statues, représentant le Jour et la Nuit; au-dessus dans une niche, est la statue de Julien, assise. L'autre tombeau de Laurent de Médicis est tout à fait pareil au premier; les deux statues sont le Crépuscule et l'Aurore. Tout cela est parfaitement beau et n'a nulle grâce, mais beaucoup de force. » De Brosses, lettre XXIV, p. 283.

dans son espèce une chose superbe[1] ! Il y a plus de cent ans que l'on y travaille; il en faudra bien encore cinquante pour la finir, encore [ne sais-je]; il y a quarante hommes qui y travaillent mais faiblement[2].

Les murs ont plus de vingt pieds d'épaisseur; l'extérieur de la chapelle est bâti, simplement mais avec propreté, de pierre dure, belle, et un peu plus que grise : les moulures des fenestres se font de marbre blanc. Il y a un souterrain fort clair dans lequel est, auprès d'un crucifix[3], une Magdeleine de Michel-Ange qui est belle[4].

La maison des chanoines de Saint-Laurent n'a nulle beauté que celle d'un degré bâti dans un lieu carré et non fini; il est magnifique et de Michel-Ange. On monte par le degré dans une belle et grande *Bibliothèque* de ce même grand homme. Elle est belle et les livres n'empêchent pas de voir les colonnes et les pilastres qui en ornent les côtés, puisque les livres sont sur des pupitres vis-à-vis d'un banc au bout duquel sont écrits les noms des manuscrits qui sont dessus. Cette manière est fort commode mais ne sera pas suivie de ceux qui regardent la reliure ou qui achètent les livres à l'aune! Tout est manuscrit et de toutes les espèces grecs, latins, italiens, françois, et entr'autres le fameux Virgile[5]. Tous les livres sont enchaînés. Au fond de la Bibliothèque est une armoire où l'on tient des livres défendus : Machiavel s'y trouve. Cette bibliothèque a été composée par les grands ducs[6] et c'est un beau lieu pour estudier[7].

1. « L'autre chapelle est la merveille de la Toscane, du moins pour ses richesses. » *Ibid.*

2. « ... Avec les sommes immenses qu'on y emploie depuis un siècle et demi et le faste qu'on y a répandu, cela ne fait qu'un tout assez triste et nullement agréable. » *Ibid.*, p. 284. « On est au désespoir, quand on sort de la chapelle, de voir une dépense si vaine.... » MONTESQUIEU, t. I, p. 190.

3. De Jean de Bologne.

4. Il s'agit d'une Mater Dolorosa et non pas d'une Magdeleine.

5. Un Virgile du IVe ou du Ve s.

6. La Bibliothèque « Laurenziana, » fondée par Cosme l'Ancien en 1444, a environ dix mille manuscrits, des plus précieux, de classiques grecs et latins.

7. « Les habitants de Florence ne peuvent manquer de se ressentir de

De tout temps l'on a gardé à Florence des animaux féroces : il y a un lieu pour les garder et même pour les faire se battre ; on le fait souvent. Il n'y avoit que des ours, des loups, des lions masles et femelles et des tigres dont deux avoient deux petits ; le premier estoit mort, le second n'avoit que vingt jours ; c'estoit une chienne qui le nourrissoit (124).

L'église de l'*Annunziata* est la principale dévotion de la ville ; des moines l'ont. C'est un tableau d'une « Annonciation » que les pères avoient donné à faire à un peintre ; celui-ci ayant achevé l'ange, tout d'un coup trouva sur sa toile le portrait de la Vierge tout fait : aussi tout le monde de crier miracle, l'image d'en faire. Voilà les ex-voto qui arrivent de toute part ; la chapelle s'en ressent. L'autel est tout d'argent, les lampes sans nombre, les chandeliers jusques à la frise qui est au-dessus de l'autel, les quatre grandes colonnes de marbre blanc, leurs chapiteaux, la frise, [tout] est beau, mais rien n'est si joli dans son espèce, pour les pierres précieuses incrustées, qu'un oratoire qui est contre la chapelle, fait, je crois, par ce grand duc[1] : tout y est parfait. Dans le tabernacle de la fameuse chapelle de la Vierge, il y a une teste du Sauveur, d'Andrea del Sarto, très bien peinte. Dans un vestibule qui est devant l'église se voyent des pendus, des roués, des perclus, en carton, grands comme nature ; les uns tombent en pourriture d'un côté ; enfin cela est un peu comique[2]. « Le denier de la veuve » est peu regardé. Le plus grand miracle, s'il n'est de bon argent, n'entre point, comme à Lorette, dans

toutes les commodités qu'on y a rassemblées pour eux pendant plusieurs siècles, principalement en monuments de l'antique, bibliothèques et manuscrits. » DE BROSSES, lettre XXV, p. 311. « La pauvre Florence a furieusement perdu en perdant ses Médicis (en 1737), les pères des sciences et des arts (p. 284)... C'était une famille bien recommandable à mon sens, par son amour pour les bonnes choses, que celle des Médicis... » (p. 305).

1. Cosme III (1670-1723).

2. « ... Les murs de cette chapelle, quoique tous d'agates et de calcédoines, sont recouverts du haut en bas, de bras, de jambes et autres membres d'argent, qu'y ont consacrés ceux qui ont eu la grâce d'être estropiés.... » DE BROSSES, p. 280.

ladite chapelle qui seule ne se ressent pas des miracles du tableau. L'église ne s'en trouve pas mal, ni apparemment les moines.

Toute l'église est assez mal dorée, peinte à fresque, ornée de pilastres de beau marbre de distance en distance. Contre la chapelle de la Vierge est celle de Ferroni, où il y a un beau tableau de Carlo Lotti Vénitien et deux tombeaux de marbre dont les figures sont belles. Contre le grand autel il y a un « Christ mort » soutenu, je crois, par Joseph d'Arimatie, de marbre blanc, dont la simplicité du fond fait la beauté. Il y a quelques tableaux et des chapelles bien ornées, mais tout cela seroit trop long [à décrire]. La coupe est peinte pour la gloire[1] d'une façon qui me plaist. Le chœur est enfermé derrière l'autel pour laisser place aux chapelles qui sont sous la voûte. Il y en a une où est le tombeau d'un sculpteur au côté duquel sont deux bonnes statues de marbre. Le *cloître* des moines est assez mal peint à fresque. Il n'y a qu'une Vierge peinte par Andrea del Sarto qui est une magnifique fresque[2].

Il y a une place devant l'église où, sur un piédestal de marbre, est la statue équestre de Ferdinand Ier G. D.[3] Elle est belle, faite par Jean Bologna; à côté, deux petites fontaines de bronze qui sont peu de chose.

L'église de *Sainte-Croix* est comme une grande halle, la voûte n'estant pas finie et n'estant que de bois. Il y a des chapelles dans les bas-côtés, sans enfoncement, au nombre je crois de sept ou huit; elles se ressemblent toutes et sont ornées de tableaux très beaux pour le temps où ils ont esté faits, c'est-à-dire par les premiers peintres. La chaire à prêcher est ornée de beaux bas-reliefs[4], surtout les petites

1. La voûte du chœur est admirablement peinte et représente l'« Assomption de la Vierge dans le ciel. » *Ibid.*

2. Andra del Sarto a peint à fresque un des cloîtres du couvent; la Vierge assise au-dessus de la porte (la Madonna del Sacco) passe pour le meilleur ouvrage qu'il ait jamais fait. *Ibid.*

3. Ferdinand Ier, fils de Cosme Ier, grand duc de 1587 à 1609.

4. Magnifiques bas-reliefs par *Benedetto da Maiano* (vers 1475).

figures qui sont un peu au-dessus m'ont plu. L'on voit en cette église le tombeau du fameux Michel-Ange[1], il estoit Florentin; son buste est au-dessus de l'urne sur laquelle sont appuyés le dessin, l'architecture, la sculpture et la peinture, [cette dernière] est aussi la plus belle. Je n'ai pas trouvé du reste grande beauté dans ce lieu qui n'a point de façade. Ce sont des Franciscains qui l'habitent; leur couvent est grand. Ils ont une bibliothèque où il y a quelques manuscrits; Sixte V y a estudié.

Peu loin de la *place* nommée *du Grand-Duc*, il y a une église consacrée à *saint Michel*[2]. Le bâtiment est carré, isolé et fort élevé, mais l'élévation ne sert pas toute à l'église car les archives de la ville sont au-dessus. Le dehors du bâtiment est, au premier ordre, orné de niches dans lesquelles sont des statues de bronze et de marbre; Saint-Marc[3] est la plus estimée, mais il y en a d'autres bonnes. Le dedans est sombre et je n'y ai vu nulle beauté.

Le *Marché neuf* qui n'est pas loin de là m'a fort plu. C'est une colonnade en carré soutenue par des colonnes d'une pièce de cette belle pierre qu'ils ont à Florence. Le bâtiment est de bon goût. A un des carrés, en cet endroit, est un sanglier de bronze qui sert de fontaine. C'est un ouvrage de Cosme Ier (125).

Auprès du pont de *Trinità* est l'église de ce nom. Elle est petite et ancienne et a quelques tableaux de ces écoles dont j'ai parlé. Je n'y ai remarqué qu'un bas-relief de bronze qui représente le martyre de saint Laurent qui est beau, et la coquille qui forme une espèce de degré pour monter au grand autel. Devant cette église, sur une grande colonne de granit, est « la Justice » ayant le buste et le corps de porphyre, le reste de bronze, moderne.

Pas loin de là est l'église de *Saint-Michel et Gaétan*

1. Erigé en 1570 d'après les plans de Vasari. Sta Croce, Panthéon des hommes illustres, renferme entr'autres les tombeaux de Machiavel, Galilée, et les superbes chapelles Peruzzi, Bardi, Pazzi, Niccolini.

2. *Or San Michele*, de l'anc. oratoire dit « S. Michele in Orto. »

3. Ouvrage de Donatello.

habitée par des Théatins. La façade en est belle, riche et de bon goût, ornée de deux saints dans deux niches qui sont bons, ainsi que les femmes que l'on voit sur la porte. Le dedans de l'église est petit mais proportionné; les pilastres d'ordre composite sont charmans. Cette pierre grise fait ressortir encore plus quatorze statues de marbre de saints ou d'apôtres desquelles il n'y a rien à dire : au-dessous sont de beaux bas-reliefs de même matière et qui sont de bon goût. Les balustrades de toutes les chapelles sont aussi de marbre blanc. La partie intérieure de la porte est magnifique, ce que je n'ai que peu vu traité, à ma fantaisie, pas même à Saint-Pierre! J'ai remarqué un tableau de Pierre de Cortone; en un mot c'est une des [plus] jolies choses que j'aie vues dans mon voyage. — Le chœur en est très joli. Les moines se bâtissent une belle maison. Il y a dans l'église, quoyqu'elle soit jolie, de grands défauts d'architecture. — Les pères travaillent à leur maison; ils ne sont pas à plaindre. Leur bibliothèque est assez belle.

Tout auprès de cette église, à un petit carrefour, sur un piédestal, est le « Centaure qu'Hercule va assommer » de Jean de Bologne. Ce groupe est d'un seul morceau et a de grandes beautés; il mérite d'estre examiné dans le détail, on y trouve ce qui ne paroît pas d'abord. Il est « al canton dei Carnesecchi[1]. »

Sur une grande place qui n'a pas de beautés, sur deux vilains piédestaux, sont deux vilains petits obélisques quoyqu'antiques. Cette place se nomme Novella, de l'église des Dominicains, *S. Maria Novella*[2]. Elle n'a point de façade : le dedans est gothique mais proportionné; des tableaux de cette première manière, mais contournée, s'y trouvent : quelques-uns m'ont plu ayant plus d'entente que les autres. Le couvent a deux grands et vieux cloîtres,

1. Pietro *Carnesecchi*, anc. secrétaire du pape Clément VII, que l'Inquisition fit exécuter à Rome en 1567.

2. « S. Maria Novella est tout incrustée au dehors, comme la cathédrale, de marbre noir et blanc. Je crois que c'est une des meilleures de Florence pour sa grandeur et sa belle proportion.... » De Brosses, p. 285.

l'un desquels est peint à fresque et a de très belles choses à étudier[1]. Les moines ont une bonne apothicairerie; ils y font des odeurs[2].

L'église des *Carmes* est grande, mais ainsi que [dans] plusieurs [églises] de Florence, les chapelles ne sont point enfoncées. Il y a dans cette église de bons tableaux; ce qu'il y a encore de plus beau c'est une chapelle de la famille Corsini, toute revêtue de marbre blanc. La coupe est peinte par Luca Giordano. Il y a trois grands bas-reliefs en statue; celui du milieu et une bataille sont bons, je ne crois pas l'autre de la même main[3].

L'église de *S. Spirito* est sans façade; le dedans est nouveau, beau et de très bon goût pour l'architecture d'ordre corinthien. Les colonnes sont d'une pièce et les pilastres font l'ordre dans les bas-côtés qui suivent le long de la croix; ainsi on fait le tour des nefs auprès de l'autel, ce qui fait une colonnade charmante[4]. L'autel est au-dessus de la coupe, des balustrades le séparent de l'église et renferment le chœur des moines. L'autel est de colonnes et d'ouvrages rapportés de marbre. Il y a quelques tableaux et une chapelle plate dont la simplicité me plaît. Entre deux pilastres, qui sont de pierre grise, est la statue de « l'ange qui conduit le fils de Tobie, » le groupe est de marbre, l'ouvrage n'est pas laid. C'est dommage que la voûte de cette église ne soit pas finie. La sacristie n'est pas laide, un beau salon y conduit. Il y a aussi deux beaux cloîtres, surtout un (dont) l'architecture est meilleure : le tout est bien bâti (126).

1. De *Giotto, Paolo Uccello, Gaddo Gaddi*, etc. « On y trouve des idées tout à fait pittoresques, du feu, une composition hardie et de belles et bonnes têtes : c'est tout ce que j'ai vu de mieux pour être d'une aussi grande antiquité. » *Ibid.*, p. 286.

2. La *pharmacie* de *S. Maria Novella*, pharmacie du couvent, est encore auj. renommée pour les parfums et les liqueurs qu'on y prépare.

3. Les trois grands hauts-reliefs sont dus à G.-B. Foggini.

4. « Le vaste temple du Saint-Esprit, excellent ouvrage de Brunelleschi, tout de colonnes corinthiennes de pierre grise.... Les cloîtres de ce couvent sont les plus beaux de la ville! » De Brosses, p. 287.

Quatre fois pendant l'esté on fait à Florence la course des barbes (quoyqu'ils ne le soient pas, on leur donne ce nom). Je me trouvai à celle du 2 août, il en courut sept. Ils sont lâchés, sans personne dessus et l'on fait de gros paris pour celui qui gagnera. La course est d'un peu plus d'un grand mille et se fait dans une rue de la ville qui n'est pas droite et l'on met des toiles en quelques endroits pour les empêcher de se détourner; cela est fait en un petit moment. On ne se promène et on ne fait le cours que dans cet endroit toutes les quatre fois où l'on fait cette course. Les chevaux reçoivent la veille de la Saint-Jean, qui est la grande course, une espèce de bénédiction devant l'église et on leur donne tant de fumées (*sic*). Un homme pendant la course se tient sur le haut du dôme et, comme chaque cheval a quelque chose de marqué, celui qui est sur la tour donne autant de fumées qu'il lui en a esté donné : le jour de la Saint-Jean, toute la ville sait en un moment lequel a gagné. Le grand duc assiste à cette course; les princesses y viennent aussi ayant un assez grand nombre de chevaliers florentins à cheval avec de grandes perruques carrées et leur chapeau sous le bras; leurs chevaux sont beaux et pleins de rubans, mais cela a l'air un peu nigaud....

Je fus voir le grand duc[1]. Je trouvai ce bon vieillard, cheveux gris et moustache, qui selon sa coutume de tous les jours, parloit lui-même et rendoit justice à ceux qui vouloient lui parler, aux paysans même. Cela m'édifia. Le prince estoit fort religieux et visitoit quatre églises par jour[2]. Je reçus les regali ordinaires, mais les manches sont incommodes et ne conviennent guères.

Le 2 août, le soir, on illumine le Dôme et plusieurs

1. Cosme III de Médicis (1653-1723) avait épousé Marguerite-Louise d'Orléans, cousine de Louis XIV; il en eut deux fils : Ferdinand et Jean-Gaston qui lui succéda. Avec ce dernier s'éteignit la famille des Médicis.

2. Son fils n'hérita pas de cette dévotion. MONTESQUIEU, qui le juge indéterminé et paresseux, le crédite de deux qualités. « Il a fait une chose que les princes font difficilement : il s'est défait des importunités de la prêtraille et de la moinerie et ne veut point en entendre parler (p. 167). Il ne donne guère de lettres de noblesse » (173).

tours; l'on fait aussi un feu d'artifice tous les ans en mémoire de la prise de Sienne.

Je vis la fameuse *Galerie du G. D.*[1], dans laquelle il y a cent et tant de bustes antiques et rien que la maîtresse de Bernin de moderne, et autour de quatre-vingts statues antiques et de moderne le fameux Bacchus, original de Michel-Ange, morceau du premier ordre. Il y a aussi une belle copie du Laocoon et du fameux sanglier. L'on trouve des statues belles non seulement pour leur forme et leur structure mais aussi pour l'érudition, entr'autres un Apollon ayant un pied sur une tortue et son carquois fermé par en haut. J'ai vu un Amour qui a un [carquois] semblable; cela explique le passage d'Homère pour lequel on a tant disputé. Entre les bustes : celui d'Alexandre blessé est superbe; celui de Bérénice est, je crois, unique; une statue étrusque d'un homme qui harangue est honnêtement antique, on ne peut lire les caractères qui sont sur le bas de sa robe[2]. Je n'aurois jamais fini de décrire les belles choses qui sont dans cette grande galerie dont les plafonds sont peints moitié en grotesque, pendant que dans l'autre moitié on voit, dans des cartouches, les illustres Florentins qui se sont rendus célèbres soit dans la poésie, soit dans les arts, soit dans les armes. On voit ici les portraits des grands hommes[3].

Cette galerie est d'un côté de la rivière et le palais de l'autre; un corridor qui passe par-dessus le ponte Vecchio joint le bâtiment qui est près de la place du Grand-Duc et se trouve au-dessus de la Monnoye et du lieu où l'on rend

1. « Serai-je assez hardi pour mettre le pied dans cet abîme de véritables curiosités? Cependant, il en faut sauter le bâton, ne fût-ce qu'afin que quand Quintin en voudra faire l'emplette, il n'achète pas chat en poche. » DE BROSSES, lettre XXIV, p. 298.

2. « Depuis Alexandre jusqu'à Constantin la suite des bustes est continuée, et c'est une chose assez curieuse que de voir la décadence de l'art cheminer d'un pas égal avec la décadence de l'empire, de sorte que les derniers ne valent quasi plus rien. » *Ibid.*

3. « Il y a environ cent quarante portraits de peintres faits par eux-mêmes. Il manque beaucoup de portraits de peintres fameux qui sont communs ailleurs; mais l'on n'a voulu y placer que ceux qui ont été peints par la personne même qu'ils représentaient. » *Ibid.*

la justice. Ces deux bâtimens beaux, bien bâtis en portique, forment ensemble une belle rue terminée sur le bord de l'eau par un beau portique sur lequel est un bâtiment dont le haut joint les deux branches de la galerie[1]. Il y a des cabinets ou des chambres qui communiquent dedans, dans lesquels on voit : des tables curieuses par la délicatesse de l'ouvrage et le précieux des pierres, des petits tableaux, des antiques en petit bronze. Dans deux autres sont des Flamands surtout, il y a aussi d'autres tableaux mais rien de fort merveilleux. Dans un autre [cabinet] une grande sphère, de Ptolémée j'estime, beaucoup d'instrumens de mathématiques. Dans un autre encore, le beau tabernacle qui doit estre sur l'autel de la belle chapelle des tombeaux; les colonnes sont de cristal et cet ouvrage tout de rapport est digne du bâtiment (127).

C'est là que l'on voit ce superbe cabinet octogone (il n'est pas des plus grands) fait en dôme qui est revêtu de nacre, de perles, au milieu est une table d'un ouvrage de rapport admirable, autour sont : les deux fameux lutteurs; ensuite une grande Vénus, belle, la teste et les pieds réparés mais bien — je croirois assez les mains depuis le coude estre de M. Ange; — puis la superbe et fameuse Vénus, avec raison si vantée[2]; une autre Vénus modeste mais belle; le beau Faune, la teste et les mains refaits par Michel-Ange peut-estre mieux qu'elles n'estoient; puis le fameux paysan[3] qui en aiguisant son couteau découvrit la conspiration de Catilina. Tout autour sont une quantité infinie de petits bronze, d'idoles, d'autres antiquités, de bustes de marbre en petit; l'on y voit celui de Tibère en turquoise, plusieurs autres en

1. « Ces deux lignes de la rue forment deux galeries qui ont, dans leur double contour, quantité de cabinets ou salons remplis de tant de choses diverses, que je prétends ne vous en dire qu'un mot en gros, seulement pour vous en donner une notion. » *Ibid.*, p. 293.

2. Vénus de Médicis, trouvée à Rome au VIe s. et transportée à Florence en 1680.

3. Rémouleur, ou esclave Scythe, aiguisant son couteau, trouvé à Rome au XVIe s.

cristal, une infinité de curiosités, jusques dans les plus petits coins des bustes de corniole, d'agate, de calcédoine, etc., tous curieux. Ordinairement on n'a jamais assez de temps pour examiner le tout.

Dans le même endroit sont de beaux tableaux. Ceux qui m'ont plu davantage c'est (*sic*) : un petit tableau de Paul Véronèse, une Vénus de Titien et une Vierge du Corrège[1] superbe, plus belle, mieux colorée que les tableaux [du palais] Odescalchi. Dans des coffres de bois qui environnent la salle sont : 1° de beaux médaillons; 2° la suite des médailles en grand bronze (c'est la plus belle) [car] celle de petit et de moyen bronze est peu de chose : dans celle d'or il y a quelques pièces rares, entr'autres quelques médaillons. Il y a une suite d'argent et un assemblage de tous métaux des rois d'Afrique, de Grèce et d'Egypte[2]. Quant aux pierres gravées, elles sont dans un cabinet de pièces rapportées qui est vis-à-vis la porte. Il n'y a pas beaucoup de choses en pierre grecque; les morceaux romains sont plus communs surtout de ceux qui peuvent éveiller la dispute des curieux en camées. L'assemblage des modernes est grand, beau pour les effets des pierres; quant aux antiques, la dernière tablette est la seule un peu curieuse. Les trois morceaux du jeune Britannicus, de Vespasien, de Tibère et de Livie, sont superbes, rares, magnifiques et valent seuls tous les autres, quoyqu'il y ait cependant de beaux morceaux.

Dans un petit cabinet d'estude joignant celui-ci, dans lequel on n'entre point ordinairement, il y a un corps d'hermaphrodite dont les jambes sont restaurées à l'imitation de celui de Rome. L'on y voit : le furieux et gros Priape habillé en lion; de petits tableaux précieux de l'école florentine; des dessins de Michel-Ange, l'idée et le modèle

1. « Un seul Corrège, la Vierge à genoux devant son fils; mais quel coloris! quelle expression! que de grâce et de gentillesse! » *Ibid.*, p. 300.

2. Le *cabinet de l'argenterie* des Médicis se voit actuellement au rez-de-chaussée du Palais Pitti.

de cet auteur pour réparer le fameux Torse de Belveder et plusieurs autres dessins magnifiques. Le G. D. en possède un nombre considérable [qui sont] reliés, et aussi le fameux manuscrit original de droit romain de Justinien[1].

Le vieux palais[2] auquel communique la galerie du palais est fort triste et ancien; dedans se trouve le garde-meuble du grand duc[3]. Il y a un salon où les victoires des Médicis et leurs couronnemens se trouvent peints à fresque sur les murailles, et à l'huile dans le plafond par George Vasari; les fresques ne sont pas de la même main. Il y a dans cette salle où se couronnent les ducs, dix grandes statues plus hautes que le naturel presque toutes de deux figures; quelques-unes sont bonnes, surtout la Victoire ayant à ses pieds un prisonnier, qui est de Michel-Ange, mais elle n'est pas finie. Il y a aussi deux autres statues de papes[4] et trois ou quatre de princes[5]. On voit dans un tableau comment Cosme Ier fut couronné et créé grand-duc de Toscane, par Pie V[6].

Dessus la galerie des antiques, il faut voir les ouvriers qui travaillent les marqueteries les plus fines pour la chapelle de Saint-Laurent.

La ville de Florence est archevêché. Sa situation est délicieuse, dans un vallon fertile, au pied des montagnes

1. « ... Enfin, le fameux original du Digeste, connu sous le nom de Pandectes florentines. C'est un manuscrit en deux volumes in-folio, très bien conservé : on le croit du temps même de Justinien.... Jadis on ne le montrait ici qu'avec de grandes considérations, en allumant des cierges et se mettant à genoux : aujourd'hui on le fait voir très familièrement, ce qui prouve combien la robe perd tous les jours de son crédit. » *Ibid.*, p. 293.

2. *Palazzo Vecchio.*

3. « Les appartements du dedans ne répondent ni pour les ameublements, ni même pour les tableaux qui y sont en très grand nombre, à ce que j'en attendais; mais il faut observer que la galerie est un gouffre qui a englouti tout le plus beau et le meilleur! » *Ibid.*, p. 303.

4. Léon X et Clément VII.

5. Jean, Alexandre, et du grand Côme de Médicis, toutes de Bandinelli.

6. « Les raretés, richesses et curiosités des Médicis leur viennent non seulement de ce qu'ils ont acquis, mais aussi de la confiscation des biens de plusieurs familles de Florence qui avoient conspiré contre eux. » MONTESQUIEU, p. 173.

qui s'en éloignent assez pour empêcher de voir que le sommet en est inculte. L'Arno traverse la ville : c'est une rivière dont le lit est assez large, mais il n'a presque point d'eau l'esté. Les maisons de la ville sont bien bâties, il y a d'assez beaux palais. Généralement parlant les rues sont grandes, bien percées, toutes pavées de grandes pierres plates et inégales, ce qui est commode pour les gens de pied (128).

Il y a quatre ponts sur l'Arno, tous sont de pierre : celui des Grazie, le pont Vecchio, sur lequel passe la communication [des palais] du G. D., celui de la Trinità et celui alla Carraia. Celui de la *Trinità* est véritablement beau; les arches plates, les moulures dont il est orné, méritent qu'on le regarde. Il est orné de quatre figures de marbre; elles sont mauvaises et représentent les quatre saisons. Sur le *ponte Vecchio*, du côté du palais, il y a un groupe de deux figures : « une Charité romaine, » un soldat qui en soutient un autre mort d'une blessure. Cela m'a paru antique et assez bon : on le nomme ordinairement « Alexandre le Grand, » mais ce ne peut l'estre.

La ville est assez de forme circulaire, elle n'est ceinte que d'une simple muraille. Auprès du palais du grand duc il y a deux forts; l'un de Belveder[1], l'autre de S. Majano[2] (*sic*); de l'autre côté de l'eau est celui de Abasso[3], le plus grand qui renferme l'arsenal que l'on dit estre nombreux et en bon estat. Le prince n'a des troupes dans Florence que dans ce fort et dans Belveder, au nombre d'environ cent-soixante hommes. Tous les derniers dimanches du mois, chaque village envoie, selon sa grandeur, plus ou moins d'hommes à l'exercice, qui se fait dans un lieu marqué par les milices nommées pour marcher au premier ordre, comme à Genève et en d'autres endroits.

1. Construit à partir de 1590 par Buontalenti, et auj. transformé en caserne.

2. *S. Miniato* al Monte, fortifications que Michel-Ange fit élever en 1529 : en 1553 le duc Cosme I transforma la colline en véritable forteresse.

3. *Da Basso* ou *Saint-Jean-Baptiste*, construite en 1534, par le duc Alexandre.

Je montai sur la tour du Dôme ; elle a quatre cent douze marches. C'est un grand plaisir que de découvrir les environs de Florence : la fertilité du vallon est bien agréable et la variété des maisons de campagne fait un effet enchanté surtout des deux côtés de la rivière [qui], en descendant, est bordée de bois, de prés et de promenades enchantées, à un lieu nommé les *Cascine*. Ce sont les plaisirs des princes.

Le G. D. a plusieurs maisons de campagne, entr'autres *Poggio Imperiale*[1] qui est tout contre la Porta Romana. La grande allée qui conduit à la maison est ce qu'il y a de plus beau. On vante beaucoup dans la ville ce qui s'y trouve de tableaux, mais c'est bien peu de chose, et cela ne vaut pas la peine d'en parler. Une autre maison de campagne est le *Pratolino*, [située] trop loin pour n'aller voir que des jardins.

Le palais où loge le grand duc estoit celui d'un particulier nommé Pitti[2]. La façade du côté de la place irrégulière n'est pas belle, elle est même assez triste. Le dedans est assez beau : les trois ordres sont tous rustiques et la cour est petite. Il y a dedans une prodigieuse pierre d'aimant; on dit qu'elle a perdu de sa force, elle n'est ni armée ni soignée. Dans un des appartemens du Grand-duc il y a cinq plafonds peints par Pierre de Cortone qui sont magnifiques et du beau (*sic*) de ce peintre[3]. Au même étage est l'appartement du dernier grand prince mort qui aimoit fort la peinture et les beaux-arts[4]. Il y a sept chambres pleines de tableaux dans lesquelles j'ai vu : le chef-d'œuvre d'Andrea

1. Cet imposant édifice fut ainsi nommé en 1620 par la femme de Cosme II, l'archiduchesse Marie-Madeleine d'Autriche, qui fonda ici une maison de campagne pour les grandes duchesses.

2. *Pitti* (Luca) antagoniste des Médicis. A partir de 1550, il fut la résidence des ducs. Il est célèbre par sa galerie « Galleria Palatina. » Provenant des collections des cardinaux Léopold et Charles de Médicis et du grand duc Ferdinand II, elle ne compte que des chefs-d'œuvre.

3. Les plafonds de Pierre de Cortone, décorés de peintures allégoriques, ont donné, d'après leur sujet, leurs noms aux pièces, savoir : Salle de Saturne, salle de Jupiter, salle de Mars, salle d'Apollon, salle de Vénus.

4. *Ferdinand II* de Médicis, le protecteur des artistes, l'ami de Galilée, Torricelli et Viviani.

del Sarto[1]; une Vierge de Raphaël, superbe[2]; des Titiens; des Véronèses; une Sainte famille du Corrège un peu noire.

Le jardin de ce palais jouit d'une très belle vue, le terrain n'en est pas uni, ainsi il est incommode pour se promener[3]. Il y a au milieu d'un bassin un bosquet d'orangers qui est fort agréable; la statue qui est au centre jette de l'eau dans une pierre dont la grandeur est à considérer. Il y a dans un coin de ce jardin une ménagerie (*sic*) pour les oiseaux, mais il n'y avoit pas grand'chose de rare.

Je logeai « A Saint-Louis » (l'Aigle noire vaut mieux) et je partis de Florence le 7 d'aoust, en voiture, ne voulant plus entendre parler de poste.

Le Ghetto de Florence est fort propre contre l'ordinaire de ces sortes de domiciles. Les Juifs n'y portent aucun (signe) de distinction.

Les dames sont jolies[4] et les chevaliers polis. Quand on revient de Rome et de Naples, on trouve les sociétés de Florence fort aimables et les manières aisées[5] (129).

— De Florence à Bologne il y a cinquante-cinq milles par de grandes montagnes, c'est tout l'Apennin. — Les cinq premiers milles que je fis en sortant de Florence furent par un beau chemin presque toujours entre des maisons et des verdures. Les vignes de toute cette plaine montent et forment des festons sur les arbres qui sont plantés en fermant les champs de chaque particulier de ces cinq milles. Un chemin uni, au milieu des arbres et de ces beaux festons

1. « Sainte Famille. »

2. « La Vierge à la chaise. »

3. « Les jardins du palais n'ont pas le sens commun, et, par cette raison, me plaisent infiniment. Ce ne sont que montagnes, vallées, bois, huttes, parterres et forêts, le tout sans ordre, dessin ni suite, ce qui leur donne un air champêtre tout à fait agréable. » De Brosses, p. 303.

4. « Les dames (de Florence) n'ont point de rouge, cependant elles ont un grand air de jeunesse : à quarante ans, la plupart paroissent fraîches et jolies comme à vingt. » Montesquieu, p. 187.

5. « Quand vous verrez quelque part en Italie un homme qui a de l'esprit et de la science, dites toujours que c'est un Florentin! » De Brosses, t. I. p. 380. « ... Nul autre peuple d'Italie n'égale les Florentins à l'égard de l'esprit et du mérite, ce sont même eux qui en fournissent souvent les autres contrées. » *Idem*, p. 310.

de pampre, conduit pendant quinze milles à Pistoia, ville enfermée de simples murs avec un petit château dans lequel sont quinze hommes du grand duc. Il y a quelque forme de bastion autour de la ville mais sans fossé. Il n'y a nul commerce dans ce lieu ni de grandes rues ; du reste il n'y a rien à y voir. Je couchai à la poste de cet endroit ; l'on y est assez joliment et les bons vins de l'estat de Florence font excuser ce que l'on ne pardonneroit peut-être pas ailleurs. Mes gens estoient devant à Livourne : ainsi nous restions Belleville et moi. A huit milles de Pistoia ou environ, après avoir passé une montagne assez rude et mal pavée, nous passâmes dans une petite plaine un très petit ruisseau qui prend sa source à cinq cents pas du grand chemin dans un endroit que l'on peut dire estre au pied des montagnes. Cette fontaine se nomme Tettuccio, et est salée mais non comme l'eau de la mer, car elle n'en a pas l'amertume.

LVCQVES. — Neuf milles avant d'y arriver, l'on entre, après avoir passé un petit ruisseau, sur la terre de la Seigneurie. L'on passe environ deux milles de petites montagnes avant d'arriver dans le bassin qui renferme et compose cette république qui est tout autour bordé de montagnes, aussi peut-on juger qu'il ne fait pas froid dans cet estat. La plaine n'est pas mauvaise et est assez fertile ; les montagnes ne portent que des bois encore pas trop beaux. Je ne sais si c'est par enfance (*sic*), pour faire voir les fortifications[1], que l'on a fait dans une plaine un chemin aussi serpentant que celui qui conduit à cette ville qui n'a que trois portes dont il n'y en a qu'une par où les estrangers puissent entrer, encore est-ce la plus éloignée. C'est la seule ville un peu considérable d'Italie où je sois entré sans qu'il m'en ait rien coûté ! Cette petite république[2] n'a de force que sa ville

1. « Les fortifications sont belles, moins cependant que celles de Genève ; elles sont peu soignées, et le fossé est presque comblé. Le rempart est coupé en terrasses... de sorte que l'on fait par là fort agréablement le tour de la ville... » DE BROSSES, lettre XXVI, p. 315.

2. « Les républiques d'Italie ne sont que de misérables aristocraties,

et celle d'estre sous la protection de l'Empire. Son enceinte est bien revêtue de bonnes courtines, flanquée à propos de bons bastions à oreillons. Il n'y a que très peu de fossé, point de contrescarpe revêtue ni de demi-lunes que de terre encore très peu élevée. Le chemin couvert est un peu plus que tracé mais sans palissades; les remparts sont bordés de bons canons. C'est la promenade et le cours de la ville; le dessus en est voûté, ce qui n'est pas mieux. La rampe, ou l'écoulement du terre-plein, est rempli d'arbres qui font de loin et de près un bel effet.

La ville n'est ni grande ni petite. Les maisons sont généralement bonnes, les rues assez alignées et pavées de grandes pierres plates[1]. La ville est gouvernée par un gonfalonier et neuf conseillers nommés : « Anziani. » Ce prince ne gouverne que deux mois, encore comme il ne peut rien faire sans le Conseil, c'est deux mois qu'il se met dans une prison volontaire puisqu'il ne peut sortir en public que les jours marqués. Le Conseil permanent est de cent quarante nobles qui nomment tous les trois ans ceux qui, dans cet intervalle, seront gonfaloniers et auront les autres charges de la République. Ceux qui ont possédé la première ne peuvent estre de trois ans « anziani » et de six, gonfalonier. Ils logent et mangent tous dix aux dépens du gouvernement dans un palais qui n'a nulle ombre de beauté. On ne peut y monter avec son épée, personne que les soldats n'en porte dans la ville, et si un estranger demeuroit quelque temps, il seroit obligé de demander la permission de la porter. Il y a de très grandes peines pour ceux qui après vingt-quatre heures seroient trouvés dans les rues avec quelque sorte d'armes. Le gonfalonier est vêtu de rouge

qui ne subsistent que par la pitié qu'on leur accorde, et où les nobles, sans aucun sentiment de grandeur et de gloire, n'ont d'autre ambition que de maintenir leur oisiveté et leurs prérogatives. » MONTESQUIEU, p. 274.

1. « Le pavé de la ville, tout de pierre piquée pour la commodité des chevaux, est néanmoins le plus beau qu'on puisse trouver, et les rues ne manquent pas d'avoir de temps en temps d'assez belles maisons. » DE BROSSES, p. 316.

avec un bonnet, les autres de noir; la garde est d'une soixantaine de Suisses. Dans le même palais se tient l'arsenal de la ville; il est honnête pour sa grandeur. Il peut y avoir pour six ou sept mille hommes, mais il y avoit fort peu de fusils, presque tout estoit mousquet. Il y avoit huit cents hommes sur pied, entretenus, vêtus de bleu parement jaune, mais vilaine troupe. Ils (sic) reçoivent cependant des estrangers.

La ville est un évêché : le *Dôme* n'a nulle beauté; cette église est montée en dignité à cause du crucifix de terre nommé « il volto santo » duquel ils font cent contes[1]. Quelques statues de marbre autour de la chapelle qui renferme cette relique sont ce que j'ai vu de moins mauvais dans toute la ville où je n'ai rien vu qui vaille, en sculpture, peinture et architecture. A un tombeau dans le Dôme, que l'on ne garderoit point ailleurs, j'ai lu (130) :

NASCIMVR IMPARES, PARES MORIMVR, CINES ÆQVAT·OMNES.

S. Frediano, autre vieille et plus vilaine église, estoit l'ancien Dôme, mais le « Volto santo » a tout fait oublier; quoyque ce bon saint se fût mis en quatre pour les Lucquois, il a esté donné à des moines et se trouve aujourd'hui confondu dans la tourbe menue des couvens. Un grand morceau de marbre long d'environ dix-sept pieds et haut de sept est, cependant, dit une inscription, un miracle du bon Frediano qui je crois sans trop de raison la porta sur les épaules au refus de deux bœufs qui ne la vouloient plus tirer. C'est un très beau morceau de marbre. Cette église est soutenue par des colonnes de marbre de l'Archipel antique.

Aux *Augustins*, il y a une autre Madone miraculeuse.

1. Le « Volto santo » sculpté par les anges sur le dessin de Nicodème, qui était aussi méchant sculpteur que saint Luc était mauvais peintre, *Idem*.

A *Saint-Romain*, église de moines assez jolie pour Lucques, j'ai lu sur un tombeau les paroles :

LABOR ET SPES VITA FVIT, MORS REQVISS.

L'église gothique de *Saint-Michel* et la place où se tient le marché est ce qu'il y a de plus beau à Lucques et cela est vilain.

Il n'y a presque point de société ni de commerce. Je logeais à la poste : « La Cloche, » bonnes gens, bon vin. Je partis le 9 au matin pour aller à Pise. Les armes des Lucquois sont au champ d'azur avec une barre d'or et ce mot « liberté. » On le voit écrit sur les portes et partout, mais il en est à Lucques comme dans toutes les autres républiques, pour conserver cette liberté ils se l'ostent : en quoi surtout je les approuve, c'est qu'il n'y a pas un Jésuite[1].

La plaine par où l'on passe en sortant de Lucques est plus fertile que celle que j'avois vu la veille. Je passai le canal qui fait aller les moulins à blé de la ville et les teintureries de soie dont on fait négoce dans la ville ainsi que de damas. Je fus cinq milles encore sur les terres de la seigneurie sur la droite dans la montagne; elles s'estendent environ douze milles jusques à la mer. J'entrai dans les Estats de Pise, aujourd'hui Toscane, je suivis quelques momens la petite rivière du Serchio, qui dans le petit village de Ripafatta donne naissance à un canal qui, suivant le long de la montagne, tournant à gauche et s'éloignant de Pise, va joindre l'Arno et par un autre canal et la rivière emporte les farines et le pain et le biscuit à Florence; [transports] qui se font à Ripafatta et à un ou deux autres villages.

Il y a sur une hauteur plus près de Lucques une espèce de redoute antique qui dépend de Ripafatta, dans laquelle il n'y a pas un homme; la seigneurie est à un mille de là!

1. « Les Lucquois ont trois principes : point d'Inquisition; point de Jésuites; point de Juifs. » MONTESQUIEU, p. 181.

Quoyqu'il paroisse à Lucques que l'on n'en peut sortir sans passer de montagnes, cependant le chemin le plus uni du monde conduit à Ripafatta : il est agréable jusques-là, mais encore plus pendant quatre ou cinq milles sur les terres du G. D. par les beaux festons de vigne dont la ville est remplie et par les bords du canal ombragés de beaux et grands arbres. Après qu'on la quitte, on entre dans une grande plaine toute nue, et des prairies pendant environ six milles vous conduisent à Pise par un chemin qui dans l'hiver peut estre mauvais, le pays estant coupé de canaux et le chemin n'estant pas partout élevé.

PISE n'est ceinte que d'une simple muraille; elle a une petite vilaine citadelle à laquelle conduit un pont de brique. Il y a une quinzaine d'hommes en garnison. Elle n'a point de commerce, ses rues sont quelques-unes larges et habitées, d'autres, en plus grand nombre, désertes et pleines de jardins, ne remplissent qu'à peine son enceinte. C'estoit jadis une république : elle se sent d'avoir esté la victoire des Médicis[1]. L'Arno, aussi large mais plus fourni d'eau qu'à Florence, sépare cette ville. On le passe sur trois ponts : celui de la citadelle, de brique et commun; un autre, nommé simplement « le Pont, » est de pierre, beau et moderne, c'est un grand duc qui l'a bâti[2], le troisième est de brique tombant en ruine, les voûtes sont encore en estat mais leur épaisseur est réduite à rien ainsi que l'élévation des piliers, et on le passe sur des planches et des poutres.

Entre celui du milieu qui est le plus beau et ce vilain-ci, se trouve la maison où loge le G. D. quand il vient dans cette ville : cette maison n'a nul dehors, on dit que le dedans est plus honnête. Devant, sur le quai (car les bords de la rivière ont tous cette forme et sont revêtus), se voit la statue de Ferdinand de Médicis, troisième duc de Toscane,

1. « La perte de sa liberté et le voisinage de Livourne lui ont fait grand tort. » DE BROSSES, p. 320.
2. Ponte di Mezzo.

groupé avec une femme et deux petits enfans, symbole de la ville de Pise à ses genoux. — Il paroît que c'est la ville qui l'a élevée[1]. — La statue est belle, elle est de marbre blanc. Pas loin de ce palais en est un autre, du cavalier Pisantino qui n'est pas laid : sa façade est même ornée de quelque marbre et sur la porte l'on voit écrit : « Alla Giovalità, » je n'ai pu savoir à propos de quoi (131).

Plus bas, du côté du vieux pont, se trouve le lieu ou l'on construit les galères du G. D. ; le lieu n'est que pour le nécessaire, il n'y a de quoi construire que six de ces bâtimens. Il y en avoit deux sur le chantier; quand ils ont la carcasse finie, on coupe une digue de terre qui empêche la rivière d'y entrer, on lance à l'eau le bâtiment, et par cette même rivière on l'envoie à Livourne où on l'arme.

L'ordre de *Saint-Estienne*[2], établi par les Médicis, a sa résidence et son habitation à Pise. Ces chevaliers font des vœux : les couleurs de leur croix sont absolument contraires à celles de Malte. Ils ont une maison[3] ornée de bustes de marbre dans Pise; ils y viennent faire leurs caravanes, c'est-à-dire loger, et marchent contre les Turcs avec des galères.

Il y en avoit deux avec celles de Malte au secours des Vénitiens. Ces chevaliers vivent dans cette maison comme dans un couvent, en suivant leur règle. Devant le palais est la statue de Cosme Ier en marbre blanc, en pied et assez bonne. L'église de *Saint-Estienne*[4], qui est celle de l'ordre, a une façade de marbre blanc de laquelle il n'y a rien à dire. Il y a un ou deux tableaux de l'école florentine qui ne m'ont pas déplu. Le haut est tapissé d'estendards et de banderoles turques pris par les chevaliers : il me semble avoir compté neuf lanternes. Le principal autel est beau, de bon

1. Vendue à Florence en 1405, Pise essaya, à l'arrivée de Charles VIII en Italie (1494), de secouer le joug de sa voisine altière, mais elle dut se rendre en 1509, après un long siège.

2. Ordre des Stéphanites, fondé en 1561 par Cosme Ier. Les chevaliers devaient être nobles, s'engager à servir l'Eglise, faire vœu de chasteté conjugale.

3. « Palazzo Conventuale dei Cavalieri. »

4. « S. Stefano dei Cavalieri. »

goût, presque tout de porphyre ainsi que les colonnes[1], c'est le seul que j'aie vu dans ce goût-là. Il y a des ornemens de bronze, deux anges de marbre blanc bien faits ainsi qu'un pape apparamment canonisé, car sans la tiare on le prendroit pour un Père éternel : ordinairement ce n'est qu'à Rome qu'ils voudroient que l'on s'y méprit. Les chanoines portent la croix rouge sur le domino.

Le Baptistère, la Cathédrale, la Tour et le Camposanto sont tous de marbre et voisins les uns des autres, se touchant pour ainsi dire[2]. C'est le plus beau de la ville, prenons-les article par article.

Le *Baptistère*, autrement Saint-Jean, est à leur mode, c'est-à-dire rond, soutenu en dedans de six colonnes antiques de granit et d'autant de pilastres, je crois de marbre. Il n'y a à voir dedans que la délicatesse du ciseau d'une « Prédication de Saint-Jean » exécutée en maître, mais l'ouvrier estoit encore gothique; et l'écho qui se fait dans ce bâtiment assez fort pour un lieu qui n'est pas des plus grands. Il (*sic*) est isolé, son dôme est sans grâce et d'une forme peu commune quoyque rond.

La *Cathédrale* de marbre est en face, pareillement isolée. La façade est gothique ainsi que le reste. Elle m'a paru entièrement finie; ses trois portes de bronze en relief ont leurs beautés. Les bas-côtés sont doublés; toutes les colonnes qui les soutiennent et la nef sont antiques mais de toutes sortes d'espèce. Il y a quelques statues de marbre mais faites dans le temps que le contour estoit dur et sec. Dans les peintures derrière le grand autel, ou pour mieux dire dans le petit chœur qui s'y trouve, il y a quelque chose qui n'est pas mauvais[3]. Je crois en avoir vu une d'Andra del

1. « Le maître-autel tout de porphyre incrusté de calcédoine est une pièce fort remarquable. » De Brosses, p. 323.

2. « Je ne pense que nulle part ailleurs on puisse trouver, dans un si petit espace qu'est la place du Dôme, quatre plus jolies choses que les quatre qui y sont rassemblées.

3. Un « Sacrifice d'Abraham » et une « Mise au tombeau » par Sodoma; les « Evangélistes » par Beccafumi.

Sarto[1]. Aux deux côtés de l'autel il y a deux médiocres colonnes de porphyre sur lesquelles sont deux chapiteaux d'un ouvrage très délicat en ornement et figures; l'un fait depuis nombre d'années, l'autre n'estoit pas posé depuis un mois : ils sont fort bien tous deux.

A gauche de l'église, en dehors, sur une colonne de granit noir, est un vase antique dans son entier avec des figures de Bacchantes et autres, de l'élévation peut-être de deux pieds, sans compter le couvercle et le pied. Une inscription italienne autour du chapiteau, je ne sais sur quel fondement, dit que la ville de Pise payoit à César ce vase-là plein d'or. Je n'en sais rien. Le vase est beau[2].

A la droite de l'église est un cimetière fermé nommé le *Campo Santo*. C'est un parallélogramme dont les plus longs côtés peuvent avoir cent pas, les autres une trentaine. Les murs sont peints d'anciennes fresques gothiques ainsi que les murs et les fenestres qui soutiennent le toit qui couvre les galeries[3]. On dit que la terre qui est au milieu a esté apportée de Jérusalem. Ce lieu est beau, dit-on, le Jour des Morts. Il a trois ou quatre chapelles qui ne sont pas à admirer. Tout autour, le long des fenestres, il y a des tombeaux gothiques, nombre de païens. J'ai vu plusieurs bas-reliefs qui ne sont pas des plus laids. Les tombeaux des catholiques sont contre la muraille au-dessous des peintures. Quoyqu'il y ait plusieurs figures de marbre, il n'y a que celle d'un médecin couché qui m'ait plu (132).

Il est à côté de trois pièces antiques : l'une est un mille fait sous l'empire d'Adrianus Antonicus Augustus Pius qui fit réparer la via Aemilia; les deux autres, sans

1. « Saint Pierre et saint Jean. »

2. « Au dehors de l'église, une colonne de granit sur laquelle est une belle urne antique et le prétendu tombeau de la fille de la comtesse Mathilde, lequel, dans le vrai, est un ancien tombeau sur lequel est représenté en bas-relief une chasse au sanglier. » De Brosses, p. 321.

3. Toutes les peintures du mur du sud, attribuées à tort par Vasari à Andrea Orcagna, ont été probablement exécutées vers 1350, par un peintre de Pise. Par contre la série des peintures du mur Nord sont des chefs-d'œuvre de *Benozzo Gozzoli*, élève de l'Angelico (1420-1497).

ponctuation, sur deux grands morceaux de marbre, disent l'une que la colonne de « Julia Pisana » ayant appris la mort de L. Caesar, fils d'Auguste, sera un an sans aucun divertissement (c'estoit la septième année de J.-C.) ; l'autre d'un an après, pour le trépas de C. Caesar, autre fils d'Auguste, [déclare] qu'on ne fera rien jusques au jour où l'on aura la nouvelle que ses os seroient enterrés. Elle parle aussi d'arc et de statues que l'on doit poser dessus ces inscriptions.

Les colonnes antiques que l'on voit servir d'ornement à ces églises gothiques, un reste de maçonnerie en pilier d'aqueduc que l'on voit auprès de la porte par où l'on entre de Lucques, tout cela me persuade premièrement que cette colonie du temps des Romains estoit considérable, et que l'aqueduc, que du haut de la tour j'ai vu, qui pendant trois milles apporte encore aujourd'hui de l'eau de la montagne à la ville, est un ouvrage de ces mêmes Romains. Je n'ai pu l'aller voir, il faisoit trop chaud et il y avoit trop de chemin à faire à pied : je crois bien qu'il a esté réparé et entretenu.

La *tour* de Pise, dont il est tant parlé, est située derrière la cathédrale, figurant avec le baptistère. Elle est toute de marbre, ornée, je crois, de cinq rangs de colonnes pour la plupart antiques mais ajustées à la gothique. Il y a de grandes disputes sur la pente de cette tour qui est de sept à huit pieds sur cent trente à cent quarante de haut. Plusieurs veulent que cela soit fait à dessein ; pour moi je n'en crois rien. Les fondemens sont affaissés : 1° les colonnes et les rangs des pierres entrent dans la terre du côté où elles penchent et se relèvent de l'autre ; or il seroit trop à la louange d'un architecte, si c'eût été son dessein, de ne le pas prouver à la postérité de façon à n'en pouvoir douter ; 2° elle penche en dedans comme en dehors ; 3° le degré se sent de cette pente, les marches estant plus élevées d'un côté que de l'autre. De plus, dans le temps où cela a esté fait on ne jetoit pas plus l'argent qu'on ne le fait aujourd'hui, et des chanoines, pour satisfaire un architecte, n'approuvent pas un dessein qui n'est de nulle utilité pour porter leurs cloches, au risque de perdre l'argent que le bâtiment a coûté[1]. Le donjon m'a paru moins penché; je le croirois fait après coup Le tout jusques au degré est de marbre, l'on y monte par dedans l'épaisseur du mur. A chaque étage on peut s'arrêter aux galeries dont j'ai parlé. Les cloches sont grosses, pesantes au-dessous du donjon. De là la vue est magnifique. Cette plaine laisse agréablement terminer la vue d'un côté par des montagnes distantes à propos, de l'autre des prairies pleines d'animaux s'estendent jusques à des bois, de l'autre on voit Livourne, la mer et les bâtimens qui l'ornent.

Dans la cour de l'archevêque, il y a un Moïse de marbre — de grande taille — qui n'est pas des plus mauvais. Il est moderne : il fait alluvion de l'eau qu'il a fait sortir du rocher à une pissotière qui sort de son piédestal.

Il y a un jardin des simples où je n'ai rien vu de nouveau; sur la porte ce distique m'a plu, il n'est qu'en bois :

Argus esto non Briareus.

Estant arrivé de bonne heure à Pise, j'eus le temps le matin de voir ce que je viens de dire. Je dînai assez succinctement par force « Aux trois donzelles, » logis de la poste et je montai en chaise pour aller à Livourne. Le jour de Saint-Antoine, en Carnaval, on fait ordinairement à Pise une espèce de combat à coups de poings sur le pont. Selon ce que l'on m'en a conté, cela est assez dans le goût de celui de Venise au mois d'aoust. Sur la rivière il se fait une course de quatre petites barques : comme la rivière Arno ne se jette point dans la mer à Livourne, on a un conduit (*sic*) qui communique (*sic*) ces deux villes. Le chemin par terre de l'une à l'autre n'est que de douze à treize milles; il est

1. Caylus raisonne fort bien : après de longues discussions, on admet aujourd'hui que l'inclinaison de la tour est due à l'affaissement du sol.

fort uni et se fait presque toujours dans des bois de chênes. J'y retrouvai les myrthes, mes favoris. Tout le pays qui environne Livourne est presque tout bois anisi que les montagnes qui en sont un peu distantes (133).

LIVOURNE est une ville nouvelle, bâtie en même temps que Nancy et Charlesville[1] : ce n'est point un évêché, il n'y a même qu'une paroisse. Les rues sont assez droites. Jadis les maisons estoient peintes, mais celles que l'on fait aujourd'hui sont de pierre, ornée même de marbre, qu'il est fort facile d'y avoir. Il y a une grande place assez nue. L'église cathédrale qui n'est pas belle, ainsi que les autres de la ville, gâte cette place. Il y a dans le fond trois maisons que des marchands ont bâties selon le dessin qu'en avoit donné le dernier feu grand prince. Le lieu où le G. D. doit ordinairement loger n'a pas grande apparence et coupe un peu l'alignement de la place du côté où il se trouve, mais quoyque ce ne soit pas grand'chose, on respecte l'architecte qui est Michel-Ange.

Du côté de la vieille forteresse est un quartier de la ville nommé : « La nouvelle Venise » qui a effectivement des canaux qui communiquent et que l'on passe sur des ponts.

Les fortifications de la ville sont assez bien tenues; le corps de la place jusques sur le petit port est revêtu de bastions à oreillons bien flanqués et bien bâtis. Je crois qu'ils sont au nombre de onze ou douze. La mer emplit les fossés : il y en a jusques à trois du côté de la Lanterne nommée, je crois, Meloria. Il n'y a point de dehors, mais pour les voisins du G. D. et l'estat d'Italie c'est une bonne place. On trouve un premier petit port qui est l'*Arsenal* des galères, long et environné de fortifications d'un côté, à droite de la vieille forteresse, à gauche du corps de la place qui va joindre la nouvelle et en face des maisons où sont des magasins et un endroit pour construire un vaisseau de

1. « Figurez-vous une petite ville de poche toute neuve, jolie à mettre dans une tabatière, voilà Livourne. » De Brosses, lettre XXVII, p. 326.

guerre à couvert. Ces bâtiments ont esté faits par Ferdinand, troisième duc de Toscane, dont la statue est sur cet arsenal. Elle est de marbre, en pied, et n'est pas bonne. Il y a au piédestal de la statue qui, par parenthèse, est trop bas, quatre esclaves de bronze enchaînés plus grand que nature. Il y en a deux encore mieux [sculptés] que les autres : en tout ces figures sont très belles[1]. Ce prince fit esclave le père et les trois fils, fameux pirates et fit mettre leur portrait en esclaves. Cet arsenal communique au grand port par un passage assez étroit entre les magasins dont j'ai parlé et la vieille citadelle. Il est formé par un grand môle, ouvrage de l'art. Le coup d'œil de ce port ne me plaît pas, quoyque l'entrée en paroisse large ; la mer couvre des rochers qui font qu'elle n'est pas fort aisée. Après tout il n'y a pas grand fond et un vaisseau de guerre ne peut y entrer sans avoir désarmé, encore le conduit-on avec peine. Le port est, comme l'Arsenal, parallélogramme[2]. La partie qui fait face à l'entrée est occupée et fermée par la nouvelle forteresse, la droite et la gauche du môle sont occupées par deux petits forts. La rade est sûre et excellente et le mouillage ordinairement très bon. Il y a deux mille hommes de garnison, mais, soit trois cents que l'on avoit laissés aller avec les Vénitiens, soit ceux qui estoient sur les galères, il n'y en avoit pas huit cents, encore infâmes. Ils sont bleus doublés de rouge, une boutonnière blanche. Tous les soldats du G. D. n'ont pas paru avoir ce même uniforme.

Toute la ville n'a pas de bonne eau à boire, elle a l'allée où tout au plus il y a quelques mauvaises citernes. Ainsi on fait venir l'eau de Pise, qui est excellente.

1. Monument dit « dei quattro schiavi » par P. *Tacca*, S. flor. élève de Jean Bologne (1577-1640).

2. « Livourne est le chef-d'œuvre de la dynastie des Médicis.... Il est impossible de voir cette ville sans concevoir une bonne idée du gouvernement des grands ducs, qui ont fait une ville florissante et un beau port, malgré la mer, l'air et la nature. S'il y a quelque chose à redire à la fortification, c'est qu'elle est trop belle et trop considérable pour son prince, parce qu'elle demanderoit une très nombreuse garnison. » MONTESQUIEU, p. 167.

Le bâtiment qu'on appelle le « bagno[1] » est irrégulier et sans beauté. C'est le lieu où logent les chiourmes quand les galères sont à Florence; elles ne couchent point dessus.

Ils (*sic*) ont un *hôpital* où ils m'ont paru bien; il y en a un séparé pour les Turcs. Ils sont couchés un à un comme dans une volière, ou pour mieux dire, comme les tombeaux des catacombes. Les officiers ont aussi leur logement.

Le magasin que le G. D. vivant a fait faire pour l'huile est ce que l'on montre encore à Livourne qui est port franc, mais non franc d'impôts car le G. D. en charge extraordinairement ses estats, plus que la France.

Les Juifs sont riches et possèdent des terres et des maisons; ils n'ont aucune [marque de] distinction.

Je logeai « Au Lion blanc, » pas trop bon. Nous prîmes une felouque où il y avoit huit hommes et pour dix pièces ils s'engagèrent à nous mener à Gênes. Nous partîmes le 15, jour de l'Ascension. En sortant de Livourne les côtes sont aplanies peu de milles, nous attrapâmes bientôt les montagnes escarpées qui forment cette côte redoutée des vaisseaux; les felouques même n'y trouveroient point d'abri. Nous fîmes par un beau temps et le vent bon, soixante milles pour arriver à *Lerici*, dans le golfe de *la Spezia* où il y a un mouillage, lieu formé par la nature pour faire un beau port. Quinze milles avant d'arriver en cet endroit, nous vîmes la petite ville de Massa, capitale des petits états du prince de ce nom, qui sépare ceux de Toscane de ceux de Gênes.

MASSA. — Dans cette très petite souveraineté il y a des carrières d'assez beau marbre; on les voit de dessus la mer.

Il y a à Lerici une espèce de château. Tous les villages que nous vîmes le long de la côte et de la rivière de Gênes,

1. Les forçats ont une maison faite exprès pour eux, une espèce d'hôpital dans lequel ils couchent : cela ne se pratique en aucun autre lieu. » MISSON, t. II, p. 315.

qui commence à la Spezia, en ont autant. Nous partîmes deux heures devant le jour et passâmes devant les isles qui sont à l'entrée du golphe; nous eûmes le vent contraire. Avec la rame nous ne pûmes venir qu'à *Moneglia*, environ à trente milles d'où nous estions partis; nous y arrivâmes de bonne heure, mais ce n'estoient pas nos Napolitains[1] ! (134). Nous repartîmes de ce petit village au coucher du soleil, nous passâmes devant *Sestri* et devant *Nervi* qui n'est qu'à sept ou huit milles de Gênes. Depuis Moneglia, de temps en temps on voit des villages dont le terrain est plus fertile; celui de Nervi l'est beaucoup et abonde en fruits. Ce village est épars çà et là sur la montagne qu'il occupe et fait un assez bel effet. Nous arrivâmes à deux heures de soleil à Gênes, le 19 aoust. La douane est difficile : les tableaux payent.

GÊNES est nommée « la Superbe. » A la regarder en dehors et en dedans je ne trouve point cette épithète convenable. La ville occupe le peu de terrain uni ou de pente douce que les montagnes qui la dominent laissent jusques à la mer. La ville n'est point sur une ligne droite. Il y a une espèce de golphe ou de bassin qui a presque tout son diamètre d'ouvert, il est fermé par deux môles qui laissent encore une très grande ouverture, aussi est-ce un très mauvais port. Les vaisseaux n'y sont en sûreté, [pas plus] que dans la rade. Il y a un port ou darse pour les galères. Il a aussi un autre endroit pour les construire, ce que l'on peut faire jusques au nombre, je crois, de douze ou treize. Quant au coup d'œil, comme les maisons occupent le plus qu'il est possible le rivage, la montagne est peu garnie de maisons, on n'en voit que çà et là. Il y a cependant un quartier qui est auprès de Banchi, où l'on voit encore les restes de nos bombes[2], qui

1. Allusion aux rameurs napolitains qui les avaient si rapidement ramenés de Malte en Sicile la nuit où un vaisseau turc s'était mis à leur poursuite.

2. Duquesne, commandant de la flotte française, par ordre de Louis XIV, bombarda la ville en 1684.

est plus peuplé et ramassé. Quant au dedans, les rues sont inégales, fort étroites, les maisons fort hautes et généralement, dans les quartiers les plus habités, il n'y a point d'excès à la beauté de leur structure. Il y en a beaucoup de peintes et peintes en marbre ce qui a pu donner lieu aux voyageurs aveugles de dire que Gênes est bâtie de marbre[1]. Il y en a en vérité quelques-unes qui sont de cette matière mais elles sont dans les rues de « Strada Nuova » et de « Balbi » qui sont fort belles et fort droites et formées par des maisons bien bâties. Le haut et bas de la ville et l'étroit des rues font qu'il n'y a pas beaucoup de carrosses; il y en a cependant quelques-uns à la place. On se sert de porteurs et de tristes litières, dans lesquelles vont les femmes. Le sang n'est pas beau. Il n'y a point de place à Gênes ; dans la disette où l'on est, on donne ce nom au terrain irrégulier qui se trouve devant l'*Annonciade*, qui est la plus belle église de la ville.

Elle est assez grande, d'une grande proportion ; les colonnes qui la soutiennent sont revêtues de marbre rouge et blanc. Presque toutes les chapelles sont revêtues de même marbre, celles qui ne sont pas finies sont du moins commencées. Toutes les voûtes de ce bâtiment sont pleines de dorures et de peintures auxquelles il n'y a rien d'extraordinaire; celles de la coupe sont les meilleures. Une « Reine » du Procaccino est sur la porte en dedans et est belle. La façade n'est pas finie. Ce sont des Franciscains qui y demeurent : leur maison n'a rien de beau.

La petite église de *S. Filippo Neri* est habitée par des Théatins. Elle est ornée de mauvaises peintures; la statue du saint est en marbre en couronne sur le grand autel et est assez belle. Dans la sacristie il y a deux tableaux de deux Genevois (*sic*), dont un se nomme Carlone[2] qui peuvent passer.

1. « Il n'y a que les menteurs qui disent et les niais qui croient que Gênes est tout bâti de marbre.... » De Brosses, lettre V. p. 57.

2. « J'excepte de la loi commune l'Exaltation de la Croix « par Carlone. » De Brosses, p. 68.

S. Ciro est un autre domicile des mêmes moines. Le dedans est de marbre [ainsi que] les colonnes, les revêtissemens des chapelles, les statues. Il y a de quoi faire quelque chose de beau avec la matière qui s'y trouve, mais tout est mal fabriqué et trop chargé ou mauvais. La sacristie est grande et peut passer pour belle. Le maître-autel est beau.

La petite paroisse de *Saint-Luc* est ornée de marbre, mais les peintures sont comme il plaît à Dieu.

Le *Dôme* est une assez grande église noire et blanche et gothique. Il y a plusieurs sculptures, mais mauvaises. La chapelle où l'on garde les cendres de saint Jean-Baptiste, protecteur de la République ainsi que l'Empereur, est ornée de plusieurs lampes d'argent. Tout l'autel est de cette matière. Le grand [autel] est de marbre avec une Madone de bronze dessus (135).

Le palais du doge, nommé Balbi, est là tout auprès. Il y loge avec sa femme et quelques autres sénateurs pendant les deux ans que dure sa prison. Son palais est grand et n'a nulle beauté; il y a deux très vilaines statues de marbre dans la cour[1]. Dans les salles du grand et du petit conseil il y a des peintures; celle de Solimène qui est posée dans le plafond est très belle, les deux autres morceaux qu'il fait pour le même endroit ne sont pas encore finis. Il y a un petit arsenal[2] dans cette maison où les armes sont bien tenues; on y montre des cuirasses faites pour des femmes que l'on attribue aux Génoises qui se sont croisées. L'on y voit un des premiers canons, c'est-à-dire il est de bois couvert de peau et a une lame de cuivre en dedans.

L'église de *Saint-Ambroise*, qui appartient aux Jésuites, sert de chapelle au doge; il y vient par une galerie et a une tribune. Cette église a une façade, le dedans est revêtu de marbre. C'est une des belles de Gênes : « La prédication

1. Elevées à André et à Jean Doria.

2. « La salle de l'arsenal n'est, à vrai dire, qu'une boutique de vieille ferraille. Je vis les cuirasses qu'on dit avoir servi aux dames génoises lors de leur croisade; les corps en sont larges et courts et ridiculement bossus par devant. » De Brosses, p. 72.

d'un saint Jésuite, » « La Circoncision » sont deux beaux tableaux de Rubens. Il y a une « Assomption » de Guido Reni[1]. C'est le lieu où sont les plus beaux tableaux d'église.

Banchi est une loge où tout le monde s'assemble et où les nobles se tiennent à fainéanter[2]. Ceux de l'ancienne noblesse se séparent avec attention de ceux de la moderne. Tout auprès il y a une petite chapelle dédiée à *saint Pierre.* Elle est de marbre en dedans et est assez dans le goût d'un théâtre d'opérateur extérieurement, à cause des degrés qu'il faut monter et des balustrades qui l'environnent.

S. Maria in Carignano est isolée et ornée d'architecture extérieurement ; ce sont des chanoines qui l'habitent. Quoyque son architecture intérieurement ne soit pas des meilleures, comme elle est toute blanche, chose que depuis longtemps je n'avois vu, elle m'a fait plaisir. Aux quatre piliers qui soutiennent la coupe, il y quatre grandes statues de marbre blanc qui sont bonnes. — Le saint Sébastien habillé en Andromède, la meilleure, est de Puget. — Comme cette église est sur une hauteur, je montai deux cent quarante marches pour arriver au haut du dôme et distinguer la vue avec plaisir. Le quartier où est cette église est celui qui a esté le plus endommagé des bombes ; il est encore ruiné. Les balustrades qui règnent au haut de cette église sont toutes de marbre. Ce que j'ai vu de la lanterne est assez le contraire des autres bâtimens où l'on rend

1. « Quant aux tableaux, j'y remarquai un saint Ignace, de Rubens, excellent et une Circoncision du même encore meilleure. Plus une Assomption du Guide, admirable.... » De Brosses, p. 70.

2. « Les Génois sont entièrement insociables ; ce caractère vient moins d'une humeur farouche que de leur avarice suprême ; vous ne sauriez croire à quel point va la parcimonie chez ces princes-là (p. 143). Les Génois d'à présent sont aussi lourds que les anciens Liguriens (p. 144). Les Génois ne se policent jamais : ce sont des pierres qui ne se laissent pas tailler. Ceux qui ont été envoyés dans les cours étrangères en sont revenus aussi Génois qu'ils y étoient venus » (p. 145). Montesquieu. « Je trouvai au coin de Banchi, une grande quantité de nobles. Ce sont les nobles de la première classe ; ceux de la seconde n'osent pas en approcher, les autres se croyant fort au-dessus d'eux : c'est la seule prérogative qu'ils aient sur eux. » De Brosses, p. 58.

ordinairement plus précieux ce qui se voit le plus de la nature.

A la petite église de *S. Stefano*, on mène voir un tableau de l'école florentine[1] que l'on ne regarderoit pas ailleurs qu'à Gênes.

Chez un nommé Miconi, marchand de Gênes assez honnête homme pour n'avoir jamais voulu se faire noble, j'ai vu un nombre considérable de tableaux. Il y a quelques petits morceaux de Paul Véronèse et entr'autres une « Vierge » d'Annibal Carrache, en petit, sur cuivre, très belle. En cet endroit il y a plus de l'école vénitienne que d'autre chose.

Dans la rue Balbi, où j'ai dit qu'il y avoit de beaux palais, j'y ai vu les deux maisons des nobles de ce nom[2]. Elles sont commodes, ornées avec assez de goût, meublées à notre mode. Il y a chez le premier quelques beaux Van Dyk, un beau Bassan, un bon Guerchin. Chez le cadet il y a un morceau de « Jézabel mangée des chiens » qui m'a plu.

Auprès de Banchi, chez un gentilhomme nommé Ippolito Mari, il y a quelques Rubens, une « Vénus à la toilette » du Guide, un Véronèse et un Tintoret fort noir. Ils (*sic*) prétendent avoir dans leur chapelle une feuille originale d'un Evangile! Indépendamment de mille objections, celle du vélin sur lequel elle est écrite, en est une suffisante. Je crois qu'ils la disent de saint Jean dont ils ont un des tenons qui l'enchaînoit.

Le grand hôpital nommé l'*Albergo*, pour retirer les vieillards infirmes, les enfants trouvés, les femmes que les maris y font mettre et les jeunes vauriens, est un fort grand établissement. Une des aisles des côtés n'est pas encore finie ; ce qui est aujourd'hui une montagne doit estre occupé par ce corps de logis, ce qui, outre la grandeur, est encore une autre difficulté pour le finir. L'on voit dans l'église les

1. « Le Martyre de Saint-Etienne, » par Raphaël et Jean Romain.
2. Ce n'étaient pas des cabinets des Balbi, mais ceux de Marcel et Philippe *Durazzo*, dans les palais construits vers 1520 pour Paolo Balbi.

statues en marbre et vilaines des doges et autres bienfaiteurs. Dans ce même lieu, sur l'autel, il y a une petite statue de la Vierge soutenue par un groupe d'anges, de Puget[1]. Elle est bonne et légère, les mains sont comme celles du cav. Bernin. Le bâtiment a quatre cours; ce fut là que se retirèrent le doge et les nobles pendant le bombardement (136).

Le palais *Doria*, famille connue et qui a fait parler d'elle, est hors de la ville, en face du port. La mer lave les murs du jardin le long duquel règne une terrasse. C'est une belle vue; il ne peut rien entrer dans le port qui ne soit vu de là. Le port lui-même et les deux côtés du bassin dans lequel Gênes est situé, sont faits pour cette maison. Le jardin est agréable, il est ouvert à tout le monde les jours de fête; il est orné d'une fontaine de marbre[2] qui a beaucoup coûté, mais c'est de l'argent mal employé. La maison n'est pas belle, elle n'a qu'un étage. Leur dessin n'estoit pas de la bâtir de cette façon, mais la République s'opposa à une plus grande élévation par la crainte qu'elle ne pût un jour servir de citadelle contre la ville. Tout le monde la voyoit élever sans faire cette réflexion; un Suisse, à ce que l'on m'a conté, en faction sur le rempart de la ville de ce côté, ne rêvant pas apparemment à la mode de son pays, fit cette réflexion, demanda audience au sénat et la communiqua. Il fut écouté, récompensé, et l'on empêcha un exhaussement plus dangereux. L'on voit sur le rempart encore aujourd'hui une vilaine statue de pierre que l'on a élevée à ce Suisse. Jadis les Doria avoient issue de leur maison sans communiquer par la ville, ils avoient même un petit port : aujourd'hui tout est retranché. Il y avoit de quoi faire quelque chose de beau dans leurs jardins hauts, mais ils sont incultes.

1. Pierre *Puget* S. français, successeur de Bernini (1622-1694).

2. « Il y a un fort grand bassin de marbre d'où partent des jets d'eau de tous côtés et au milieu un gros diable de Neptune représentant le fameux Doria. » De Brosses, p. 76.

Le faubourg de S. *Pier d'Arena* est par delà la Lanterne. Les maisons en sont bonnes; il est au pied d'une montagne fertile et précisément sur le bord de la mer. C'est un assez bel ensemble mais cela n'a pas répondu à l'idée que j'en avois. Le stuc et la peinture trompent les yeux de bien des gens. La villa Imperiali est la seule maison que l'on y va voir; ses jardins en terrasse fort élevés, jadis mieux tenus qu'ils ne sont aujourd'hui, ne m'ont pas déplu.

A six milles de Gênes, du côté de Livourne, est une côte exposée au midi, parsemée de maisons et de jardins. Ce lieu s'appelle *Nervi* et son commerce ne consiste qu'en orangers de toute espèce qui vont en France, Allemagne Hollande et Angleterre. Il s'en vend tous les ans pour cinquante à soixante mille écus. L'on peut juger si dans la saison des fleurs l'air de cette côte est embaumé! Je m'y attendois à y trouver des nymphes dont le minois répondit à l'air qu'elles respirent, mais mon espérance fut vaine. L'on m'a dit que cette côte n'est jamais sans fleurs, malgré cela ce grand hiver tout fut gelé. Il n'y paroissoit plus à la vérité. Le terrain n'estoit occupé que par de jeunes arbres car ils ne les laissent jamais vieillir; les plus gros estoient de la taille, ou un peu plus, de mon bras. Je ne conçois pas comment on les peut avoir en France, pour le prix qu'on les a, car le prix, à la vérité, des plus beaux, estoit de deux louis sur le lieu. Outre cela il y a le port et l'emballage, que l'on accommode avec plus de soin ou du moins autant que [celui] des glaces.

La maison de Hieronimo *Durazzo* est encore à voir.

Les troupes de la ville ne sont pas mal tenues, elles sont au nombre d'environ deux mille hommes. Il n'y en a pas mille dans l'isle de *Corse* dont ils sont depuis longtemps maitres. C'est un mauvais pays; des marais et des gens sans commerce qui se tuent les uns les autres et dont la République tire fort peu de chose. Elle en fait venir des soldats (137).

Le 11 de septembre, devant le palais Doria, un régiment

va faire l'exercice en mémoire de la paix qu'un Andrea Doria rendit à la patrie. Le lendemain, le doge[1], suivi des sénateurs, va entendre son panégyrique à Saint-Laurent ou la cathédrale. Il est vêtu tout entier de rouge, des ailerons aux épaules, une espèce de bonnet. On lui porte un sceptre à cause de Corse. Ces pages peuvent tous avoir des moustache — à l'espagnole; — il n'y en avoit qu'un qui en portât. Les sénateurs vont toujours par la ville vêtus de noir avec la « gonnella. »

La vigna Balbi, jolie situation. La vallée du *Bisagno*, charmante promenade; la rivière de ce nom n'a point d'eau l'esté. La vue de la ville de la Lanterne est magnifique.

J'avois compté visiter en felouque la côte jusques à Marseille : la mort du roi arrivée le 7 de septembre au matin, et les lettres de ma mère[2] m'obligèrent de partir le 14, en voiturin, n'ayant pas suffisamment d'argent, avec Belleville et Levailler, pour sept louis chacun. Je laissai mes gens et mes hardes. Je ne dois pas oublier de dire que les nobles génois, mis proprement en esté d'un habit et d'un petit manteau de taffetas, en hiver d'un autre de velours noir, sont généralement bien faits. Les femmes du monde y ont assez de liberté, le sigisbeat y contribue[3]. Chez les bourgeois les manières italiennes sont conservées[4]. Il y a des carrosses dans la ville, mais plus ordinairement des litières à cause de l'inégalité du terrain.

La première dînée est à 8 milles. On suit et passe la *Polcevera*, on marche dans un beau vallon aux environs de la ville. Plus on s'en éloigne plus il y perd de beauté. On monte imperceptiblement jusques à *Campomorone* où l'on

1. De Brosses, lettre V, fait une description très pittoresque et gaie de la même cérémonie, le jour de la Saint-Jean.

2. Cf. dans l' « Introduction. »

3. « Que penser des abbés et des petits maîtres cent fois plus papillons auprès des femmes qu'en France? Nous voyons ici une chose singulière à nos yeux : une femme tête à tête avec un homme aux spectacles, aux promenades, en chaise. » De Brosses, p. 63.

4. « Je trouvai les Génois extrêmement insociables. » Montesquieu, p. 146.

commence à monter sérieusement. Le cabaret « de la Tour » est assez bon. Les montagnes qui conduisent jusques-là sont couvertes de bois. On commence à monter la montagne de la *Bocchetta* assez raide; le chemin est beau de côté et la montée dure cinq à six milles. La fertilité du sol accompagne presque jusques au haut qui est assez aride. La descente de l'autre côté, plus mal tenu, voit augmenter les bois à mesure et le pays s'ouvrir jusques à *Voltaggio*, à douze milles de la dînée, bourg où le sang est joli et le veau renommé. L'on ne trouve dans le chemin que deux petits postes de cinq à six hommes. Depuis cette couchée jusques à *Gavi*, forteresse qui n'est pas grande mais dans une très bonne situation, on suit des montagnes sèches, mais le chemin [n'est] pas mauvais. La petite ville au pied du fort n'a pas grande beauté : il y a dans l'un et dans l'autre peu de garnison, mais à cet endroit le pays change, la terre est agréable et fertile. L'on entre dans une belle plaine qui après dix milles de chemin, conduit à *Novi*, dernière ville de l'estat de Gênes qui n'est pas grand'chose. Elle est ceinte d'un vieux mur et bâtie de briques comme toutes celles de la Lombardie. Là nous nous séparâmes de Laistre et moi.

De Novi à *Tortone* il y a dix milles; il y en a douze de là à *Alexandrie*. Une plaine déserte et un chemin uni conduisent à cette ville dont le duc de Savoie s'est emparé. La vue seule ennuye. Elle est grande, peu peuplée, citadelle à l'antique ainsi que ses murs, situation dont on pourroit faire quelque chose dans le système d'aujourd'hui. Il y avoit quatre bataillons. « Les trois rois » ne sont pas mauvais. On passe la Bormida, rivière sujette à des débordemens et dangereuse, presque sur le glacis de la ville. Le Tanaro la traverse; on le passe sur le pont. A un mille de distance de Novi on quitte les terres des Génois (138).

D'Alexandrie je vins dîner à *Felizzano*, village ruiné par les taxes et la guerre, ainsi que presque tous ceux de

Piedmont[1]. La plaine que l'on traverse est déserte mais cultivée. Nous quittâmes sans regret la ferme où nous couchâmes pour venir, après treize milles, dîner à la poste, maison seule, bon cabaret dans une jolie situation. Le chemin qui m'y conduisit est assez inégal; l'on trouve de beaux vallons.

Nous traversâmes *Asti*, village peu habité dans un terrain à faire une bonne place: son vieux château et son enceinte sont à l'antique. Dans le chemin nous rencontrâmes le Pô. Je vins coucher à *Quiers* distant de dix milles de *Asti*. Les cinq premiers milles aboutissent à *Villanova*, démantelé; le chemin en est assez bon. On passe une montagne couverte de bois qui doit estre mauvaise, en hiver. Les cinq autres milles, de Villanova à Quiers, sont d'un terrain plus diversifié de bois, de prairies, ce qui amuse les voyageurs. « Les trois rois » de Quiers ne m'ont pas engagé pour eux. Ce bourg ou petite ville est ouvert, assez grand et peuplé.

De Quiers à *Turin* il y a cinq milles. Ces deux villes sont séparées par une montagne longue et roide surtout du côté de la première; de l'autre elle est accommodée par l'art, et la nature l'embellit. Le coup d'œil de cette plaine au milieu de laquelle est Turin, sa fertilité, la vue du Pô auteur de ses agrémens, l'air riant de cette ville, un air françois qui se trouve dans les habitants, un beau jour d'automne, la sérénité du soleil et du jour, tout cela joint ensemble me fit un plaisir rare à trouver! Je ne fis que dîner dans cette ville, chez Cousin, à « l'Auberge Royale, » excellent cabaret. Le Pô traverse cette ville; on le passe sur le seul pont que cette grande rivière ait sur tout son cours. Il est de brique et n'a pas grande beauté! Le voiturin La Fleur de Turin, bon.

Je vins de Turin coucher à Veillane et fis dix milles; les six premiers se passent dans une plaine fertile coupée par

1. « Ce roi-ci (Victor-Amédée II) ne songe, douze heures du jour, qu'à augmenter sa bourse. » Montesquieu, p. 128.

un chemin absolument uni et droit, bordé de jeunes arbres que je ne puis comparer qu'à un mail. C'est le Duc qui l'a fait faire depuis le siège; cependant il est si beau et son uniformité si grande que, selon moi, il ennuye : c'est le sort des beautés! Ce chemin conduit encore à la *Vénérie*. Au bout des six milles l'on trouve le vilain village de *Rivoli;* pour lors on entre dans une gorge fertile, commencement des Alpes. Par un chemin assez beau l'on arrive à *Veillane*, vilain trou commandé par une masure, jadis château, aujourd'hui à peine retraite des hiboux. « Les Trois Couronnes » sont l'enseigne d'un bon logis.

On compte dix-huit milles de Veillane à la Novalesa. En partant du gîte on suit, par un beau chemin qui monte imperceptiblement, une vallée dans laquelle coule la Doire qui arrose les murailles de la chétive ville de *Suse* qui n'est qu'à trois milles de la *Novalesa*. Cette petite ville n'est rien par elle-même; les hauteurs du côté de Turin l'ont anciennement fortifiée par de petits ouvrages de facile garde et de difficile attaque[1]. Depuis un an on travailloit plus considérablement du côté du mont Cenis, les ouvrages estoient presque finis et tout ce que l'on y faisoit est de dure digestion pour des assiégeans. La Novalesa est un trou où « l'Ecu » n'est pas si mauvais que le promet son aspect. Ce lieu est connu par l'embarras où l'on s'y trouve d'ordinaire puisque l'on est obligé d'y démonter les chaises[2] et que d'ordinaire on se fait porter de là tout le mont fini : pour moi, je pris des mulets.

La montagne du côté de Turin est la plus longue, on la compte de deux lieues. On trouve au haut une petite plaine surmontée et environnée de montagnes, qui peut estre d'une bonne lieue dans sa longueur. On la traverse et quand on est arrivé au haut, l'on trouve un lieu nommé : la *Grande*

1. « La Brunette. »
2. « Au Mont-Cenis, une chaise se voiture sur le dos de trois mulets. On la défait; un porte le corps; l'autre, les roues; l'autre, les brancards. » MONTESQUIEU, p. 119.

Croix qui fait la séparation du Piedmont et de la Savoye, et c'est là que de ce côté on prend la ramasse[1]. Sur cette petite plaine est un lac poissonneux qui peut avoir trois milles de tour; sur ses bords et sur le grand chemin on voit les ruines d'une maison que, dans le pays, on dit estre celles d'un palais des ducs de Savoie. Ce n'est autre chose qu'une maison que Charles-Emmanuel fit faire pour un dîner, allant de Turin à Chambéry (139).

La descente de l'autre côté est plus courte et m'a paru plus roide; les porteurs sont fort commodes et à bon marché. On va coucher à *Lanslebourg*, au pied du mont du côté de France. C'est un trou à la savoyarde où le gîte est très mauvais. Il est situé sur l'Arc qui prend sa source dans une glacière auprès du mont Cenis. Pour aller à *Modane* il y a quatre lieues, on descend plus que l'on ne monte. Le chemin est beau et bien réparé; on suit toujours l'Arc qui passe dans ce village, où « Les trois rois » ne sont pas des meilleurs. Le passage du roi et son retour auquel on s'attendoit, faisoit que je trouvai les chemins magnifiques. Je vins coucher à *Saint-André*, après quatre lieues de chemin. Je passai par *Saint-Michel*, village qui me parut également distant des deux endroits. Le cabaret du « Petit Turin » est grand, beau et bon. La situation de ce petit village est charmante; l'Arc arrose une vallée fertile et agréable; les montagnes mêmes contribuent à son ornement.

Le chemin de cet après-midi est plein de haut et de bas.

De Saint-Michel à *La Chambre*, on compte quatre lieues.

Le chemin est uni, beau et sans le moindre précipice. On trouve à moitié chemin la petite ville et évêché de *Saint-Jean*, capitale de *Maurienne*. Le chemin le long de l'Arc qui conduit à La Chambre est parfaitement uni. Ce village est situé dans une vallée fertile dont les montagnes s'élargissent.

1. Traîneau sur lequel on descend les montagnes couvertes de neige.

Saint-Estienne de Cuiner, où j'ai campé si longtemps, est de l'autre côté. « L'Ecu de France » est bon.

De ce village à Aiguebelle il y a encore quatre lieues. Pour s'y rendre on ne monte ni ne descend pour ainsi dire point. On trouve des endroits agréables. Le village d'*Aiguebelle* est situé sur l'Arc dans une situation agréable que les plaines ne fournissent jamais. Le vallon cultivé, les prairies et la verdure des montagnes, feroient à ma fantaisie de ce lieu une charmante retraite. « Le Soleil » est un cabaret où j'ai fait bonne chère et ai esté bien couché.

Tout le chemin de cette journée est généralement beau mais surtout jusques à *Montmélian*, petite ville qui n'estoit recommandable que par son château dont on ne voit plus sur la hauteur que les ruines et les débris des mines que le Roi y employa lorsqu'il la prit en dernier lieu. Cette ville est sur l'Isère; à une lieue d'Aiguebelle, l'Arc se jette dans cette rivière. Dans cette vallée, le ciel s'ouvre et les montagnes s'élargissant, on voit de là le fort Bareau, première frontière de France. Le chemin est plus inégal de Montmélian à Chambéry qui est dans un fond [de vallée]. De cette capitale de Savoye à Bareau, il y a trois lieues et cinq à Grenoble, douze allant à cheval à Genève, trois en chaise. Chambéry n'est pas beau et n'a nulle forteresse : la course est son seul agrément. Tout y est à la françoise. Le château, demeure du Roi qui y estoit alors, est fort vilain. Son séjour me fit trouver les chemins plus beaux. La Reine estoit à *Annecy*. Cette matinée est de six lieues. « A la pomme d'or » on n'est pas mal, les servantes y estant fort jolies. L'ambassadeur, mais plus que lui le minois de sa femme[1], m'y retinrent l'après-midi à musiquer.

J'en repartis donc le lendemain et fis six lieues pour arriver au pont de *Beauvoisin*. En sortant de Chambéry, on monte une montagne qui n'a nul précipice mais dont le chemin n'est pas tenu. Elle dure trois lieues et l'on

1. La marquise de *Pries*, v. note, 1re partie, p. 1.

n'en sort que par la montagne de Crotte, rochers coupés pendant un grand demi-mille. Je trouve que l'inscription suivante ne loue pas assez un chef-d'œuvre de l'art et de patience :

Carolus Emanuelli Sabaudiae dux Pedem. princeps, Cipri rex, Publica felicitate parta singulorum commodis, intentus breviorem securi Amq. viam regiam a natura occlusam Romanis intentam Caesaris desperatam, dejectis scopulorum repagulis aequata montium iniquitate quae cervicibus imminebant praecipitia pedibus substernens, Aeternis populorum commerciis pate fecit anno MDCLXX (140).

C'est une chose qui mérite d'estre vue. On entre pour lors dans un joli vallon au milieu duquel est le village des *Echelles*, poste important à occuper pour couvrir le Dauphiné. On sort de ce vallon par une montagne sur laquelle est un chemin bon et bien pratiqué. Il ne faut pas moins pour passer des précipices semblables ; c'est aussi la dernière. Pour lors, après avoir suivi la petite rivière de Quiers, on arrive au pont de *Beauvoisin* qui en est séparé. Le pont sur lequel on la passe est à la France ; la plus grande partie du bourg est à nous. Il est situé dans les pays que j'aime qui ne sont ni plaines ni montagnes. Le sang m'y a paru beau. Mme des Ursins[1] y estoit dans la partie de la Savoye ; je la fus voir. Elle estoit embarrassée de sa personne, le roi de Sicile ne voulant pas lui donner passage. Je causai trois heures avec elle ; son esprit me fit grand plaisir. L'am-

1. Marie-Anne de *la Trémoille*, princesse des Ursins (1642-1722), épousa d'abord le prince de Talleyrand-Chalais, et en secondes noces à Rome, en 1675, le duc de Bracciano-Orsini, qui la laissa bientôt veuve et immensément riche. Nommée camarera-major de la 1re femme de Philippe V. elle gouverna par elle, le roi et l'Espagne, s'efforçant de soustraire ce pays à la tutelle de la France, ce qui la mit en désaccord avec Louis XIV. A la mort de la reine d'Espagne (1714), la princesse des Ursins donna pour 2e femme à Philippe V, Elisabeth Farnèse, croyant aisé de la gouverner ; mais à peine celle-ci était-elle entrée en Espagne qu'elle fit conduire la princesse des Ursins hors de la frontière. Elle alla se fixer à Gênes, puis à Rome, où elle tint la maison du prétendant J. Stuart. En 1825 parut sa *Correspondance* avec Mme de Maintenon, 4 vol. in-8.

bition qu'à son âge je découvris encore en elle, servit à me confirmer dans mes sentimens.

Du pont de Beauvoisin à la Tour du Pin, trois lieues, vallons, terrains fertiles, chemin souvent étroit jusques à Lyon : In puris naturalibus. Le cabaret de la poste est bon ; ce bourg est de l'archevêché de *Vienne*, à sept lieues de cette ville. De là au Val Lapière, quatre lieues ; bon pays, gras de pâturages. Le chemin doit estre fort mauvais l'hiver. De ce village, où les filles du cabaret sont très jolies, on compte cinq lieues jusques à Lyon. Le chemin en est bon mais le pays que l'on traverse est inculte ; on passe des bois.

LYON, seconde ville de France et très riche par son commerce, est au confluent du Rhône et de la Saône. On passe cette première rivière sur un pont de pierre qui n'a de beau que sa longueur. Je trouvai cette ville ornée de la statue équestre du Roi en [place] Bellecour, régulière, et des quais que le maréchal[1] avoit fait faire dans son dernier voyage. Il y a trois ponts sur la Saône ; un de pierre au milieu de deux de bois. La place des Terreaux me plaît assez ; le bâtiment de l'Hôtel de ville est de mon goût ainsi que sa façade. Toutes les églises m'ont déplu. Il n'y a généralement, ainsi que dans toute la France hors Paris, encore ni églises ni tableaux. Il y a des colonnes antiques à Bellecour ; il y a encore quelques fragmens d'antiques chez des particuliers ; il y a des lanternes. Je fus à l'Académie de musique que de bons bourgeois ont establie entre eux ; elle est bonne. Il y a un Opéra, qui n'est pas de même, [dans] une jolie salle du gouvernement.

Je partis le 28 par la diligence. On va jusques à *Châlons*, et à deux lieues de la ville, on trouve Neufville[2], maison

1. Villeroi (Fr. de Neufville, duc de), 1643-1730, l'ami et le protégé de Louis XIV, fut créé maréchal après la victoire de Nervinde (1693) et malgré ses fautes grossières dans les batailles successives, accablé de faveurs par le roi qui le nomma, en 1781, gouverneur de Louis XV. Tombé en disgrâce, le Régent lui donna l'ordre de quitter la cour. Il se retira à Neuville.

2. *Neuville-sur-Saône*, ch.-l. de cant. (Rhône), à 13 kil. n. de Lyon, 1.480 hab.

de campagne de MM. de Villeroy où j'avois esté voir l'archevêque. Elle est agréable et belle pour les jardins. Deux lieues par delà on trouve Dôle, retraite à banqueroutiers. On fait le chemin par la Bourgogne en cinq jours; on est bien traité.

J'arrivai donc à *Paris* le 2 octobre 1715, où je trouvai tout en un bel estat[1] (141).

1. V. *Introduction*, de page v à viii.

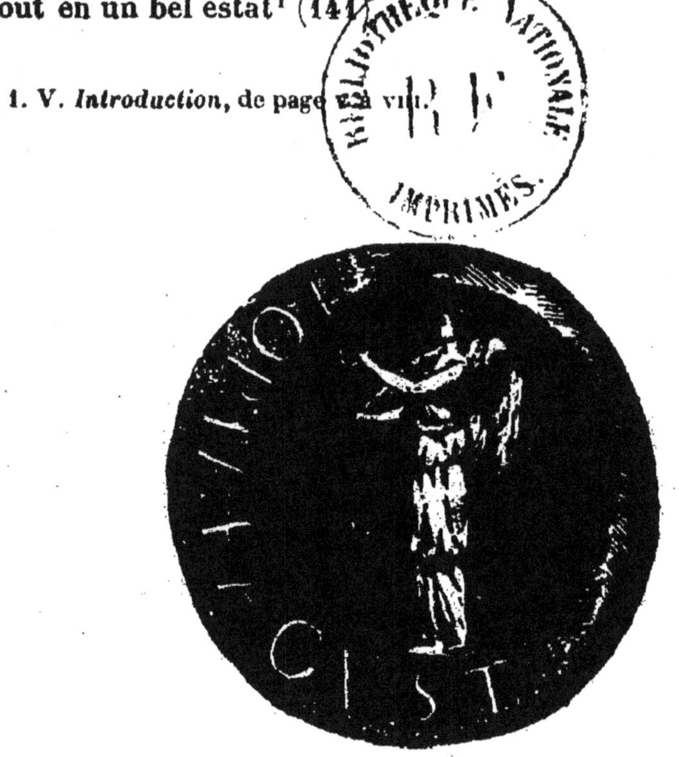

TABLE DES CHAPITRES

LA ROCHE-SUR-YON. — IMPRIMERIE CENTRALE DE L'OUEST.

LA ROCHE-SUR-YON. — IMPRIMERIE CENTRALE DE L'OUEST.

www.ingramcontent.com/pod-product-compliance
Lightning Source LLC
Chambersburg PA
CBHW051833230426
43671CB00008B/946

* 9 7 8 2 0 1 3 5 2 5 0 6 0 *